中国共产党历史（地方卷）集成　新民主主义革命时期

# 中国共产党广西历史

## 第一卷（1921—1949）

中共广西壮族自治区委员会党史研究室 著

中共党史出版社

**图书在版编目（CIP）数据**

中国共产党广西历史．第一卷，1921—1949/ 中共广西壮族自治区委员会党史研究室著．—北京：中共党史出版社，2021.3（2022.6 重印）

（中国共产党历史（地方卷）集成．新民主主义革命时期）

ISBN 978-7-5098-5732-8

Ⅰ．①中… Ⅱ．①中… Ⅲ．①中国共产党－地方组织－党史－广西－1921-1949 Ⅳ．①D235.67

中国版本图书馆 CIP 数据核字 (2021) 第 008472 号

**出版发行**：中共党史出版社
**责任编辑**：李亚平
**责任校对**：申宁
**责任印制**：段文超
**社　　址**：北京市海淀区芙蓉里南街 6 号院 1 号楼
**邮　　编**：100080
**网　　址**：www.dscbs.com
**经　　销**：新华书店
**印　　刷**：保定市中画美凯印刷有限公司
**开　　本**：170mm × 240mm　1/16
**字　　数**：382 千字
**印　　张**：27
**印　　数**：54501—56000 册
**版　　次**：2021 年 3 月第 1 版
**印　　次**：2022 年 6 月第 4 次印刷

ISBN 978-7-5098-5732-8
**定　　价**：66.00 元

此书如有印制质量问题，请与中共党史出版社出版部联系
电话：010-82517197

# 第一卷

# 目录

## 第一编
## 党的创立和大革命时期

（1921年7月—1927年7月）

# 第 二 编
# 土地革命战争时期
（1927年8月—1937年7月）

# 第三编
# 全民族抗日战争时期
（1937年7月—1945年8月）

# 第　四　编
# 全国解放战争时期

（1945 年 8 月—1949 年 12 月）

# 第　一　编

# 党的创立和大革命时期

（1921 年 7 月—1927 年 7 月）

# 第 一 章
# 中共广西地方组织的建立

## 第一节　辛亥革命前后的广西社会

### 一、广西沦为半殖民地半封建社会

广西简称桂，位于中国的南部，东邻广东省，东北接湖南省，西北靠贵州省，西与云南省相连，西南与越南交界，南濒南海北部湾。广西历史悠久。在23万多平方公里的土地上，壮、汉、瑶、苗、侗、仫佬、毛南、回、京、彝、水、仡佬等12个世居民族共同创造了灿烂的历史文明，推动着广西的社会发展。

封建专制的腐朽统治和帝国主义的疯狂侵略，是近代中国社会落后和人民苦难的根源。从1840年鸦片战争起，帝国主义列强多次发动侵华战争，强迫清朝政府签订种种不平等条约并割地赔款，攫取各种特权。帝国主义侵华势力同中国封建势力相勾结，操纵了中国经济命脉，控制了中国政治局势，使中国逐步沦为半殖民地半封建社会。

广西是西方列强侵略的重要地区之一，最先入侵广西的是法国和英国帝国主义者。1854年，法国天主教神甫马赖违法进入广西活动，胡作非为，引发“西林教案”，于1856年2月被西林县知事处死。同年10月，法国伙同英国发动了侵华的第二次鸦片战争。清王朝被迫于1858年签署《天津条约》，接受法国和英国的无理要求，将西林县知事革职，并由中国向法国天主教会赔款。此后法国不断派传教士深入广西传教，搜集情报，奴化广西人民。1876 年英国政府强迫清王朝政府签订《烟台条约》，开辟北海为通商口岸。1877 年英国在北海设立领事馆和海关，派遣税务司掌管关税权。1883 年法国发动了中法战争。1885 年，清王朝与法国签订了《中法和约》，承认越南为法国的殖民地，使法国能以越南为跳板加强对广西等中国边疆地区的侵略。条约还规定开放龙州等地为陆地通商口岸，设立法国驻龙州领事馆和海关。此后，法国将广西划为其势力范围。1886 年，德国在北海设立领事馆。1887 年法国亦在北海设领事馆。1897 年，英国在梧州设领事署和海关，建教堂，开洋行，办医院和学校。1907 年，清王朝开放南宁为通商口岸，设立南宁海关。从此，广西的沿海、沿边和沿江的门户被迫洞开。英国、法国、日本、美国、德国、奥匈帝国、意大利、比利时、葡萄牙等国家先后在北海、梧州、龙州、南宁和东兴等地建立了 20 个领事机构和 4 个海关。西方列强通过不平等条约，取得了许多特权和片面最惠国待遇，肆意践踏中国主权，对广西进行疯狂的掠夺。如中法续约商务专条规定：法国商品经龙州输入中国的税率减少 30%，法国从龙州输出商品到越南税率减少 40%。此后，西方列强各国也竞相效尤，大肆掠夺广西的财富。据梧州、龙州、南宁三海关统计，自 1912 年起的 20 年间，广西对外贸易年年入超，日益成为西方列强倾销商品和掠夺原料的市场。西方列强还加紧对广西的文化渗透，先后在广西 50 多个县开设天主教堂和基督教堂。广西的半殖民地半封建社会危机进一步加深。帝国主义、封建主义与广西各族人民的矛盾，成为近代广西社会的主要矛盾。

## 二、近代广西各族人民的反抗斗争

为了争取国家的独立和人民的解放，广西各族人民和全国人民一道，进行了长期英勇的反帝反封建斗争，有力地打击了清王朝封建统治者和帝国主义侵华势力。1851 年，洪秀全、杨秀清等在桂平县金田村领导发动的太平天国农民起义，斗争持续 14 年，纵横 18 省，沉重打击了清王朝的反动统治。太平军北上后，广西的农民起义遍及全省，动摇了清王朝在广西的统治。从 1855 年起，广西各地先后发生了“西林教案”“贵县教案”“上思教案”“乐里教案”和“永安教案”等各族人民反洋教反侵略的斗争，抵制西方列强的精神奴化和文化侵略。在中法战争中，刘永福、冯子材分别率领“黑旗军”“萃军”取得了镇南关大捷等战役的胜利。

19世纪末，以康有为、梁启超为代表的中国资产阶级改良派，登上了历史舞台，发起了维新运动。康有为先后于1894年和1897年两次来广西延揽人才，到桂林组织“圣学会”，开办“广仁学堂”，出版《广仁报》，传播维新思想，在广西产生了很大影响。但在封建势力的摧残下，康有为的维新运动很快失败了。

20世纪初，中国资产阶级革命派领袖、中国民主革命的伟大先行者孙中山领导的革命运动，在广西产生巨大反响。1905年，在孙中山的领导下，以推翻封建专制制度、建立资产阶级民主共和制度为目标的中国资产阶级革命政党——中国同盟会在日本东京正式成立。广西籍的马君武、邓家彦等九人参加了成立大会，马君武被推选为执行部分书记长兼广西主盟人。此后，桂林、南宁、柳州、梧州等地相继成立同盟会组织，开展反清反帝爱国运动。1907年，孙中山依靠同盟会骨干、广西会党首领王和顺和黄明堂等，先后发动了钦州、防城起义，镇南关起义，钦廉、上思起义和云南河口起义。起义失败后，广西同盟会仍然坚持战斗。1911年(农历辛亥年)10月，武昌起义胜利，广西革命党人和各族人民群起响应。梧州、桂林、柳州、南宁相继宣布独立，清王朝在广西的统治宣告结束。辛亥革命推翻了清王朝的封建统治，民主共和的观念从此深入人心。1912年2月25日，广西同盟会制定的《广西临时约法》，由广西军政府以第一号法令颁布，这是广西第一部资产阶级性质的基本法。但是，由于资产阶级过分软弱，广西的革命党人在辛亥革命中未能掌握广西的政权，革命胜利果实落到了陆荣廷为代表的旧桂系军阀手里，广西各民族人民依然生活在贫穷、落后、动荡的苦难深渊中。广西进入了长达十余年的旧桂系军阀统治时期。

辛亥革命在广西和在全国一样失败了。在帝国主义和封建主义势力异常强大的情况下，软弱的中国资产阶级不可能领导中国反帝反封建的民主革命取得最后胜利。但是，辛亥革命对广西产生了巨大而深远的影响。富于革命精神的广西各族人民继续寻求新的革命道路。

## 三、广西近代工业的出现与工人阶级的成长

帝国主义的侵略,目的是把广西变成它们的殖民地。但外国资本主义的入侵,在一定程度上破坏了中国封建社会自给自足的自然经济基础,在客观上对中国城乡商品经济的发展起了一定促进作用,给资本主义发展造成了某些条件。19 世纪末 20 世纪初,广西城乡封建经济基础进一步解体,呈现出由东向西,自南及北,逐步加深的特点。首先,资本主义国家的棉纱、棉布大量涌入,冲击着广西东南部地区家庭手工棉纺织业。中法战争前,桂东南广大农村,自种棉花,自纺土布。战后不久,市场上洋纱多了起来,很多人就改买洋纱来织布。到 20 世纪 20 年代,玉林县织户 1000 多家,织机 2000 多架,都用洋纱织布,土布越来越少了。其次,帝国主义列强的经济扩张,对农产品和土特产的掠夺,也在一定程度上刺激了农产品向商品化发展。广西的桑蚕、蔗糖、桐油、桂皮、花生及矿产品多为出口。这种农产品的商品化,反映了广西农民日益成为外国资本主义的原料供应者,广西农村经济日益半殖民地半封建化。再次,外国资本的流入,在客观上刺激了广西资本主义经济的产生和发展。1876 年,北海被辟为通商口岸后,英、法、德、日等国开始投资开洋行,办航运。1897 年,根据《中英滇缅续约》附款专条,指定开放西江,梧州被辟为通商口岸,英国商人在梧州先后投资开办渣甸、天和、人合三大洋行,成立议和、议享、景俐、西关四大航运公司。广西的资本主义经济,产生于 19 世纪末 20 世纪初。官营企业主要有龙州制造局、梧州染织厂、梧州缫丝厂、钟山西湾矿务局及广西银行等。民族资本,最先活跃的是商业贸易。1887 年龙州正式辟为通商口岸后,商贸开始兴盛。“粤商争相投资,始成巨埠”①。据龙州海关报告,仅“洋货和广货贸易估计每年约值钱二十七万五千元”。1907 年,南宁被辟为通商口岸,商贸也有了发展。桂林的商店近 1000 家。民国初年,梧州商贸兴旺,其中的 4 大

① 《龙州县志》,1921 年版。

商贾以福隆达的资本最大,达 300 余万元。在工矿航运业方面,1908 年梧州商人集资建立西江航业股份有限公司,购有“广威”“广泰”两艘轮船和制造八艘内河轮船。1910 年梧州商人从英商手里收购天和机械厂,成为广西最早的一家民营机械厂。同年 2 月,梧州的船主联合起来,在梧州成立广西内河商船总会,相约不挂洋旗逃税,稽查匪徒,保护航运,维护船商利益,抵制外国轮船的垄断。1912 年至 1921 年,广西各地经营开采锰、铋、钨、锡、铅等矿的大小公司 20 多家。第一次世界大战期间,帝国主义忙于欧战,暂时放松了对中国的经济侵略和掠夺,洋货进口减少,广西的民族资本企业得到一定程度的发展。梧州新建了机械厂、电力厂、制革厂、火柴厂、制板厂等一批企业。南宁、柳州等市的机械制造、纺织、皮革等企业都有发展。1912 年 9 月,广西实业协会在桂林成立,鼓励各地官商各界投资兴办工农交通矿产各业。

上述情况表明,辛亥革命后,广西境内存在着外国资本、本国的官僚资本和民族资本三重资本结构。外国资本是帝国主义列强侵略和掠夺中国的重要方式,在种种特权的保护下,它始终占有明显的优势。广西的北海、龙州、梧州、南宁四个通商口岸海关的税务司均为外国人充任。列强利用海关关税特权,掠夺广西资源,控制广西经济的发展。四个海关每年的关税收入超过全省一年的田赋收入。外国商人以香港为基地,以梧州为据点,以西江为通道,侵入邕江、左江、右江、黔江、柳江、桂江,垄断广西的航运业。据梧州、南宁、龙州三海关统计,1912 年进出口的外轮 81 艘,到 1920 年已增至 601 艘。北海海运业完全是外国人的天下。外国人还通过开设洋行、银号,流通洋币,控制广西的金融业。民国初期,广西的官僚资本,是旧桂系军阀通过滥发纸币搜刮民财,利用权势搞经济掠夺,并和外国人勾结做鸦片走私生意等发展起来的。官僚资本还与帝国主义、封建主义勾结在一起,摧残民族资本。由此,生长在帝国主义和封建主义夹缝中的广西民族资本,力量弱小,发展极其艰难。

辛亥革命后,随着近代工业的初步发展,广西主要城镇的产业工人也随之产生和成长。到 20 世纪 20 年代中期,梧州拥有工厂数百家,工人达 1 万余人,其中海员 5000 余人。南宁工商各业职工亦近万人。广西的工人阶级和全国各地工人阶级一样,身受外国资本主义、本国封建主义和官僚资本主义三重压迫与剥削。他们劳动时间长，劳动强度大，劳动条件差，而又毫无政治民主权利，毫无经济生活保障。因此，他们的革命性特别彻底，特别能战斗。广西的工人阶级，从它诞生的第一天起，就不断地进行反压迫反剥削的革命斗争，成为一支日益重要的社会力量。

1902 年，梧州数百名海员、盐务和搬运工人加入“三合会”，开展反帝反封建革命斗争。1906 年以后，梧州、柳州、南宁、龙州等地的一些工人参加了孙中山领导的资产阶级民主革命。1914 年 1 月，梧州成立了中华全国机器总工会广西机器工会。1919 年五四运动中，广西工人阶级也发挥了主力军的作用。

### 四、广西新式教育的兴起和新式知识分子队伍的形成

在清末的“新政”中，广西的新式教育事业开始出现。1909 年全省有法政专科学校一所，实业学校 7 所，师范学校 10 所，中学 14 所，小学 1078 所，女子学堂 20 所。辛亥革命后，在新文化运动的推动下，广西的高等教育、中等教育和初等教育又得到一定发展。1918 年至 1919 年度，全省的学生为 172698 人，比 1909 年增加 121606 人，增长 2.38 倍。广西的有志青年，为了向欧美和日本学习，寻求救国之路，掀起了出国留学的热潮。1901 年至 1911 年，广西公费、自费留学生约 400 人，其中 90% 以上留学日本。1912 年至 1925 年，广西政府派送公费留学生 180 多人。到上海、北京、广州等地求学的广西籍学生和知识青年也成倍地增长。这些受过新式教育的知识分子和青年学生，接受资产阶级民主革命思想，是辛亥革命后广西迅速成长的又一支重要社会力量。

## 第二节　马克思主义在广西的传播

### 一、五四运动中的广西反帝爱国斗争

辛亥革命没有改变中国的半殖民地半封建社会性质和各族人民的

悲惨境遇,但为中国的进步打开了闸门,使反动统治秩序再也无法稳定下来。随后,与全国先进知识分子一样,广西先进的知识分子通过对辛亥革命的思考,积极寻找新的革命道路。他们投身新文化运动,批判以孔学为代表的封建正统思想,揭露和抨击陆荣廷旧桂系封建军阀统治,鼓吹民主和科学,反对独裁专制和迷信盲从。以马君武为代表的广西先进知识分子,通过在桂林、南宁、梧州、柳州等地创办学校和报刊,积极介绍西方资产阶级民主政治理论和科技学说,努力寻找救国救民的真理。但是,初期的新文化运动,实质上仍是资产阶级新文化反对封建阶级旧文化的斗争,仍不能给灾难深重的广西人民指明真正的出路。

俄国十月革命一声炮响,给中国人民送来了马克思主义。十月革命第一次把社会主义从书本上的学说变成活生生的现实,推动中国的先进分子以新的革命理论考虑挽救国家危亡的问题,给中华民族解放带来了新的希望。以李大钊、陈独秀为代表的赞同俄国十月革命、接受马克思主义思想的具有初步共产主义思想的知识分子,成为中国人民反帝反封建的五四爱国运动的推动者和组织者。

1919 年爆发的五四运动,直接导火线是中国在巴黎和会上的外交失败。是年初,第一次世界大战中取得胜利的协约国一方在法国巴黎举行“和平会议”。会议不顾属于战胜国一方的中国的权益,规定将战败的德国原在中国山东获得的一切特权转交给日本。中国北洋军阀政府竟然准备在这个丧权辱国的和约上签字。消息传来,举国愤怒。5 月 4 日,为了反对帝国主义列强在巴黎和会上提出的损害中国主权的分赃计划和反对北洋军阀的卖国政策,在具有初步共产主义思想的知识分子和革命的小资产阶级知识分子、资产阶级知识分子的组织领导下,北京大中专学校学生举行大规模集会游行,反对北洋军阀政府丧权辱国的卖国行为。在爱国学生运动遭受镇压的重要关头,工人阶级开始以独立的姿态登上政治舞台。从 6 月 5 日上海工人举行声援学生的罢工起,罢工、罢课、罢市的三罢斗争迅猛蔓延全国,扩展到 20 多个省的 100 多座城市。五四运动发展成为以工人阶级为主力军,包括城市小资产阶级和民族资产阶级参加的全国规模的群众性革命运动,运动的中心由北京转移到上海。五四运动的消息传到广西后,激起各族人民的强烈反响,各地纷纷举行集会、游行示威、罢工罢课，声援北京的反帝爱国斗争。

在梧州，5 月 27 日，梧州学生联合救国团成立并发表《宣言书》，号召桂省学界同仁，奋起参加这一“爱国义举”，表示“奸人一日不除，我学生联合救国团即一日不能散。家可破身不可辱，身可杀志不可屈”。救国团组织团员上街演讲，散发传单，宣传救国道理，提倡抵制日本货物，同时派出代表到各地联络。7 月初，在梧州召开了广西全省第一次学生代表大会，成立了广西全省学生联合会，出版《救国晨报》，加强了全省学生运动的联络和行动。7 月 11 日，梧州学生联合救国团以“唤醒同胞，振兴国货”，“自立图强，救亡雪耻”为宗旨，出版《救国旬报》，号召同胞们行动起来，抵制日货，振兴国货，拯救中国。救国团派出团员到各商店检查日货，掀起群众性的抵制日货运动。梧州工人、青年学生和市民联合行动，轮船与民船一律禁载日货，商店禁卖日货，并成立“国货劝销场”和“日货陈列所”，没收日人商店财产，驱逐在梧日人，将查收的日货全部集中到大校场焚毁。

在南宁，省立第三师范、省立第一中学、邕宁县中学等校学生联合成立了南宁学生联合会。在学联的宣传推动下，6 月 30 日，南宁召开了有青年学生、工人、市民共三万余人参加的国民大会。大会发出通电，愤怒谴责北洋军阀“秘密卖国”“倒行逆施”“内则拘禁学生，外则主签苛约”的罪行；提出对巴黎和约不签字、声讨卖国贼、取消中日密约、提倡国货、维持教育、发起组织全国国民大会等六项严正要求。会后举行了声势浩大的示威游行。南宁学生联合会出版《爱国报》，加强爱国救国宣传。省立第三师范学生组织检查队，到商店、码头、轮船去检查日货，举办日货展览，呼吁市民不买日货。他们带头销毁日货，将以往买来的日货全部捡出，然后手拿日货，列队游行，高呼“打倒日本帝国主义，打倒卖国贼，废除不平等条约，抵制日货，收回山东权利”等口号。南宁商会决议支援学生的爱国运动，店员、工人、爱国商人和各界群众，举着“抵制日货”“振兴国货”“勿忘国耻”等标语，参加学生的示威游行。他们砸毁东洋茶盅、餐碟，将商店的日货招牌摘掉，还跟着学生队伍游行到洋关附近的广场，一起把日货捣烂、烧毁。

在桂林，桂林学生爱国会于 5 月成立后，发动各界群众举行声援斗争。6月初，学生爱国会选派学生代表参加中华全国学生联合总会在上海召开的代表会议。会后，依照上海会议决定，将桂林学生爱国会改成桂林学生联合会，出版了会刊。桂林法政专科学校、第二师范、省立三中等校学生成立救国联合会，举行声势浩大的示威游行。桂林印刷工人连夜赶印各种宣传品和学联会刊，邮电工人及时把外地寄来的进步刊物送到学生手中。桂林各界群众响应青年学生的号召，纷纷行动起来，提倡国货，抵制日货。

在柳州，省立四中、柳江道师范学校、柳州府中学堂、柳江道女子师范学校等，联合成立了柳江道学生救国联合会，积极领导柳州地区各县学生的反帝爱国运动。学联会组织学生开展爱国讲演，游行示威，抵制日货等活动，揭露北洋军阀政府的卖国罪行，高呼“外争国权，内除国贼”“拒签和约”等口号。柳州的工人、店员、市民踊跃参加学生的爱国运动。

在桂东南、桂西南及其他地区的一些县城，也迅速掀起反帝反封建的群众运动。容县成立了学联会，从5月12日起领导罢课、游行，并组织救国宣传队和检查日货队，开展宣传，抵制日货。印发宣言书和传单，揭露反动当局开除六名学联会干部学籍等罪状，吁请梧州学联、省学联和全国学联声援，终于赢得了胜利。贵县学联成立后，创办了《晨报》，加强反帝爱国宣传，积极领导全县中、小学生抵制日货；印刷工人为学生救国会日夜赶印传单；码头搬运工人和航运工人协助学生们查获和烧毁了启昌杂货店偷运进口的500箱日制火柴。全州各界群众万余人举行游行示威，愤怒抗议北洋政府的卖国政策。平南、博白、陆川、桂平、蒙山、龙州、百色、东兰、贺县、宜山和北海、钦县、防城等县也掀起了群众性的反帝爱国运动。

五四运动，连同在此前后进行的提倡“民主”和“科学”、反对封建主义的新文化运动，使中国人民获得了一次思想大解放，是中国革命史上具有划时代意义的伟大事件。它是以辛亥革命不曾有的姿态，在中国发生的一场彻底地不妥协地反对帝国主义和封建主义的爱国运动，它标志着中国新民主主义革命的伟大开端。五四运动极大地推动了马克思主义的传播，给中国革命带来了新的曙光。五四运动在广西的发展，推动了各族人民的新的觉醒；广西一批先进的青年知识分子，在革命的洪流中接受了新思想，感受到工农群众的伟大力量，在推动广西新文化运动的发展中，以新的姿态出现在广西的政治舞台上。

## 二、马克思主义在广西的传播

1921 年 7 月，中国共产党在上海宣告成立，中国革命的面貌从此焕然一新。

1921 年 12 月 23 日，共产国际代表马林在中共党员张太雷陪同下到达桂林会晤孙中山。马林向孙中山介绍苏俄十月革命的成功经验，提出在中国建立革命政党、开办革命军队军官学校和俄中联合等建议。孙中山完全同意，他邀请马林向桂林驻军的军官们作了关于俄国革命的报告，饬令在各部队宣传。他多次在军政会议和群众大会演讲中，提出向苏俄学习，军队要有革命主义，要和工农联合，再造一个新民国。马林和张太雷在桂林的这次活动，为孙中山以俄为师，实行国共合作打下了一定的思想基础。

随着五四运动的深入发展和中国共产党的诞生，广西先进的知识分子逐步接受马克思主义思想，加深了对社会主义的理解。他们努力学习和传播马克思主义，宣传社会主义理想。以黄日葵、黄士韬、谭寿林、陈勉恕、朱锡昂、韦拔群、宁培瑛、高孤雁等为代表的广西先进知识分子，通过多种渠道把马克思主义思想传播到广西各地。

黄日葵是广西籍最早的一位共产主义战士。他是桂平人，在日本留学期间曾参加反帝爱国运动。1919 年 1 月入北京大学读书后，在李大钊和陈独秀的教育下，成为五四反帝爱国活动的重要骨干。1920 年 3 月他参与发起成立北京大学马克思学说研究会，同年加入社会主义青年团，1921 年春加入北京共产主义小组，1923 年 12 月任北京社会主义青年团委员长。1925 年冬调任共青团广东区委学委书记。1926 年 2 月兼任国民党中央党部青年部秘书。他在北京大学介绍发展了谭寿林等广西籍的先进青年为共产党员。黄日葵、谭寿林时常把《新青年》《每周评论》《劳动音》《先驱》《国民》《少年中国》等宣传马克思主义的刊物寄回广西。他们还在京成立新广西期成会，编辑出版《桂光》半月刊，寄回广西各学校、各机关团体。这个刊物宣传了马克思列宁主义的阶级斗争学说，强调通过阶级斗争手段打碎旧国家机器建立新政权的必要性，批评各种改良主义的主张，揭露帝国主义、封建主义的罪恶，指出国民革命的任务就是反帝反封建，中国需要社会主义，需要马克思主义，需要以俄为师。

黄士韬，贺县人，1921 年在欧洲比利时勤工俭学时加入旅欧中国少年共产党，1922 年转为中共党员。他经常与贺县进步青年有书信联系，邮寄一些宣传社会主义学说的书刊给家乡母校。

谭寿林，贵县人，五四运动时任贵县学生联合会会长。1921 年秋考入北京大学，是北大马克思学说研究会成员。1922 年加入社会主义青年团，1924 年秋加入共产党。在中共北方区委和中国劳动组合书记部北方分部工作，负责编辑《桂光》半月刊和《工人周刊》。

陈勉恕，贵县人，1917 年夏于北京高等师范学堂毕业后，曾协助陈独秀编辑《新青年》杂志，并将杂志寄给广西的报馆和学校。1919 年在上海丽华书局供职，参加了五四运动。后到广州，追随孙中山从事革命斗争。1921 年回南宁广西省立第一中学和第三师范学校执教，兼任过《岭表日报》总编辑。1922 年应聘任贵县中学校长。1923 年夏秋，中共党员谭寿林从北京回贵县省亲期间，与陈勉恕等发起成立丙寅学会，团结贵县进步青年探讨救国救民的革命道路。陈勉恕在贵县中学作了《何谓共产党》的演讲，公开宣传马克思主义阶级斗争学说和中国共产党关于国民革命联合战线的方针。1924 年初，陈勉恕赴广州参加国民党第一次全国代表大会的工作，不久加入中国共产党。1925 年 6 月任黄埔军校政治教官。

宁培瑛，陆川人，1922 年考入广东大学法科读书。曾任广西玉林五属①留穗学会第九届委员长和广西留穗编辑部副部长，参与编辑出版《群言》杂志和《玉林五属留穗学会杂志》。1924 年，他在《现代的社会病》一文中，运用马克思主义的立场观点，分析了资本主义社会产生“贫乏”的原因是“资产的集中”，“分配的不均”。他认为，要根治这种社会

① 包括玉林、兴业、北流、博白、陆川五县。

病，主要手段是“阶级斗争，推翻私产制度”。他在文章中揭露了资本主义制度的腐朽性，宣传了马克思主义关于社会主义必然代替资本主义的科学论断。《群言》杂志主要寄回广西各地发行，在梧州、南宁、桂林、柳州、玉林、陆川、容县、北流、贵县、桂平、平南等市县，共设有 26 个分售处。

韦拔群，东兰人，壮族，曾就读于桂林的广西法政学堂。1916 年参加护国军讨袁，在驻川的黔军某部任参谋。五四运动后，他与其他进步的青年军官在研读《新青年》等革命书刊中，开始接触到马克思主义，曾以“愤不平”为笔名，在军队中秘密散发“拥护社会革命”，“提倡改革军制”和揭露旧军队黑暗的传单标语，把盖有“愤不平”印章的革命书刊寄赠给家乡的朋友，传播革命理论。1920 年，韦拔群在广州参加了由马君武领导成立的“改造广西同志会”，并任政治组副组长，投身于孙中山领导的讨伐旧桂系军阀的斗争。他把《新广西》《新青年》等革命刊物寄回家乡的学校，进行革命宣传。

朱锡昂，博白人，毕业于广东高等工业学堂，曾参加同盟会在广州的武装起义。辛亥革命后回广西被选为省参议员，曾任中学校长、省参议会秘书长等职，倾力推行教育救国和实业救国。1924 年 11 月赴日本、菲律宾考察教育，开始接受马克思主义。1925 年初，经恽代英介绍加入中国共产党。回国时，带回《共产党宣言》《资本论》《社会主义浅说》等一批马克思主义经典著作，在玉林成立“读书会”，组织进步师生研读。还把恽代英寄来的《向导》《中国青年》等书刊介绍给学生阅览，在学生大会上宣传马克思主义的阶级斗争学说，把星期六定为工农运动日，带领师生下乡开展农村调查，组织农民协会。

高孤雁，龙州人，1923 年在龙州下冻小学任教时，就订阅了《向导》《新青年》《中国青年》《少年先锋》等革命刊物。1924 年，他写信向恽代英请教如何学习马克思主义和开展国民革命运动的问题。恽代英在复信中说:“你和你的学生多研究多做宣传组织的功夫”①。

1920 年秋，桂林进步青年组织成立的“新中国学社”，通过办刊物、

① 《中国青年》第 59 期，1924 年。

订报刊，对青年接受新思潮和马克思主义思想，起到了启蒙作用。1924年之后，学社的主要骨干先后到京、沪、穗等地求学，有的加入了共产党和共青团组织，并回到广西开展革命工作。

1922年春夏，广东社会主义青年团组织多次派人到梧州活动，宣传马克思主义，建立了社会主义青年团梧州分团。梧州分团为全国17处地方团组织之一，在梧州活动了几个月。此后，北京、上海的学联和上海、广东的团组织向梧州、桂林、容县等地中学书报室定期赠阅《新青年》《每周评论》《少年中国》《向导》和《中国青年》等革命书刊，比较系统地宣传俄国十月革命和马克思主义。

在钦廉地区，一批在广州、上海等地求学的青年也积极寻求真理，投身革命活动。有的在广州加入社会主义青年团，有的到广州农民运动讲习所学习。雷慧贞、李培云、邱祥霞、韦贤、卢宝炫、钟竹筠等先后成为中共党员，他们时常将进步刊物寄给钦廉四属的学校。1924年12月6日，青年团广东区委给钦县、合浦、灵山的县立中学寄发《向导》和《中国青年》，在钦廉四属进步青年中宣传马克思主义。

在中共广西地方组织建立前，广西的先进知识分子有的深入到工人、农民群众中，有的深入到军队、学校中，把宣传马列主义与革命实践结合起来，在工农革命的洪流中锻炼成长，为中国共产党广西地方组织的建立打下了思想基础，准备了干部条件。

## 第三节　新桂系的崛起和国共合作在广西的准备

### 一、新桂系的崛起和统一广西

旧桂系陆荣廷的军阀政权建立以后，虽然在维护共和政体，反对袁世凯称帝和反对张勋复辟方面，和孙中山保持联合，但由于其封建地主阶级本质所决定，因而与孙中山领导的资产阶级民主革命运动的矛盾日趋尖锐，变得越来越不可调和。1917年秋，控制两广的旧桂系对孙中山的广州军政府“釜底抽薪”,使之有“政府”而无“军”。孙中山坚决反击,两次炮击驻广州观音山的桂军。1918年夏,旧桂系又通过改组军政府,以岑春煊取代孙中山,逼孙离粤赴沪。孙中山在上海继续坚持革命立场,支持马君武等于1920年3月成立“改造广西同志会”,开展讨伐旧桂系军阀的斗争。同年8月,孙中山调驻闽的陈炯明粤军回粤倒陆,旧桂系在广东溃败,被迫退回广西。1921年5月5日,孙中山在广州组织革命政府,就任中华民国非常大总统,决定彻底消灭桂系军阀,扫除北伐后患。6月27日,孙中山调集在粤的粤、湘、赣、滇、黔各路军进攻广西。8月4日,陈炯明率领的粤军占领南宁。同月,孙中山委任马君武为广西省省长。旧桂系垮台后,陆荣廷被迫离桂,其余部称自治军,流散在各地作乱。不久,粤军在桂的横征暴敛,激起广西人民的强烈反抗。10月,孙中山出巡广西并驻桂林督师北伐。1922年夏,陈炯明背叛孙中山,擅率粤军离桂。孙中山督师北伐流产,马君武被迫结束主政广西的使命而离桂赴沪。此时,广西四分五裂,自治军抢占地盘,逐步形成三支较大的势力:从旧桂系分化出来的沈鸿英部,约两万兵力,活动于桂东北地区;陆荣廷所辖的林俊廷、刘日福、韩彩凤等部,兵力约两万余人,活动于桂西、桂中;新崛起的青年军官李宗仁、黄绍竑等部,约一万兵力,活动于桂东南地区。同年9月,陆荣廷返桂,企图重整旗鼓,但已无法统一旧部。10月,孙中山派邹鲁等人联络在广西的滇、桂、粤各军,共同讨伐陈炯明。1923年1月,在孙中山领导下,滇桂粤讨贼联军誓师东下,讨伐陈炯明部,迫使陈炯明通电下野,败退潮州、惠州。2月,孙中山由沪重回广州,建立大元帅府,就任大元帅。

在广西政局混乱之际,李宗仁、黄绍竑、白崇禧等原属旧桂系的青年军官投靠孙中山的广州革命政府。1923年3月,孙中山确定“统一广西,出师北伐”的方针,从政治、思想、军事、经济等方面积极帮助李宗仁、黄绍竑等部统一广西,将两广革命力量联成一片,向北发展革命势力。6月,白崇禧代表黄绍竑到玉林同李宗仁商讨李、黄合作事宜,并获成功。7月,广州革命政府派粤军李济深所部第一师帮助黄绍竑部夺取沈鸿英部把持的梧州,后又派李济深为西江善后督办。8月16日,孙中山任黄绍竑为讨贼军第五师师长。黄绍竑将所部定名为广西讨贼军并任总指挥。同月,李宗仁将所部番号改为定桂军并任总司令。这时,李济深率驻梧的粤军第一师主力回粤,遂将梧州军政财大权交给黄绍竑。12 月,李济深、邓演达让黄绍竑选送刘斐等 50 余人到肇庆西江陆海军讲武堂学习,为广西培养干部。同时,李济深帮助黄绍竑在梧州三角嘴建立制弹厂,修配军械,制造弹药,充实黄部的武器装备。1924 年春,原驻扎在广东的桂军陈天泰部犯梧,李济深派第一师张发奎团又一营,配合黄绍竑部在都城西北,歼灭了陈天泰部,黄绍竑保住了地盘并壮大了力量,队伍扩编到 8000 余人。同年 6 月,在广州革命政府的支持下,李宗仁的“定桂军”和黄绍竑的“讨贼军”,从贵县兵分两路夺取陆荣廷盘踞的广西省会南宁。7 月 9 日,李宗仁、黄绍竑、白崇禧等在南宁决定两军合并,成立“定桂讨贼联军总指挥部”,由李任总指挥,黄任副总指挥,白任总参谋长兼前敌总指挥。他们团结一致,迅速打败了盘踞南宁、龙州、百色等地的陆荣廷残余势力。随即进占柳州,并向陆荣廷占据的桂林进逼。这时,李济深派陈济棠旅进驻梧州、徐景唐旅驻防都城,帮李、黄解除后顾之忧。10 月,陆荣廷率残部败退湘南并通电下野。12 月 1 日,李宗仁、黄绍竑在南宁通电分别就任孙中山所委的广西全省绥靖处督办、会办职务,正式接受广州革命政府的领导。1925 年 1 月,李、黄、白在李济深派出的陈济棠旅一部的协同下,向桂东北进攻沈鸿英部。李宗仁等率部从武宣、柳州和蒙山、荔浦两路迅速北进,攻占桂林,并追敌入湘,全歼沈军,为统一广西奠定了基础。

正当李、黄、白率主力在桂东北追歼沈部时,滇系军阀唐继尧部分兵两路入桂,企图由桂入粤,推翻国共合作的广州革命政府,占领两广地盘。滇军南路由龙云任总指挥,率三万余人由云南的广南府进犯百色,直趋南宁;北路近四万人由唐继尧任总指挥,由贵州的榕江县入桂,占领三江、融县,南逼柳州。1925 年 2 月下旬,南宁失守,形势十分危急。广州革命政府派范石生的建国定滇军 4 个旅共 1.5 万人西进援桂。李宗仁、黄绍竑两部在范石生部全力协同下,经过近半年的艰苦作战,于 7 月初,把滇军赶回云南,广西宣告统一。9 月,李宗仁任广西全省军务督办署督办,黄绍竑任广西省民政公署民政长。以李宗仁、黄绍竑、白崇禧为核心的新桂系集团,正式出现在中国的政坛上。

广州革命政府对新桂系李、黄、白的支持和帮助是有力和真诚的，新桂系的战略方针也是正确的。但此时新桂系还是脚踏两船，在归附广州革命政府的同时，还割不断与北洋军阀的联系，暴露了新桂系既代表地主官僚资产阶级的利益，又同情资产阶级民主革命的矛盾心态。但新桂系在广州革命政府支持下实现了广西的统一，结束了广西多年来的战乱，使广西人民有了一个较为安定的社会环境，有利于社会经济、文化事业的发展，有利于巩固广东革命根据地和大革命运动在广西的发展，客观上为中国共产党在广西创建组织和发展革命力量提供了有利条件。

## 二、国共合作在广西的准备

1922 年 7 月，中国共产党在上海举行第二次全国代表大会，通过了大会宣言和《关于民主的联合战线的决议案》等文件。《宣言》根据马克思列宁主义关于殖民地半殖民地民族革命理论，科学分析了中国社会状况，揭示出中国社会的半殖民地半封建性质，提出了党的最高纲领和最低纲领。会后党集中力量领导工人运动，掀起了中国第一次工人运动高潮。1923 年二七惨案发生，全国工人运动暂时转入低潮。党总结失败的沉痛教训，开始提出与孙中山为首的国民党建立统一战线的问题。同年 6 月，中国共产党在广州举行第三次全国代表大会。大会接受了共产国际执行委员会关于在中国实行国共合作的决议，通过了《关于国民运动及国民党问题的决议案》，确定了国共合作的方针，决定共产党员以个人身份加入国民党，并规定共产党员加入国民党时必须在政治上、思想上和组织上保持自己的独立性。党的三大以后，许多党团员以个人身份加入国民党，加快了国共合作的步伐。1924 年 1 月 20 日至 30 日，在共产国际和中国共产党的帮助下，孙中山在广州主持召开了中国国民党第一次全国代表大会，宣布改组国民党，对三民主义作适应潮流的解释，形成了新的三民主义，事实上确立了联俄、联共、扶助农工的三大革命政策。新三民主义成为国共合作的政治基础。国民党一大的召开，标志着第一次国共合作的正式建立。从此，国共两党合作，开展了反帝反封建军阀的斗争，掀起了轰轰烈烈的工人运动、农民运动、青年运动和妇女运动，创建了广东革命根据地。

1925年6月,广东革命军在共产党人组织工农群众的密切配合下,平定了驻粤的滇军杨希闵、桂军刘震寰两部的叛乱,并在中国共产党的倡议下,于7月1日将大元帅制的广州军政府改组为委员制的中华民国国民政府。随后,驻广东各省军队相继改编为国民革命军,革命力量得到了进一步加强。是年秋冬,新桂系军队奉命参加讨伐广东南路军阀邓本殷的战争。广州国民政府又统一了南路地区,实现了全广东的统一。在广东国民革命实力日益增强的形势下,新桂系集团为了在政治、军事、经济上继续取得广州国民政府的支援,以巩固自己既得利益和进一步发展其势力,也加入了广州国民政府。同时,新桂系也希望利用群众运动的力量来支持他们巩固和扩充地盘,因而,对能做群众工作的共产党人,也在一定限度内允许在广西活动。这在客观上为在广西实行国共合作,建立国民革命联合战线提供了条件。

当时,中国共产党也是把李宗仁、黄绍竑、白崇禧作为"进步军人"看待的。中共广东区委认为"国民政府有实力做中心,为发展革命运动起见,有与此种进步军人接近之必要"①。于是,中共广东区委陆续派遣一批党、团员来广西开辟工作,并让共产党员和共青团员以个人的名义加入国民党,以便在广西与国民党建立国民革命联合战线,推动广西的国民革命运动发展。1925年4月,国民党中央党部批准成立梧州市特别党部,任命李济深、黄绍竑、张难先为常委,李血泪(中共党员)为组织部长,李天和为工人部长,蒙卓凡为宣传部长,罗如川为妇女部长。市党部直属于中央党部领导。

1925年8月以后,在国民党中央党部"数次派员""频频催办"之下,李宗仁、黄绍竑担任了中央特派筹办广西全省党务的专员,负责指导国民党广西党务工作②。在选派筹办党务的委员人选时,新桂系提出由曾经出席国民党一大的省议员覃超来负责,国民党中央党部不同意。于是当时在中央党部工作的广西籍人士甘乃光又提出苏民等八人,新桂系又不欢迎,因为他们对外来办党务的人不放心。中共中央委员、国民党

---

① 中共广东区委机关刊物《人民周刊》1926年第3期。

② 《国民党广西省第一次全省代表大会报告书》,1926年1月。

中央执委会常委兼国民党中央党部组织部长谭平山对这两方面意见作了折衷,同时趁机派了一些进步人士和共产党员到广西省党部筹办处工作[①]。经过筹办人员的努力,在广西发展了300余名国民党员。9月,在南宁成立了国民党广西省党部筹办处,覃超为筹办处主任。筹办委员18人中,有中共党员陈勉恕和国民党左派人士梁六度、陈立亚、黄家直、周锡桓[②]。陈勉恕到南宁后,根据中共广东区委的指示,以国民党广西省党部筹备委员兼广西省立第一中学校长和《南宁三民日报》主笔等公开身份,参加筹建广西国民党组织和领导建立中共南宁地方组织的活动。

国民党广西省党部筹办处成立后,将全省分为12个区,筹办委员分别到各区督促指导党务工作的开展,发展国民党党员,建立县市各级国民党组织。几个月内,在全省吸收了10万名党员,建立了70余个市县党部[③]。筹办处布置各地开展宣传工作,还在南宁、桂林各办一份国民党机关报,在梧州筹办了宣传员养成所。工人运动方面,南宁组织了10个工会,成立了工联会,办了两期工人运动讲习所。全省农民运动也从开办农民运动讲习所入手,培养骨干。这些,为国共合作在广西的实现打下了政治基础和组织基础。

## 第四节　中共广西地方组织的建立

### 一、工农运动的初步兴起

五四运动以后,随着马克思列宁主义的传播和全国工农革命运动的发展,广西的工农革命运动逐步兴起。

为了适应革命斗争的需要,广西工人阶级积极发展工会组织。1921年8月,港梧轮船总工会桂省分会在梧州成立,会员1500人。1923年

---

① 时花:《广西共产党员之过去及现在》,《社会新闻》第1卷,第11册。

② 《广西省党部党务报告》;《广西党务筹备之经过》;《黄绍竑回忆录》,广西人民出版社1991年版,第172页。

③ 《国民党广西省第一次全省代表大会报告书》,1926年1月。

6月,南宁海员工会成立。1924年11月,广西联合总工会在梧州成立。1925年夏,梧州市工会联合会成立,辖五行、理发、旅业、革履、洋务、轮渡、轮船等行业工会,会员4000人。8月,龙州县总工会成立,辖理发、店员、苦力、民船、茶楼等11个行业工会,会员1500人。1925年秋冬,南宁的锡箔、餐楼、轮船、理发、印刷、机器、酱园等行业工会也相继成立。

广西的工人队伍是全国工人阶级的组成部分,他们的斗争与全国工人阶级的斗争是紧密相连的。1922年1月,香港海员大罢工爆发后,梧州500多名海员工人和100多名洋务工人,举行了声援香港海员罢工斗争,坚持斗争长达1个多月,使梧州到香港的轮船航运全部中断,有力地打击了英帝国主义。6月,北海海员也举行了声援香港海员的罢工斗争。

1925年,上海爆发了反对帝国主义镇压工人运动的五卅运动,广州、香港爆发了响应上海反帝斗争的省港大罢工。这两次斗争,在广西各地引起了巨大反响。广西的主要城市和许多县城圩镇,纷纷组织“抗日后援会”“外交后援会”或“对外协会”,支援上海和省港工人的反帝爱国斗争。工人和各界群众纷纷举行集会、示威游行,罢工罢课罢市的“三罢”反帝风暴席卷广西。在梧州,6月12日,工人、学生、市民2000多人,举行集会和示威游行,向梧州善后处和广西交涉署请愿,要求惩办日纱厂资本家及肇事者,并派员赴沪慰问被害工人家属。6月23日,英国军队在广州沙基开枪开炮杀害示威游行的群众,酿成“沙基惨案”,激起梧州各界群众极大愤怒。6月25日,梧州全市各界2万多人参加了全国总示威运动,“罢市罢工罢课;各机关停止办公;各游戏场所停止娱乐;下半旗致哀;停止公私宴会;游行示威”①。6月29日,组织“梧州各界对外协会”,提出对英、日实行经济绝交;组织纠察队,检查仇货,开展募捐,救济省港罢工回梧州的工友。梧州300多名替外国人做工的洋务工人和由香港罢工回梧的100多工人举行联合罢工,使在梧的外国人吃饭难,喝水难,买不到东西。在革命潮流冲击下,英国不得不撤销其驻梧州领事署,美国人也逃离了思达医院,梧州当局乘势把这两处地方收回

① 《梧州民国日报》1925年6月25日。

管理。

在南宁，7月举行了各行业工人、青年学生、市民的万人大会，抗议英帝国主义的暴行。接着实行罢工、罢课、罢市，游行示威，抵制英日仇货。南宁各界工人成立了“广西工人对英作战后援会”和“五卅罢工后援会”，发表了声讨帝国主义暴行，声援上海和省港工人罢工斗争的宣言。8月，南宁洋务工人成立罢工委员会，继续开展反帝罢工斗争。罢工委员会发出声援电表示：“与帝奋斗，虽肝脑涂地，义无反顾”，并号召全国同胞奋起反帝，“俾得打倒帝国主义，而达到废除一切不平等条约之目的”①。

在桂林，工人、学生和市民举行集会，游行示威，声讨帝国主义暴行。工人和学生组织晨呼队、夜呼队，早晚到大街小巷，呼吁各界群众，立即行动起来，投入反帝爱国斗争。此时，发生了美国基督教会“浸信会”逼死一名中国工人的事件。这立即激起了全市工人、学生和各界群众的愤慨。他们在示威游行中，包围了浸信会教堂所在地李子园，把开枪阻拦游行队伍的一个反动教徒揪出来，绑在皇城柱上示众。

在龙州，县工会和县学联联合发动和组织县城工人、学生、市民1000多人，举行罢工、罢课、罢市，游行示威，张贴“打倒帝国主义！”“抵制英日仇货！”等标语口号；发表通电，声援全国工人、学生的反帝斗争；组织检查仇货队，查获扣留了从南宁运来的1000多箱英国“鹰牌”煤油，并没收了几家商行经营的英、日等国的洋纱、洋布当众烧毁。

北海工人、船民、店员和学生，也举行集会游行，声讨帝国主义暴行，并实行对香港禁运，禁止英日轮船进北海港。玉林、桂平等县的工人、学生和各界群众也先后组织了集会游行，成立抗日后援会和纠察队，检查英日仇货。

在工人运动兴起的同时，富有革命斗争精神的广西农民，也开始酝酿和投入一场崭新的战斗。1921年秋，韦拔群从广州回到东兰，在家乡组织“改造东兰同志会”，号召各族人民团结起来，“救家乡，救广西，救中国”。1922年3月，改造东兰同志会会员和农民群众数百人，对武篆

① 《工人之路特号》1925年9月6日。

区土豪杜瑶甫进行清算斗争，迫其退出赃款。之后，韦拔群等利用壮族“三月三”传统歌节和重阳节群众集会的机会，召集东兰、凤山、百色等县180多名青年在东兰武篆的银海洲举行结盟，宣誓团结一致，实行社会革命。1923年7月至10月，韦拔群等指挥农民武装三次攻打东兰县城。第三次，农民武装占领了县城，赶走了县知事蒙元良和团总韦龙甫，释放了被关押的无辜群众，没收韦龙甫的财产分给贫苦农民，并宣布打倒土豪劣绅，铲除贪官污吏，取消苛捐杂税，斗争取得初步胜利。不久，敌人进行反扑，农军被迫退出县城，斗争暂时转入低潮。

为了寻找革命真理，韦拔群和陈伯民于1924年秋秘密前往当时全国国民革命运动中心广州，并于次年1月进入第三届广州农民运动讲习所，先后结识了彭湃、邓中夏、阮啸仙等著名共产党员。他们认真学习中国共产党关于农民运动的理论、策略和方法，结合自己在东兰开展农民运动的经验教训，探讨返回家乡恢复农民运动的路子。三个月学习结业后，他们被国民党中央农民部委派为农运特派员返回广西领导农民斗争。在回桂前，韦拔群和陈伯民还赴广东海陆丰地区考察农民运动。回到东兰后，他们按照广东海陆丰农运经验进行宣传、发动和组织群众，开办农讲所。很快在东兰县各乡、区相继成立了农民协会，组织了农军。这些举动，得到红水河和右江沿岸广大壮、汉、瑶族农民群众的拥护，推动了右江地区的奉议、凤山等县的农民运动的兴起。1924年8月，奉议县甫圩的农民在黄治峰的领导下，开展了反抗苛捐杂税的斗争，把县知事黄炽秋等贪官赶回了县城，并告到省府将其撤职查办。1925年，黄治峰联络潘宪甫、李正儒、罗有穆等在甫圩、仑圩、百育等乡建立了农民协会。凤山县农民在廖源芳的领导下，成立了秘密农会，开展了反贪官污吏、反土豪劣绅的斗争。

左江地区也是农民革命斗争十分活跃的地区。在龙州一带，自发性的小股农民武装斗争持续不断。1922年，高孤雁曾随一支农民武装队伍活动在龙州、雷平、养利、添等、龙茗等地。1924年，高孤雁等在龙州下冻赤光小学开办“特别班”，免费招收40多名贫苦农民子弟来学习，对学生灌输革命思想，为左江地区农民运动的兴起作了初步准备。

广西工农运动的初步兴起，为大革命运动在广西的发展准备了有利条件。广西工人阶级经过五四运动特别是五卅反帝爱国斗争的洗礼和马克思主义的教育，思想觉悟和组织程度都有了很大提高，为中国共产党广西地方组织的建立奠定了阶级基础。

## 二、共青团梧州支部和中共梧州支部的建立

梧州是广西的“水上门户”和两广的交通枢纽，轮船上通南宁、桂林、柳州，下达广州、香港、澳门，是早期广西工人阶级最集中的城市。从五四运动到五卅运动，这里的学生运动和工人运动都得到迅速发展。

1924年10月，中共中央决定成立中共广东区委，负责领导广东、广西、闽南、云南、香港及南洋等地的建党工作和革命运动。1925年夏，中共广东区委为了推动广西的革命斗争，做好在广西建立党组织的准备工作，利用国共合作的合法形式，通过国民党中央宣传部、农民部等渠道，开始向广西调派党团员。4月，派到梧州的中共党员李血泪奉命参加国民党市党部工作，6月，参与复办《梧州民国日报》并任报社社长。

8月上旬，鉴于国民党梧州市党部主办的《梧州民国日报》被右派捣毁而停刊，国民党中央党部决定派专员到梧改组市党部，并调派干部恢复报社。中共广东区委从广东省广宁县派农运干部、党员龙启炎到广西工作，并通过国民党中央宣传部任命龙启炎为《梧州民国日报》总编辑。不久，中共广东区委又通过广州学生联合会派共青团员周济到梧州协助龙启炎工作，周的公开身份是《梧州民国日报》编辑和广西省立二中教师。龙、周到梧州后，与李血泪一起，克服各种困难，恢复出版《梧州民国日报》，加强了国民革命的宣传和发动。同时，深入工会、商会、学联和妇联等组织，开办劳工夜校，发动各界群众支持五卅运动和省港大罢工，在革命斗争中培养骨干，为建立党团组织作准备。经过近两个月的工作，9月初，成立共青团梧州支部，龙启炎任支部书记，周济任组织干事，钟山任宣传干事，支部直属共青团广东区委领导。

为了有效地引导进步青年学生靠近党团组织，龙启炎和周济根据在广州组织新学生社的经验，在苍梧中学建立了“新学生社梧州分社”，并和钟山等任负责人。接着在省立二中、苍梧中学、女子师范、女子高小等学校建立了新学生社支部，许多进步学生加入新学生社，成了学生运动

的骨干。他们还加强对妇女运动的领导，积极筹建妇女联合会。10月3日，广西妇女联合会在梧州成立，李省群等11人被选为第一届执行委员会委员，聘请周济、钟山、李血泪为顾问。妇联会出版《妇女之光》月刊，开办妇女工读学校，宣传妇女解放、男女平等、反帝反封建等革命道理。

1925年秋，中共广东区委执行委员会常务委员兼军事运动委员会书记周恩来秘密来到梧州调查研究，指导工作。他在梧州大同酒店召集龙启炎、周济、钟山、李血泪等开会，听取关于广西军队、广西建团和工运、学运、妇运等情况汇报，对建立中共广西地方组织工作作了指示。

10月下旬，中共广东区委先后批准周济和钟山、李省群由共青团员转为共产党员，并批准了在梧州建党的计划。随即，龙启炎在《梧州民国日报》社成立了中共梧州支部干事会，代号为“伍竹枝”，龙启炎任书记兼管组织，李血泪负责宣传，周济负责工运，这是在广西建立的第一个中国共产党支部。

中国共产党广西地方组织的建立，是近代广西社会政治经济发展的必然结果，也是中国共产党领导下的广西工农运动发展的必然产物。从此，八桂大地上的各族人民，在中共广西地方组织直接领导下，投入了争取民族独立和人民解放的伟大斗争。

## 三、中共梧州地委的建立

中共梧州支部成立后，广东区委为了进一步加强广西革命运动的领导力量，多次派遣党员到梧州工作。1925年10月，中共广东区委通过国民党中央组织部委任共产党员粟丰、甘立申和国民党左派李贻荪为国民党梧州市党部改组委员，到梧州改组国民党市党部①。经过改组，梧州市党部成为共产党和国民党左派掌握的国共合作统一战线的组织和领导梧州人民进行反帝反封建斗争的公开合法机构。国共合作在梧州的形成，为中共组织的进一步发展提供了有利条件。粟丰到梧州后，接任中共梧州支部宣传干事。

---

① 《团广东区委给团中央的报告》，1925年10月15日；《团广东区委组字报告（第二号）》，1925年11月20日。

1925年下半年，国民党广西省党部筹办处在梧州筹办广西省立宣传员养成所。中共广东区委利用这一时机，派中共党员毛简青到梧州，参加养成所的筹备和教学工作，并在梧州从事革命活动和建党工作[①]。1926年1月，中共广东区委又通过国民党中央农民部派遣广州农讲所第四、第五届毕业的广西籍学员共产党员林培斌、黄一平（黄启滔）、罗瑞成、谢铁民、李植华等，以国民党中央农民部特派员的身份到梧州，负责农民运动。他们的党组织关系转到梧州支部。在中共梧州支部的直接领导下，梧州郊区和苍梧县等地的农民运动有了较快发展。

中共梧州支部成立后，从工运、学运、农运和妇运骨干中，吸收了一批先进分子入党入团。1925年底，梧州已有中共党员20多名，原属梧州支部领导的梧州民国日报社、国民党梧州市党部、梧州工人等三个党小组，分别发展成为党支部。在新学生社和宣传员养成所也建立了党的组织。至此，梧州具备了建立中共地方委员会的条件。1925年冬，中共广东区委决定建立中共梧州地方执行委员会，经报请中共中央批准，调派时在北京的谭寿林担任中共梧州地委书记。谭寿林于1925年年底到达梧州，公开身份是国民党广西省立宣传员养成所教师、省党部驻梧登记员、梧州民国日报社主任。谭寿林召开了中共梧州地委会议，决定以梧州为中心，迅速发展全省的党组织和国民革命运动。地委成员分工是：谭寿林任地委书记，龙启炎为组织部长兼共青团梧州特支书记，毛简青任宣传部长，周济为工运委员，林培斌为农运委员。1926年6月，增选钟山为工运委员。中共梧州地委隶属广东区委领导，代号“梧祝迪”，机关秘密设在梧州兴仁巷4号毛简青住处。

中共梧州地委成立后，在发动和领导工农革命运动的同时，抓紧进行党组织的调整和发展工作，发展了一批党员，先后建立了五个支部。还派出党、团员到南宁、桂林、柳州、玉林、桂平、容县、平南、怀集等地开展建党建团工作。

梧州的共青团组织也得到了发展。1925年12月，梧州有团员28

① 据《火线月刊》第1期，1926年1月；吴定邦、林霁：《毛简青》，载《中共党史人物传》第6卷。

人。1926 年 3 月，团员已达 34 人，共青团广东区委决定在梧州成立团地方执行委员会。3 月 23 日，共青团广东区委书记杨善集从广州到梧州开办训练班，指导筹建团地委的工作。4 月 1 日，共青团梧州地委成立，代号“伍充迪”，书记由中共梧州地委委员龙启炎兼任。

中共梧州地方执行委员会是中共在广西建立的第一个地区性的组织。梧州地委作为中国共产党在广西的早期领导机关，对推动大革命运动在广西的发展起了重大作用。

# 第 二 章
# 第一次国共合作在广西的实现

## 第一节 中共广西地方组织的发展

### 一、中共南宁地委的建立

新桂系统一广西后，省会南宁成为广西政治中心。为了在广西实现国共合作，发展广西的革命力量，中共广东区委在加强梧州建党活动的同时，还派党团员到南宁开辟工作。1925 年 9 月，中共广东区委利用国民党正在筹建广西省党部的时机，通过国民党中央组织部派陈勉恕到南宁参加此项工作。1926 年春，国民党广西省党部成立后，陈勉恕出任省党部青年部部长，还先后兼任省立一中校长和《南宁三民日报》《南宁民国日报》主笔，国民党邕宁县党部改组委员；在中共党内，负责创建南宁党团组织的工作。1925 年秋冬，广东区委从广州调派党员雷沛涛、张胆等到南宁，参加国民党广西省党部和邕宁县、南宁市党部的筹建工作。1926 年二三月间，中共梧州地委又调党员罗如川、李省群到南宁，协助陈勉恕等开展建党建团活动。罗如川在广西省立第一中学任教师，李省群任国民党广西省党部妇女部部长，同时兼任省立一中教师。是年春，中共南宁支部干事会成立，陈勉恕任书记。支部决定广泛开展工农群众运动，扩大群众团体，在斗争中发展共青团员和共产党员，建立和发展党的组织。在此期间，中共广东区委和梧州地委又先后派党员宁培瑛、严敏、余少杰等和一批共青团员到国民党广西省党部机关工作，党在南宁的力量得到加强。中共南宁支部在国民党省、市、县党政机关和广西省农民运动讲习所、广西省工人运动讲习所、省立一中、省立三师等学校、团体内积极发展党员，建立党的组织。1926年夏，经中共广东区委批准，成立中共南宁地方执行委员会①，书记陈勉恕，张胆、严敏、宁培瑛等先后为委员。地委隶属广东区委领导，负责南宁及左右江地区革命运动和建党工作。

1926年3月15日，广州国民政府通过两广统一案，将广西的党、政、军、财统一于广州国民政府之下，广西军队编为国民革命军第七军。广西成为北伐战争的根据地之一。7月，李宗仁率国民革命军第七军主力出师北伐，黄绍竑率一部留守广西，在南宁设立第七军后方政治部。8月2日，国民革命军总政治部委任黄日葵为第七军政治部副主任。8月28日，黄日葵从广州到南宁宣誓就职，在党内，他是中共广东区委特派员，兼任南宁地委书记，负责广西全省党的工作。与此同时，中共广东区委调魏柏冈等一批党员到南宁，第六届广州农讲所毕业的广西籍学员也分派回广西各地工作。魏柏冈任国民党广西省党部青年部干事兼广西省童子军养成所代所长。中共梧州地委从梧州调党员罗少彦到南宁任《革命之花》杂志主编，毛简青等党员到南宁军校任教。罗少彦、毛简青均任中共南宁地委委员。

中共南宁地委坚决贯彻中央关于国共合作的方针政策，团结国民党左派力量，继续开办广西工人运动讲习所和广西农民运动讲习所，为工农运动培养了一批骨干。还派出党团员到工农群众中做宣传发动工作，领导工农群众和青年学生开展反帝反封建斗争。派出党员到左右江地区发展党的组织。1926年冬，南宁地委下辖恩（隆）奉（议）特支、南宁军分校支部、第七军后方政治部支部、省党部支部、省农讲所支部、南宁总工会支部及东兰支部等党组织。1927年春，南宁地委所辖的党员达70余人，其中在南宁活动的50余人。

在中共南宁地委的领导下，南宁的共青团组织发展也很快。至1926年秋，省立一中、南宁军校、省农讲所、省立第三师范学校、第七军

① 《黄日葵、谭寿林等给中共中央的报告》，1928年2月7日。

政治部和市总工会等单位，相继成立了团支部。同年11月，成立了共青团南宁地委，严敏、王克欧、谢蔚然先后任书记。1927年初，成立邕宁中学和省立工程专科学校两个团支部。在南宁活动的团员达100余人，并派人到东兰县和兴业县建立团支部。

在中共梧州、南宁两个地方执行委员会的领导下，广西全省工农运动和青年妇女运动蓬勃发展。中共广西地方组织已具备了建立“区执行委员会”的条件。1926年秋，黄日葵赴广州向广东区委汇报工作时，提出加强全省党组织的领导，成立中共广西区委的建议。广东区委接受这个建议，作出了“暂由南宁地委兼摄省委〔区委〕，一面呈请中央批准”的决定。黄日葵回桂后，与陈勉恕、谭寿林等着手筹建中共广西区委。后因政局变化，谭寿林被捕，黄日葵、陈勉恕被迫离桂，建立中共广西区委的计划未能实现。广西的党务始终由广东区委指挥①。

## 二、其他地区党组织的建立

为了进一步推动广西革命形势的发展，中共梧州地委和南宁地委抽调一批党团员到广西各地开展革命运动和筹建党团组织工作。广东区委也陆续派党员干部到广西。一些在外地工作的广西籍党员也先后回桂工作。他们利用国共合作的有利条件，在工农群众和知识分子中发展党团员，在桂林、柳州、玉林、左右江地区和钦廉四属相继建立了党的组织。

在桂林，1925年底至1926年上半年，中共梧州地委先后派党员李征凤、谢铁民、罗瑞成等回桂林活动。李征凤参加国民党桂林县党部工作，担任县党部执行委员、代理宣传部部长，主办《桂林民国日报》《革命周刊》。他利用公开身份，积极进行革命宣传，开展学生运动，发展共产党员和共青团员。罗瑞成、谢铁民分别担任国民党桂林县党部农民部、宣传部部长。1926年7月，中共党员苏鸿基在梧州广西省立宣传员养成所结业后回桂林工作。李征凤等在进步青年中发展团员，建立桂林县团支部，然后在团员中吸收优秀分子入党。同时，还在国民党桂林县党

① 《黄日葵、谭寿林等给中共中央的报告》，1928年2月7日。

部的左派人士中发展了一批党员。这时,桂林已有党员 10 多人,经中共梧州地委批准,桂林县支部于 7 月下旬成立,李征凤任支部书记。桂林县支部先后派出党员到灵川、阳朔、永福、榴江等县活动。至 1927 年 4 月,支部已有党员 18 人。共青团员有近 40 名,在广西省立第二师范、省立桂林女子师范、国民党县党部机关等单位成立了团支部,并成立了共青团桂林地委,苏炳瑜、杨剑秋先后任书记。

在柳州,中共广东区委于 1926 年 5 月派国立广东高等师范学生、中共党员陈岳秀、罗琴谱到柳州开展建党工作。他们应聘担任广西省立第四中学教师,以教师和国民党员的公开身份开展工农运动和青年学生运动,积极筹建党团组织。6 月,在国民党广西省党部农民部任秘书的中共南宁地委委员张胆,以国民党省党部特派员身份到柳州改组马平县党部。张胆与陈岳秀、罗琴谱筹建中共柳州支部。7 月中旬,中共柳州支部干事会成立,陈岳秀任书记,支部干事会设在省立第四中学。至年底,中共柳州支部已有党员 11 人,同时建立了共青团柳州支部,有团员 20 余人。

在玉林,在中共党员、广西省立第九中学(后改为省立第二高级中学)校长朱锡昂领导下,成立了五卅惨案玉林县各界后援会,开展了声援上海和省港反帝爱国斗争的运动,发起打倒博白大土豪的斗争,并在斗争中发展了一批教师、学生党员。1926 年春,建立了中共玉林支部,朱锡昂任支部书记。随后,又成立了共青团玉林支部,有团员 10 多人。

在北流,1926 年秋,中共党员郑晴山作为省农运特派员被派到北流工作。1927 年 3 月在北流开办县农讲所,中共党员蒋萍石任所长。国民党省党部农民部秘书、中共党员宁培瑛也到该县农讲所授课。同年春,他们在农讲所发展党员,建立了中共北流县支部,书记蒋萍石。

在桂平,1926 年 6 月,中共党员黄一平(黄启滔)以国民党中央农民部特派员的身份到桂平任国民党县党部农民部部长。同年秋,中共党员古天民、邓誉声亦以农运特派员身份到桂平。他们培养和发展了一批工农运动骨干入党。是年 8 月,建立了中共桂平县支部,黄一平任支部书记,并建立了江口、金田两个党小组。

在平南,广州农讲所第六届学员、中共党员吴延亮于 1926 年 10 月被委为省农民运动特派员到平南从事农民运动。12月，中共党员苏国忠等也回平南工作，成立了中共平南支部，书记吴延亮。

在容县，中共梧州地委委员林培斌于1926年8月作为广西农运特派员到该县工作。11月，在容县成立苍梧道农民运动办事处并任主任。林培斌在领导农运和学运中发展了数名骨干入党。是年冬，建立了中共容县支部，林培斌任书记。林培斌等还在县中学、县女子师范和农运骨干中发展了10多名进步青年入团，建立了共青团容县支部。

此外，还有林培斌到苍梧县多贤乡，翁尧年到武宣县，李植华、苏骏到岑溪县，李爱、杨日良、麦聘升到怀集县（今属广东）开展农民运动，发展党员，先后成立了中共多贤支部、岑溪支部、武宣支部和怀集支部。

在右江地区，1926年四五月间，在国民党广西省党部组织部任干事的中共党员余少杰（黄埔军校第三期毕业生），被派往驻恩隆县平马镇的建国定滇军（同年11月整编为国民革命军第十六军）政治部任秘书。他利用在军部工作的有利条件，大力支持恩隆、奉议等县的农民运动，积极培养农运骨干和进步青年学生，开展建党工作。6月，中共南宁地委又派委员严敏到右江地区，协助余少杰工作。他们在恩隆县城举办农民运动讲习所，培养农运骨干，培养和发展了10余名党员。8月，在恩隆县成立中共恩奉特支，余少杰任书记，严敏等为委员。年底，特支有党员16人，1927年春发展到20余人。余少杰还在国民革命军第十六军中成立了中共支部。1926年初，广西当局制造镇压东兰农民运动的“东兰惨案”。10月，陈勉恕等中共党员、共青团员参加广西当局组织的“东兰农案调查善后委员会”，陈勉恕任该委员会主任兼代理东兰县知事。与此同时，中共南宁地委还派严敏到东兰和刚从国民党广西宣传员养成所结业的陈洪涛及从广州第六届农讲所毕业的陈鼓涛等党员，共同协助陈勉恕工作。是年冬，成立中共东兰县支部，陈洪涛任支部书记，同时，发展韦拔群等数名农运领导人加入中国共产党①。这些，对于推动东兰乃至右江地区农民运动迅速发展具有重要的意义。

---

① 《中共南方局给中共中央的信》，1927年10月24日；《黄日葵、谭寿林等给中共中央的报告》，1928年2月7日。

在钦廉地区，1926年1月，广东省农民协会派中共党员苏其礼、潘兆銮、黄学增、林增华、韩盈等为钦廉农民运动特派员，到合浦、北海、钦县、灵山、防城等地指导工农运动。5月，中共广东区委南路特派员兼南路农运办事处主任黄学增和韩盈又从廉江等地抽调党员江剌横等四人到北海工作。7月，建立了中共北海市支部，江剌横任支部书记，有党员8人。还建立了共青团北海支部，有团员12名。9月，黄学增派中共党员杨枝水和钟竹筠到防城活动，广州的党组织也派丘祥霞回东兴协助工作。他们在东兴和越南芒街的华侨中发展了8名党员，1927年1月成立中共东兴支部，钟竹筠任书记，并成立了两个共青团小组。

中国共产党广西地方组织自1925年秋在梧州建立，至1927年夏，已建立了梧州、南宁两个地委，在梧州、南宁、桂林、柳州、苍梧、玉林、容县、桂平、平南、北流、武宣、怀集、贵县、恩隆、奉议、思林、东兰、岑溪、北海、防城等县市成立了20多个支部，党员300多人，并建立了梧州、南宁、桂林3个共青团地委，下辖24个团支部，团员270多人。党组织还派党员到凤山、龙州、绥渌、贺县、钟山、蒙山、藤县、平乐、临桂、灵川、永福、全县、宜山、宾阳、横县、象县、榴江等县进行革命活动。中共广西地方组织认真贯彻党的方针政策，坚持国共合作，努力开展工农群众运动，成为广西各族人民进行反帝反封建斗争的坚强领导者和组织者。

## 第二节　国共合作在广西的实现

### 一、国共合作在梧州的形成

1925年4月成立的国民党梧州市特别党部，是国民党改组后在广西成立的第一个市党部，它在领导各界人民开展反帝爱国运动中，起了积极的作用。但是，它组织松散，成分复杂，混入市党部的豪绅地主分子从中捣乱破坏。1925年七八月间，梧州民国日报社被劣绅煽动暴徒捣毁，市党部的部分执委也被迫离梧，市党部处于瘫痪状态。国民党左派、市党部常务执委张难先把情况报告中央党部，请求派人来恢复《梧州民国日报》和整理市党部。中共广东区委利用这个机会，通过国民党中央宣传部派共产党员龙启炎到梧州任《梧州民国日报》总编辑。10月，又派中共党员粟丰、甘立申和国民党左派李贻荪为国民党梧州市党部改组委员，并指定粟丰为主任。粟丰到梧州后，与国民党左派相配合，重新登记国民党党员，淘汰土豪劣绅党员。同时执行中共中央关于凡有国民党组织的地方，中共党员和共青团员“一并加入”国民党的决定，并动员进步青年加入国民党，使左派力量在梧州市党部中占优势。12月，重新选举市党部执行、监察委员，粟丰、甘立申、周济、李血泪、李省群（均为中共党员）、张难先、蔡美利当选为执行委员，黄绍竑、叶光亹为监察委员。市党部九名执、监委中，中共党员占了五名，国民党左派人士两名。市党部的宣传、组织、工人、青年、妇女等部部长均由共产党员担任。改组后的国民党梧州市党部，成为中共组织和国民党左派掌握的、领导梧州革命运动的公开机构。对梧州的国共合作和梧州的群众运动，新桂系集团是不满意和不支持的。为了破坏国民党梧州市党部的革命活动，他们组织了由土豪劣绅把持的国民党苍梧县党部，与梧州市党部相对抗，并接连制造了多次打击市党部的事件。

## 二、国共合作在全省的实现

在国民党中央党部的推动和中共广西地方组织的帮助下，经过几个月的筹备，广西各县市国民党的党务工作，已有了很大发展。至1925年底，全省建立市县党部50余个，拥有党员9万余名，为召开国民党广西省第一次代表大会创造了条件。经过国民党中央执行委员会批准，中国国民党广西省第一次代表大会于1926年1月1日至15日在南宁召开。会上，李宗仁作广西军务报告，黄绍竑作政治报告，覃超作党务报告。大会通过了关于政治、军事、党务、农民运动问题等报告及撤销各级旧议会的决议案，发表了《中国国民党广西第一次全省代表大会宣言》，表示拥护国民党领导的中华民国国民政府和奉行孙中山的新三民主义。

大会通过的政治报告决议案提出：“全体党员当努力宣传，使全省政治建立于三民主义之上”，“协助各地工团、农团、商团、青年团、妇女团饬令组织完整恒之坚固”，“训练党军协助政府对内肃清反革命，对外击破帝国主义，促成全国政治统一”；“铲除贪官污吏劣绅土豪及奸商市侩”等等。大会通过的农民运动决议案规定：农民运动的目的在使农民“了解本党主义”，加入本党“变成有系统组织的群众”；表示今后要“取缔高利贷与种种不平等条件之束缚”，“办农民银行及购买合作社、农业合作社”。这些基本体现工农切身利益的《宣言》和各项决议，代表剥削阶级利益的新桂系集团并不打算付诸实践，但《宣言》和决议客观上对于迅速兴起广西国民运动是起了重要作用的。

1 月 15 日，大会进行选举，李宗仁、黄士谦、黄植溪、周锡桓、雷沛涛当选为监察委员，陈锡光、黄启藩、夏威为候补监察委员；黄绍竑、覃超、覃时宜、麦焕章、白崇禧、陈立亚、黄家直、梁六度、刘百揆为执行委员，李济深、裴邦焘、甘浩泽、刘名世、俞作柏为候补执行委员。2 月 19 日，国民党广西省执行委员会和监察委员会宣告成立[①]。在 22 名监、执委员和候补委员中，雷沛涛为中共党员，周锡桓、陈立亚、黄家直、梁六度、裴邦焘、俞作柏等 6 人为国民党左派人士。国民党广西省党部设立秘书处和组织、宣传、工人、农民、商民、青年、妇女 7 个部。宣传部部长由黄绍竑兼任，共产党员陈勉恕、李省群分别担任青年部、妇女部部长，国民党左派梁六度、黄家直、陈协五、陈立亚分别担任组织部、工人部、农民部、商民部部长。

国民党广西省一大召开过程中存在着尖锐的斗争。在李宗仁、黄绍竑这两位“大会指导员”“监选员”操纵下，大会明显表现出排斥共产党人的倾向。会议报告书上所列的 104 名会议代表名单中，仅有雷沛涛等数位中共党员及部分工运农运骨干和左派人士。作为省党部筹备委员的中共党员陈勉恕在会议前夕被派到广州向国民党中央党部汇报工作，没有参加大会的活动。中共掌握的国民党梧州市党部，直到 1 月 13 日才得以选出中共党员李血泪作为代表出席大会。农运骨干、东兰县代表黄榜呈，被东兰县知事黄守先诬为“匪党韦拔群等三五人指派”，而省党部筹备处也函知，“准军务署函取消东兰代表黄榜呈资格”。后经大会代表、中共党员陆玑璋（陆炳堂）等力争，才在会议结束前一天表决中准许

① 《省监察委员会报告》，《1926 年 1 月广西省第一次代表大会日刊》第四号。

黄榜呈作为会议代表。本来监察、执行委员的42名候选人，是国民党中央党部指定的，其中有中共党员陈勉恕、朱锡昂、雷沛涛、粟丰、李省群、张铮等7人，但仅有雷沛涛一人选上监察委员。

在当时的革命形势下，新桂系接受了国民党中央党部的领导，在广西建立了有共产党人和国民党左派参加的省党部，使大革命运动在广西的发展，在组织上有了一定的保障。同时，两广统一后，广西纳入了国共合作范围，中国共产党可以通过国民党中央党部及各个部门派遣干部到广西工作，如派余少杰、张胆、宁培瑛、陆玑璋等九名党员和部分共青团员分别在组织部、农民部、工人部、青年部、妇女部担任秘书或干事职务。他们在陈勉恕、黄日葵等领导下，进行富有成效的统一战线工作，加强了对工人运动、农民运动、学生运动和妇女运动的领导。到1926年秋，“广西党务（指共产党的党务工作）各方面均有发展，尤其是农运及青年运动。同时K. M. T（即国民党）省部亦整个的在我们影响之下，组织亦渐扩大”①。

国民党广西第一次全省代表大会的召开，进一步密切了广西与国民党中央党部和广州国民政府的联系，促进了两广统一。李宗仁、黄绍竑没有出席国民党第二次全国代表大会，仍被推选为中央监察委员会候补委员。不久，李、黄两人又被推选为中华民国国民政府委员，这使新桂系集团与国民党中央党部和国民政府在组织上有了更加密切的关系。1926年1月26日，国民政府派出汪精卫、谭延闿、甘乃光前来梧州，同李宗仁、黄绍竑、白崇禧商谈两广统一问题。27日，梧州各界数万人在东学塘举行集会，拥护两广统一。随后，李宗仁、黄绍竑派白崇禧为全权代表赴广州，参加国民政府的“两广统一特别委员会”，草拟两广统一方案。3月13日，黄绍竑到广州磋商。15日，国民党中央政治委员会通过两广统一案。17日，国民政府的苏联顾问涅罗夫、苏联驻北京副领事沙洛飞亚夫等4人由广州抵梧州，考察广西国民革命运动状况。18日，中共梧州地委召开巴黎公社纪念会，涅罗夫出席并讲话。19日，国民政府正式公布“两广统一方案”。该方案的主要内容是：（一）广西省政府

① 《黄日葵、谭寿林等给中共中央的报告》，1928年2月7日。

处于中国国民党中央党部指导监督之下，受国民政府之命令处理全省政务；（二）广西现有军队全部改编为国民革命军；（三）两广财政机关及财政计划，均受国民政府财政部之指导监督。五六月间，按两广统一方案规定，广西军队改编为国民革命军第七军，李宗仁任军长；广西省民政长公署改组为广西省政府，黄绍竑任省务会议主席；苏联人马迈耶夫、兹金、吉罗诺夫和达乐汉诺夫分别被聘为第七军和广西省政府的顾问。至此，两广统一工作遂告完成。

国民党广西省一大的召开，标志着国共合作在广西的形成，推动了两广统一的实现和广西全省工农运动的迅速兴起，增强了国民革命的力量，巩固和扩大了以广州为中心的国民革命根据地，加快了国民政府兴师北伐的进程。

## 三、国共合作在广西的发展

国共合作在广西实现后，中共党员同国民党左派人士真诚团结，积极改组和发展国民党组织，宣传孙中山的新三民主义，广泛发动群众参加大革命运动。新桂系集团也借助国共合作，极力发展其势力。1926年4月，全省国民党党员达11万人，成立了88个县党部。但这些国民党员，不少是趋炎附势之徒和“各地官僚猾吏劣绅”。各地党部也多为“庸顽之辈”所占据。为了帮助国民党改变这种状况，共产党员和共青团员加入国民党后，深入各地，动员和介绍工人、农民和其他阶层的革命青年加入国民党，把他们引导到国民革命的旗帜下来，使国民党组织内部的革命力量得到进一步增强。

桂林县党部是广西建立较早的国民党地方组织之一。1924年，国民党中央组织部部长谭平山（中共中央委员）从广州派国民党左派人士裴邦焘、李任仁回桂林筹组国民党桂林县党部。1925年6月成立县临时执委会，9月成立了县党部。同年底至1926年春夏，中共梧州地委先后派共产党员李征凤、谢铁民等5名中共党员到国民党桂林县党部工作。中共桂林支部先后有10余名党员在该党部任职。当时，李任仁担任桂林县党部执委主席，裴邦焘为常委，李征凤为执委委员兼书记，各部的部长、干事也由中共党员或共青团员担任。部分共青团员也参加了县党部和桂林民国日报社的工作。桂林革命群众运动因此得到迅速开展。

在柳州，中共党员积极帮助整顿和发展国民党组织。1926 年夏秋，中共柳州支部帮助国民党马平县党部改组。张胆和陈岳秀应聘担任柳庆督办署民团教练所政治部主任、教官，领导成立了省立四中、柳庆民团教练所等国民党区党部。同年 11 月，张胆主持改组了官僚豪绅把持的国民党马平县党部，并任县党部党务指导员。不久，又发展了县党部的 6 名青年加入共产党和共青团，基本上掌握了马平县党部的领导权。12 月，成立了国民党柳庆党务整理处，着手整顿柳庆地区马平、柳城、罗城、来宾、象县、融县、宜山、宜北、河池、思恩、雒容、南丹、天河、迁江、三江 15 个县的党务工作，党务整理处主任为伍廷飏，副主任陈岳秀，党务指导员张胆，李席珍、刘策奇等 6 名中共党员和 10 多名共青团员在该处任职，并帮助党务整理处开办党员特别训练班，为筹办和改组各县党部培训骨干。

在其他地区，国共合作也得到了发展。桂平县党部中，中共党员分别担任农民、工人、青年、妇女等部部长。北流县党部，中共党员分别担任宣传部、农民部、工人部部长。贵县、容县、龙州县的县党部农民部也由中共党员任部长。中共党员李植华、苏骏在岑溪县与国民党左派一起，发动群众，坚决同国民党右派和土豪劣绅势力进行斗争。他们召开国民党岑溪县党代会，改组了原县党部，成立新党部，李植华被选为县党部执行委员兼组织部部长。

1926 年 10 月，中共南宁地委委员陈勉恕到东兰任代理县知事。在处理东兰农案期间，积极支持韦拔群领导的农民运动，并派东兰县农民协会会长陈伯民负责整理东兰县国民党组织。他们把劣绅土豪清除出国民党，吸收农民和学校师生员工及社会知识青年参加国民党。1927 年 2 月，召开了国民党东兰县代表大会，成立了县党部，陈伯民、韦拔群、黄大权等当选为常委或委员，全县建立了 58 个国民党区分部和 12 个区党部，有 3117 名党员。

在钦廉四属①，共产党人帮助国民党重建了县市党部。1926 年春，

---

① 包括钦县、合浦、灵山、防城四县。

国民党广东省党部先后派人到北海筹建市党部。5月，中共广东区委南路特派员兼广东省农协南路办事处主任黄学增从廉江等地抽调江刺横、苏其礼等六位共产党员到北海，以国民党党员身份参加北海市党部工作。他们联合国民党左派重新开展筹建工作，于7月1日成立了国民党北海市党部，江刺横、简毅等四人分别担任执行委员或组织部、工人部、青年部部长。共产党员和国民党左派基本上掌握了市党部的领导权。

中共广西地方组织通过与国民党地方组织共同办报等形式，宣传中国共产党的政治主张和孙中山的新三民主义。梧州有《梧州民国日报》《火线月刊》《政治周刊》《广西农工日报》《广西学生报》和《妇女之光》等。南宁有《岭表日报》《南宁三民日报》《南宁民国日报》《广西农民日报》《农民运动丛刊》《广西革命军》《革命军人》《新民半月刊》《血钟》《南宁学生》《革命之花》。桂林有《桂林民国日报》《桂林学生联合会会刊》《革命周刊》等。柳州有《柳州民国日报》。玉林有《郁林青年》。以上报刊中，《南宁三民日报》《梧州民国日报》和《桂林民国日报》办得很有气势。国民党广西省立宣传员养成所创办的《火线月刊》也办得较出色，中共党员毛简青在该刊发表的《民生主义何以需要阶级斗争》一文中，用马克思主义的观点分析了世界形势，分析了中国的历史和现状，指出只有以阶级斗争的手段才能达到平均地权和节制资本的目的；只有阶级斗争，才是实行民生主义的最好办法。该刊第二期还刊登了中共梧州地委书记谭寿林的《段祺瑞残民媚外》和《反革命派又捣什么鬼》等富有战斗性的文章。该刊开辟的“调查广西各县佃农及劳工等无产阶级之生活状况”专栏，以大量的篇幅刊登学员到各地进行社会调查的报告，在宣传反帝反封建军阀、反贪官污吏斗争中起到了积极的作用。

在国共合作的形势下，中共广西地方组织还以召开群众集会、演讲会、组织宣传队等形式，在群众中进行广泛的宣传、组织工作。1926年秋，国民革命军第七军政治部副主任黄日葵，带领一批中共党员和国民党左派人士，在后方的军队中开展政治训练工作。中共党员负责编辑的《士兵生活》周报，宣传国民革命军是革命的工具而不是军阀的私产等主张，很受士兵的欢迎。他们还从广州购回《三民主义浅说》和士兵读物等数万册分发给各地部队。8月27日，黄日葵在南宁军校国民党区分部宣讲三民主义，报告在北京筹办国民党组织的经过，受到“异常欢迎，鼓掌不绝”。9月16日，黄日葵在有数万人参加的梧州各界庆祝北伐军光复汉口的大会上，发表了鼓舞人心的演讲。为了配合驻扎在右江地区的范石生部发动民众巩固桂滇边地区，黄日葵从梧州广西宣传员养成所抽调部分学员到南宁参加一个月的集训，后将116名宣传员组成19支宣传队，派到左右江的田南、镇南两个道的10多个县，开展革命宣传。

共产党员与国民党左派合作，先后在梧州、南宁开办了国民党广西省立宣传员养成所、省立工人运动讲习所、省立农民运动讲习所和广西童子军养成所，培养了大批骨干。广西省宣传员养成所培养的200多名宣传骨干，部分被选送到广州黄埔军校和广州农讲所学习，部分任国民革命军第七军政治部北伐军宣传队员，部分回原籍开展工农革命运动。

## 第三节　国民革命团体的建立和发展

### 一、工会组织的发展

在中共广西地方组织的领导和国共合作形势推动下，广西工会组织从梧州开始逐渐发展起来。1925年10月，中共梧州支部成立，11月便改组了梧州工会联合会，由中共党员钟山任委员长。1926年3月，设在梧州的广西联合总工会撤销，广西省总工会筹备处在南宁成立，罗慎之为主任。原属广西联合总工会的梧州行业工会改为梧州工会联合会领导。梧州工会组织在援助省港大罢工和支援北伐战争的斗争中得到发展。6月，梧州工会联合会已辖有21个行业工会，会员达9650人[①]。在中共梧州地委领导下，6月7日至21日召开了梧州工人代表大会，通过了有关组织、纪律、经济斗争、肃清工贼、工农联合、失业、征求会员、政治斗争、宣传教育等方面的9项决议案。大会还根据第三次全国劳动大会精神，改组梧州工会联合会为梧州工会代表联合会，选举该会第一届执

① 《工人之路特号》1926年6月29日。

行委员24人，候补委员9人。钟山、龙启炎、周济等7名中共党员当选为执行委员，还有3名中共党员当选为候补执委，钟山为委员长兼常务委员会主席[①]。梧州的工会组织完全统一在中共梧州地委领导之下。会后，中共梧州工人支部发展了一批工人骨干入党，建立了力行、轮船、建筑、旅业、盐务、邮务、店员等工会中共党小组。各行业工会经过整顿也得到了发展。1926年秋各行业工会达38个，工会会员达1.2万多人，成为梧州革命运动主力军，梧州成为广西工人运动的中心。

省会南宁的工会组织也迅速发展起来。中共南宁支部成立后，团结和依靠国民党左派力量，共同发展工农运动，积极指导南宁工会组织的建立。1926年1月，南宁市召开工会代表大会，成立南宁市总工会。不久，发现市总工会几名执委丧失阶级立场，出卖工人利益，成为官僚资本家的爪牙。于是在中共南宁支部书记陈勉恕和国民党广西省党部工人部部长黄家直的指导下，3月1日再次召开全市工会代表大会，将这几个工人败类开除出工会，改选成立南宁工会代表联合会（亦称南宁市总工会）执委会，罗慎之任委员长[②]。会后，市总工会成立纠察部，辖3个纠察大队共300余人。同月，在南宁的广西省工人运动讲习所第二期开学，黄家直任所长，陈勉恕、罗如川、罗少彦等到所讲演。在领导南宁工人反帝反封建的斗争中，何建南、罗慎之等10多名工运骨干加入了中国共产党。1927年初，南宁市总工会辖34个行业工会，会员达6000多人，占全市工人总数的90%以上。

中共广东区委和中华全国总工会很重视广西工人运动。1926年5月1日至12日，第三次全国劳动大会在广州召开，中华内河轮船总工会桂省第一分会委员长郭华俊、梧州工会联合会委员长钟山、广西民船工会委员长蔡美利，以及广西大湟江工人联合会、梧州理发工会、梧州革履工会、广西机器工会、桂林革履工会等单位派代表出席了这次大会。钟山当选为第二届中华全国总工会执行委员，郭华俊当选为候补执行委

① 《工人之路特号》1926年7月3日。

② 广西区总工会编：《广西工人运动史料选编》（新民主主义革命时期），1995年2月内部版。

员[①]。这是对广西工人阶级的很大支持和鼓舞。

在大革命运动的推动下,广西许多重要城镇的工人运动迅速兴起,工会组织达到一定规模。1925年8月,龙州县总工会成立,辖11个行业工会,会员1500余人。桂林县总工会于1925年冬成立,辖17个工会,会员达4370人。10月,桂平县总工会成立,辖10多个工会,会员近千人。平南县大安总工会1926年秋成立,辖9个行业工会,会员近千人。玉林县有8个工会,会员1500多人。贵县在1925年秋成立苦力工会,1927年1月成立贵县总工会,辖10多个行业工会,会员千余人。马平县(柳州)总工会领导17个行业工会,会员2152人。1926年7月,恩隆县工会代表联合会成立,会员数百人。百色县工会联合会于1926年9月成立,辖10余个工会,会员千余人。苍梧、岑溪、容县、北流、藤县、博白、柳江、全县、兴安、融县、三江、平乐、贺县、怀集、宜山、奉议、上林、横县、同正、永淳等县也成立了工会组织。在钦廉四属,先后成立了防城县东兴镇总工会、防城总工会、北海市总工会和合浦县总工会,辖行业工会共46个,会员万余人。1926年10月成立的北海市总工会,中共党员简毅、钟辉廉为总工会负责人,辖海员、码头、车缝、建筑、理发、洋务等17个工会,会员5000多人。据统计,大革命时期广西全省共有工会组织270个,会员总数6万余人。

## 二、农民协会组织的发展

1925年夏秋,广西农民运动重新在东兰、凤山、百色、凌云、都安等县部分农村兴起。7月,东兰县乡、村农民协会已有70多个,会员达2万余人。凤山、都安、百色、凌云也开始组织农民协会。8月,东兰县农民协会在武篆圩成立,陈伯民任主任,韦拔群任军事部长。这是广西最早建立的县级农民协会组织。9月底,韦拔群、陈伯民等在东兰武篆北帝岩(后改称列宁岩)开办了农民运动讲习所,招收东兰、凤山、百色、凌云、奉议、恩隆、向都、思林、果德、都安、河池、南丹等县和那地、天峨土州的农运骨干和有志青年近300名,学员黄治峰、潘宪甫、黄伯尧、廖源芳、

① 《工人之路》1926年5月14、15日。

黄松坚、黄举平等后来都成为右江地区的农运领导人。至 1927 年 3 月，东兰全县建立了 13 个区和 170 多个乡的农民协会组织，有 8.7 万名会员[①]，农军 2000 余人。

中共广东区委对广西农民运动很重视。1926 年 1 月 5 日，广东区委通过国民党中央农民部派员，在梧州设立“中国国民党中央农民部特派员驻梧办事处”，主任林培斌。不久，又从广东省广宁县调李爱、杨日良来梧参加办事处工作。与此同时，广东区委又通过中央农民部委任苏其礼等 12 人为特派员，赴钦廉地区领导农民运动。2 月，广东省农民协会召开全体委员及各属办事处代表、农民运动特派员代表会议，讨论通过了《广西农运报告决议案》。《决议案》要求，驻梧农运办事处要集中全力迅速开辟苍梧县农运，然后以苍梧、南宁、百色、桂林、柳州五地为中心，推动广西农民运动的发展。同月，根据毛泽东的提议，以林伯渠为主任的国民党中央农民部农民运动委员会作出决定，由国民党梧州市党部和广西省农民部负责选送 40 名学员到第六届广州农讲所学习[②]。会议还就广西怀集、平南两县农民协会遭受当局干涉一事，专函质问广西当局，坚决支持广西农民运动。

1926 年 3 月，由国民党左派和中共党员掌握的国民党广西省农民部正式成立，成为领导全省农民运动的机构。省农民部编辑出版了《农民运动丛刊》《农民补习课本》等书刊，发行 20000 余册，很受农民欢迎。从 1926 年 5 月到翌年夏，省农民部又在南宁开办了两届广西农民运动讲习所，陈协五、俞作柏先后兼任所长，中共党员陈勉恕、张胆、宁培瑛等和国民党左派人士黄家直、雷天壮等任教授，共培训了 300 多名农运干部。1926 年春至翌年春，在中共广西地方组织的推动和组织下，东兰、奉议、恩隆、容县、北流、岑溪、全县、兴业、绥渌、柳城、柳州城郊等地开办了农讲所或农训班，共培训农运骨干 1000 多名。1926 年秋，省农民部委任 3 批特派员 75 人分赴 30 多个县领导农运，并先后在容县、龙州县、恩隆县成立省农民部苍梧、镇南、田南三个道的农民运动办事处，分别由

① 《中国国民党广西省党部农民部工作报告》，1927 年 3 月。经考证，当时东兰农会 8.7 万名会员，应是按 1 人入会全家人皆为会员来统计的。

② 《中国国民党中央农民部农民运动委员会第一、二次会议记录》，1926 年 3 月。

中共党员林培斌、陈霁、陆玑璋担任主任。至1927年春，全省农会组织遍及64个县和市（含钦廉四属），东兰、凤山、百色、恩隆、奉议、思林、向都、都安、果德、镇结、凌云、隆安、邕宁、武鸣、桂平、平南、容县、博白、苍梧、岑溪、灌阳、荔浦、防城、合浦等24个县和南宁、梧州、北海3个城郊成立县（市郊）农民协会或办事处，桂林、武宣、贵县、藤县、龙州、玉林、横县、绥渌、龙州等30余县成立县农会筹备处，全省农会会员达到20余万人，许多县还成立农民自卫军常备大队。广西农民运动的发展，有力地推动了广西农村的社会变革，推动了国民革命运动的发展。

## 三、青年、学生和妇女组织的发展

广西的青年、学生组织在国共合作的形势下，也有较大的发展。五四时期成立的广西学生联合会一直都比较活跃。1925年9月，梧州新学生社成立。10月，改组梧州学生联合会，选举苏国忠、钟云等为执行委员。1926年春，国民党广西省党部青年部部长陈勉恕先后委派钟云、易超然、苏炳瑜为南宁道、柳江道、苍梧道的青年运动特派员，领导各地开展青年学生运动。共青团梧州地委内也设立学生运动委员会，加强了对学生青年运动的领导。7月20日，梧州团地委在梧州召开第六届广西全省学生联合会代表大会，改组了广西学生联合会，共青团员杨剑秋当选为省学联执行委员会总务委员，会址仍设梧州。广西省学联和梧州学联于10月间联合出版了《广西学生日报》。

同年秋，广西革命青年社在南宁成立，中共党员何福谦为负责人，创办了《广西青年》杂志。此后，苍梧、北流、容县、平南、玉林、贵县、象县、融县、榴江、武宣、恩隆、百色、平乐、桂林、贺县、陆川、马平、宜山、邕宁等县先后成立了革命青年社；全省初级中学和高级小学普遍成立了学生联合会组织。

在钦廉四属地区，1926年春夏间相继成立了防城县学生联合会、防城县青年运动委员会、北海市学生联合会和北海市青年同志社。

广西各界妇女在大革命运动中进一步觉醒。1925年10月，广西妇女联合会在梧州成立。1926年春，中共梧州地委从梧州派出一批女党团员到南宁、桂平、柳州、桂林、玉林、东兰、龙州等地开展妇女运动，发展妇女组织。3 月，李省群任国民党广西省党部妇女部长，省妇女部秘书、干事亦由中共党员和共青团员担任。妇女部制定《广西妇女联合会组织条例》，创办广西妇女工读学校，指导各县组织妇女团体，开展妇女运动。此后，广西各地妇女组织得到了发展，桂平、柳州、玉林、桂林、龙州、百色、恩隆、奉议、果德、东兰、河池、宜山、博白及合浦、北海、防城等地分别建立了县市妇女联合会、妇女解放协会等妇女团体。

广西各地的工会、农民协会和青年、学生、妇女组织，发动和组织广大群众参加革命运动，使广西反帝反封建的革命斗争出现了新的局面。

# 第 三 章

# 大革命运动在广西的发展和失败

## 第一节 轰轰烈烈的城镇工人运动

### 一、支援省港工人的反帝爱国斗争

1926 年 2 月初，香港工人举行第二次大罢工，广东各界发起援助罢工周斗争，广西各界爱国团体立即响应。2 月 17 日，中共梧州地委以国民党梧州市党部的名义，发动数万群众在东学塘举行援助省港大罢工周大会。地委委员周济担任大会临时主席，地委书记谭寿林和梧州工联会委员长钟山等代表各团体发表演讲。大会通过提案，严厉谴责列强罪行，誓为省港罢工工友的后盾。会后，梧州工联会等九个团体联合发起举行援助罢工周，进行大规模的募捐与宣传运动，把募捐所得的款项全部捐助省港罢工工友。3 月 14 日，梧州各界援助罢工周委员会派周济、李血泪携带"敬祝省港罢工工友努力奋斗到底"锦旗和捐款，前往广州送给省港罢工委员会，慰问罢工工人。3 月 10 日，国民党广西省工人部发出通告，号召各地开展援助省港罢工的群众运动，从物质上、精神上援助省港大罢工。工人部部长黄家直致电中华全国总工会和省港罢工委员会，表示了斗争到底的决心。3 月 27 日，北海市工人和各界群众万余人举行援助省港罢工周市民大会，散发传单，募捐援助省港罢工工人，封锁港口，对香港实行禁运，严禁英日轮船进港和英日商人入境，还发起打倒作恶多端的英国传教士、北海贞德女校校督的学潮。4 月 26 日，南宁工人和各界群众数万人举行援助省港罢工周市民大会，并代表广西全省民众致电省港罢工委员会,表示以实际行动援助罢工。南宁市工会代表联合会发起在中山公园建筑红亭、红桥、红湖,以纪念省港大罢工的活动,全市工人和各界群众大力支持,踊跃捐款,并参加献工劳动。5月,防城县东兴镇各界群众驱逐洋务局买办。同月30日,梧、邕、桂、柳、玉、贵等城镇的工农商学妇等团体分别举行“五卅惨案”周年纪念大会和游行示威。梧州“五月运动委员会”召开了有数十个团体的群众参加的纪念大会。6月,南宁各界援助省港罢工周募捐7000元,邮汇给省港罢工委员会。7月6日,南宁各界代表4人到广州慰问省港罢工工人,受到中华全国总工会副委员长何耀全接见,并应邀到省港罢工代表大会第130次常会上发表演说。9月初,南宁市工会代表联合会再次致电中华全国总工会、省港罢工委员会,表示南宁8000余工人誓为省港罢工的后盾,为打倒帝国主义侵华势力坚决奋斗到底。在此前后,国民革命军第七军特别党部筹办处、广西革命青年社、广西学生联合会以及上林、恩隆等县和南宁市郊的数十个团体纷纷发表通电、宣言,声援省港罢工周。桂林、柳州、玉林、桂平、龙州、百色等地各界也举行了大会,声讨日、英帝国主义列强侵华罪行。

在此期间,广西的城镇还开展了反对英舰入侵梧州的斗争。1926年6月23日,英国政府以英商亚细亚油行经理在南宁旅游途中遇刺身亡事件为借口,向广西当局提出抗议,并调遣3艘军舰入侵梧州,封锁西江,胁迫广西交涉署雇请带水员,企图西上南宁挑衅。是日晚,中共梧州地委委员、国民党梧州市党部工人部长周济,在市党部召开全市工农商学妇各界代表大会,通过抗议提案,电请广州国民政府和广西省政府对英提出严重交涉,抗议英舰侵犯我国主权,要求英舰司令和广州英领事向我道歉。会后,周济率领梧州各界群众到洋关码头示威,并偕同梧州轮船总工会代表登舰质问英军司令,抗议英舰侵犯中国主权,责令英舰24小时内无条件离梧。梧州对外协会颁发布告,揭露英帝国主义的侵略罪行,严禁国人受雇于英舰。在省会南宁,中共南宁地委书记、国民党广西省党部青年部部长陈勉恕联合省党部工人部部长黄家直,敦促广西省政府主席黄绍竑坚持严正立场,抗议英舰擅自入侵省河。同时,发动南宁工会、学生会、妇女会、商会及城郊农会,举行抗议示威游行。

由于梧州、南宁各界革命团体的坚决抗议，英舰被迫离梧，斗争取得了胜利。

## 二、援助国民革命军出师北伐

以推翻帝国主义支持的北洋军阀为直接目标的北伐战争，是国共两党共同发动的革命战争，中国共产党领导的各地工农群众运动的开展，对于北伐战争的胜利进军起了重要作用。两广的统一，广西成为国民革命军进行北伐战争的根据地之一。1926 年 5 月 5 日，桂军奉命改编为国民革命军第七军，李宗仁任军长，黄绍竑任党代表，白崇禧任参谋长，全军辖 9 个旅 3.7 万余人。5 月 12 日，第七军派出广西北伐先遣队，与叶挺独立团进行援湘作战，揭开了北伐战争的序幕。6 月，李宗仁、黄绍竑命令第七军主力 4 个旅由桂林誓师北伐。7 月 6 日，李宗仁从桂林赴湘指挥第七军作战。白崇禧任国民革命军总参谋次长，在广州随蒋介石北上。黄绍竑带领 5 个旅 2 万余人留守广西，防止滇系军阀唐继尧再次进攻两广，以巩固北伐后方根据地。

广州国民政府北伐的战略部署是：首先向湖南、湖北进军，迅速消灭北洋军阀直系吴佩孚部的主力，争取奉系张作霖、皖系孙传芳两部在一段时间内保持中立；待两湖战场取得胜利后，再引兵东向，消灭孙传芳部；最后，北上解决实力最为雄厚的张作霖部。在北伐战场上，第七军"颇以能战著名"①，是北伐军中较有战斗力的主力部队之一。第七军在第一阶段两湖战场中，与第四、第八军一起进占长沙、岳阳，进军湖北，8 月 30 日攻占贺胜桥，然后会攻武昌。9 月 10 日，第七军奉命撤离武昌，转赴江西作战。在江西战场上，取得了箬溪、德安、王家铺三战三捷的重大胜利，迫使西进湘鄂的孙传芳部不得不回头守卫江西，从而保证武昌围城战的胜利。接着，在友军配合下，迅速攻占了南浔铁路各要点，切断了孙军的生命线，使南昌孙军陷于孤立，为北伐军第三次攻占南昌创造了条件。1927 年初，第七军奉令向安徽挺进，逼迫安徽孙军投诚，并进迫津浦铁路南段，有力地策应了友军在长江下游的作战。第七军转战湖

---

① 《汉口民国日报》1927 年 1 月 25 日。

南、湖北、江西、安徽等省，参与歼灭吴佩孚和孙传芳的主力，屡挫强敌，同时也付出了重大的牺牲。

北伐战争的正义性，共产党人在北伐军中强有力的政治工作，广大人民群众的大力支持，是北伐军士气旺盛、屡战屡胜的主要原因。中共广西地方组织通过广西各地工农商学妇各界团体，发动广大群众踊跃投入到支援北伐战争的洪流之中。1925 年 11 月，中共梧州支部以国民党梧州市党部的名义召开庆祝“两广升平大会”，梧州工农商学妇各界团体数万人参加。会上一致通过吁请国民政府出师北伐，全国民众一致参加北伐战争等项提案[①]。1926 年 1 月 24 日，龙州县总工会向广州国民政府发出快邮代电，要求迅速出兵北伐，扫除亲日卖国贼，驱逐日本在华势力。6 月 22 日，中共梧州地委以国民党梧州市党部的名义，在市公共体育场召开各界赞助北伐大会，1 万余市民冒雨参加，谭寿林主持大会，李宗仁、黄绍竑发表演说，苏联顾问马迈耶夫出席大会。各界群众高呼“打倒军阀”“北伐成功万岁”“国民革命万岁”等口号，冒雨举行示威游行。当晚，梧州革命青年剧团演出宣传国民革命的戏剧。同月，南宁各界团体成立广西北伐后援会，发动各界群众援助第七军出师北伐。国民党广西省妇女部部长李省群召集南宁妇女骨干开会，号召妇女参加北伐，并布置市妇联委员汤志明做李宗仁夫人郭德洁的工作，请郭出面组织成立广西妇女北伐宣传队。经过紧张准备并取得李宗仁支持，在南宁成立了第七军政治部妇女宣传队，队长郭德洁，中共党员莫佩琼担任副队长。妇女宣传队分两个分队，由桂林随军北上湘鄂、赣皖，开展战地宣传，还下乡协助农民协会筹粮，在第七军和北伐战场上，产生很大影响。

是年夏秋，南宁、桂林、全县、玉林、柳州、百色、龙州等地各界团体，都召开了庆祝北伐胜利群众大会。9 月 16 日，梧州 90 余个团体数万民众举行庆祝光复汉口大会。中共广东区委特派员、南宁地委书记、第七军政治部副主任黄日葵，中共梧州地委书记谭寿林，国民党广西省党部组织部部长兼南宁军校校长俞作柏和苏联顾问达尔汉诺夫出席大会。大会发出了慰劳前方将士、宣布唐继尧罪状、反对英国军舰入侵省河等

① 《工人之路特号》1925 年 11 月 26 日。

通电。

## 三、开展维护工人合法权益的斗争

在支援五卅运动和省港大罢工斗争期间，广西城镇工人和各界群众，也积极开展反对官僚豪绅、不法奸商重利盘剥，坚决维护工人和其他市民合法权益的斗争。

1925 年 10 月，梧州市平码行秤员工会提出增加工人工资和给工人节假日的合理要求，经过两个多月的罢工斗争，迫使资方答应工会要求，罢工获得胜利。同年秋，南宁“贵发”“贵益”号轮船主无理开除三名工人。南宁海员工会宣布罢工，迫使轮船主向工会鸣炮道歉，同意工人复工。1926 年 3 月，南宁经纪行资本家自恃有官僚作后台，无理降低搬运工人工资，工人据理力争，反遭殴打。市总工会派人前往交涉，又被拒绝。市总工会召开全市工人大会，号召经纪行全体工人罢工。资方被迫以市商民协会名义向市总工会道歉，赔偿工人工资和医药费 3000 元。4 月，南宁市大庄口商行发生殴打店员事件，市总工会几次派员交涉，均遭资方拒绝。市总工会又召开全市工人大会，派林绍全、何建南带领纠察队数十人前去大庄口抗议。商行老板反诬工人暴乱，勾结南宁警察局调动警察包围工人纠察队，市总工会增派 200 余名纠察队员增援。为了缓和局势，广西省当局派第七军旅长兼南宁警备司令黄旭初到大庄口调解，责令商行赔偿工人医药费，并“保证”今后不再发生殴打和开除工人的事件。5 月，广西印务局长对工人要求增加工资、减少工时的斗争进行报复，借口印书墨色模糊，开除了两名印刷工人。南宁印刷工会发动全市印刷工人举行罢工，坚持斗争一个多月，取得了胜利，被开除工人回厂复工，工人增加工资，学徒工也破例得到了薪水。南宁的杂货、轮船、苦力等工会也领导工人胜利地进行了增加工资的斗争。同年夏秋，国民革命军第七军驻南宁某部借北伐之名，强行拉夫 100 余人。市总工会闻讯，立即派执委梁西园、林汉泉前往第七军军部和广西省政府提出抗议，要求释放被拉夫的工人、市民。在遭到无理拒绝之后，市总工会发动工人游行示威，宣言要举行全市总罢工。桂系当局迫于压力，不得不放人。11 月 18 日，中共北海支部领导市总工会等 31 个团体，发起打倒贪官、市政筹备专员陈椿熙的运动。群众集会游行，并致电广州国民政府，列举陈椿熙十大罪状，宣布全市罢工、罢课、罢市。陈椿熙虽连日派警察拘捕各团体代表，但群情更为激愤，万余群众包围庇护陈椿熙的第四军十一师师部，要求惩办陈。12月下旬，广东省政府下令撤办陈椿熙。1927年春，南宁邮务局拒绝邮务工会两位代表公假期间出席全国邮政工人代表大会，南宁总工会派员交涉未果，被迫举行全市邮务工人罢工，斗争取得了胜利。

## 四、反对梧州军警制造“工人血案”

梧州工会因组织群众声援省港大罢工，坚决禁运和查没仇货，引起了不法奸商的仇恨。1926年8月3日，梧州市工人凌二妹、李才、吴循受雇为梧州仁生商号搬运货物，双方由于工资问题引起争论。奸商蓄意报复，诬告凌二妹等“勒索行水”，勾结梧州驻军前来弹压，并将三人拘捕入狱。中共梧州地委积极组织营救，两广工会组织发出强烈抗议。但在广西当局纵容下，梧州驻军不经审判，就将三位工人枪杀，制造了震惊两广的梧州三工人血案。血案发生后，中共梧州地委组织了各界群众三万余人集会示威游行，通电省内外愤怒声讨，要求广西当局严惩凶手，抚恤遗孤，保证今后不再发生此类事件。会后，又派代表到广州，向国民党中央党部、国民政府和中华全国总工会控诉。广西各地和广州、香港的工会及其他各界团体纷纷集会，致电声援梧州工人阶级的正义斗争。全国总工会屡次致电广西省政府和第七军军部，要求严惩凶手。9月23日，全总机关报《工人之路》发表《梧州不肖军人枪毙工人之骇闻》的评论。10月2日，全总致函国民政府，要求派员查处梧州工人血案。16日，全总委员长苏兆征向记者发表谈话，严正指出：“在此星期内广西省政府未有完满之答复，梧州与广州工人必取相当之应付，假使不幸而至举行罢工，此为工人之最终要求，那时广西省政府及第七军第六旅应负其全责”[①]。10月18日，《工人之路》再次发表梧州24个工会对这一事件的宣言。10月25日，梧州25个工会团体万余工人在东学塘再次举

① 《工人之路特号》1926年10月17日。

行抗议大会，发出通电和宣言，表示“誓死为三工友伸雪”，要求“政府于一星期内惩凶抚恤，并切实保障以后不再有此种枉杀工人之事件发生”，“否则全体牺牲，亦所不惜”[①]。在南宁，中共南宁地委发动左派人士以国民党广西省党部工人部、商民部、青年部、妇女部的名义发表通电、宣言，谴责梧州军警当局摧残工运的罪行。广西、广东、香港等地的各界革命团体，亦纷纷来电质问广西军政当局。广西省政府、省党部和第七军迫于压力，于10月下旬组织联合调查善后委员会，会同国民党中央工人部、国民革命军总司令部的调查组到梧州调查。调查结果，证明三工友实属枉杀。12月23日，广西当局被迫宣布接受梧州各工会惩处凶手、抚恤遗孤、通令全省不得再有摧残工会事件发生等三项条件。

## 第二节　席卷八桂的农村革命运动

### 一、围绕“东兰惨案”展开的斗争

从1926年1月开始，中共广西地方组织领导各界革命团体围绕“东兰惨案”，与广西国民党右派进行了长达一年的尖锐斗争。

韦拔群领导的东兰农民运动的蓬勃发展，引起了国民党右派势力和东兰土豪劣绅的惧恨。1925年11月，东兰土豪劣绅诬控“拔群为匪首，学生为匪徒，农〔讲〕所为匪巢”，一面派人赴南宁造谣，一面要求派兵“进剿”。12月，广西当局密令第七军龚寿仪团以追击自称“广西省长”的蒙仁潜残部的名义，进驻东兰、凤山，勾结土豪劣绅把持的团局，残酷镇压农会，大肆烧杀抢掠，制造了震惊省内外的“东兰惨案”。东兰农民在惨案中被焚烧房屋614家，被勒索5804家，被杀害500余名，被抢掠牲畜、粮食、财物价值数百万元，以至“四民失业，四月越矣，死者曝骨，生者转徙。〔龚寿仪〕尤复率其兽军大搜各村山洞，军行所至，尽将禾苗拔光，以至民死非命，残酷不堪”[②]。龚寿仪还伙同东兰县知事黄守先等，

---

① 《工人之路》1926年10月30日。

② 东兰县农民协会《快邮代电》，1926年5月2日。

强迫农民购买所谓“良民牌”，“每牌索银数元至数百元不等”，甚至强迫东里、那娥两村农民“赔偿”子弹费，不交者就以“拔党”论罪。

韦拔群领导农民进行了英勇的斗争。1926年1月，东兰县党部派黄榜呈出席国民党广西省第一次代表大会，在南宁向社会各界揭露龚寿仪团伙同东兰土豪劣绅摧残农民运动罪行。2月，韦拔群率领农军主力退入西山，宣布成立东兰县革命委员会，组建东兰农民自卫军锄奸团，相机捕杀罪大恶极的土豪劣绅分子。5月初，韦拔群调集东兰农民自卫军，在兰木乡黑石村袭击龚部，攻打数个土豪劣绅团局据点。同时，还利用国共合作的有利条件开展合法斗争。5月2日，陈伯民、陈守和赴南宁，以东兰县农民协会的名义，向广州国民政府、国民党中央党部以及广西党、政、军和社会各界发出《快邮代电》，要求国民党中央和广西省当局严惩肇事者，赔偿农民所受损失，恢复农民运动讲习所。

中共南宁地委和国民党广西省党部农民部、青年部、商民部、工人部、妇女部，积极支持东兰农民的斗争。地委书记陈勉恕听取陈伯民、陈守和的汇报后，布置南宁各界开展声势浩大的援兰斗争。省农民部部长陈协五邀请东兰农会代表出席省党部联席会议，报告东兰惨案真相。在各方面的压力下，广西当局被迫将龚寿仪团调离东兰，并于6月份派陈协五带队赴东兰进行调查处理。同月，广东省第二届农民代表大会致电慰问东兰受难农友。6月1日，广州《国民新闻》杂志发表《广西东兰县反动派摧残农民惨剧》一文，引起社会各界强烈愤慨。在广州的留俄孙文大学广西学生会在会刊《疾呼》杂志上连续发表《援助东兰农民宣言》以及廖梦樵等人的文章。广州的《民国日报》《工人之路》也写文章给予声援。6月初，黄守先随龚寿仪团逃到百色。韦拔群率领东兰县革命委员会和农军指挥部进驻武篆圩，恢复东兰县农民协会，并派农军主力攻打一些土劣团局的武装据点。

6月14日，陈协五率领调查团到达武篆圩。15日，韦拔群以东兰县农民协会的名义在武篆召开欢迎大会，5000多名农会会员冒着大雨到会。陈协五在大会上代表广西省农民部热情支持农民运动。但广西当局则电示新任县知事黄祖瑜调集警团阻止农会农军赴县城开会游行，阻挠陈协五在东兰的调查。为此，韦拔群和东兰县农会、国民党县党部通令全县农会、农军，积极配合调查团的工作，保障调查团的安全。陈协五完成调查任务后，于7月18日返回南宁，写出了真实反映东兰农民运动的《广西东兰农民之惨案》的调查报告。但是，国民党右派势力控制的《南宁民国日报》拒绝刊登陈协五的调查报告，公然诬陷攻击陈协五“庇匪”，胁迫陈协五辞去省农民部部长的职务。

在这样的严峻形势下，韦拔群、陈伯民等加紧整编东兰县农军，组织农民发展生产，同时吁请广西省政府公正解决。但是，广西当局却纵容土豪团局肆意反扑。9月10日，韦拔群指挥农军1000余人枪分四路攻占东兰县城，县知事黄祖瑜率团局武装弃城逃往红水河北岸。之后，韦拔群又派陈守和、陈伯民到南宁向各界报告情况。农军入城后，乘胜控制了除隘洞区部分乡村以外的全县城乡，各乡团局土崩瓦解，形成“一切权力归农会”的局面，县农会推举执委牙苏民代理县政，并通电两广各界报告事件真相。

对东兰农民的革命斗争，中共广东区委和国民党中央农民部给予极大关注。1926年9月上旬，由共产党人主办的国民党中央农民部机关刊物《农民运动》第六、七期，刊载了陈协五写的《广西东兰农民之惨案》，向社会各界揭露了“东兰惨案”的真相。在此前后，广州的《向导》《政治周报》《中国农民》《农民运动》《工人之路》《疾呼》《民国日报》等报刊，纷纷发表工农商学妇等团体的通电、宣言和文章，痛斥广西国民党右派和土豪劣绅制造东兰惨案的罪行。这些，给东兰乃至广西全省的革命群众运动以很大的鼓舞，推动了右江地区农民运动迅速发展，其中有16个县先后成立了县农会、县农会办事处或县农会筹备处。

9月，中共南宁地委组织南宁各界万余人，举行援助东兰农民大会。同月，广西省农民运动特派员陆玑璋，从恩隆县平马镇率领田南慰问团100多人枪赴东兰，声援东兰农民。

由于北伐战争的胜利进军和全国工农革命运动的蓬勃发展，以及省内外各方面的压力，国民党广西当局不得不再次派员到东兰调查。10月初，黄绍竑委派陈勉恕率东兰农案调查善后委员会赴东兰，并任命陈代理东兰县知事。中共南宁地委利用这个时机派地委委员、共青团南宁地委书记严敏和党员陈洪涛、陈鼓涛到东兰，协助陈勉恕指导农运工作，加强农军，发展党团员，建立党、团组织。11 月 5 日，陈勉恕、韦拔群在县城召开了东兰全县农民代表大会，选举成立了以韦拔群为主任兼军事部部长的东兰县第二届农民协会。至此，全县成立了区农会 11 个，乡农会 124 个，为全省之冠[①]。与此同时，中共广西各地党组织分别领导南宁、田南、苍梧、桂林、镇南等道的东兰农民惨案后援会继续举行集会，发出通电，要求广西当局惩办凶手，承认东兰农运的合法性，豁免该县本年度粮赋以补偿农民损失。在社会各界的坚决斗争下，11 月 28 日，广西省政府不得不发出“俭电”，承认东兰农会的合法性，表示抚恤农民惩办凶犯[②]。12 月 4 日，陈勉恕写出了《广西东兰农民运动之实际状况》的调查报告。报告称赞说，“韦拔群等之勇毅果敢，能够站在农民利益上去奋斗，这是任何人都不能否认的。他们在广西的农运工作中，自然显出很重要的意义”。调查报告先后在南宁《民国日报》和广州《农民运动》发表，再次引起社会各界的强烈反响。12 月 5 日，中共中央在给共产国际的报告中高度评价了韦拔群和东兰农民运动，称赞“韦同志在东兰已成了海陆丰之彭湃，极得农民信仰”。东兰农民运动已经成为广西农民求翻身解放运动的急先锋。

1927 年 3 月，广西当局将陈勉恕免职并命他回南宁述职。陈勉恕离开东兰之前，多次召集韦拔群、陈伯民、陈洪涛等开会，要求他们加强团结，整顿农会和农军。他在三界庙召开中共东兰支部会议，指示他们要广泛宣传党的主张，积极发展党团员。同月，韦拔群着手整顿全县农会农军组织，组建了三个常备大队，直属县农会军事部指挥。此时，东兰农军还争取省农民部部长、南宁军校校长俞作柏的支持，得到俞送给的十余支手枪。

## 二、反对农村封建势力的斗争

**组建农民自卫军。**广西各地农村的地主豪绅普遍拥有枪支，称霸一

---

① 陈勉恕《广西东兰农民运动之实际状况》，1926 年 12 月 4 日。

② 《广西省政府关于处理东兰农案的俭电》，1926 年 11 月 28 日；《广西公报》1927 年 1 月。

方。原来为防御兵匪侵扰而设立的县乡村团防局,几乎全为土豪劣绅把持,成为他们横行乡里、盘剥压榨农民的工具。土豪劣绅对泥腿子们闹翻身,感到“从此不得安枕”,非常仇恨。他们勾结军政当局,残酷摧残农民运动,先后在东兰、桂平、平南、苍梧、怀集、岑溪、玉林、容县、武宣、邕宁、横县、兴安、灌阳、荔浦等县制造了一系列迫害农民的事件。残酷的斗争现实,使农民深知,要打倒地主豪绅,必须有自己的武装。因此,各地农民在成立农民协会的同时,纷纷组建自卫军,并得到中共广西地方组织和国民党左派的支持。1926 年 3 月,共产党员和国民党左派人士起主导作用的广西省党部农民部制订了《农民自卫军组织大纲》,印发给各地农会。至 1927 年春,桂西、桂南、桂中等地区的 20 余县,都建立了一定规模的农军。全省农军拥有各类枪支数万支。

**打击农村反动势力。**在右江地区的东兰县、凤山县,1926 年 1 月,韦拔群就领导农军进行了反抗两县反动团局和龚寿仪团血腥镇压的斗争。4 月 14 日,凤山县长里农军处决了担任县教育局长的土豪,没收其财物分给贫苦农民。8 月 16 日,东兰、凌云县的农军联合攻破土豪老巢马六屯。东兰、凤山、凌云三县农军,联合打垮了凌云平乐、大同的土豪团局武装,缴枪五六十支。1927 年 1 月 29 日,东兰农军在县城组织数千人游斗一名大土豪。2 月 1 日,凤山县农军袭击盘阳团局,捕杀一名团总和一名团董。同一期间,都安县农会主任邓无畏等率领安阳等区农军驱逐反动县知事和县团总,夺取枪械,宣布取消县团局,改组县党部。

在浔州四属地区,1926 年 12 月初,中共桂平支部以国民党县党部的名义,调数百农军入城作后盾,在县城召集各界团体代表会议,决议改组长期为土豪劣绅盘踞的县团防总局和取消各里团局,重新成立各区团局。结果,“团防局团总皆为农会领袖所占”[①]。12 月,桂平县的原东里联团总局长指派团丁 20 余人枪,围攻捣毁宣二区农会和国民党区党部,捕捉农会执委。接着,又勾结几十名土豪劣绅成立保产会,集中人枪,扬言联合第七军驻桂平的防军营,于 1927 年 1 月间向农会进攻。中共桂平支部领导农军数百人枪,“杀猪宰牛,祭旗饮血,要与豪绅血战”,吓得县

① 《黄日葵、谭寿林等给中共中央的报告》,1928 年 2 月 7 日。

知事慌忙下令放人。3 月 18 日,宣二区农军在紫荆乡将前来镇压农会的三江团总击毙。

在苍梧和玉林五属地区,1926 年 11 月,苍梧县土豪勾结县知事拘捕多贤乡农会一名执委,中共梧州地委立即领导市郊和该区农会,联合梧州各界团体举行抗议游行,迫使县政府鸣炮赔礼放人。1927 年 3 月 29 日,中共玉林支部发动万余农友包围县府,抗议土豪劣绅勾结县知事拘捕调马乡农会一执委。县知事慑于农会势力,打开县府中门迎接农民请愿队伍,鸣炮赔礼放人,并宣布惩办肇事的土劣分子。同年春,容县农会派农军收缴了该县团务总局的枪支、印章;苍梧县多贤区农会筹备处召开农会会员大会,宣布驱逐土劣团董,掌管了团务,收缴了枪支。

在省会南宁所在地——邕宁县,也开展了打击反动团局的斗争。1926 年 10 月,邕宁县吴圩区团总勾结县知事,拘捕邕宁县农会执委唐光天等五人。吴圩、苏圩、那马和南宁城郊农会发动会员万余人进城示威,中共南宁地委发动南宁各界全力支持,包围县府两天,迫使广西省政府下令释放唐光天等人,还表示要将该知事和吴圩团总等土豪劣绅分子撤职查办。

**反对土豪劣绅的假农会。**广西各地的土豪劣绅还采取钻入农会或组织假农会等手段,分裂破坏农民运动。国民党苍梧县县党部和县农协会筹备处,采取金钱收买会员的卑劣手段,拉拢部分落后群众加入他们的区乡农会。为了对付假农会,中共梧州地委一方面通过中央农民部特派员驻梧办事处不批准这些假农会成立,使其失去合法地位;一方面在假农会中做分化瓦解工作,教育争取其中的基本群众,逐步树立贫苦农民的优势,夺取农会领导权,使之成为真正的农会。经过斗争,假农会中的大部分农民群众,摆脱土劣的控制,退出假农会,加入真农会。1926 年秋,岑溪县的土豪劣绅组织了两个假乡农会。省农运特派员、中共党员李植华、苏骏代表苍梧道农运办事处,到岑溪宣布这两个乡的农会为非法组织,限期解散。在贵县石卡乡,省农运特派员梁若柱下令解散了地主豪绅成立的假农会,并明令他们不许另行组织农会。1926 年冬,武宣县土豪劣绅成立了通挽区和桐岭区的假农会,省农运特派员陈炳章下令将其解散。桂平县大土豪刘瑾堂建立了大宣镇假农会,中共桂平支部掌握的国民党县农民部当即发动农民群众起来反对,将它解散。平南县惠政区土豪劣绅成立的假农会,以五毫银拉拢农民入会。中共平南县支部领导的县农会在农民中揭露了它的假面目,农民纷纷自愿加入真农会,那个假农会只好散伙。

**开展二五减租斗争**。在农会占优势的地区,农民冲破广西当局的种种限制,开展了二五减租(即把地租额减低25%)斗争。中共南宁地委为了推动二五减租,于1926年秋,请国民党广西省党部农民部部长陈协五出面,召集南宁城郊和邕宁县数千农民进城,向省党部、省政府请愿,要求由农民自己来实行二五减租。南宁的减租风潮推动了全省各地减租斗争的兴起。苍梧、岑溪、容县以及防城、合浦等40余县的农会,普遍发动农民开展减租减息,反对土豪劣绅起耕夺佃的斗争。苍梧县多贤乡地主以收回佃农租田的手段来抗拒减租,该乡农会发动农友犁掉田基,用截断地主田地水源的办法挫败了地主的阴谋。该县长行乡乐姓地主纠集20多团丁打伤农会人员,抗拒减租,农会组织40多人枪围困乐家炮楼,迫其认罪减租。在秋收时节,岑溪、藤县、平南、桂平、北流、容县、玉林等县,农会派遣农军武力保护农民"临田分禾",防止地主破坏二五减租。成立农会较晚的桂林道8个县,在137个乡农会中,实行二五减租的就有124个。有的地方农会还进行限制高利贷的斗争。1926年7月,邕宁县苏圩区农会带领各乡农会会员包围苏圩团局,清算团董,迫使其接受农会的三条要求:1926年内放出的债务,依照二五减租规定办理,以前的债务按五成归还;今后不准派丁下乡催交田租和勒索茶水费;这次农会清算斗争的膳宿费由团董承担。

**清算土劣赃款财物**。东兰、凤山等县实行没收那些专与农会作对的土劣财产归农会所有的政策,宣布不交租,不退债,烧毁契约。同时还废除各种苛捐杂税,减轻农民负担。1926年3月,南宁城郊官塘乡农会通过清算,夺回了被土豪霸占多年的公地香炉岭、白龙塘。同年夏,中共玉林支部书记朱锡昂回家乡博白,领导沙河等乡农民开展打倒厘金局长,清算奸商的斗争。6月间,在黄治峰领导下,奉议县农会办事处组织农民起来,反对县知事克扣农民交纳的军粮款。11月,天保县百登等乡农会清算了县团务局长勾结县知事勒索民财的罪行,迫使广西省政府下令将这两人停职查办。1927年春,平南县惠政、大同乡和北流县六厚乡农会,清算数名土豪劣绅侵吞的团务费、团训费,迫其赔还。贵县石卡乡农会数千农友集会,清算土劣侵吞贵(县)兴(业)玉(林)汽车公路股票和勒收捐税的罪行。武鸣县东区马头乡农会,召开了有48个村万余农民参加的群众大会,发表《快邮代电》,清算土豪侵吞武鸣迁建中学公款的罪行,斗争持续数月终获胜利。兴安县农会筹备处发动万余农友清算大土豪,发表《快邮代电》,迫使广西省政府饬令兴安县府将该土豪拘押惩办,农民得以扬眉吐气。

**反对苛捐杂税、取消预征钱粮。**1926年7月,梧州商埠局强制实行粪溺捐,市郊的菜农深受其害。中共梧州地委指示市郊农会,联合各乡农会,成立"取消梧州市粪溺捐委员会",组织数千农民入城游行示威。《梧州民国日报》印发传单,支持农民的废捐斗争。示威队伍砸烂了粪溺捐办事处的招牌,迫使苍梧县知事当场宣布取消"粪溺捐"。1927年1月28日,平南县双马乡一农会骨干与几位农民入城卖黄糖时,抵制税船收捐,与税警发生冲突,税警开枪打死农民一人,打伤数人。1000余农民因此愤怒砸坏税牌,火烧税船。同日,中共平南支部成立了以党员苏国忠为主席的平南各界雪冤后援会,发动数千农民、店员、商民、小贩举行抬尸游行示威,捣毁县北河八里团务总局,要求县府惩凶抚难,取消百货捐,并推选4名代表赴省请愿,沿途散发揭露土豪罪行的传单。县农会、县商会发出急电,要求严惩凶手,取消捐税,以平民愤安民心。广西省政府被迫于3月15日下令将平南县北河八里团务总局长撤职,取消百货捐,抚恤死伤农民。这一斗争胜利,有力地促进浔州四属地区农运的发展。此后,桂平县东区农会,平南县大同、鹏化区农会明令取消土劣团局的捐税管理权,派遣农军设卡合理征收捐税。同年3月,中共柳州支部领导城郊6个乡农会,废除了马平县警察署征收的卖菜牌照捐。武宣县通挽区农会废除了圩捐。防城县江平、沥尾等乡的京族渔民在农会领导下,痛打驱逐了前来勒收苛捐的团局盐吏。是年夏,武鸣县西区农会抗交"牛马捐",藤县太平农会取消"公秤税"等斗争,都获得了胜利。

**破除迷信,打倒神权。**大革命浪潮中,广西省政府发布了破除迷信,捣毁寺庙偶像的通令，各地农会组织群众奋起响应。邕宁等县农会组织了拆神公队，捣毁寺庙中的菩萨偶像。隆安县农会组织农民，共砸毁了450余尊菩萨。农民们在这些祠堂、寺庙，挂起农民协会、平民义学、买卖合作社的牌子，变成农民发号施令的机关，学习、娱乐的场所和宣判土劣的法庭。有的地方还将庙产充作公产，用来扩大办学基金，发展教育，兴修水利。农会还严禁巫婆、神汉的迷信活动。1927年春，向都县知事母亲病故时，回原籍隆安县城大做道场。隆安县农会以违抗农会禁令论处，即调农军200余人赴县城示威，该知事只好交出60块大洋罚款并当众认罪。

**禁止烟赌。**派遣农军查抄鸦片烟具、赌具，明确规定烟鬼、赌徒不得加入农会。1927年初，向都县农会把60余名烟鬼抓到县城集训，让他们戒了烟才释放回家。对于违禁聚赌者，实行罚款严惩。在农会势力强盛的东兰、凤山等县，烟赌之风一度绝迹。

**推行农民补习教育。**为了提高农民群众文化水平和对反帝反封建斗争的认识，广西省农民部遵照国民党中央“厉行农民补习教育政纲”，于1926年8月出版了由陈协五、陈勉恕、雷天壮等编审的《农民补习课本》，共5册79课，以“为成年以上失学农民的补习教育而成，一方课之识字，同时即授以农民参加国民革命所必备之常识”。省农民部要求有条件的各地农会采取不同形式，开展农民补习教育。省农民部、青年部、妇女部还曾派员到南宁城郊农会开办的农民夜校、义校讲课。在农运发展的地方，出现了一个农会办学的热潮。各地办学不拘形式，有农民夜校、平民义校、农民冬学、女子学校、文化补习班、中午班、识字班等，教员主要聘请农协干部和乡村小学教师担任，教学内容除《农民补习课本》外，还有《农民识字课本》《平民千字课本》等，同时重视用通俗易懂的语言宣讲《孙中山建国方略》《农民协会章程》以及《苏俄革命史》，教唱当时流行的《国民革命歌》《农民运动歌》与各地自编的革命歌曲。东兰县农会执委覃孔贤编的一首《土豪劣绅四字经》，揭露了东兰土劣残酷剥削压迫农民的罪恶，把反帝反封建的革命道理贯穿在识字教育之中，这首歌在东兰农民中广为流传。据统计，全省各地农会兴办各类学校、识字班有千余个，其中又以东兰、凤山、奉议、恩隆、邕宁、隆安、那马、玉林、容县、平南、桂平、绥渌、扶南、武宣、柳城、马平、蒙山、苍梧、藤县、恭城、全县、灌阳等县农会办学成绩较佳。隆安县当时有47个村屯农会办了农民夜校60余个班,参加学习者有3000余人。在东兰县,“各男女会员,日间去耕作,夜间到补习学校,毫无倦意”。

### 三、反对帝国主义侵略势力的斗争

早在1925年夏,梧州市郊农民群众就参加了梧州各界抗日后援会,实行对日、英帝国主义经济绝交,封锁梧港航运线的交通,检查仇货。中共梧州地委成立后,又通过梧州市郊农民协会,组织农民群众参加梧州各界声援“五卅”运动和省港大罢工周年纪念大会,参加收回英驻梧领事署和美国教会办的思达医院等反帝爱国斗争。1926年4月,南宁市郊农民群众参加了南宁各界援助省港罢工周筹备会的活动。同年8月间,为了反对英国军舰入侵我省河,市郊农会又与南宁各界团体成立对英作战委员会,动员广大农友进城参加示威活动,抗议英舰上驶南宁。10月,南宁城郊第二区农民协会发表拥护省港大罢工宣言。恩隆县农会和工会、农讲所等团体,联名致电广州的省港罢工委员会,表示坚决支援省港工人的罢工斗争,并派出农会代表前往广州慰问。桂林、柳州、怀集、贺县、岑溪、容县、玉林、平南、桂平、贵县、全县、藤县、宜山、百色、龙州、北海、合浦、钦县、防城等县、市城郊的农会组织,积极宣传发动农民进城参加各界团体的反帝游行示威活动。防城县东兴镇农会与工会一道,组织工农群众开展驱赶东兴洋务局董,抗议法国帝国主义枪杀越南芒街碗厂华工的斗争。

## 第三节　蓬勃发展的学生运动和妇女运动

### 一、学生运动深入开展

大革命运动中,在中共广西地方组织和共青团组织的领导和推动下,广西学生运动非常活跃,青年学生成为全省反帝反封建大革命运动的一支重要力量。

**广泛开展革命宣传活动。**广西青年学生组织充分利用国共合作的形势和所掌握的舆论阵地，努力宣传革命理论，传播先进思想文化。广西省学联的《广西学生日报》，广西革命青年社的《广西青年》，梧州学联的《救国晨报》，南宁学联的《爱国报》，桂林学联的《周报》《三日刊》等刊物，积极宣传孙中山的三大革命政策，宣传国民革命形势和青年运动的方针，报道和交流各地学生运动的情况。共青团梧州地委开办的苍梧书社，除公开发行孙中山等国民党领袖著作和国民党、国民政府的报刊外，还秘密发行《向导》《中国青年》《共产党宣言》《共产主义ABC》《少年先锋》《列宁文选》《历史唯物论》以及郭沫若的《女神》、鲁迅的《呐喊》等书刊。一些党、团组织还利用集会、演讲会来开展马克思主义和革命理论的宣传。1926年1月21日，中共梧州地委在梧州举行纪念列宁逝世两周年大会，各界群众数百人出席并游行宣传。1月24日至2月1日，地委在梧州的省立第二中学教室举办"纪念列宁逝世两周年演讲会"，连续讲演了11个晚上。谭寿林、龙启炎、毛简青、粟丰、罗如川等中共党员和国民党梧州市党部、梧州广西省立宣传员养成所负责人、教师等都参加了演讲。谭寿林在题为《苏联革命成功的要点》的演讲中，详细地介绍了列宁领导俄国革命的主要经验，宣传列宁关于殖民地民族解放运动的思想。当时的《梧州民国日报》连续刊载了纪念列宁逝世两周年的文章和讲话。南宁、桂林的学生组织，也举行列宁逝世两周年的纪念活动。

**支持工农革命运动。**在组织募捐、上街演讲、编演戏剧、开办夜校、打倒菩萨等活动中，青年学生们都走在前头。1926年3月，在孙中山逝世周年纪念活动中，各地学生组织宣传队在城乡开展宣传。5月，梧州国民党右派势力蓄意制造"北山通奸案"，拘捕共产党员、国民党市党部执委李血泪等3位师生。为此，共青团梧州地委和广西省学联、梧州市学联发动数千师生举行示威游行，梧州警察局不得不鸣放鞭炮放人。梧州各校学生会代表和工人代表组成梧州学工联合会，组织学工纠察队检查进港船只的货物，参加梧州各界援助罢工周的活动。7月20日，广西省学生联合总会在梧州召开第六届全省学生代表大会，到会代表100余人。大会通过了拥护孙中山三民主义和国民革命的时局宣言，会后出版了《广西学生日报》。8 月,共青团梧州地委、省学联和市学联又发动师生,参加中共梧州地委领导的梧州各界革命团体抗议右派势力企图驱逐钟山、周济、甘立申的斗争,揭露右派破坏国共合作的阴谋。12 月,梧州右派当局制造反共事件,逮捕中共梧州地委书记谭寿林等 5 位领导人、查封革命团体机关,团地委和省学联、市学联继续领导进步师生开展抗议斗争。在声援省港大罢工,支援东兰、邕宁农民的斗争中,青年学生也发挥了重要作用。1926 年玉林省立第二高中学生会,在朱锡昂校长的主持下,曾把星期六定为工农运动日,组织学生下乡宣传。许多青年学生在与工农群众共同战斗中,看到了工农的伟大力量,走上了与工农相结合的革命道路。

**掀起争取民主自由的学潮**。影响较大的是 1926 年五六月间梧州学联领导的广西省立宣传员养成所学员驱逐压制学生运动的所长的斗争。这次学潮得到中共梧州地委和广西省学联全力支持,中共中央机关报《向导》发表了《梧州学潮》的报道,各地的原宣传员养成所学员也来电声援。在强大的压力下,广西省政府才下令将该所长免职。6 月,梧州省立二中又掀起了驱逐校长的学潮。该校长侵吞公款,安插私人,不顾学生学业。师生们通过罢课,多次电告省政府,罢免了该校长的职务。在桂林,广西省立女子师范学校和省立第二师范学校的进步师生,也于 3 月间联合驱逐了压制学生爱国斗争的女师校长。柳州的省立四中、百色的省立五中、苍梧中学、贵县中学和北海贞德教会学校的学潮斗争,也都取得了胜利。

## 二、妇女解放斗争蓬勃兴起

广西城乡各族妇女在反帝反封建的伟大斗争中走上了政治舞台,显示了自己的力量。

早在 1925 年 10 月,广西妇女联合会就在梧州各学校女教师、女学生和工厂、商店、码头女工、郊区农村妇女中,积极宣传妇女解放、男女平等的革命道理,开办妇女工读学校,发展会员。1926 年初,国民党省党部妇女部提出了全省妇联的工作任务和要求:(1)广泛发动妇女参加反帝反封建的斗争;(2)在斗争中保护妇女的特殊利益;(3)努力开展宣传教育、组织训练工作。要求在政治上，女子有参政权，各行政机关应容纳女子担任职务；在教育上，须与男子享受同等的教育；在经济上谋求女子经济独立，职业自由，工资分配上与男子同等；在法律上，要求男女平等，女子有财产权、继承权；在人格上，打破宗法旧礼教和重男轻女的恶习，结婚离婚自由，禁止一切损害女性的行为。除了注意解决妇女的特殊问题外，妇女运动的主要斗争目标，始终对准帝国主义和封建军阀，因为妇女只有争取民族的解放，才能获得自身的解放。

1926 年 3 月 8 日，梧州各界妇女集会纪念“三八”国际妇女节。中共党员、国民党梧州市党部妇女部部长李省群主持大会并发表演说。大会发出通电，吁请广州国民政府颁布实施国民党第二次全国代表大会妇女运动决议案，坚决反对封建军阀的反动统治，反对奉直军阀勾结帝国主义势力镇压国民革命，号召“中国妇女联合起来”“打倒一切军阀”“打倒一切帝国主义”。梧州妇女联合会还把“打破吃人——尤其是妇女的礼教”作为行动纲领之一。1926 年春，不堪封建压迫的童养媳覃超容冲破封建牢笼，从桂平奔赴梧州，要求参加妇联会工作。妇联第二天就此事以“快邮代电”的形式，向梧州各界揭露封建礼教的罪恶，要求社会各团体给予声援。梧州各报社、工联会、学联会积极响应，掀起了“打倒封建礼教”“争取婚姻自由”“争取妇女解放”的斗争。

东兰妇女运动是广西妇女运动的模范。1926 年 11 月，韦拔群开办东兰第二届农民运动讲习所时，就有 40 余位妇女骨干参加培训。东兰壮、汉、瑶各族妇女，踊跃参加农民协会，开展了反对封建政权、族权、夫权、神权统治的斗争。1926 年 10 月 28 日，东兰县第二届农民代表大会召开，出席大会的妇女代表 21 人。大会成立了东兰县农民协会妇女部，选举产生了妇女部领导机构。同月，在陈勉恕和省妇女部干事的指导下，东兰县召开第一届妇女代表大会。大会根据广西省党部妇女部制定的妇运纲领，提出了东兰妇运的四项主张：(1)提高妇女权利，主张结婚、离婚自由；(2)反对父母包办的婚姻制度；(3)女子在政治、经济、教育等方面与男子一律平等；(4)反对丈夫虐待妻子。大会成立了东兰县妇女解放协会，选出了协会领导成员，黄正秀为主任委员。会后，妇协组织妇女宣传队到县内各乡和凌云、百色、凤山等县乡村，采用群众喜闻乐见的壮族山歌来宣传东兰农运经验，宣传妇女解放的道理。到广西农讲所学习的两名东兰妇运骨干，在南宁西关剧院用山歌揭露土劣勾结军阀制造“东兰惨案”的罪行，得到了南宁各界对东兰农运的广泛同情和支持。妇协还帮助妇女解除封建包办婚姻，使许多妇女冲破封建礼教束缚投身革命。陈勉恕在《广西东兰农民运动之实际状况》的调查报告中，高度评价东兰妇女的革命斗争精神。他说：“风气痼闭的东兰，女子剪发者居然有千余人之多，不仅是青年妇女，即四五十岁者亦有剪发，除了几十个妇所学生外，个个都到田间去，妇所学生亦很质朴”；“夜间到补习学校，毫无倦态”。12 月 8 日，随陈勉恕到东兰调查的省妇女部干事在给妇女部的报告中说：“东兰妇女已大觉悟，团结力极大，革命性极雄。一切工作与男子均等……现东兰妇女已组织妇女运动团体，名为东兰县妇女解放协会，会员三千六百八十五人”。12 月，广西省妇女部发表《援助东兰农友第二次告女同胞书》，号召全省妇女团结起来，誓为东兰后盾，以达到“扩大广西农民运动，增加革命力量，巩固革命基础，打倒一切反动派，达到被压迫民族解放之目的”。

凤山、凌云、都安、恩隆、奉议、果德等县的妇女解放斗争也非常活跃。1926 年 4 月，凤山县的妇女参加了长里区农军镇压土豪劣绅的斗争。县农会组织的妇女宣传队，前往各圩镇和乡村宣传，号召广大妇女起来参加打倒土豪劣绅的斗争。都安县大石山区的板升、拉烈、中和、古河等乡，也建立起妇女组织。苍梧、南宁、镇南、桂林、柳江等道各县及钦廉四属，许多农村妇女踊跃投入当地农会领导的“二五减租”和清算土豪劣绅的斗争。

## 第四节　反击国民党右派反共逆流的斗争

### 一、梧州反击反共逆流的斗争

随着大革命运动的深入发展，广西国民党右派当局对中共广西地方组织和国民党左派越来越不满，多次挑起事端，掀起反共逆流，排斥革命力量，破坏国共合作。

1926年10月，梧州商民协会发起废捐运动，反对苍梧县政府和县党部征收“冥镪炮竹捐”。中共梧州地委发动梧州工人、学生、妇女团体和市郊农会声援商民斗争，国民党广西省党部商民部部长陈立亚通电支持并敦请省政府明令取消这一苛捐。但广西国民党右派当局却借此打击中共广西地方组织和国民党左派力量。11月14日，国民党苍梧县党部、第七军特别党部第二区分部等右派团体成立了“梧州各界党员驱逐反动派委员会”，发表宣言、通电，扬言要驱逐梧州工农革命运动领导人、共产党员甘立申、周济和钟山等人。中共梧州地委于15日召集各界革命团体会议，发表宣言，揭露右派势力破坏国共合作、摧残革命运动的阴谋。12月8日，苍梧和梧州3000多商民举行废捐请愿示威大会，市郊农会组织2000多农民入城声援。9日，梧州警备司令王应榆派军警逮捕市商民协会代表3人。17日晚，中共梧州地委以国民党市党部的名义，召开有千余名党员参加的全市国民党党员大会，会议决议以梧州农工商学妇代表大会名义发表抗议宣言，并决定于19日举行各界民众万人大示威。19日上午，梧州工农商学妇等十大团体万人齐集东学塘。国民党梧州警备司令王应榆秉承广西当局的旨意，“派大队武装兵士分头截击赴会群众，同时围攻市党部、工联会，封禁民国日报，拘捕党部工会职员，枪声四起，全市秩序大乱，计当时被拘捕者有市党部执行委员蔡美利、民国日报主任谭寿林、工联会委员长钟山、轮船工会委员长胡奕卿等四人，市党部、工联会、党报捣毁无余”①。此后，又有多名骨干被拘捕入狱。梧州军警当局还下令通缉中共梧州地委委员龙启炎、周济和甘立申、郭华俊、李血泪等一批工农运动骨干，实行全市戒严，解散广西民航总工会，并纠集土豪劣绅组成梧州市党部委员会，控制了梧州民国日报社。

事件发生后，龙启炎转移到苍梧、怀集农村坚持斗争。周济和甘立申到广州向中共广东区委汇报，并通电国民党中央党部、国民政府、中华全国总工会和全国各界，揭露这一反共事件，要求广西军政当局惩办凶

① 《人民周刊》1927年1月13日。

手,释放谭寿林等被捕人员。中共广东区委紧急抽调廖梦樵、邓拔奇到梧恢复梧州地委的工作,并在广州发动国民党左派人士出面营救梧州被捕人员,推动省港罢工委员会、广东省总工会、广东省农民协会等革命团体发表通电,谴责广西当局。广东区委指示周济和甘立申,以国民党梧州市党部的名义在广州《民国日报》发表《请严惩摧残党部之军官的通电》。1927 年 1 月 10 日,又发表《梧州农工商学妇女各团体重要宣言》。迫于形势,国民党中央广州政治分会和第七军军部、广西省党部、省政府派员到梧州调查。2 月 10 日,广州政治分会第十次会议提出了解决梧州事件的三项办法,但是广西当局仍拒不放人。为此,中共广东区委派周济、甘立申到武汉,向国民党中央党部和国民政府请愿。时任国民党中央常委、中央政治委员会委员、中央军事委员会秘书长的林伯渠,主持国民党中央党部执委会议,听取广西代表的报告,电令广西当局严惩首要,释放被捕人员。3 月 2 日,中共南宁地委发动各革命团体代表向前来南宁指导国民党广西二大的国民党中央执委兼青年部部长、广州政治分会委员甘乃光请愿,要求释放被捕人员。经过艰苦的斗争,14 日,广州政治分会第十七次会议通过决议,电令广西当局放人。3 月 24 日,谭寿林、钟山等人在梧州出狱。27 日到广州后,中共广东区委、中华全国总工会和各界代表前往码头迎接。

## 二、南宁反击反共逆流的斗争

广西国民党右派势力,本想一手遮天包揽广西党务,但遇到国民党省党部中的梁六度、俞作柏、陈协五、黄家直、陈立亚、周锡桓、雷天壮、裴邦焘等国民党左派力量的坚决抵制。中共南宁地委和陈勉恕、黄日葵等中共党员真诚地与国民党左派合作,坚定地奉行孙中山的新三民主义,使黄绍竑等极为恼怒。

为此他们采取“釜底抽薪”的手段,排斥、打击共产党人和广西国民党左派。1926 年 9 月,他们凭借国民党二届二中全会通过的“整理党务案”,委任了一批“党务整理”特派员,企图利用在全省各地重新登记国民党党员的机会,排斥各级党部中的左派力量。在右派势力的逼迫下,梁六度、陈协五和陈勉恕、李省群先后辞去组织、农民、青年、妇女等部部长职务，商民部部长陈立亚也受到无端攻击。经中共南宁地委和省党部左派力量共同努力，仍争取得由国民党左派人士俞作柏兼任组织部和农民部部长，谢雪琴代理妇女部部长，裴邦焘任青年部部长，张胆、裴邦焘、陆玑璋、易挽澜分别任柳江、桂林、田南、镇南四个党务整理处指导员。

但是，斗争并没有停止。1927 年 2 月初，广西当局又借口北伐前线需要，“不动声色地选择那些最易引起问题的人，组织一个北伐军的慰劳队”，由第七军政治部副主任黄日葵带领离桂赴皖[①]。黄日葵率领由 20 多名中共党员、共青团员和国民党左派人士组成的北伐慰劳队一到安徽芜湖，即被李宗仁解散。这样，共产党在广西的领导力量被严重削弱。3 月中旬，黄绍竑在南宁主持召开国民党广西省第二次代表大会。大会极力排挤共产党人和国民党左派，出席会议的 107 个代表中，仅有数名工农运动骨干。新选出的国民党广西省执行委员会、监察委员会委员和各部部长共 20 人中，仅有左派俞作柏当选执委兼农民部部长。

面对国民党右派掀起的反共逆流，中共南宁地委又领导南宁各界团体开展了“打倒黄华表”的斗争。黄华表当时任省党部宣传部代理部长兼广西省行政人员养成所所长，是国民党广西右派势力的重要骨干。1927 年 3 月 29 日，南宁各界团体举行群众集会，纪念黄花岗起义。会后，广西省立第一中学、省立第三师范学校师生，在中共党员、共青团员带领下举行示威游行，沿途高呼“打倒黄华表”的口号。队伍行至广西省行政人员养成所门前时，遭到该所反动分子的殴打。革命师生奋起反抗，将该所招牌砸烂。广西省农民运动讲习所和南宁市总工会闻讯，立即派出学员和工人纠察队前来援助。游行队伍转至广西省党部和省政府请愿，要求惩办黄华表。事后，南宁市总工会、广西革命青年社、南宁学联会、邕宁县农民协会和南宁军校特别党部，在 4 月上旬先后发表通电，要求“驱逐反革命派黄华表”，惩办广西行政人员养成所的凶手。广西当局采取高压政策，强令南宁军校学生集队签名拥护黄华表。中共南宁军校支部团结进步学生，揭露了右派当局的阴谋。

---

① 《黄绍竑回忆录》，广西人民出版社 1991 年版，第 177 页。

# 第五节　四一二反革命政变和广西人民的反抗斗争

## 一、四一二反革命政变在广西

1927年春，正当北伐战争节节胜利，大革命风暴席卷全国之际。国民党右派蒋介石利用他担任国民党中央常委、国民革命军总司令，手握党军大权之便，加紧了与地主买办资产阶级及帝国主义侵华势力的勾结，同共产党公开决裂，进行武力“清党”背叛革命的活动。对此，共产国际和以陈独秀为首的中共中央采取一再妥协退让的右倾机会主义政策，使轰轰烈烈的大革命面临严重危机。在广西，国民党桂系集团积极追随蒋介石，进行“清党”，扼杀革命。

1927年3月26日，黄绍竑密电各县军政当局准备缉拿中共党员和国民党左派人士。28日，李宗仁应蒋介石之邀从安庆到上海，立即向蒋介石献策，“以快刀斩乱麻的方式清党，把越轨的左倾幼稚分子镇压下去”[①]。4月2日，李宗仁、白崇禧、黄绍竑等人在上海参加蒋介石召集的反共“清党”秘密会议。黄绍竑极力主张早日“清党”。随后，他们与蒋介石等具体部署反革命“清党”屠杀行动。

9日，黄绍竑与张静江、陈果夫、吴稚晖等发表所谓护党救国通电；李宗仁回安庆掌握第七军作蒋的后盾；白崇禧坐镇上海具体指挥淞沪“清党”屠杀。黄绍竑密电在南宁的第七军参谋长兼旅长黄旭初，全权负责广西“清党”，并令驻百色的第三旅旅长刘日福派龚寿仪团再次进攻东兰、凤山农军[②]。

黄旭初在南宁召开了秘密会议，组成由他和朱朝森、黄华表等九人为委员的“广西清党临时委员会”，指派黄华表、龚杰元、黄同仇、伍廷

① 《李宗仁回忆录》，广西人民出版社1988年版，第320页。

② 《广西文史资料选辑》第7辑，1978年12月内部版，第23页、45页。

飏分别担任邕、梧、桂、柳四个区的“清党委员会”主任,决定从4月12日开始以南宁为中心在广西进行“清党”反共。此后,桂系当局连续发出《李宗仁黄绍竑电令通缉共产党》《广西省政府电告清党运动之目的》《广西省政府通饬勖勉各地青年文》《广西省政府训令民政司法军事农工四厅并饬切实严查共产党机关悉数解散并分别逮捕共党分子文》等电文,密令各地军警和县政府要以非常手段,将所在地的共产党员和国民党左派分子严拿监禁并“次第肃清”。6月初,国民党广西省党部在桂林、平乐、柳江、苍梧、田南特设了办事处,还成立了南宁、梧州、柳江、桂林、平乐、浔州、田南、玉林、镇南九个区清乡委员会,分别委任黄华表等为主任委员,加紧了“清乡”反共的步伐。

广西“清党”首先从南宁开始。4月12日凌晨,全市戒严,大批军警包围搜查国民党广西省党部、市党部、南宁军校、市总工会、广西农讲所、省立一中、省立三师、《革命之花》编辑部、印刷局等单位,搜捕中共党员、共青团员和国民党左派人士。同日,中共南宁地委书记罗少彦获悉南宁军校周飞宇、甘湛泽等9名党、团员被捕消息后,临危不惧,紧急布置营救。13日,张铮等带领军校进步学员数百人齐集学校大操场,责问代校长,要求释放被捕学员,并冲破阻挠,入城到第七军军部请愿,其他学校的革命师生和工人也赶来声援。但请愿未有结果。15日,军警查封邕宁县农会,18日和5月4日又进行两次全城大搜捕。中共南宁地委机关和市总工会、县农会、南宁军校等团体中的中共组织遭受破坏,全市有140多人被捕,其中有雷沛涛、罗如川、何建南等22名共产党员,梁西园、邓匡、莫文骅等20多名共青团员和梁六度、陈立亚、雷天壮、周锡桓等国民党左派人士。黄日葵、陈勉恕、黄家直、陈协五、俞作柏等数十人被悬赏通缉。7月,军警进攻邕宁县吴圩农民协会。8月31日,中共南宁地委书记罗少彦等人被捕。南宁的共产党、共青团组织全部被破坏而停止活动,工会、学联会、妇女会和商民协会都为反动分子所控制。

在桂东南地区,4月17日,梧州警备司令龚杰元和第六旅旅长韦云淞,派军警包围省立一师、省立二中、市妇联会、苍梧书社和市工会代表联合会等10多个单位,拘捕了共青团梧州地委书记、省学联宣传部部长钟云和陈漫远等25人[1]。接着,反动当局在容县、平南、岑溪、北流、玉林、贵县、武宣、藤县、贺县、钟山进行清党清乡,逮捕了林培斌以及陈芝颖、李植华等数十人,通缉朱锡昂、宁培瑛、龙启炎、苏其礼、黄一平、邓誉声、古天民等100余人,还调集五个营的军队会同桂平、贵县、平南、武宣等县团局武装镇压农民自卫军。朱锡昂等转移香港,宁培瑛、苏其礼等在农村坚持斗争。

在桂林地区,4月下旬和7月1日,以黄同仇为主任的国民党桂林区清党委员会进行了两次大搜捕,中共桂林支部书记李征凤、委员苏鸿基、谢铁民和省立二师校长裴邦焘等60余人被逮捕,国民党桂林县党部等团体遭受严重破坏。随后,平乐、恭城也进行“清党”,由桂林转移到这两县的中共党员和共青团员被逮捕。

在桂西南地区,4月29日和6月2日,反动派在龙州城和下冻圩逮捕了中共党员陈雰、易挽澜和农运骨干韦炫等四人,破坏了镇南道农运办事处。4月下旬,驻百色一带的第七军第三旅旅长刘日福调一个营的兵力向东兰、凤山、凌云进攻。5月1日又派军警到恩隆县平马镇逮捕了中共党员、田南道农运办事处主任陆玑璋。

在柳州地区,4月中旬,由中共党员、共青团员控制的柳庆党务整理处和马平县党部被反动当局撤销和改组。5月上旬至6月,柳庆党务整理处青年部部长唐崇敏,中共柳州支部书记、党务整理处主任陈岳秀,国民党马平县党部青年部部长熊秀民等中共党员先后被捕。

在钦廉地区,4月24日,北海市军警捣毁了国民党北海市党部、北海市总工会等单位,逮捕了中共北海支部书记江刺横等八人。

新桂系追随蒋介石集团,在广西发动反革命政变,表明它已完全背叛国民革命,成为反共反人民的国民党新军阀集团中的一员。

## 二、中共广西地委的成立和浔州四属的农民暴动

中国共产党人并没有被国民党新军阀的屠杀政策所吓倒。在中共广东区委的领导下,中共广西地方组织一方面努力恢复发展各地的党组

---

① 广州《新闻报》1927年4月27日。

织，加强革命斗争的领导力量；一方面在极其险恶的形势下，领导浔州四属农军举行武装暴动，开展武装斗争。

1927 年 5 月，中共广东区委特派员廖梦樵和邓拔奇等，在梧州建立了中共广西地委，廖梦樵任书记，邓拔奇、黄士韬、黄一平、宁培瑛、罗少彦、余少杰为委员。在严重的白色恐怖形势下，广西地委恢复了与梧州店员支部、梧州妇女支部、苍梧县多贤乡支部的组织联系，接着派黄一平、邓拔奇赴浔州四属和玉林五属活动，与宁培瑛、苏其礼、邓誉声、古天民、胡奕卿等取得联系，及时指导桂平、平南、容县、玉林、北流、武宣、贵县的党支部工作，还派中共党员黄成业回蒙山活动。与此同时，在广州的中共党员陈培仁等五人回到贵县，发展黄彰等四人入党，成立了中共贵县城区支部和桥圩支部；中共党员周杰从广州回到宾阳，成立宾阳支部，并任书记。6 月，湖南省发生反革命“马日事变”，蓝山县数名党团员转移到贺县和钟山县的小学任教，秘密从事党的活动。7 月，中共桂林支部的两名党员转移到东乡毛村隐蔽活动，组织秘密农民协会，发展党员，并于次年 8 月成立中共东乡区委。由于敌人严密封锁和残酷“清乡”，广西地委暂时无法与南宁、桂林、宾阳、右江等地党组织取得联系，这些地区的党组织分别独立地领导当地的革命斗争。

新桂系军阀的“清党”“清乡”屠杀政策，激起广西各地共产党员和工农群众的英勇反抗。1927 年 4 月中旬，中共平南支部的党员苏国忠等召开各界团体联席会议，计划于 4 月 25 日在县城和大安、丹竹、大洲、双马等圩镇举行罢工罢市，各乡农会阻运谷米入市，以抗议国民党新军阀的“清乡”。不料事泄，24 日，县知事勾结防军秘密逮捕了苏国忠和县党部执委郑瑞阶等人，罢工罢市计划流产，苏国忠于 5 月 29 日被杀害。4 月底，平南县思旺农军集会，发表宣言，声讨桂系军阀，指出“省政府党部为军阀盘踞，须联合各地农民彻底改造”，“打倒军阀蒋介石，改造广西政府”。中共桂平支部也在宣二区、姜里区召开千人大会，声讨新桂系军阀“清党”反共罪行。

4 月中下旬，宁培瑛由南宁转移到北流、容县，与中共梧州地委委员林培斌会合，准备以苍梧道农运办事处的名义发动“五一暴动”。因计划暴露，4 月 27 日和 29 日，军警包围了北流县农讲所、苍梧道农运办事处、容县农会和容县农民运动讲习所，林培斌等三人被捕。宁培瑛、陈孟武等一批骨干转移到容县、平南交界的冠堂、劳五地区活动。4月底，根据宁培瑛、苏其礼的部署，中共桂平、武宣、平南三县党支部作了武装暴动准备。5月初，从东兰潜回贵县隐蔽的陈勉恕，与中共贵县城厢支部和桥圩支部一起，发动石卡、樟木、大圩等乡农会会员，在石卡圩举行声讨蒋、桂军阀的集会示威。

5月初举行的桂平、平南、武宣三县农军暴动，打响了广西人民在中国共产党领导下，武装反抗国民党桂系军阀屠杀政策的第一枪，也是四一二反革命政变后全国较早反抗国民党新军阀血腥镇压的武装暴动。5月3日，武宣县通挽区农会发表快邮代电，抗议桂平等土劣团局摧残桂平农会，宣誓“督率农军前往援助，共灭此獠”①。接着，苏其礼在桂平县宣二区安众村召集武宣、桂平、平南三县农会农军领导人开会，宣布成立“广西武平桂三县农民协会军事委员会”，推举苏其礼、邓誉声、古天民为正副总指挥，通令三县各区乡农军到桂平县安众、盘龙一带集结，举行紫荆山暴动。桂平国民党左派人士甘佐周等积极支持农军的活动，给农军送长短枪60余支。5月7日，以桂平县宣二区、姜里区农军为主力的暴动队伍，围攻南木、姜里团局，将两名土豪的炮楼付之一炬，毙伤敌数人，没收土豪稻谷1万多斤。8日，农军转攻桂平县北里团局。土豪向广西省政府报告，惊呼农军“蜂拥而至，枪林弹雨锐不可挡”。12日起，苏其礼、邓誉声、古天民等调集桂平农军3000多人枪，进攻桂平县大土豪刘谨堂的老巢三江大坪村。平南鹏化、大同农军300余人投入战斗，武宣县东乡、通挽区也有一部农军赶来配合作战，激战四昼夜未克。16日，敌第七军六旅的两个营兵力前来镇压，并以赔偿农军损失为名诱骗农军停火。为避免腹背受敌，农军被迫撤退。邓誉声代表农军前往县城谈判，途中被捕，后被押至县城杀害。桂系军阀为了继续镇压农军暴动，6月14日成立了“桂贵平武特别委员会”，并纠集5个营和4个县警团的兵力，向农军大举进攻。

桂平紫荆山暴动失败后，苏其礼、古天民等转移到平南县鹏化区思

---

① 《通挽区农民协会通电声援桂平农友文》，1927年5月3日。

旺乡罗掩村，决定举行鹏化、大同暴动。他们召开武平桂三县农会农军领导人开会，成立了“武平桂七区农民协会联合办事处”，提出“打倒土豪劣绅均分土地”“建立大同农民政府”等口号。这次暴动以大同、鹏化农军为主，桂平县宣一、宣二、姜里，武宣里东、通挽和平南县惠政、劳五等区农军以及罗香、罗燕等20个瑶寨农军，也前来参战。5月21日，三县农军3000余人枪，在总指挥苏其礼和副总指挥古天民以及龙铁�、黄凤鸣等指挥下，围攻平南县马练等处土豪团局。24日，农军在大同包围敌一个连，俘敌50余人，缴枪58支。6月3日至8日，农军主力在大同区长胜乡围攻两个团局据点，激战5昼夜，毙伤敌数十人，缴枪近百支，没收大批物资和7000块大洋。6月10日至21日，农军在水晏、石克村、介山坪、长胜村等地，与前来“进剿”的国民党军两个营及县警团1000多人展开激战，牺牲数十人，损失了大批枪支弹药。龙铁�、黄凤鸣率一部农军退守沙坪顶坚持游击斗争，苏其礼、古天民等率200余农军退入鹏化山区。7月2日，敌人大举进攻鹏化。苏其礼等调集农军千余人在甘雅以北地区阻击敌人，终因寡不敌众，被迫退入大瑶山区活动。敌人在大同、鹏化大肆烧杀洗劫，仅大同区就被焚700余家，200余农军指战员和农会群众被杀害①。

在平南大同暴动作战最激烈之际，古天民从平南返回桂平县北部山区，于6月6日在浔排村召开桂平农军领导人开会，决定重整桂平北区农军队伍，打破敌人“围剿”，策应平南大同暴动。刚散会，敌人的两个连即赶来围捕，农军骨干4人牺牲，6人被捕杀害。古天民带领部分农军突围，进入桂平十八山区坚持游击斗争。7月中旬，中共广西地委委员兼浔州四属农军总指挥黄一平，将俞作柏支援农军的40余支步枪和1万多发子弹，从北流县用汽车秘密运到贵县秘密交通站。黄一平、苏其礼调平南鹏化农军前往贵县接应。7月22日，平南农军44人运枪途经桂平县碧滩时被敌包围，42人被捕并惨遭杀害，枪支子弹全部损失②。“碧滩事件”发生后，黄一平率农军余部数百人在鹏化、紫荆山区与敌周

① 《平南县大同区农会八千会员电控黄桂丹勾结土匪案》，1927年6月27日。

② 《黄日葵、谭寿林等给中共中央的报告》，1928年2月7日。

旋，龙铁筠、黄凤鸣率一部农军转战大瑶山，苏其礼、余济卿转移到桂平、贵县边境秘密活动，准备继续举行武装暴动。

7 月中旬，中共武宣支部书记、东乡区农会执委翁尧年被敌县长率警团逮捕，关押在东乡团局。支部委员潘业俊、刘月高率东乡区农军数百人将敌包围于东乡团局，救出翁尧年。敌县长逃回县城后，勾结第七军一部于 7 月 28 日反扑东乡、通挽，疯狂镇压武宣农军。

## 三、左右江地区农军的反抗斗争

严重的白色恐怖，使在右江地区的中共广西地委委员、恩奉特支书记余少杰无法找到上级党组织。余少杰、严敏和韦拔群等根据形势，决定将右江各县的农民运动转变为农村武装斗争。

1927 年 4 月，凤山县下三区（盘阳、凤凰、赐福）农会办事处主任黄松坚根据韦拔群的指示，在盘阳成立百色、凤山边农军总队并任总队长。5 月初，果德县农民协会由县城转移到感圩，成立果德县农军总指挥部，黄书祥担任总指挥。陆玑璋被捕后，余少杰、严敏紧急布置恩隆、奉议、思林等县农会和办事处撤到农村，宣布由韦拔群担任田南道农运办事处主任。5 月，黄松坚率农军在盘阳袭击进攻东兰、凤山之敌；凤山县农会主任兼县农军总指挥廖源芳带领中农、长里、芝山三区农军 500 余人枪，攻打坡心圩团局据点，毙伤敌 10 多人，缴枪 10 余支。6 月初，韦拔群率邓无畏部农军到凤山视察，部署阻击敌军龚寿仪团的进攻，还在央峒召集廖源芳等农会、农军领导人开议，决定加强对东兰、凤山、百色、凌云、都安等地农民斗争的统一领导，重点是健全农会组织，整训农军队伍。会后派陈伯民等到都安，领导安阳、夷江、大化、镇江、都阳农军开展斗争。各县农会加紧整顿农军队伍，准备武装暴动。是月中下旬，廖源芳带领县农军主力击溃了县团务总局的武装，缴枪数十支。7 月 15 日，敌龚寿仪团一部纠集凤山县团局 300 余人枪，袭占长里区农会所在地巴林屯。廖源芳调 500 名农军解围，韦拔群派黄大权率东兰农军 100 余人枪增援。16 日，东凤农军两路反攻巴林屯，毙伤敌 300 余人。尔后，东兰、凤山、凌云农军转攻盘踞在霞里、上林、牙里等地的团局武装。凤山、凌云县的大股团局武装被迫逃窜到黔桂边境的山区。东兰县团局的大部分武装，被农军驱逐至隘洞及红水河东岸。7月30日，韦拔群在武篆育才小学开办第三届东兰农民运动讲习所，招收东兰、凤山、凌云、都安、河池的农会、农军骨干近200人进行培训。此时，东兰、凤山、凌云三县大部分乡村仍为农会农军所控制。

在右江沿岸地区，6月上旬，余少杰趁国民党范石生第十六军调防湖南之机，安排恩隆县农会领导人滕德甫、滕国栋、林柏等13人潜入那塘村，智取范部某连的长短枪12支。随后，余少杰与中共支部策动驻奉议县城的范部军官团一部举行兵变。后因夜袭平马镇受挫，仅有10多位骨干撤入奉议县花茶村参加农军。7月上中旬，余少杰、严敏等召集东兰、凤山、恩隆、奉议、思林、果德六县农会、农军代表，先后在奉议县花茶村和恩隆县百审村开会，讨论了国民党新军阀发动反革命政变以来的斗争形势，作出了武装暴动反抗新桂系屠杀政策的正确决策，宣告成立广西临时军政委员会，推举俞作柏为主席（未到职），余少杰、韦拔群、陈守和、严敏等五人为常委①。同时，统一整编各县农军为右江农民自卫军，任命韦拔群为右江第一路农军总指挥，领导东兰、凤山、凌云、百色等县及巴暮、那地土州农军；黄治峰、滕国栋为第二路农军正副总指挥，领导恩隆、奉议等县农军；余少杰、黄书祥为第三路农军正副总指挥，领导思林、果德等县农军。这两次会议，从思想上、组织上和军事上为全面发动右江地区的农民武装斗争作了准备。

在左江地区，雷平、养利等县以及万承土州的农会，也发动农民举起了武装反抗的旗帜。1927年5月，雷平县荣圩乡和养利县人杰乡的农军，开展了反对土官、土豪劣绅追租逼债的斗争。7月间，中共党员何焜领导万承土州的九甲48村农会和农军2000余人举行武装示威，推翻了万承土官的统治，农民协会势力大为扩张。

在邕宁县，也爆发了农民武装反抗“清乡”的斗争。1927年7月上旬，邕宁县农会执委唐光天、文树芝等领导数百名农军，在吴圩镇抗击敌县长率领的警团的进攻，激战6昼夜，毙伤敌数十人，农军牺牲20余人，后突围转移天利、苏圩的山区，继续坚持斗争。

---

① 《广西田南工作报告》，1928年。

在大革命失败的危急关头，中共广西地方组织领导10多个县的农会农军，发动了武装反抗国民党新桂系军阀血腥镇压的斗争，谱写了广西革命斗争的新篇章。它与这一时期广东、湖南的工农武装暴动，一起成为全国武装反抗国民党新军阀反动统治斗争的先声，为党的八七会议制定土地革命和武装反抗国民党新军阀斗争屠杀政策的总方针，提供了极为宝贵的实践经验。

# 第 二 编

# 土地革命战争时期

（1927 年 8 月—1937 年 7 月）

# 第 四 章

# 党组织的恢复和农民武装斗争的发展

## 第一节 大革命失败后的广西政局

### 一、桂系军阀在政治上强化反动统治

大革命失败后，掌握广西政权的国民党桂系军阀，残酷地镇压革命力量，屠杀为广大工农群众利益奋斗的共产党员、共青团员和国民党左派人士，八桂大地笼罩在反革命的腥风血雨之中。

其一，桂系军阀继续摧残破坏革命群众组织，建立和加强各级反动统治机构。桂系当局通令实施《清党条例》，解散了各地工会、农会、学生会、妇联会等群众团体，剥夺工农群众在大革命中所取得的权利。梧州市 40 多个行业工会组织，至 1927 年 9 月，被反动派破坏殆尽，市总工会全体执委被捕，各行业和基层工会被强迫改组，工人、市民争得的集会、结社、言论、出版及罢工等自由权利被非法剥夺。在南宁，他们组织了“广西特种刑事地方临时法庭”，负责“清党积案”，审判被监禁的共产党员和革命志士。还组织“广西清党宣传工作团”“广西农民运动工作团”“广西农民运动整理委员会”等机构，派出 30 多个“清党”宣传工作队到各地进行反共宣传，指派黄华表等人为广西省党务整理特派员，限定 6 个月完成全省重新整理党务和登记党员的任务[①]，将广西各级国民

① 《广西党务月刊》第 7 期，1928 年 1 月。

党党部“整理”成为桂系军阀统治的御用工具。

其二,桂系军阀继续残酷地屠杀共产党员和革命志士。他们对被捕的共产党员、共青团员和国民党左派人士,采取严刑逼供和名利诱惑等手段,妄图使革命者屈服,并准备在全省实行“洗监”,处决所有在押的政治犯。后迫于社会各界压力,改为“择要处决”。

大屠杀从南宁扩大到全省。9月1日,反动派在南宁枪杀了共产党员雷沛涛、罗如川、张胆和国民党左派人士梁六度、陈立亚、雷天壮、周锡桓等13人。10月7日和29日,又杀害了邓匡、张铮、何福谦等18人,另有4位革命志士在监狱中被折磨致死。罗少彦、何建南等数十人被判徒刑。10月7日,反动派在梧州杀害了中共梧州地委委员、苍梧道农运办事处主任林培斌以及陈芝颖、戴锡禄、李素秋等15位革命者。12月14日,又杀害了共青团梧州地委书记钟云等人,陈漫远等数十人被判刑。在桂林,10月14日,中共桂林支部书记、国民党桂林县党部执委李征凤和国民党广西省党部候补执委、省立第二师范学校校长裴邦焘以及谢铁民、苏鸿章等18位革命者被杀害,15人被判刑,36人被拘留“查办”。在柳州,10月中旬,中共党员熊秀民等革命骨干10多人被杀害,30多人被判刑。

在此前后,国民党反动派还在龙州、百色、恩隆、奉议、思林、果德、蒙山、平乐、恭城、永福、玉林、容县、贵县、桂平、平南、武宣、北流、岑溪、苍梧、钟山、贺县、怀集、藤县、柳城、武鸣、北海、防城等地实行“清党”屠杀,陈霁、易挽澜、陆玑璋、蔡碧珩、苏国忠、江剌横、李雄飞、钟竹筠等数十名共产党员、国民党左派和工农革命团体领导人惨遭杀害,李植华等数十名大革命运动骨干被判刑监禁。

其三,桂系军阀继续疯狂地镇压各地农民武装斗争。1927年夏,桂系军阀颁布了《清乡条例》,实行“清乡点甲”和“保田联防”制度,“将全省划分区域,并由省府任命清乡总办,或由各师长、司令派遣军队,会同各县团局分途围剿农民自卫军”①。

1927年8月上旬,敌第七军龚寿仪团一营占领了凤山县城。在此

① 黄绍竑:《全省政治概况》,载《新广西》第3卷第10号,1929年2月21日。

前后，广西省政府还下令撤销其原来处理“东兰惨案”的“俭电”，撤销对原东兰县知事黄守先和团长龚寿仪等人的处分，取消对劣迹昭著的豪绅的通缉，并通令各县悬赏缉拿韦拔群、陈伯民、黄治峰等农运领袖，取缔农民自卫军和农民协会。10月1日，广西省政府委任第七军第五师师长刘日福、副师长朱为珍兼任田南道“清乡”总办、会办，又委任12人为田南各县的“清乡委员”，指挥各县县警、团局配合正规军队进行“清乡”“围剿”。经过精心策划，朱为珍督率第五师龚寿仪团和1个独立营全面“围剿”东兰、凤山、凌云、百色四县农军，第七军第八独立团团长督率所部进攻都安、恩隆、奉议、果德、思林、向都等县农军。敌军在占领东兰县城后，随即将兵力布置在县城及重要圩镇，封锁农军所在的东山、中山、西山，限令躲入山区的农民出来“自新”，领取“良民证”；限令居住在深山里的壮、汉、瑶族农民搬到指定地点居住，否则一律“作匪论处”。然后，派兵分区搜山，重点“搜剿”东兰、凤山两县边境的西山。所到之处，烧杀抢掠，鸡犬不留。仅东兰县惨遭杀害的就有130多人，被饿死在山洞里的农民30多人，被焚毁的民房200余间，被掠去牛马180多头，其他被掳财物不计其数。果德、都安、凤山、凌云、恩隆、奉议、向都等县也遭受了残酷的“清乡”，数百农军战士和农会会员被捕杀。白崇禧供认“冤枉被杀的各处都有”①。

桂系军阀调遣重兵残酷镇压桂平、平南、武宣三县农民暴动后，加紧在玉林、苍梧、桂平、平南等15个县进行“清党”“清乡”。逮捕了共产党员和工农运动骨干150多人，杀害97人，判刑35人，还悬赏通缉130多人。驻平南的防军营长勾结土豪劣绅团练，纠集了4000余人枪，大举洗劫大同各乡村，“人民财产洗劫一空，焚毁农居500余间，屠杀农民200余名，拉去耕牛400余头，掳去妇女20余名，劫去家私杂物不计其数。被劫者财空人亡，未被劫者亦兄弟父母妻子离散，上天无路，入地无门，哭声震天，惨不尽诉”②。

---

① 白崇禧：《补述清党经过及本省目前应注意几件事》，载中国国民党广西省党部宣传部《清党丛书》，1927年9月版。

② 《平南县大同区农会八千会员电控黄桂丹勾结土匪案》，1927年6月27日。

## 二、桂系军阀在经济上横征暴敛

桂系军阀不仅剥夺了广大工人、农民和城镇市民在大革命时期争得的经济利益，而且横征暴敛，巧取豪夺。

在农村，反动当局支持豪绅地主阶级向农民反攻倒算，大革命时期的减租减息政策变成了加租加息。佃农租地主的田地耕种不仅要先交批头钱，而且要向地主缴纳占产量一半左右的田租，就连应由地主缴纳的土地粮赋，也要佃农负担一半甚至全部。农民还需负担名目繁多的苛捐杂税，加上 1928 年“广西全省各县大旱，赤地千里一无所获”的严重灾害和兵匪蹂躏，广大农民生活陷入极端贫困的境地。

城镇的工人、手工业者和平民群众的生活每况愈下。由于资本家的反攻倒算，失业者日益增多。1927 年梧州市失业者达 2000 余人，占工人总数的 2 成以上。资本家随意开除工人，克扣工资，工人的收入骤减。手工业工人每月所得不超过桂币 10 元（值大洋 6 元）；机器业工人工资稍高些，但又要遭受包工头的勒索，还要以工资的十分之一缴交所得税。工人一般每天工作 12 小时至 16 小时，工伤病者，须自行请人代工，并支付代工者的工资。倘若不请代工，资本家就可辞退伤病工人，另招新工人。城镇居民遭受种种苛捐杂税的盘剥，处境日益艰难，不少人将仅有的衣物拿去典当。但广西省政府又“严令收全省当押，不准商人经营，特由政府设立公押”当铺。官营的典当行表面上利息负担同商人经营当押一样，周息三分，但由于“公押”由政府独家垄断经营，“将原当物价值压到最低不及十分之一，较之从前所当价值相差四五倍”①，甚于高利贷盘剥。1927 年 7 月 1 日，桂系当局明令增加百货税，田产房屋等物买卖亦无一不税，除正税外，还有各种捐税。比如，土豪劣绅在乡间圩场集市收取的鸡鸭捐、蔬菜捐、盐担捐、米担捐、柴担捐等苛捐杂税多达 160 余项。据广西省政府的统计，以前广西每年的税收约有 1000 万元左右，1928 年达到 2000 万元，增加一倍以上②，压得广大劳动人民喘不过气来。

桂系军阀为增强其参与军阀混战向外扩张的实力，在广西拼命搜刮

① 《中共广西省委报告第 3 号》，1929 年 4 月 22 日。

② 《黄绍竑统治下的广西》，载《红旗周刊》第 2、3 期合刊，1929 年 1 月。

钱财。1927年夏秋,成立以省财政厅长为主任的广西整理税务委员会,提出了整理广西财政的七条方针,其中一条就是滥发纸币。结果造成全省通货膨胀,桂币贬值,仅值银毫的70%、港币的50%。但广西省政府却强迫在市面上十足或高值使用桂币,以此对人民进行赤裸裸的掠夺。广西省政府的财政收入,向以鸦片税、赌饷、粮赋、厘金为主,于是通令邕梧桂柳及百色、龙州、玉林、浔州等主要城镇设立"药膏专卖局",垄断鸦片销售以牟取暴利,并广开烟馆赌场,收取巨额烟捐赌饷。1928年广西烟税收入在1300万元以上,赌饷达300万元。从1928年起,广西省财政厅每月给桂系第四集团军总部提解30万元大洋的军费。同时,桂系军阀在广西极力推行所谓"工兵政策",不断扩充军队。为了掩人耳目,"他们用建设厅的名义出布告招募工程队,编制成队后即强迫送到龙州或百色边境去训练。桂系的敌人固然无法知道,即使广西的人民也是莫名其妙的"①。

桂系军阀的屠杀政策和黑暗统治,激起全省各族人民的强烈愤慨,广西的社会阶级矛盾更加尖锐。在极端困难的情况下,中共广西地方组织高举武装斗争的旗帜,领导广大人民群众继续奋斗。

## 第二节　党组织的恢复和党领导的农民暴动

### 一、中共广西地委领导的"秋暴"和"冬暴"

1927年8月1日,中国共产党领导了南昌起义,给全国人民以极大鼓舞。8月7日,中共中央在汉口举行紧急会议,纠正了陈独秀的右倾机会主义错误,确立了土地革命和武装反抗国民党屠杀政策的总方针,中国革命进入了土地革命战争时期。8月11日,中共中央为了加强对广东、广西、闽南及南洋地区党组织的领导,决定成立南方局。8月20日,中共广东省委在香港召开会议,传达八七会议精神,制定两广秋收暴

① 《黄绍竑统治下的广西》,载《红旗周刊》第2、3期合刊,1929年1月。

动计划,命令中共广西地委立即发动秋收起义,牵制桂系军阀军队入粤,策应南昌起义部队南下广东。8 月 22 日,中共中央南方局发布《告两广、闽南工农兵书》,号召工农群众武装起来,建立工农革命军,实行土地革命,打倒土豪劣绅地主军阀政权,建立革命政权。这时,广东省委又命令西江上游及梧州以上地区的党组织,在 9 月 25 日同时举行暴动。

中共广西地委执行党的方针和上级指示,制定了发动梧州、苍梧、桂平、平南、容县工农武装举行“中秋起义”计划,准备在 9 月 24 日提前暴动,夺取梧州,牵制桂系军队入粤,以策应南昌起义大军回师广东。不料,起义计划被叛徒李天和侦悉。9 月 7 日,梧州军警破坏了中共广西地委和梧州市总工会机关,逮捕了地委书记廖梦樵、组织部部长黄士韬、市总工会委员长姚祝卿以及市总工会全体执委和革命群众百余人,廖梦樵、黄士韬、姚祝卿等数十人被杀害。桂平、平南、容县、苍梧等县农军也遭敌人镇压。至此,中秋起义流产,地委无法在梧州立足,与桂林、南宁、柳州和右江一带的党组织也失去联系。

中共广西地委委员兼宣传部部长邓拔奇从梧州脱险后,转移到桂平、平南农村,和宁培瑛、黄一平、苏其礼重组广西地委,机关设在桂平县城附近的白兰村。邓拔奇任书记,宁培瑛、黄一平、苏其礼、胡福田、余济卿、余少杰等为委员,隶属南方局领导。地委经过艰苦工作,分别恢复了与恩奉特支和梧州、苍梧、桂平、平南、玉林、容县、贵县、武宣、宾阳等县市支部以及桂林县党团联合支部的联系。

10 月 21 日,中共中央南方局致函广西地委,指示广西大力发展党的组织,努力在工厂、学校、机关建立支部。在农村每村成立一个支部,县、市成立县委或市委,要求广西地委“务必努力使最近各地党员至少有十倍的增加”。10 月 24 日,恽代英代表南方局向党中央报告工作时,也指出现在广西还是一县建立一个党支部,田南道共建一个支部,以及党组织中工农分子较少的问题,要求广西地委解决好这些问题,要“使农民领袖同志加入党的领导机关,化个人的指导为党的指导”。南方局的这些指示,对广西党组织和工农斗争的发展是有指导意义的,但在组织暴动和发展党员方面存在脱离实际的盲动急躁倾向。遵照南方局的指示,广西地委加强了吸收工农革命骨干入党和提拔他们参加各级领导机关的工作，在农民斗争较有基础的乡村，迅速发展党的组织。10月23日，中共中央决定撤销南方局，广西地委隶属广东省委领导，其中心任务是发动广西农民举行武装暴动。

11月中旬，广东省委决定发动以广州起义为中心的两广冬暴，指示广西地委加紧发动浔州四属的暴动，以配合广州起义。邓拔奇在桂平县白兰村召开广西地委会议，传达中央和广东省委的指示，制定了冬暴计划和暴动工作大纲。会议决定，以平南劳五区为暴动基地，由地委委员宁培瑛和广东省委派来的军事干部陈平前去指挥平南、容县暴动；邓拔奇赴武宣，苏其礼、余济卿赴贵县；黄一平、胡奕卿、昌景霖在桂平领导农军游击队下山攻打圩镇土豪据点。广西地委印发了《我们的口号》，号召"革命的工人农民兵士联合起来，建立工农兵政权的广西"。明确提出："中国共产党是唯一的领导中国工农革命的党""竖起革命的红旗，暴动夺取政权""解除军阀、地主、土豪、劣绅的武装，武装工人农民""一切土地归农会"等等。会后，在地委领导下成立了桂平、平南、武宣、贵县、容县五个县委和10余个区委，开展以发动土地革命、建立苏维埃政权为中心内容的宣传，发展农会，整训农军，准备暴动。

12月中旬，广州起义消息传来，宁培瑛、陈平和李修其按原定计划，领导平南劳五区农军袭击平山团局，毙局董、团丁5人，伤2人，缴枪4支。劳五暴动首战告捷，劳五区农会会员增至2000余人，农军数百人。这时，广东省委指示，"广西应在桂平、平南一带加紧举行暴动，形成割据局面，以扰乱桂系军阀的后方"①。地委接到广东省委的指示后，即训令各县党组织加紧活动。宁培瑛和陈平调派劳五区农军常备队分赴各乡，帮助农会打击土豪劣绅团局武装，并准备袭击寺面团局，打开暴动局面。1928年1月17日，国民党平南县长率一个营及平南、容县、藤县的团局武装1200余人，围攻劳五区农会驻地新隆圩。宁培瑛、陈平、李修其等指挥驻会农军40余人奋起抗击，并传令各乡农军增援解围。桂平、平南、贵县、武宣、容县等地农军由于敌人加紧"清乡"压迫，未能按地委决定及时举行暴动，劳五区和容县冠堂等乡农军增援迟缓。劳五新隆农军

① 《广东革命历史文件汇集》(甲)，第8辑，广东省档案馆1982年编印出版，第24页。

孤军与敌激战3昼夜,毙伤敌30余人。终因寡不敌众而被敌攻破村子,农军20余人在战斗中牺牲,宁培瑛、陈平等10多人在突围中被捕牺牲。中共劳五区委书记李修其和妻子及两个儿子(三人均为共产党员)都英勇献身。劳五暴动失败了,但这次暴动是根据党的八七会议的方针,为响应广州起义而举行的一次武装起义,是党领导广西人民反击桂系军阀屠杀政策的一次英勇斗争。这次暴动公开以苏维埃革命运动的口号来宣传发动群众,把建立广西的苏维埃政权作为斗争目标,在广西土地革命战争史上有着重要的意义。

平南劳五暴动失败之后,广西地委决定举行武宣暴动。1928年1月27日,邓拔奇赶赴武宣县东乡石崖村,召开中共武宣县委扩大会议,决定组织东乡区农军于1月31日拂晓举行暴动,夺取东乡团局和长塘村大土豪的枪支。30日晚,参加暴动的党员和农军集中石崖村。由于担任侦察任务的长塘乡农会一名执委临阵动摇,造成敌情不明,暴动被迫推迟。2月中旬,邓拔奇改组武宣县委。27日,武宣县委发动农军和农会会员1000余人,将敌县长围困在东乡圩内两昼夜,但未能攻入圩场。3月1日,敌团长率一个营从桂平向东乡扑来,县委领导人决定农军分途撤退。3月3日,敌军进攻石崖等村并残酷“清乡”,农军溃散,县委委员翁尧年等6人被捕牺牲,一批农军骨干被捕。同年夏,县委书记潘业俊等被迫转移到容县活动,中共武宣县委解体。

党在浔州四属地区领导的“秋暴”“冬暴”斗争,是对新桂系军阀的屠杀政策的英勇抗击。这些暴动失败的原因,客观上主要是敌强我弱,主观上是起义过于仓促,军事指挥者又缺乏经验。

## 二、右江地区的农军暴动

1927年夏秋间,中共恩奉特别支部和广西临时军政委员会在与上级党组织失去联系的形势下,担负起领导右江、红水河及左江地区农民武装斗争的历史重任。

**仓圩暴动。**仓圩暴动是从驱赶国民党广西省党部“清党宣传队”开始的。1927年7月20日,广西“清党宣传工作团”第31、第33宣传队来到奉议。27日,他们窜到仓圩,向前来赶圩的农民群众作反共宣传。

黄治峰等带领奉议农军100多人包围了反共宣传队，予以痛斥，指出“南京政府是伪政府”，蒋介石、黄绍竑“是新军阀，是独裁者”。还带领日新高等小学师生高呼“打倒反动派省党部的宣传队”等口号，把他们驱逐回奉议县城。广西省政府饬令奉议县立即查处此事。8月7日，广西临时军政委员会在花茶村召开恩隆、奉议两县农会农军领导人会议，分析形势，决定在敌人进攻之前举行仑圩暴动，歼灭奉议县仑圩区团局反动武装。8月9日凌晨，余少杰、黄治峰率领右江第二路农军200余人，埋伏在仑圩附近的那立屯，奉议县农军大队长李汉生带领50余人枪隐蔽在仑圩街上的日新小学校内。当团总黄锦升等人来到仑圩街头的赌摊开赌时，化装参赌的农军一举智擒黄锦升等10余人，缴枪3支。接着，农军攻破其老巢韦宁村，没收黄家财物分给农民。团局武装溃逃到奉议县城。暴动胜利后，广西临时军政委员会于10日在甫圩召开有数千农民参加的公审大会，枪决黄锦升。11日，敌县长纠集防军、县警团局武装进攻花茶村。余少杰、黄治峰指挥农军将敌击退。27日，敌军1000余人再犯花茶。农军与敌激战3昼夜，作战失利，被迫撤退到平桃、朔乐、甫好山区坚持斗争。在此期间，恩隆农军大队长滕国栋率领农军30多人枪，智歼思林县三层埂的土豪武装，打通了恩隆、思林、果德三县农军活动的通道，策应了奉议农军作战。

**东、凤、凌、色四县农民暴动**。8月初，国民党第七军第三旅派出一个营由百色经凌云抢占凤山县城，并准备调龚寿仪团一个营从田州、河池进攻东兰，企图围歼右江第一路农军。广西临时军政委员会常委韦拔群在东兰县兰木圩召开东兰、凤山、凌云、百色4县农会农军干部紧急会议，宣布右江第一路农军总指挥部正式成立，由他任总指挥，下辖东兰、凌云、凤山3个团和百色独立大队，分别由牙苏民、黄大权、廖源芳、黄太尤担任各团指挥和大队长。会议制定了四县农军总暴动计划，决定在敌人的包围态势尚未形成之前，集中主力3000人枪围歼孤军进占凤山县城之敌。会后，韦拔群率总部特务连进驻凤山县城附近的巴里屯指挥作战。8月10日，黄松坚率领凤山、百色边农军30余人枪，由凤山县盘阳奔袭国民党百色县政府驻甲篆圩武装征粮队，歼敌20余人，缴枪20余支，拉开了四县农民暴动的序幕。15日，韦拔群率领右江第一路农军主力1000余人对凤山县城发起进攻。廖源芳部进逼凤山县城，在久架一带与敌一个连展开激战，毙敌连附以下数人。黄松坚部攻占凤山城郊巴旁、巴烈、弄朗等据点。接着，韦拔群指挥农军将敌人包围在凤山县城一个多月。

10月初，敌第七军第五师副师长兼田南“清乡”会办朱为珍，率第五师龚寿仪团和第四师一个营2000余人枪，在数县警团的配合下，从百色、田州、河池3路猛扑东兰、凤山，驰援凤山县城。韦拔群指挥右江第一路农军分兵阻击敌人。各部农军屡创敌军，毙伤敌80多人。终因敌强我弱，农军受挫，损失300余人枪。10月中旬，敌占领东兰县城及各圩镇后，即分区“清剿”各地农军。韦拔群转移到西山平峒设立农军总部，指示各部农军改变战术，组编了10多支精干的暗杀队，以伏击战、夜袭战等打击“清剿”之敌。各县农军暗杀队机智地与敌周旋，在农村坚持游击斗争。

**镇结暴动。**1927年9月5日，广西临时军政委员会委员、右江第三路农军副总指挥黄书祥和思林县农军总指挥黄永达率领200余人枪，为营救被捕的镇结县农民协会执委张太宇，攻占了镇结县城，取得了暴动胜利。不料，张太宇已被押解到思林县城。9月7日，第三路农军总指挥余少杰和黄书祥等率领农军300余人枪转攻思林县城，智破县署，俘思林县长及县党部、团局的一批反动头目，缴枪20余支。8日，敌重兵反扑，农军撤回新圩、感圩坚持斗争，镇结农军撤回驮堪、都结农村，张太宇被敌杀害于镇结县城。1928年春，冯镜、李崇伦等部农军联合成立镇结农军都康独立团，有100余人枪，在镇结、向都边坚持游击斗争。

**果德暴动。**右江第三路农军在取得镇结暴动胜利后，经过休整，士气更加高涨。9月23日晚，在感圩召开近万人的果德暴动誓师大会。24日拂晓，余少杰、黄书祥等率领3000农军分3路围攻果德县城。因敌顽抗，上午攻城受挫。下午，农军再次发动进攻，万余农民前来助战，农军奋勇破城，毙伤敌数十人，缴枪40余支，敌县长率残部溃逃隆安。农军破仓分粮，救出被捕农友数十人。26日，敌县长纠集驻果化、隆安防军一个营反扑县城，农军退守感圩、新圩。10月至11月间，农军两次击溃敌军警团局武装的进攻，巩固了感圩、新圩游击区。12月间，广州起义爆发后，桂系军阀调驻防右江沿岸城镇的4个营东下南宁，果德县城空虚。余少杰、黄书祥率农军数百人枪袭占县城，缴枪60余支。1928年1月，桂系军阀命令返防的4个营和思林、果德两县警团进攻感圩、新圩。农军与敌激战半月，伤亡数十人，损失枪支数百。余少杰、黄永达率一部农军退到思林、果德边界，黄书祥、黄永祺率一部转战果德、那马边地区。

**都安暴动。**1927年10月中旬，桂系第七军第八独立团团长率一个营和都安县警团局武装进攻都安农军。陈伯民、邓无畏、陈铭玖率领都安东区农军300余人枪，在红水河八步阻击敌军渡河，敌被迫绕到那雉渡河，又遭农军阻击。与此同时，大化、镇江、都阳、古河、江洲、拉烈等地农军进攻当地的团局，形成都安暴动高潮。随后，都安农军遭敌重兵进攻，余部转移突围，退入山区坚持游击斗争。

**向都暴动。**1928年1月18日凌晨，广西临时军政委员会委员陈洪涛和向都县农会主任黄绍谦率领向都及天保的农军600余人枪，在恩隆、思林两县农军配合下，兵分3路进攻向都县城。农军一举破城，敌县长仓惶逃命。是役毙敌数人，缴枪30余支，救出被捕农友30多人，没收数家土豪财物。20日，敌一个营反扑县城。农军撤回巴麻。2月上旬，黄绍谦、黄永达、滕国栋率领向都、思林、恩隆等县农军700余人枪，袭击向都县江城团局，没收两家土豪的大批财物和粮食。敌县长纠集一个营和县警团局武装反扑江城，农军腹背受敌，牺牲10余人，被迫退守巴麻游击区。

## 三、左江地区农民的武装斗争

大革命失败后，左江地区的邕宁、养利、雷平、龙茗、万承、上思等县的农民协会和农军武装，在右江农民暴动的推动下，也掀起了武装反抗桂系军阀统治斗争的高潮。

邕宁县的农民武装斗争最为激烈。1927年9月间，敌第七军参谋长兼南宁警备司令黄旭初调遣军队和团局武装数百人，再次“围剿”邕宁县吴圩、苏圩、天利圩一带的农军。鉴于敌强我弱，农军主动放弃吴圩，转移到山区，开展游击斗争。10月上旬，敌人分兵各乡“清剿”，农军避实就虚，与敌周旋，使敌疲于奔命。是月下旬，在各乡农军配合下，农军主力将敌人击溃，再次控制了吴圩。在敌人再次反扑之际，农军转移到邕宁、绥渌、上思三县交界的岜鱼山区休整，并将各区乡农军整编为邕宁县农军大队，由文树芝任总指挥，唐光天任大队长。11月5日，县农军大队和各乡农军共800余人在岜鱼山区举行誓师大会，树起铁锤镰刀红旗，明确提出拥护中国共产党、打倒国民党和土豪劣绅、保护农会的口号，坚决反抗敌人“清乡”。会后，各乡农军返回本地活动，县农军大队在岜鱼山周围游击，打击邕、绥、上三县边界的土豪劣绅势力，初步形成了岜鱼山游击区。

1927年7月，广西临时军政委员会成立后，余少杰、严敏等派党员到养利、龙茗等县做冯飞龙、汤学礼的工作。10月，冯飞龙在养利天宝乡小偶村召开养利、雷平两县数乡农会领导人会议，决定扩大各乡农会和农军，联合反抗国民党反动当局的压迫。会议推举冯飞龙为养、雷农军总指挥，下辖四个支队1000余人，其中常备农军200余人枪。会后，各乡农民抗税抗捐抗租斗争形成高潮。11月间，冯飞龙调动常备农军先后奔袭扶南县那隆团局和万承土州大岭团局，破仓分粮，解决了农军粮饷并赈济农民度荒。12月初，桂系军阀急调第五独立团“进剿”养、雷农军。12月10日，农军特务队在小偶村据险击溃敌军一部的进攻，毙伤敌40余人。是役后，冯飞龙联络邕宁农军增援养利，并在左县驮芦镇附近与邕宁农军会合，击败该团一部。1928年1月23日晨，邕宁、养利、雷平3县农军600余人攻占左县县城，敌县长率警团逃遁，县府总务科长等数人毙命，农军缴枪22支和一批子弹财物，破监救出农友13人。此后，冯飞龙部农军在养利、雷平、龙茗数县边的山区坚持斗争。邕宁县农军回师岜鱼山。不久又重创“清乡”之敌，缴枪百余支，巩固了岜鱼山游击区。同年1月，中共广东省委特派员雷经天奉命由香港返回南宁，恢复党组织并领导南宁及左右江地区的革命斗争。2月间，中共南宁临时县委派党员到岜鱼山游击区，发展唐光天、文树芝、陈嘉良、唐希贤等入党，成立中共吴圩区委。随后建立吴圩、那马、苏圩、三官、五塘、心圩、石埠等区乡劳农会和农民赤卫队，邕宁县农军大队改称农民赤卫军大队，在邕宁、绥渌、上思、左县、养利等县边界继续坚持游击斗争。

# 第三节　党组织的发展和持续的反“清乡”斗争

## 一、中共广西特委的建立和改组

1928年1月,中共中央命令将中共广西地委改组为中共广西省特别委员会,由广东省委领导。邓拔奇、胡福田、苏其礼、余济卿、昌景霖五人任常委,黄一平、郭金水、余少杰、胡奕卿等为委员,邓拔奇任书记①。特委机关仍设在桂平县白兰村。中心任务是继续发动浔州四属和玉林五属的冬暴斗争。

3月10日,广东省委来信指示特委,要加紧在党内和农民中进行土地革命与苏维埃政权的宣传,“普遍的发展党的组织,尤其是建立工农群众的组织及武装的准备(组织工农革命军赤卫队等),向着这样的方针去努力工作,必然很快的布置出一个暴动的局面。”广东省委还强调,广西要加紧恢复梧州、玉林地区党组织,特别注重主要城镇的工人运动和加强对农民武装的军事、政治训练。为此,中共广西特委确定以整顿各级党组织、加紧训练干部、发展组织、收集武装为主要任务。特委成员分赴有关县、区、乡党组织,传达特委的决定,解释党的政策,整顿和发展党的组织,要求桂平、平南、容县、贵县、武宣五个县委和梧州市委,一律于4月间召开代表大会进行改组,成立新的县委、市委。根据广东省委关于“一个月内要增加党员2000人”的指令,特委通告各县委、市委,要求在一个月内,每个党员最少要吸收十个新党员,每个支部最少要发展两个支部,并定出了各县、市发展党员的具体任务。针对党组织存在的“组织薄弱”“同志幼稚”的情况,从2月至4月,特委在平南和桂平农村先后举办了10期党员骨干短期训练班。还翻印《红旗》《布尔塞维克》等刊物,编印广西《特委通讯》,发给各县的基层组织,宣传党的路线和政策,指导全省党的工作。

尽管广东省委关于发展党员的要求有些过急,但经过广西特委的艰

---

① 《中共广西特委书记邓拔奇给中央的报告》,1928年5月1日。

苦工作，广西党组织还是得到恢复和发展。3 月份，全省新增党员 250 人，其中贵县新发展农民党员 120 名。4 月，特委领导的桂、贵、平、武、容 5 个县委和梧州市委，共成立了 9 个区委和 81 个支部，有 825 名党员，其中工人占 3%，农民占 90%，知识分子占 5%，兵士占 2%。为了继续发动武装暴动，特委和各县委集中一部分经过斗争锻炼的农军武装，组建红军游击队（当时为避免敌人注意而称农民自救团），在特委和县委指挥下开展农村反“清乡”斗争。

为了加强广西党组织的领导力量，中共广东省委于 1928 年春，先后把参加广州起义并撤退到香港的陈勉恕、朱锡昂、俞作豫等 20 多名广西籍党员骨干分批派回广西工作。陈勉恕、朱锡昂、雷经天、李其实为省委特派员。陈勉恕等回到湛江受阻，撤回香港。朱锡昂、雷经天、李其实等回到广西，先后在各地活动，成立了北流、玉林、同正 3 个临时县委，恢复了南宁、宾阳、桂林、灵川的党团组织活动。雷经天派党员到恩隆农村，与中共恩奉特支负责人余少杰、严敏建立了组织关系。朱锡昂在北流县城附近的黎家庄起草《劳农会章程》《农民运动宣传大纲》等文件，领导玉林、北流、陆川党组织在农村发展劳农会，仅北流县就有劳农会会员 1000 余人。

1928 年 3 月，为了在桂东南农村举行夏收暴动，广西特委调特委常委苏其礼、余济卿等到贵县覃塘区排厚村，与中共贵县县委书记陈培仁等，组织农民自救团，发展党员，开办党员和赤卫队骨干训练班，准备暴动。因被敌探悉，3 月 19 日晚，覃塘团局包围了排厚村，苏其礼等人在与敌人搏斗中壮烈牺牲，余济卿、陈培仁等 8 人被捕，后在县城被杀害。

同年春，新桂系军阀调集两个团的兵力在浔州四属继续“清乡”。中共广西特委在桂平农村召开会议，分析了“冬暴”失败的原因，认为党的领导力量薄弱和急躁盲动倾向，是导致冬暴失败的主要原因。为了打破敌人的“清乡”，特委决定“仍是继续努力依照冬暴计划决定的总政策，用党的力量去发动群众的暴动，在暴动中训练同志，并吸收同志发展党的组织，健全党的组织去发动广西的群众暴动，动摇反动的政权”①。

① 《中共广西特委给广东省委的报告》，1928 年 3 月 25 日。

为此,特委制定了《广西目前工作计划》,并对暴动斗争策略作了调整,即在浔州四属和容县农村,集中力量进行土地革命的宣传,纠正过去只知“做大暴动去搞县城,占圩市,不知从事煽动,从小的斗争引导到大暴动”的盲动倾向,提出“分谷落春”,“反抗点田脱耕”,“一切土地归农民”等斗争口号来发动群众开展斗争,并在斗争中积极组织秘密劳农会、农民赤卫队和农民自救团,吸收党员,要求3月上旬发展农民党员250人,至4月底达到800余人。同时,成立浔州、玉林两区暴动委员会,加强对农民暴动的领导。还提出广泛开展游击战争、发动群众的暴动、创建红军游击队和苏维埃政权的要求。特委在平南思旺农村先后举办10期干训班,培训了党组织和农军骨干百余人。但由于敌人在浔州四属疯狂“清乡”,特委的暴动计划始终未能实现,各地武装斗争连遭挫折。3月,特委委员黄一平奉命率桂平游击队数百人,从十八山突围至贵县鱼寨、良美地区,又遭敌人的伏击,游击队损失过半,余部100余人枪分途退回十八山。4月间,黄凤鸣、龙铁筠、刘权标和昌仪廷带领的三支农军游击队,先后在大瑶山(今金秀县)、鹏化山和十八山遭敌围攻,部队被打散,数十人伤亡。特委常委昌景霖指挥的桂平姜里农民自救团常备队30余人枪,亦在姜里大冲口被打散。5月,邓拔奇、胡奕卿等领导的平南惠政区农民自救团和桂平宣二区农民自救团,各300余人枪,尚未拉上山,就因敌“清乡”而溃散。特委直接领导的浔州四属武装斗争局势仍然极为艰难。

1928年5月,中共广西特委与朱锡昂、雷经天、李其实等取得了组织联系,广西党组织的力量得到增强。6月1日至4日,广西特委在贵县县城圩心街广东巷秘密召开扩大会议。出席会议的有特委委员和各地代表10多人。会议由特委书记邓拔奇主持。中共中央委员、广东省委代表恽代英到会指导并作了报告。会议通过了《政治任务决议案》《党务问题决议案》《军事问题决议案》等三个文件。会议决议接受广东省委关于组织夏收暴动的决定,作出了以夏收暴动为目标的特委工作计划。在党的建设方面,决议案规定要整顿、健全和恢复原来的党组织,大力发展新的组织,并要求在两个月内全省至少发展党员2000人。会议改组了特委,选举朱锡昂、董铨汉、邓拔奇、余少杰、雷经天、胡福田、黎赤夫、黄一平、黎国琼、包云初、李其实、陈桂、郭金水、麦锦汉、昌景霖 15 人为委员。恽代英代表广东省委指定朱锡昂、邓拔奇、董铨汉、雷经天、郭金水、黎赤夫、昌景霖等 7 人为常委,朱锡昂任书记兼管宣传科,董铨汉任候补书记兼管组织科。特委仍属广东省委领导,机关从桂平县移驻梧州市。这次特委扩大会议比较系统地总结了广西党组织自大革命失败以来的斗争经验教训,对加强党的领导力量,健全各地组织,推动全省革命斗争的发展起了重要作用。但会议关于夏暴的决定和发展党组织的计划,都还存在急躁盲动的倾向。

6 月 28 日,特委常委第二次会议在梧州召开,会议决定常委秘书处下设置组织、宣传、交通三个科,并在常委之下成立职工运动委员会、兵士运动委员会,以加强对城市工运和兵运的领导;还领导成立了广西反帝大同盟和广西济难总会。为了加强对各地斗争的指导,特委把全省划分为南宁、田南、浔州、玉林、苍梧、柳州、桂林七个区,指定雷经天、余少杰、黎赤夫、邓拔奇、董铨汉、黄一平、李其实为各区巡视员。还指定李其实担任军事委员,负责全省的农村武装斗争。特委成员和巡视员分别到各地巡视,整顿、恢复党的组织,准备以浔州四属和右江为重点,发动全省农村夏收暴动。7 月 10 日,各路巡视员回特委报告情况。特委常委经过讨论,认为发动全省夏收暴动的条件不成熟,决定将夏收暴动改为秋收暴动。会后,派邓拔奇到香港、上海,向广东省委和临时中央汇报广西情况,请示解决广西党隶属中央领导等问题。经过特委和各地党组织的艰苦工作,至 8 月底,全省已经建立和健全了 11 个县委(临时县委)和南宁、梧州两个市委,以及恩隆奉议特别支部等党组织,广西党组织又得到了一定的发展。

在此期间,中共广东省南路特委也在努力恢复和发展钦廉四属党的组织和革命斗争。1927 年冬,南路特委派党员到北海恢复党组织,建立市委。广州起义失败后,中共广东省委派遣党员丘祥霞、易一德等五人到防城县东兴坚持斗争。1928 年 3 月,成立中共防城县委。北海市委、防城县委发动工人、妇女、学生,相继建立了工、农、青、妇群众组织。1928 年夏,丘祥霞、易一德调到南路特委工作。同年底,南路特委遭受破坏,影响了北海、防城党组织的活动,北海、防城党组织的主要骨干转移到上海、广州、香港等地。广东省委调易一德回北海领导恢复四属党组织的工作。1929 年 5 月,中共南路巡视员易一德在北海被捕牺牲,北海、防城党组织解体。但是,钦廉四属人民仍然继续坚持斗争。

## 二、中共广西临时省委和广西省委的建立

1928 年 6 月 18 日至 7 月 11 日,中国共产党第六次全国代表大会在苏联莫斯科召开。中共广西特委派胡福田代表广西党组织出席了大会。大会期间,胡福田被选为大会主席团成员。他向中央政治局委员项英汇报了广西党组织和农民运动、职工运动、士兵运动的情况,请求中央加强对广西革命斗争的领导,及时解决广西党组织与中央的隶属关系问题。7 月 30 日,广西特委致函中共中央,再次请求“广西的党应由中央直接领导”。8 月,特委又派邓拔奇到上海向中央请示汇报工作。9 月 2 日和 3 日,党中央分别致函广东省委和广西特委,指示将广西特委改组,成立广西临时省委,直属中央管辖,同时与广东省委发生关系;指示广东省委调工人出身的王强亚来桂任临时省委书记。中央的来信详细分析了广西斗争形势,批评广西特委“夏暴”“秋暴”的方针是错误的,指出“广西党的目前政治任务,决不是全省暴动的前途,在秋收时期,也不是举行全省总暴动的局面,而是抓住秋收时期的机会发动广大群众起来抗税抗捐抗租的斗争,在斗争中发展群众组织,建立党的基础,加紧土地革命政纲和苏维埃政权与反国民党的宣传,使土地革命更加深入”。要求广西党一定要遵照六大的路线检查布置广西的革命斗争,发展党员要注意工人、贫农成分,要由上而下改组指挥机关,提拔新的工农党员。

9 月 22 日至 26 日,广西特委在梧州召开常委扩大会议,特委常委、委员和特委巡视员参加了会议,胡福田在会上传达了六大会议精神。这次会议根据中央来信的指示,正式宣布成立临时省委,原特委委员为临时省委委员。会议认真学习了六大各项决议案,检讨了广西特委过去部署“夏收暴动”和“秋收暴动”的错误,决定以发动抗税、抗捐、抗租斗争为中心,发展党组织,深入宣传土地革命和苏维埃运动。会议还通过了关于广西反帝工作、士兵运动、农村工作、宣传工作、济难会工作等问题的决议案。会议强调党的主要工作是:多吸收工人、贫农入党,加强教

育训练，提高党员质量。决定在全省进行党员登记，而后自下而上，改组领导机关。会议特别注重临时省委领导机关的建设，决定将私自逃跑的特委委员黎赤夫、黎国琼开除党籍，同时增选斗争英勇的工农骨干为委员①。中共广西临时省委委员为王强亚、朱锡昂、邓拔奇、雷经天、董铨汉、郭金水、李秀农、谭景韶、聂根、陈启东、胡福田、余少杰、胡奕卿、李其实。临时省委机关仍设在梧州。由于书记王强亚未到职，临时省委由朱锡昂、邓拔奇主持工作。会后，雷经天回到南宁，恢复刚被破坏的中共南宁市委的工作。不料，在 11 月间共青团南宁市委又遭破坏，革命骨干被拘捕，南宁的党团组织又一次遭受重大打击，雷经天继续在南宁坚持党组织的恢复工作，还领导宾阳、同正和右江地区党组织。

10 月和 11 月，中共广西临时省委机关在梧州两次遭受严重破坏。10 月上旬，敌人利用叛徒昌景霖带领密探跟踪，将临时省委交通联络站破坏，临时省委委员李秀农、谭景韶、郭金水等被捕牺牲。临时省委的印刷处、通讯处、秘书处也相继被敌人破坏。11 月 29 日，刚恢复的临时省委机关又遭破坏，临委委员陈启东和两名工作人员被捕。不久陈启东被杀害。临时省委机关“所有存留之文件，一概失去”。12 月，临时省委委员胡福田也在梧州被捕牺牲。朱锡昂、邓拔奇、聂根无法在梧州立足，遂紧急决定，聂根赶赴香港向广东省委报告，邓拔奇、朱锡昂分途巡视桂、柳、浔、玉各县，后在玉林设立临时省委办事机关。广西临时省委机关在三个月中连续遭受严重破坏，但各级党组织及党员不怕艰难险阻，不怕流血牺牲，前仆后继，顽强斗争。从 9 月至 12 月下旬，广西临时省委在全省 20 个县成立了党组织，其中有玉林、北流、容县、贵县、平南、宾阳、同正、怀集、桂林、梧州、南宁等县、市委和田南临时特委，下辖几十个区委、支部，全省党员达到 2000 人以上②。

12 月 17 日，中共广东省委向中央报告王强亚在粤被捕，决定改派文沛来广西任临时省委书记，派梁光华任省临委秘书长协助文沛工作。年底，中央调邓拔奇赴苏联莫斯科中山大学学习。文沛和梁光华来到玉

① 《广西临时省委报告第二号》，1928 年 10 月 23 日。

② 《李桂民给中共中央的报告》，1929 年 4 月。

林与朱锡昂会合，共同领导广西工作。

1929年1月，中共中央巡视员贺昌在香港召开广西工作会议，传达中央决定，将广西临时省委改组为广西省委，一切工作直接由中央领导，同时受广东省委指导和帮助。贺昌指定文沛、朱锡昂、雷经天、聂根、胡福田（当时不知胡已牺牲）五人为省委委员，文沛任书记。贺昌还决定调中共北流县委书记俞作豫等干部赴时驻武汉的桂系李明瑞部队进行兵运工作。会后，文沛等来到梧州，决定省委机关仍设在梧州。后因铺保批租及其他问题不能解决，遂将省委机关迁到南宁，省委秘书处设在市郊津头村省委委员雷经天家。这时，省委能够直接指导各地党的工作的有——南宁、宾阳、贵县、玉林、北流五县；省委通知各地的通讯处已经发出通告未得到回复的有——恩隆、同正、奉议三县；省委……暂时尚未发生关系的有——桂林、桂平、贺县、钟山、怀集五县；省委现今未找到通讯处完全隔绝的有——武宣、平南、容县、阳朔、果德、思林七县；知道省委机关已破坏，工作停顿，现时仍未恢复组织的有——梧州一处；此外省委知道，各地有可能活动的同志通讯处的有——柳州、梧州、横县三县；省委知道各地有同志个人活动但不能通讯的有——隆安、养利两县①。

为了应付残酷的斗争局面，省委成员实行分区负责：文沛和雷经天在南宁主持工作，朱锡昂驻玉林代表省委指导玉林五属工作，聂根负责职工运动和省委与广东省委的交通联络工作。3月，省委提出要广泛发动工农群众，反对新军阀混战，实行土地革命，发动游击战争，武装夺取政权。同月，设在南宁城郊津头村的省委秘书处被军警破坏，雷经天因已暴露身份不能公开活动。文沛赴香港向中央巡视员请示汇报工作。3月27日，文沛由香港返回南宁。由于白色恐怖严重，经济困难，干部缺乏，广西党组织的整顿、发展工作进展缓慢。

3月31日，中央致函广东省委指出，广西目前工作的范围，确实无组织省委的必要，决定改为特委，受广东省委的领导。4月11日，广东省委给广西省委发出指示信，转达中央的决定，同时明确规定特委机关

① 《李桂民给中共中央的报告》，1929年4月。

工作人员不超过3人，特委负责人应到中心区域去，建立党的中心工作基础。4月23日，广西省委在南宁举行会议，接受中央指示，将广西省委改组为广西特委，书记文沛，委员朱锡昂、雷经天、聂根。会后，文沛回香港汇报（后未能返回），雷经天主持特委工作。当时，特委能直接领导的只有南宁、宾阳、贵县、玉林、北流和思林、果德、恩隆、奉议、东兰等县党组织，其他地区的党组织，未能够恢复联系。在艰难困苦中，雷经天、朱锡昂分别在南宁、玉林领导当地党组织坚持斗争。

## 三、各地农村的反“清乡”斗争

1928年春，桂系军阀参加讨伐奉系军阀的斗争。黄绍竑在广西继续指挥全省军警及各地团局武装进行“清乡”，镇压各地的农民武装。因此，领导各地农民武装开展反“清乡”斗争，就成为中共广西地方组织的重要任务。

**右江和红水河地区**。1928年3月，余少杰、严敏等中共恩奉特支和广西临时军政委员会领导人，在思果边召集右江各县农会、农军代表开会。会议正确分析了右江的斗争形势，总结了武装暴动的经验教训，拟定了一个实行分区领导，在右江普遍组织革命农民联合会的斗争计划。经过努力，相继成立了恩（隆）奉（议）、思（林）果（德）、思（林）向（都）三个区革命农民联合会。各区革农会内设组织、宣传、军事、财政、交通五部，成为党领导农村斗争的政权和军事组织。恩奉区革农会曾领导百余个红色村屯。在创建革农会过程中，恩奉特支和广西临时军政委员会特别注意组建各区农民武装基干队，把武装斗争和农民日常斗争结合起来。恩奉、思果、思向三个红色游击区的形成，对打破敌军的“清乡”“围剿”，坚持和发展右江沿岸农村游击战争起了重要作用。

由于敌军残酷的封锁“清剿”和地理阻隔，韦拔群领导的东兰、凤山、凌云、百色、都安5个县农民协会，没有改组成为革命农民联合会。他领导的右江第一路农军，在5个县农会的支持下，采取正确的游击战术，艰苦作战，机智英勇地打击敌人。3月12日，韦拔群调集东兰农军300余人枪围攻兰泗团局，击毙了团总，缴枪10多支。黄松坚、廖源芳、黄伯尧等指挥凤山、百色、凌云农军分别在赐福、长里、牙里打败“清乡”

团局，恢复 30 多个乡农会，会员达到万余人。4 月，中共广东省委特派员雷经天从南宁派党员到恩隆县农军游击区，和余少杰、严敏取得了联系，传达了中央和广东省委关于在右江地区开展土地革命政纲宣传、加强对东凤农民武装队伍的领导、发展农村游击战争的指示。余少杰派严敏前往东兰向韦拔群传达这些指示，参与领导东、凤游击区的斗争。夏初，韦拔群指挥东兰农军攻占武篆、江平、太平等圩镇，迫敌退回县城。6 月，东兰农军又将龚寿仪团余部逐回百色，全县大部分圩镇重新为农军占领，桂系军阀对东、凤地区的重点“清剿”宣告破产。东兰、凤山、凌云、百色边境的农村游击斗争形势逐步好转，初步形成了以东兰县武篆为中心的四县农军游击区。

9 月，余少杰在香港向广东省委汇报田南工作后，返回右江地区，途经南宁时被敌探悉，乘船到隆安时，遭敌人逮捕，后被押到南宁监禁并杀害。严敏获悉余少杰被害的消息，即从东兰返回恩奉游击区，根据广西临时省委和广东省委的指示，加强了右江地区党组织和武装队伍的建设工作，先后建立了中共恩隆、奉议、思林、果德四个县支部。在此基础上，严敏召开田南各县党员代表会议，成立中共田南临时特委并任书记，黄书祥、潘宪甫、滕德甫、阮殿煊为委员，隶属中共广西临时省委领导。田南临时特委组建了自己直接指挥的右江基干游击队，有 200 余人枪，坚持在恩隆、思林边活动。黄书祥、李凤彰、韦成篇领导的那马县农军大队 200 余人枪，活动在那马、果德、思林 3 县边游击区。陈洪涛、黄绍谦、黄庆金领导的向都、天保农军在向都、天保、思林边活动。黄治峰、潘宪甫领导的奉议农军，在奉议北部山区活动。陈鼓涛、陈铭玖、覃道平、邓无畏等领导的都安农军，分别在都安东部和都安、恩隆边活动。韦拔群领导的右江第一路农军，于 1928 年秋先后袭击了百色县三都区坡月乡团局和河池县保平团局，击毙百色县团局大队长等 20 余人，缴枪 10 多支。10 月，邓无畏、陈铭玖等率领都安县东区、大化、镇江等区农军数百人攻打都安县城，吓得一些土豪劣绅逃往武鸣和南宁。11 月，陈铭玖、覃道平等带领恩隆县江洲、七里区和都安镇江区农军 300 余人枪，先后攻打大同、榜圩、七里等土豪团局据点。

1929 年 2 月，中共广西省委为了加强对右江农民武装斗争的领导，指示来香港汇报的李正儒返回右江协助严敏工作，整顿和发展党组织。3月21日，省委撤销田南临时特委，派高永平为省委特派员赴右江协助严敏工作。同日，省委给田南临时特委发出指示信，要求严敏、高永平“遵照省委指示去整理党的工作，……限两月内，过去曾有党组织的各县都要建立健全县委”，要求健全基层党组织，吸收工农同志入党，加紧训练党员，加强党的纪律，“使广大的工农兵士、平民群众完全集中到我们党的旗帜之下”来奋斗。省委的指示信，对加强右江地区党组织的建设和坚持农村游击斗争起了重要作用。

在此前后，韦拔群指挥东兰农军继续围困东兰县城和主要圩镇，另派陈恩深率农军第二次攻占南丹县吾隘、那地等圩镇，并组织建立8个乡农会和农军。3月底，任命蓝志仁为右江第一路农军第四游击大队长，带领那地农军180余人在那地、扬州、天峨等地坚持斗争。韦拔群还在西山弄京农军总部，举办了有60多人参加的农军骨干训练班。黄伯尧率领的凌云农军控制了平乐等几个区，重建凌云县农会并任主席。廖源芳率凤山农军300余人枪于五六月间先后攻打芝山、长里土豪据点。陈洪涛、黄庆金等率领向都、天保两县边的农军攻克了天保县龙光街，击溃敌军一个连和团局武装，粉碎了天保、向都两县敌人的联合“清剿”。

7月9日，黄书祥领导那马、思林、果德农军700余人枪举行那马暴动，攻占那马县城周鹿镇，击溃敌县长纠集的县警团局武装，击毙敌县财政局长等数人，俘10多人，破监救出农友40多人。19日，黄书祥在周鹿镇召开万人大会，宣布成立那马县临时革命委员会，任命李凤彰为主任。次日，敌县长纠集反动警团武装反扑县城，被农军击退。此后，那马县临时革命委员会主动撤退至州圩坡马屯，领导农军坚持游击斗争。至此，右江各地农军反“清剿”斗争形势进一步好转。

**左江地区**。1928年3月，广西临时军政委员会派联络员到龙茗县，与农运骨干汤学礼等秘密组建农军武装，开展反“清乡”斗争。春夏间，各县斗争形势开始好转。4月上旬，养利、雷平农军协同龙茗农军进逼龙茗县城。同月中旬，冯飞龙所部农军千余人枪及数千农会群众，围攻养利县城。五六月间，养利、雷平农军两次进攻雷平县太平镇，击溃守敌一个连及部分团局武装，击毙该县团务总局长。7月中旬，农军在养利县团结村遭敌第五独立团的围攻，队伍被打散，冯飞龙率余部数十人撤退到武羌山区。汤学礼、马镇武带领龙茗县农军坚持龙茗、雷平的反“清乡”斗争。10月间，汤学礼率龙茗农军攻破该县梅岭土豪团局，缴枪19支，破仓分粮。12月20日，汤学礼在龙盘山宣布成立龙茗县农军大队并任大队长，该大队后发展到260余人，与马镇武领导的全茗区农军互相配合，坚持游击斗争。1929年7月10日，冯飞龙、汤学礼、马镇武等组织龙茗、养利农军2000余人枪，分三路进攻龙茗县城。激战一天，农军占领县城，没收土豪财物，破监释放农友10余人。农军颁发布告，委任梁斌为龙茗县县长，号召龙茗群众参加农会、农军，打倒土豪劣绅，实现耕者有其田。汤学礼扩编农军队伍，组建了向都县都康农军营和龙茗县盛典农军营，共有400余人枪。在上思县，第六区农会执委黄名山、刘福善等率领农军200余人枪，于1929年1月占领那琴圩，召开农民大会，宣布废除一切苛捐杂税，后率队袭击县盐税局平吉盐税卡。此后，抗税抗捐斗争席卷全县。2月初，国民党上思县政府逮捕黄名山，各区农会立即联合抗议，迫使县政府将黄名山释放。12月21日，农军再次围攻那琴团局，捕杀团总及土豪数人，没收其财物分给贫苦群众。24日，农军又击溃敌县长纠集的百余县警的进攻。1930年7月15日，农军再次将进攻那琴的警团击溃，毙敌连附以下10多人。12月31日，黄名山等率领农军赤卫队300人枪在那琴誓师暴动。1931年元旦，攻占上思县城。敌县长纠集县警民团向县城反扑。农军退入上思、钦县、邕宁三县边界山区游击。1月间，黄名山等被叛徒杀害。农军余部转战马嗒山、那琴地区，一直坚持斗争到1932年2月。

**玉林五属**。中共广西特委委员朱锡昂利用蒋桂战争爆发后的有利时机，领导发展玉林五属各县劳农会和农民赤卫军，加紧准备暴动。1929年5月下旬，中共玉林县委领导的劳农会会员增至3000人，农赤军有500人枪；北流、容县劳农会会员亦有1000余人。朱锡昂在玉林榕木根村召开中共玉林县委扩大会议，决定于农历五月端午节举行暴动，计划首先攻打新桥长屏土豪武装，进而攻取新桥团局，各县共同行动，围攻玉林城，成立玉林五属农民赤卫军和苏维埃政府。会后，派玉林县委委员张第杰赴香港向中共广东省委汇报，并请广东省委派军事干部来玉林指导暴动。朱锡昂到各县部署,玉林县委书记王懿仁和委员张震球等分赴各区组织督导。6月2日晚,朱锡昂、王懿仁返回榕木根村,研究暴动行动计划。由于混入劳农会的敌探的告密,国民党玉林县长派遣城防队和新桥团局军警星夜包围榕木根村。3日凌晨,朱锡昂在突围中被捕,王懿仁等冲出敌围。8日晚,朱锡昂在玉林县城英勇就义。玉林五属党组织遭到严重破坏,端午暴动夭折。

## 四、斜阳岛农军的武装斗争

1927年9月,中共广东遂溪县委委员兼县农民暴动副总指挥陈光礼和县委委员薛经辉等,率领暴动农军余部100多人枪,突破敌军和民团的重围,从遂溪县江洪港蛇头地乘船转移到合浦县的斜阳岛(现属北海市),在该岛坚持了长达5年的可歌可泣的武装斗争。

斜阳岛是北部湾中一个小岛,距离北海40余海里。全岛面积2平方公里,地形中凹,四周悬崖陡壁,只有东埠和三条柴两条路可攀壁行走进入岛内,易守难攻。当时,该岛被以符振岳为首领的100余名绿林武装占据。遂溪农军经过与符谈判,进驻该岛。农军严明纪律,坚持自力更生,开荒种地,下海捕鱼,实行生产自救,并向符振岳部和岛上渔民宣传共产党的主张和农民协会的章程,团结和改造了符振岳的队伍。1928年5月,符率部加入农军,整编为斜阳农军第一营,符振岳任营长;原遂溪农军编为第二营,薛经辉任营长,陈光礼任总指挥。整编后,斜阳农军共有200多人枪。是年夏,中共南路特委在湛江赤坎重新建立,陈光礼任特委委员兼遂溪县委书记,薛经辉为特委委员。此后,他们在斜阳岛农军中建立了党组织。

从1928年春到1930年,农军数次回师遂溪,打击国民党反动政权和土豪劣绅民团据点。曾在1929年9月8日攻占遂溪县城,举行群众大会,镇压了一批罪大恶极的反动分子。随后,农军又克廉江县城,兵临雷州,威震南路。12月,农军撤回斜阳岛。1930年8月,国民党广东南路绥靖委员陈章甫纠集遂溪等县民团、军警,封锁、进攻斜阳农军。11月间,陈光礼奉命离开斜阳岛经遂溪转往海南岛寻找上级党组织,不料在湛江霞山被捕,1931年1月在海口市英勇牺牲。薛经辉继任农军总指挥。1932 年夏，广东军阀陈济棠调粤军独立三团一个营在军舰掩护下进攻斜阳岛，遭到农军英勇反击。随后，陈济棠增派援军，并调遣飞机轰炸斜阳岛农军阵地。农军浴血奋战一个多月，符振岳、余道生、陈中华等数十人牺牲。11 月 5 日，薛经辉带领农军余部和群众百余人撤入羊咩洞，坚持战斗 9 个昼夜，最后弹尽水绝，薛经辉等 40 名农军指战员落入敌手，12 月在北海英勇就义。

从 1927 年 4 月至 1929 年 7 月，在桂系军阀的残酷统治下，中共广西地方组织不怕牺牲，百折不挠地恢复和发展了各地的党组织，高举武装斗争的旗帜，领导和推动广西各族人民举行了 20 余次武装暴动，在 30 多个县坚持了艰苦卓绝的农村游击斗争，充分体现了中国共产党为国家的独立和人民的解放而不畏艰险英勇奋斗的精神，体现了广大工农群众坚定拥护中国共产党人，紧跟共产党闹革命、求翻身的坚强意志。这些斗争，沉重地打击了桂系军阀的反动统治，有力地推动了广西土地革命斗争的发展。韦拔群、余少杰、严敏等领导左右江农军英勇作战，不断挫败敌人的残酷“清剿”，保存了 10 多支农军基干队伍，创建了农村游击区，为百色起义和龙州起义的胜利举行和左右江革命根据地的创建，打下了良好基础。

# 第五章

# 百色起义和龙州起义

## 第一节 邓小平来桂和广西革命形势的发展

### 一、蒋桂战争和俞作柏、李明瑞主桂后的广西政局

1927年4月以蒋介石为代表的国民党新军阀，在帝国主义和官僚买办资产阶级、封建势力的支持下建立的南京国民政府，是代表大地主大资产阶级利益的独裁专制政权。军阀间表面上承认一个统一的中央政府，实际上相互之间矛盾重重。蒋介石及各地方军阀为了各自的私利，爆发了连年不断的军阀战争。1929年3月爆发的第一次蒋桂战争，就是一次规模较大、影响较深的军阀战争。

蒋桂矛盾在北伐战争期间就开始了。随着蒋系和桂系各自势力的扩大，矛盾日益加剧。1927年8月，桂系曾和汪精卫一起联合何应钦，逼蒋介石下野。11月，蒋介石在美、日帝国主义支持下，由日本回到上海，不久复职。此时，北方奉系张作霖趁南方国民党各派系纷争之际，发动对阎锡山部、冯玉祥部的征讨。蒋、桂、冯、阎为了共同对付奉系，暂时取得妥协，于1928年4月，联合讨伐奉系。6月，讨奉获得胜利，蒋系、桂系的军队又得到了较大扩充。1928年底，桂系的军事力量（包括直接指挥的和归他们指挥的部队），已由北伐前的一个军发展到十几个军，兵力由几万增加到20多万。在地盘上，李宗仁以国民党政治会议武汉分会主席身份坐镇武汉，率第七军、第十八军、第十九军，并指挥湖南的何

键、叶琪、鲁涤平的部队，控制了两湖；白崇禧以第四集团军前敌总指挥身份坐镇天津，控制京津和京汉路；黄绍竑则留守广西，与广东的李济深结成联盟，维持两广的半独立状态。但桂系集团也存在着弱点：兵力分散在从南到北数千里的长蛇阵上，易被人拦腰斩断；政治上不稳定；财力不足，军费开支负担沉重。

蒋介石眼见桂系势力空前膨胀，深感不安，迫不及待地要先将桂系消灭。蒋桂之间斗争首先是围绕着地盘分配和军队编遣问题展开的。蒋介石借编遣之名排除异己，削减桂系和冯玉祥、阎锡山的军队，桂、冯、阎不肯就范，战争首先在蒋桂之间酝酿。

蒋桂战争以湖南的鲁涤平事件为导火线。蒋介石为控制湖南，先任命鲁涤平为湖南省主席，并秘密向湖南运进大批军火，部署兵力进攻武汉。桂系察觉这个阴谋后，李宗仁于 1929 年 2 月 19 日以武汉政治分会名义，免去鲁的省主席职务，任命何键为省主席，并派叶琪、夏威两个师进入湖南。蒋介石针锋相对，于 3 月 25 日，以军队编遣期间政治分会无权任免有关特定区域的官员为由，正式下令"彻查桂军侵湘事"，免去李宗仁、白崇禧本兼各职，战争随即爆发。

这次战争，双方军事力量相差不大。蒋介石在军事上抓住桂军长蛇阵的弱点，采取斩头割尾、拦腰突击的方针，命令朱培德、刘峙、韩复榘率部向武汉突进，蒋介石亲自坐镇九江督战。政治上，蒋介石采取分化瓦解和重金收买的政策，先稳住冯玉祥和阎锡山，继而收买了桂系在北方的唐生智旧部，让其脱离桂系。又派人通过俞作柏对桂军驻武汉第三路军代理司令李明瑞策反。同时，诱骗李济深去南京，将其软禁于汤山，以分化粤系及拆散粤桂联盟。在四川、湖南，分别拉拢了刘湘、何键。在武汉，又勾结了武汉卫戍部队参谋长等要员。结果，桂军在武汉前线的将领李明瑞、杨腾辉等于 4 月宣布脱离桂系，"拥护中央"，桂军即全线瓦解，蒋介石几乎"兵不血刃而定武汉"，控制了两湖的大部分地区。接着，蒋介石命令何键率湘军向桂林进攻，令陈济棠率粤军由广东肇庆、英德进攻梧州，令龙云率滇军由滇北进攻柳州，令李明瑞、杨腾辉率所部第十五师、第五十七师离开湖北，经上海、广州向广西进击。5 月 4 日，蒋介石免去黄绍竑广西省主席职。这时，桂系军阀在外省的军事势力全部被蒋介石解决，只留下在省内的第十五军。这场历时两个月的蒋桂战争以桂系的失败而结束。李宗仁、黄绍竑、白崇禧见大势已去，先后逃入安南（今越南），转往香港暂住。蒋介石于6月7日正式任命俞作柏为广西省主席，李明瑞为广西编遣特派员（后改为第四编遣分区主任）。7月3日，俞作柏、李明瑞在南宁宣誓就职，从此，开始了俞作柏、李明瑞主政广西的时期。

当时，中共广西地方组织对蒋桂战争的认识是基本正确的。1929年3月30日《中共广西临时省委给中央的报告——蒋桂战争的爆发和党的对策》指出，蒋系、桂系的战争，是争夺地盘、权位的战争。我们应该积极领导广大人民群众作“反对国民党军阀战争”的运动。只有夺取政权，建立工农兵代表会议——苏维埃政权，才是人民群众的正确出路。报告指出：要以党的名义发表反对国民党军阀战争的宣言；县委及区委要到各支部党员作报告，全体党员要到群众中去进行宣传；在此运动中要求每一个同志最少介绍一个积极勇敢的工农分子做党员，扩大党的组织，同时负责培养一个工农赤卫队分子，各县委最低限度指派二个同志到士兵群众中做士兵运动；要提出“反对国民党军阀的战争”等口号。这些要求和口号，也是基本正确的。4月11日，中共广东省委给广西特委的指示信中，也明确指出党组织在国民党军阀混战中的工作方针，号召广大“工农兵联合起来，武装暴动夺取政权”。

俞作柏、李明瑞掌握的广西政权，代表民族资产阶级的利益，推行孙中山的三民主义政策，带有一定民主色彩。然而，它毕竟是在军阀混战中发展起的一个根基不稳的政权，处境十分艰难。在军事上，他们只能依照南京政府规定的限额，把广西的部队改编为三个师一个旅。即：第十五师（李明瑞兼师长），第五十七师（杨腾辉任师长），新编第十六师（吕焕炎任师长），新编第一独立旅。这些部队有相当部分是从桂系军队改编过来的，在动荡之中，很难做到服从俞、李指挥。在政治上，李宗仁、黄绍竑、白崇禧虽然倒台，但其统治基础没有多少动摇，桂系在广西的旧部吕焕炎依然独立存在，农村政权仍在豪绅地主把持之下。俞、李主桂后，虽然采取一些改良措施，争取中下层力量，但对局势的控制力有限，一时难以有大的作为。在经济上，当时的广西是一个落后的农业区域，以有限的农产品来换取工业品。据1928年海关统计，当时广西每年输出农产品的价值仅为6900万元，外来输入工业品约值8400万元，逆差较大，加上受蒋桂战争的影响，广西发行的纸币贬值，失去信用，港币与国币支配了广西金融。税收方面，当时广西年收入约2000万元，但交给中央的就有千万元以上。[①] 因此，俞、李主政时广西的经济很拮据，军费要靠南京政府拨给，而南京政府又不按时拨给。为摆脱困境，只好恢复过去的苛捐杂税，如鸦片烟过境税、赌业税等。

总之，俞作柏和李明瑞主持的广西新政权，其政治、经济和军事上的基础是比较薄弱的，加上蒋介石对俞、李不放心，派其心腹、特务头子郑介民出任广西省政府委员兼第十五师政治部主任，坐镇广西，监视俞、李。而李宗仁、黄绍竑、白崇禧的势力也在蠢蠢欲动，企图东山再起。俞、李为巩固其地位，不得不寻求工农群众的支持，于是利用其原来与中共关系较好的条件，要求中共派干部到广西协助工作。这给广西革命形势的发展带来了契机。

## 二、党在南宁的上层统战和秘密兵运工作

中共中央接到俞作柏、李明瑞关于派干部协助其工作的请求后，即抓住这一有利时机，紧急从各地调派贺昌（毅宇）、张云逸、陈豪人（又名导民、昭礼）、龚鹤村（化名龚楚，后叛变）、叶季壮、袁任远、徐冠英（又名徐开先）、史书元（又名史遽然）、龚饮冰、何誓达、李谦、胡斌、沈静斋、冯达飞、何世昌、李朴、许卓、佘惠、宛旦平、章健、李干辉、魏柏冈、唐克等40多名干部，通过各种渠道到达广西，成立中共广西军委，由陈豪人领导。这批干部有的曾在黄埔军校、讲武堂以及苏联、德国、法国、日本等国的各种军事院校或大学学习受训，有的是北伐军中的军政干部，有的参加过南昌起义、广州起义、海陆丰起义或在井冈山根据地工作过，素质较高。他们怀着为人民解放而奋斗的赤诚之心，从四面八方来到广西，开展革命工作。中共广东省委还调何誓达来南宁任中共广西特委书记，与参加过广州起义、先回广西工作的雷经天、俞作豫等一起，进一步加快

① 《中共广西第一次代表大会关于广西党的政治任务决议案》，1929年9月13日。

了广西各地党组织的恢复与发展。

俞作柏是广西国民党左派的代表人物,他和李明瑞是亲姑表兄弟,都在桂系军队担任过要职。大革命时期,两人都受中国共产党和工农运动的影响,靠近中共,倾向进步,积极支持工农运动。他们在统一广西和北伐战争中,屡立战功,但得不到桂系首领的重用,且遭受排斥和打击。在四一二反革命政变中,桂系以共产党嫌疑将俞作柏开除出国民党,迫使俞作柏出走香港。俞、李积愤不平,早就想摆脱新桂系的羁绊。蒋桂战争的爆发,使他们得到了广西军政大权。

贺昌、陈豪人、张云逸、俞作豫、何誓达、雷经天等对广西错综复杂的阶级关系及其矛盾斗争情况作了认真分析,从广西实际出发,制定了对俞、李进行统战工作的正确策略:把俞、李与国民党反动派区别开来,对他们实行团结、争取、教育的方针,与他们共谋反蒋、反桂系军阀的大计;坚持中共独立自主原则,依靠广大工农群众,趁机发展革命武装力量;对军政部门中的顽固派、亲蒋分子,给予孤立和坚决的打击。通过中共党员俞作豫(俞作柏的胞弟、李明瑞的表弟)和从各个渠道到广西的中共干部的各种关系,做了许多上层统战和兵运工作,广西开始形成国共合作的有利形势。

一是推动俞、李在政治上作必要的改革。中共广西特委通过内部关系,建议俞、李释放"清党"时广西各地被捕的共产党员、共青团员和进步群众。1929 年 8 月成立的由俞作柏任主任的"广西特别刑事裁判委员会",通令各县速将过去关押的政治犯,解由该委员会审查释放。关在南宁监狱的政治犯,由俞作柏下手令全部释放。这些人出狱后,多被安排到政府和军队各部门工作。同时,经党组织推荐,先后由俞作柏任命黄书祥、黄大权、陈伯民、潘宪甫、李植华、林柏、甘湛泽、陈可夫、莫俊峰、农德兰、黄肖彭等共产党员或进步青年担任左右江地区的果德、恩隆、河池、奉议、凤山、向都、凭祥、养利、左县、崇善、龙州等县县长,控制政局和发展工农运动。俞、李还接受中共的建议,警惕蒋介石势力入侵,拒绝给蒋介石派来的 100 多名黄埔系人员安排工作,将他们全部遣返。对原桂系军阀政权中那些劣迹昭著、民愤极大的反动分子则加以逮捕或撤换。但是,正在寻找反蒋势力的改组派头子汪精卫也派人到广西活动,在俞、李政权机构中安排了一些改组派党羽，留下了隐患。

二是中共广西军委和中共广西特委通过各种关系，把中央和广东省委派来广西工作的干部安排到俞、李的军政部门任职。陈豪人（原福建省委代理书记）担任李明瑞公署机要秘书，黄一平任广西省政府秘书；龚鹤村（原红四军二十九团党代表）先任省船务处长，后调任南宁市公安局长；徐开先（原叶挺部二十四师参谋长）任广西编遣特派员办事处总务科长兼广西教导总队主任（后离任）；张云逸（原国民革命军第四军二十五师参谋长）任广西教导总队副主任和广西警备第四大队长；俞作豫（原北伐军团长、中共北流县委书记）任广西警备第五大队大队长；李谦（原国民革命军第六军十九师团长）、史书元（原叶挺部二十四师团长）分别担任第四、第五大队副大队长。其他同志被安插到广西教导总队担任教官和广西警备第四、五大队里任营、连、排长。这些党员干部利用合法地位进行党的统战和兵运活动，对于掌握这些部队的领导权和改造这些旧军队起了重要的作用。

三是在协助俞、李扩建部队的同时，积极开展兵运工作。俞、李鉴于过去的经验教训，非常注重扩建军队，充实其军事力量。中共广西军委通过俞作豫、张云逸等向俞、李建议开办以培养部队初级军官为目标的广西教导总队，并活动由徐开先和张云逸负责领导。该总队设 3 个营 9 个连，学员共 1000 多人，主要来自李明瑞部队中的班、排长和从地方招募来的进步青年。中共广东省委派来的干部和中共广西地方组织选派来的 100 多名青年学生、工人、党员，也安排到总队的各个连队当干部或学员，有的安排到总队部担任政治教官或军事教官。对政治上反动的旧军官，采取“调虎离山”和“明升暗降”的办法，让他们担任较高的虚职，削弱他们的实权。当时，该总队 9 个连队的干部几乎都是共产党员，各连队都秘密建立了中共组织，发展了一批新党员。总队加强对学员的政治宣传教育工作，向他们灌输革命思想，并通过各连队的党员，密切联系和教育、争取学员群众，使连队的革命气氛浓厚起来。

驻守南宁的广西警备第四大队和第五大队编制均为 3 个营 9 个连，各有 1000 多人。士兵来源，除一部分是李明瑞在广州招募的广西籍青年和俞作豫从家乡北流等县带来的青年农民外，大部分是李明瑞回广西后收容的民团、土匪和散兵游勇，成分复杂。张云逸、俞作豫等按照党的指示，以合法的身份，有效地开展士兵民主运动和改造部队工作。首先加强对士兵的政治教育。这些士兵大多数出身于劳动人民家庭，不少人是被抓去当兵的。他们受过地主豪绅的压榨，受着反动军官的虐待，往往是敢怒不敢言。经过耐心启发教育，他们的政治觉悟很快提高。在此基础上，发动广大士兵群众起来揭发反动军官克扣军饷和打骂、虐待士兵等行为。根据士兵群众的要求，迅速、果断地撤换那些为士兵所痛恨的一批反动军官，选派一批党员干部到各营、连、排任职。连以下的旧军官，多数送到教导总队当学员，进行教育、改造。同时，发动和吸收工人、农民和进步青年学生参军，增加部队中工农成分的比重，在连队中秘密建立中共组织，把士兵群众中的先进分子吸收入党，使部队的面貌焕然一新。这样，这两支军队的领导权很快掌握在中共组织手里。

经过三个多月的工作，中共在广西与主桂的国民党左派俞、李建立了较好的合作关系，革命形势明显好转。桂系首领李宗仁哀叹："俞作柏、李明瑞南归后，为虎附翼，共祸始炽，桂省几成共产党之西南根据地"①。然而，当时的党中央和广东省委的一些指示信中，却以"左"的政策对待俞作柏、李明瑞，认为"俞、李与旧桂系，根本上并没有什么不同。俞、李的一切设施，最多这只是口头上的改良主义者"。② 批评对俞、李的统战工作"是幻想"。事实证明，这个批评是错误的。

## 三、工农运动的恢复和发展

大革命失败后，广西的工农革命运动遭受严重的破坏。虽然右江地区的农民武装在中共田南特委和韦拔群等的领导下，仍坚持公开的武装斗争，但从整个广西来说，工农革命运动仍处于低潮。中共组织通过内部关系，推动俞、李开放工农运动。俞、李也想利用工农力量，巩固其政治地位，所以也同意中共的建议。首先设立了省慰问农运办事处，组织一个几十人参加的慰问团，到各县进行慰问。同时，颁布实行"二五减

① 李宗仁：《第四集团军军事经过概略》，刊《李总司令最近演讲集》，1929 年。

② 《中共广东省委致中共广西特委信》，1929 年 10 月 30 日。

租”的法令，同意恢复各地工会和农协会组织，选派一批农运干部和进步青年，到各县开展农运工作。到1929年9月，全省有21个县恢复、成立了农民协会，可以领导的农民达35万人，经常可以指挥的农民自卫军约2000人①。

随着各地农民运动的恢复和发展，俞、李接受中共广西特委建议，于1929年8月初，在南宁召开广西省农民代表大会，30多个县派出100多名代表参加会议，俞作柏出席了开幕式。会议开得十分热烈，代表们列举地主豪绅压迫、剥削农民的事实，要求政府给予农民支持。会上成立了广西省农民协会筹备处，选举雷经天（中共广西特委委员）、韦拔群（右江农民运动领袖）、黄永达、陈洪涛、黄书祥、张震球（以上均为中共党员）等11人为筹备处委员，雷经天为主任委员，韦拔群为副主任委员。大会还决定出版《广西农民》三日刊。大会要求各地发展农协会组织，建立和扩大农民自卫军，大力开展武装斗争。会议期间，通过党组织的活动和安排，俞作柏会见了韦拔群，并同意以成立“右江护商大队”名义，由省政府拨给东兰、凤山地区农军步枪300多支，子弹两万发。会后，韦拔群立即从东兰、凤山挑选300多名农运骨干前来领枪，并在南宁进行短期军事训练，这对于提高右江地区农民武装实力和军事技术水平起到了积极的作用。

省农民代表大会结束后，各地区代表返回原地区传达、贯彻会议精神，发展“以贫苦农民为中心”的农民协会和农民武装，采取正确的策略开展对贪官污吏、豪绅地主的斗争，有力地推动了各地区农民运动的发展。

会后，中共广西特委调派何建南、麦锦汉等到龙州成立左江工农运动指导委员会。在此同时，南宁党组织还派党员干部到酱园、轮船、汽车等工会组织进行革命活动，在汽车工会中建立了党支部，发动工人开展对资本家的斗争。

## 四、中共广西一大的召开

为传达、贯彻中共六大和六届二中全会关于深入土地革命、开展武

① 《中共广西特委给中共广东省委的信》，1929年10月20日。

装斗争的指示，迎接新的斗争，经中共广东省委同意，中共广西特委于1929年9月10日至14日，在南宁津头村秘密召开中共广西省第一次代表大会。

这次代表大会是在广西党组织初步恢复发展和革命有了新转机的形势下召开的。1929年7月，中共广东省委派何晳达到南宁任中共广西特委书记。经过几个月工作，已健全的党组织有贵县、玉林、北流、东兰等四个县委和奉议、思林、向都、恩隆、宾阳等五个县特支，正在恢复和健全的县委有平南、桂平、陆川、同正、果德等5个，全省共有党员420人，团员130人。

8月底，各县代表已先后到达南宁。特委原定9月1日开会，因等候广东省委的代表，推迟至9月10日正式开会。在此期间，特委举办有十六七名代表参加的短期训练班，学习内容有政治理论、职工运动、土地革命、组织工作、党组织建设等。训练班还分组讨论特委起草的有关组织工作、农村工作、军事工作、土地革命等大会决议草案。这次训练班可以说是省党代会的预备会。

出席这次党代会的有贵县、玉林、北流、东兰、奉议、思林、向都、恩隆、宾阳等9个县委、县特支和南宁郊区区委、原田南特委的代表及负责省农协、省职工运动的同志，连同广西省特委委员共19人。中共广东省委常委贺昌到会指导。

大会以六大及六届二中全会的精神为指针，总结广西党组织革命斗争的经验教训，确定新形势下广西党组织的政治任务和斗争策略。会议先由贺昌作政治报告，然后由何晳达作工作报告。

大会通过了《中国共产党广西省第一次代表大会政治任务决议案》。《决议案》明确表示接受和执行中共六大决议及六届二中全会确定的新路线，提出广西党组织今后的政治任务是："夺取广大群众在党的政治领导之下"，"推翻国民党豪绅资产阶级的统治，发动群众一切的斗争"；"深入土地革命宣传和行动"，"要以雇农、贫农为主要动力，以中农为同盟者，才能使土地革命斗争深入和胜利"；"准备武装暴动夺取政权"，"加紧工农的武装组织，以保证新的革命高潮时取得胜利，而从各方面小的斗争扩大为急流汇合，而造成暴动的形势"。《决议案》提出了今后工作的总任务和策略，指出“党目前唯一的任务，是争取广大群众。所以今后的工作策略，应当尽可能的利用公开机会去接近群众”。要求把“公开工作与秘密工作联系起来”；“加紧发动与领导群众日常的斗争，从斗争中提高群众的阶级觉悟与深入党的政治宣传”；“创造布尔什维克党的组织”；“扩大党的宣传鼓动与训练工作”；“建立职工运动”；注意“农民运动的路线”，“领导农民做日常的斗争，从斗争中转变到深入土地的斗争”。此外，对士兵运动、共青团与党的关系、妇女运动、城市贫民和学生工作、济难工作等，也提出了具体任务。

大会还分别通过了《组织问题草案大纲》《广西农村工作草案大纲》《军事工作草案大纲》《土地革命草案大纲》《CY问题草案大纲》《宣传鼓动工作草案大纲》《妇女运动草案大纲》等，对广西党的各项工作作了部署。

大会选举产生新的广西特委会，何誓达、陈洪涛、严敏、张第杰、聂根、雷经天为委员，何誓达、聂根、陈洪涛为常委，何誓达为书记。特委决定把机关由南宁迁梧州，后因形势发生变化，没有迁成。

这次代表大会，是广西地方党组织和广西革命史上一次具有重要意义的会议。大会以党的六大及六届二中全会的精神武装广西党组织，确定新形势下广西党的政治任务和斗争策略，使到会代表明确了斗争方向；大会选举产生新的广西特委领导机构，制定了组织工作纲要，这对加强全省党组织的统一领导，促进党的思想建设、组织建设具有重要意义；大会提出加强党对农村工作的领导，制定了今后党在农村的总路线和策略，提出“深入土地革命的宣传与行动”口号，进一步推动了各地农村革命运动的深入发展。大会的召开，实际上为百色起义、龙州起义和左右江革命根据地的建立打下了基础。

由于受党内“以城市为中心”的“左”倾错误思想的影响，这次大会确定以南宁、梧州、柳州三大城市为最重要的中心工作区域。不过，由于俞、李反蒋失败后广西政局的急剧变化，广西特委的适时应变和调整，这个“左”的指导思想在实际工作中逐渐得到了纠正。

一大结束后，省特委委员严敏与韦拔群率领在南宁领枪并接受短期训练的东兰、凤山农军，于10月11日回到东兰，一举攻占该县的太平、武篆两圩镇。10月14日至16日，严敏在武篆区那伦村主持召开中共东兰县第一次代表大会，传达省党代会精神，确定在东兰、凤山、凌云等县发展党组织和开展土地革命等任务，选举成立了中共东兰县委会，由严敏任书记。

## 五、南宁兵变和革命武装向左右江地区转移

1929年9月，中共中央代表邓小平化名邓斌，由中央特科交通员龚饮冰护送到达南宁，担负统一领导中共广西特委和中共广西军委的重任。

邓小平早年到法国勤工俭学，1922年加入社会主义青年团，1924年转为中国共产党党员。1926年从法国到苏联学习，1927年春从苏联回国后，先在冯玉祥部做政治工作，后调到党中央当秘书。1928年随中央机关从武汉迁往上海，担任中央秘书长。到达南宁后，邓小平以广西省政府秘书身份，对俞作柏、李明瑞等重要人物进行卓有成效的上层统战工作和秘密兵运工作，迅速发展广西全省的革命斗争。

中共广西省党代会结束不久，正当广西革命形势有了转机的之时，国民党改组派派人到南宁游说俞、李参加反蒋，使广西政局发生了急剧变化。

俞、李主桂后，以汪精卫和陈公博为首的改组派头目积极拉拢他们与依附汪精卫的张发奎部联合反蒋，并派薛岳到南宁游说，许诺接济80万元经费，请俞、李出兵与张发奎一起攻击附蒋的粤系陈济棠部。俞、李早就有先倒桂后反蒋的打算，加上其时蒋介石已发觉俞、李主桂后与中共关系密切，不仅断绝了对桂的军费资助，还密谋"解决"俞、李。所以俞、李对改组派的挑动有所考虑。俞、李还在踌躇不决时，汪精卫以张发奎所部已行进在途，不容稍有失误为由，逼俞、李立即表态。邓小平等获悉这一消息，立即作了研究，认为俞、李掌握广西政权不到半年，立足未稳，仓促反蒋，必然失败，这也将打乱中共原来的工作部署。因此，党组织一方面真诚向俞、李陈明利害，晓以大义，劝他们不要轻易出兵参加军阀混战；另一方面，作出应变的决策，决定把党的工作重点从城市转向群众基础较好的左右江地区农村，把党在南宁掌握的武装部队撤到左右江地区去，建立革命根据地。为此，邓小平和贺昌等同志立即与中共广西

特委商议，于9月中下旬，召开了研究左右江地区工作的会议。会后，派特委委员雷经天到恩隆县平马镇，建立省农协筹备处右江办事处和担任中共右江工委（后改为右江特委）书记；派特委常委陈洪涛和党员干部、徐达生、张震球等分别到东兰、凤山、恩隆、奉议、思林、向都等县领导农运和筹建县党委；派党员干部何建南、麦锦汉、苏文灿等前往龙州县领导农民运动，成立“左江农民运动指导委员会”，由何建南担任主任委员。这就进一步加强了党对左右江地区革命运动的领导，使左右江地区党组织和农民运动得到迅速发展。9月下旬，恩隆县第二届农民协会成立，刘伟谋任主席。与此同时，向都县的农民自卫军在共产党员林柏、陈鼓涛、黄绍谦领导下，攻入向都县城，收缴县警团局武器，农军扩大至1200余人。何建南到龙州后，一个月时间内，建立了党支部，下冻和县城的工农运动有了较大发展。

9月下旬，俞作柏、李明瑞不听劝告，决定通电反蒋。10月1日，在南宁举行反蒋誓师大会，通电全国，宣布俞任南路讨蒋军总司令，李为副总司令。会后，即出兵沿西江东下进攻陈济棠部。张云逸以教导总队和警备第四、五大队未训练好、后方需要保卫为理由，建议把这些部队留守南宁。俞、李同意这一建议，并决定由张云逸担任南宁警备司令和接管南宁军械库等机关。俞、李率兵离开南宁后，邓小平等抓紧做好应变准备，加强对部队进行宣传、教育和改造工作，还特地把所有汽船集中在邕江岸边待命，以便随时调遣。

不出所料，俞、李出兵反蒋后不到十天就遭失败。蒋介石使出重金收买分化的故伎，派人将200万块大洋送到梧州给第十六师师长吕焕炎，还以广西省主席一职相许。10月2日下令免去俞作柏本兼各职，任命吕焕炎为广西省主席兼讨逆军第八路副总指挥，并通过吕焕炎收买李明瑞的心腹、第十五师四十四旅旅长黄权，任命黄为独立第五师师长。10月3日，吕焕炎在梧州宣布拥蒋，通电就职，宣布欢迎“讨逆军第八路军”总指挥陈济棠率粤军入桂。10月4日，第五十七师师长杨腾辉在柳州通电逼俞、李下野。5日，蒋介石宣布免去李明瑞本兼各职，由杨腾辉接任。至此，俞、李所属部队只剩下两个团和留在南宁的部队。陈济棠按照蒋介石的命令，派香翰屏、余汉谋、蔡廷锴三个师入桂，协同吕焕炎的两个旅向南宁逼进,引起南宁极大的骚动,气氛骤然紧张起来。

10月6日,一些反动分子捣毁省农协机关。教导总队中没有改造好的反动军官趁机煽动学员离开队伍去投蒋,李朴等中共党员及时出来制止。张云逸连夜驱车赶到教导总队驻地,召集各党支部领导成员开会,决定分组发动学员对反动分子进行斗争,揭露他们投蒋的反动本质,指出革命的光明前途,开展一场投向革命还是背离革命的说理斗争。经过一天的宣传教育,大部份学员认清了是非,留守的600多名学员和教官,除100名左右要求离队外,其余500人表示跟共产党干革命。在这关键时刻,邓小平当机立断,坚决否定在南宁暴动的主张,果断决策领导我党掌握的三支部队举行兵变,分兵转移左右江地区,与农民运动相结合,实行工农武装割据。中共广西军委命令俞作豫率领广西警备第四大队和教导总队从陆路掩护邓小平和中共广西军委乘军械船挺进右江。按照原定计划,把南宁军械库里存放的五六千枝步枪和大批弹药物资装上汽船运走。10月13日,俞作豫率领警备第五大队,护送俞作柏、李明瑞撤往左江地区的龙州(后俞作柏经越南转到香港);翌晨,邓小平也率领警卫部队和地方机关干部,装满武器弹药的军械船,溯右江而上,张云逸等则率领警备第四大队和部分教导总队学员从陆路沿右江岸边掩护军械船前进。从此,广西的革命斗争进入一个新的发展阶段。

## 第二节　百色起义和右江革命根据地的建立

### 一、发展革命力量,消灭反动武装

与滇黔两省接壤的右江地区,聚居着壮、汉、瑶、苗等民族。山多地少、交通阻塞,经济较落后,反动统治力量比较薄弱。各族人民深受帝国主义和封建豪绅地主的残酷压榨。加上这里是滇黔鸦片运往广东、港澳的过境之地,军阀土匪,你争我夺,连年兵灾匪祸,人民生活极端困苦。该地区人民有着光荣革命传统。20世纪20年代初期,韦拔群便开始在东兰、凤山一带领导各族农民开展反对豪绅地主的斗争。大革命失败后，党领导下的右江地区的农民武装斗争从未停止，群众基础比较深厚，在长期斗争中涌现了韦拔群、陈洪涛、黄治峰等一批优秀的农民运动领袖，邓小平等以这一地区作为革命力量的落脚点，是正确的选择。

邓小平和张云逸分别率领的水、陆两路武装部队于1929年10月20日在平马镇会合。是日，先期到达平马的雷经天，以省农协筹备处右江办事处名义，在平马镇北广场召开欢迎大会。会后，邓小平与张云逸等立即召开部队领导干部和中共右江工委负责人会议，对部队的驻扎和武器的存放作了安排，决定广西警备第四大队和教导总队分驻平马、那坡、果化、百色一带，将从南宁运来的部分武器弹药分发给各县农军。

翌晨，邓小平与张云逸等率领教导总队和第四大队的特务营继续西上，于22日到达右江地区政治、经济、文化中心——百色山城。

10月23日，邓小平在百色召开了部队党的领导成员会议，分析、研究形势，制定今后的斗争策略和措施，决定继续打着俞作柏的旗号，由张云逸任右江督办，利用旧的右江督办名义，指挥各县地方政权，通令各县上缴税款，保存文书档案，以便稳定各县局势。部队和右江地区党组织按照会议的部署，抓紧进行武装起义的各项准备工作：

**广泛宣传、发动群众。**利用集会和新创办的《右江日报》《士兵之友》等刊物，在部队和群众中公开宣传中共的政治主张，宣传党的“六大”精神和“十大政纲”。连队组织宣传队深入农村、街道进行革命宣传、发动工作，帮助地方建立和发展农民协会、工会和工农武装。宣布废除各种苛捐杂税，减轻工农群众负担。

**继续整顿、改造部队。**广西警备第四大队和教导总队在南宁时，虽经改造，但尚未彻底，旧军官中的军阀作风仍比较严重，有的甚至窃款潜逃，或造谣惑众，图谋不轨。有些老兵的风纪也不大好。根据这些情况，部队党组织在官兵中着重进行政治思想教育，通过个别谈话、上课学习、早晚点名等活动，启发他们的政治觉悟。建立士兵委员会，发动士兵同旧军官的军阀作风和贪污腐化行为作斗争，实行官兵平等。对那些屡教不改的旧军官则进行组织上的处理，或撤换、“调训”，或“礼送出境”。与此同时，大量吸收工农青年和进步学生入伍。一个多月里，共吸收了1000多名新战士，壮大了部队力量，增加了部队中的工农成分。

**武装工农，大力支持工农群众运动。**通过地方党组织，把从南宁运来的5000多支步枪，分发给恩隆、奉议、东兰、凤山、凌云、思林、向都、果德等县农军和百色工人赤卫队，并派出军政干部帮助训练。此后各地工农武装如虎添翼，更加猛烈地向豪绅地主开展斗争。1929年11月初，黄治峰指挥恩奉农军数百人攻打奉议县韦宁村土豪的民团据点，双方激战5昼夜，后得广西警备第四大队迫击炮连支援，攻破了敌据点，消灭了这股反动武装。

11月10日，韦拔群率领的东兰县、凤山县农军在警备第四大队的支持、帮助下，攻占了东兰、凤山县城，随即成立东兰县革命委员会。

工运方面，部队党委先后派出7位政工干部到百色负责指导。经过宣传、发动，百色先后成立了12个行业工会，会员1000多人，随即成立了百色县工会联合会。平马、奉议、恩阳和果化也相继成立了总工会和行业工会。各县总工会还成立了工人赤卫队，共有1000多人。整个右江地区的工农群众革命运动日益高涨。

**建立和发展党的组织，培训军政干部。**当时，部队和地方党的力量比较薄弱。为此，部队采取派党员分单位“包干”的办法，从新入伍的工农战士、老兵和下级军官中积极发展新党员，建立和发展党的组织。至武装起义前，每个连队和大队部都建立了党支部。地方党组织也有了很大发展。恩隆、奉议、百色、思林、东兰、凤山等县建立了县委。果德、向都等县成立了县特支，整个右江地区共有地方党员五六百人。为了培训党政军干部，军队党委决定开办新的教导队和军事政治训练所，对部队干部和地方革命青年加以军事政治训练。邓小平亲自给学员讲课，并请军事教官讲战略战术和军事技术。

**消灭反动的广西警备第三大队。**该大队由收编广西、云南边界的土匪组成，有1000多人枪。大队长熊镐听命于桂系军阀，打着俞、李旗号，跟随警备第四大队进驻右江地区的平马、那坡田州三镇等地后，与当地豪绅地主相勾结，成为右江地区反动势力的支柱。他们图谋火并警备第四大队，镇压革命。邓小平和张云逸得到这一情报后，与雷经天、韦拔群、黄治峰等地方同志进行周密部署，决定共同行动，围歼该大队。10月28日，张云逸在百色“设宴”智擒了熊镐。同一天，雷经天率领恩隆、思林、奉议等县300多名农军，配合驻平马的警备第四大队第一营，包围设在平马的第三大队队部，将其缴械。第三大队驻那坡的部队，除了少数逃跑外，也于第二天被警备第四大队缴械。这次战斗，共歼敌1000多名，缴枪700多支，为百色起义扫除了一大障碍。

## 二、百色起义和红七军的建立

1929年10月30日，中共广东省委通知广西特委，决定建立广西前委（后改为红七军前委），由邓小平担任书记。前委统一领导左右江地区的党组织和军队。通知还指示第四、第五大队及教导队，立即在左右江地区开展游击战争，发动广大农民群众深入开展土地革命。

同年11月初，到广东省委和中央汇报工作的龚饮冰秘密回到百色，带回中央的指示。中央批准了在左右江地区举行武装起义、建立红军和根据地的计划，并颁给中国红军第七军的番号，任命了红七军的领导干部。

邓小平当即召开前委会议，传达、贯彻中央指示精神，决定加紧武装起义的准备工作。中央要求于11月7日（俄国十月革命纪念节）举行起义。为了准备更充分一些，前委决定在广州起义两周年的12月11日举行百色起义。前委还决定在左江地区成立红八军，报请中央批准。

会后，前委又派龚饮冰前往上海向中央汇报前委准备武装起义和贯彻中央指示的情况。龚饮冰出发不久，党中央来电要邓小平去上海汇报工作。邓小平与陈豪人、张云逸对右江地区武装起义工作作了具体部署后，11月中旬带领几位重要干部前往龙州，拟向左江地区部队传达中央指示和部署工作后再去上海。途遇从龙州来百色的李明瑞，便同李返回百色。李来百色的目的是要警备第四大队与第五大队一起配合张发奎反蒋，攻打南宁和广东南路地区。邓小平和张云逸耐心劝说他放弃参加军阀混战的打算，启发他打起红旗，参加革命队伍。李明瑞接受了党组织的意见和安排，立即启程返回龙州。

邓小平离开百色期间，前委工作由陈豪人负责。前委决定以第四大队和教导总队为骨干，以韦拔群、黄治峰领导的右江地区各县农民自卫军为主体，组编为3个纵队：第一纵队以警备第四大队2个营为基础扩编而成,约 1000 多人;第二纵队由原教导总队一部分、警备第四大队 1 个营和恩隆、奉议、思林、凌云等县农民自卫军组成,约 1000 多人;第三纵队由东兰、百色、凤山等县农民自卫军改编组成,也有 1000 多人。全军共 4000 多人,其中右江地区各族工农子弟占 2/3 左右,壮族占半数以上。与此同时,前委组织力量,起草和印刷有关武装起义的布告、标语、口号、实施政纲和其他宣传品,制作旗帜。至 12 月上旬,准备工作已就绪。

12 月 10 日,前委在百色分别召开百色工人代表大会、警备第四大队士兵代表大会和农民代表会议。会上,工农兵代表热烈拥护和通过前委关于举行武装起义和建立红军、建立苏维埃政权的决议。晚上,前委派出部队把百色军政机关中的反动分子和应回避的人员控制起来,并收缴了百色公安局、禁烟局及百色、那坡、平马、果化等城镇商会和商团的枪支。

12 月 11 日,百色城头冉冉升起一面镶有铁锤镰刀的红旗。全城家家户户悬挂起鲜艳的红旗或五色纸旗,大街小巷贴满"拥护中国共产党""拥护红军""拥护苏维埃政府""打倒封建势力""打倒国民党军阀""驱逐帝国主义势力出华""实行土地革命"等革命标语。3000 名各族工人、农民、红军战士和市民涌往东门广场,举行盛况空前的集会,热烈庆祝百色起义的胜利举行和中国红军第七军的成立。会上,陈豪人代表前委庄严宣布中国红军第七军光荣诞生,接着,由张云逸宣读《中国红军第七军目前实施政纲》。会后举行盛大的庆祝游行,整个百色城沉浸在热烈、欢乐的气氛之中。

同一天,在红七军军部大厅里召开排以上干部和军部直属队共 500 多人参加的大会,会上宣布了红七军的序列和领导人名单:

军长:张云逸

党代表(后改为政治委员):邓小平

政治部主任:陈豪人

参谋长:龚鹤村

军部直属教导队长:许卓

第一纵队:

纵队长：李谦
政治部主任：沈静斋
第二纵队：
纵队长：胡斌
政治部主任：袁任远
第三纵队：
纵队长：韦拔群
政治部主任：李朴

《中国红军第七军目前实施政纲》公开申明中国共产党和红军为各族人民谋利益的宗旨和革命主张。其主要内容有：扩大反帝运动，用民众革命力量驱逐帝国主义出华，取消帝国主义在华的一切特权；推翻军阀国民党政府，建立工农兵代表会议——苏维埃政府；推翻乡村豪绅地主的统治，乡村政权交乡村苏维埃；扩大红军割据区域，迅速与朱毛红军会合，实现割据两广；实现减少工人工作时间，增加工资，并制定劳动保护法；没收一切地主阶级土地归乡苏维埃，分给农民；改良士兵生活，官兵待遇平等，等等。这些主张是当时建设和发展右江革命根据地的基本纲领和政策，基本符合我国新民主主义革命的总路线，符合右江地区各族人民的利益和要求，对于动员和组织右江地区各族人民起来同帝国主义、封建地主阶级和国民党反动派进行斗争，起了积极的作用。

## 三、右江地区各级苏维埃政府的建立

在百色起义胜利举行的同一天，右江地区第一届工农兵代表大会在恩隆县平马镇经正书院隆重召开。出席大会的有百色、恩隆、奉议、思林、果德、那马、隆安、向都、镇结、东兰、凤山共 11 个县的农民协会代表和百色、那坡、田州、平马、果化五个镇工会的代表及红七军士兵委员会的代表共 80 多人。中共广西特委常委陈洪涛主持会议，并报告右江苏维埃政府的筹备工作情况，中共右江工作委员会书记雷经天在会上作形势报告，宣布中国红军第七军已在百色起义中光荣诞生，指出党领导的这次武装起义，目的是推翻帝国主义和国民党的反动统治，建立苏维埃政府，即将成立的右江苏维埃政府，是我们工农兵群众自己的政权，今后一切权力归于苏维埃政权！

大会一致通过关于成立苏维埃政府的决议和苏维埃政权组织法。组织法规定，“苏维埃的组织在暴动以前为暴动指挥机关，苏维埃一经成立，所有农民协会、革命委员会等机关一概取消，一切权力归于苏维埃。”“苏维埃民众直接的政权，苏维埃的组织必须经过群众大会或代表会议选举，代表中须尽可能的引进积极的贫苦工农参加，凡年满十六岁的男女而非剥削劳动者，非宗教徒和反革命者，皆有选举权与被选举权。”组织法还对各级苏维埃政府机构的设置及其任务作了规定。

大会正式选举产生了第一届右江苏维埃政府执行委员会，委员会由雷经天等11人组成，分工如下：主席雷经天，裁判兼肃反委员陈洪涛，劳动委员李南山（平马镇工人代表），军事委员韦玉梅（东兰县农民代表），土地委员刘伟谋（恩隆县农民代表），财政委员蒋再兴（红七军士兵代表），委员韦拔群、罗文佳、黄大权、滕煊甫，秘书长李铁南。大会最后一致表示拥护《中国红军第七军目前实施政纲》，通过《苏维埃政府实施政纲》和《右江苏维埃政府告民众书》。《告民众书》指出：苏维埃政权是革命过程中，革命群众自谋解放与镇压一切反革命势力的政治组织，也是革命群众保障自己与对付反动派的有力武器。我们要坚决相信这个武器，可以完成中国革命和世界革命，创造一个新的和平的人类社会。指出目前右江各级苏维埃政府的主要任务，就是解决一切政治经济问题——废除旧政府所有恶规例、恶制度，取消苛捐杂税，处理反革命的财产，保卫地方治安，发展农村教育，整理财政，保护交通及商人贸易，并创造红军，扩大民众组织，训练人民的意识，以增加革命力量。

12日中午，中共红七军前委和中共右江工作委员会在平马镇北广场，隆重举行庆祝红七军和右江苏维埃政府成立万人群众大会。张云逸代表红七军前委出席大会。大会由陈洪涛主持，他庄严宣布红七军和右江苏维埃政府已经正式成立，并宣读了右江苏维埃政府执行委员会成员名单。接着，张云逸发表演说。他指出红七军和右江苏维埃政府的诞生，是广大工农兵群众的一件大喜事。红军是代表工农群众利益的，我们要把从前一切不好的制度通通打破，组织工农兵自己的政府——苏维埃。雷经天在会上表示愿为广大工农兵群众掌好印，谋利益，号召广大工农兵群众为巩固苏维埃政权、扩大红军、深入开展土地革命而奋斗。工人、农民、战士及妇女等各界代表也上台讲话，表示拥护苏维埃政府，拥护红军，拥护共产党。大会结束后，举行游行。晚上，举行各种文艺活动。

红七军和右江苏维埃政府成立后，中共右江工委改为右江特委，书记仍为雷经天，委员陈洪涛、高永平、陆浩仁、滕国栋、黄治峰、黄永达。右江特委在红七军前委和广西特委领导下工作。

随着右江苏维埃政府的成立，在红七军帮助下，右江苏区先后建立16个县级革命政权。12月11日，东兰县苏维埃政府和百色县临时苏维埃政府成立，主席分别为韦命周、关崇和。12日，恩隆县苏维埃政府成立，主席滕德甫。13日，奉议县和恩阳县临时苏维埃政府成立，主席分别为潘宪甫、农夫。15日，思林县苏维埃政府成立，主席为阮殿煊。中旬，果德县苏维埃政府成立，主席为黄锦盛。1930年1月初，凤山县和向都县苏维埃政府成立，主席分别为黄松坚、林柏。21日隆安县革命委员会成立，主席李干。同月，凌云县和都安县苏维埃政府成立，主席分别为黄伯尧、覃道平。是月底，右江苏维埃政府把河池县那地区和南丹县巴暮区合并设那地县，成立那地县苏维埃政府，主席韦国英，那马县临时革命委员会改为那马县苏维埃政府，主席李凤彰。2月1日，镇结县苏维埃政府成立，主席黄雄。4月，河池县一度成立革命委员会。这时，右江革命根据地范围面积约4万平方公里，人口约100万，是当时全国瞩目的革命根据地之一。

## 第三节　龙州起义和左江革命根据地的建立

### 一、发展工农运动，平息武装叛乱

与右江地区毗邻的左江地区，包括龙州、上金、崇善、左县、雷平、养利、万承、明江、思乐、凭祥、宁明、龙茗、同正、扶南等十余个县。其西部和西南部与越南接壤，是我国西南边陲地区。境内多是石山和丘陵，人口稀少，经济文化较落后。这里居住着以壮族为主的包括汉、苗、瑶等各族人民。作为当时该地区政治、经济、文化中心的龙州，是西南边陲重镇和战略要地。1889 年 6 月，法国在龙州设立领事馆。此后，美、英、日等帝国主义势力相继入侵龙州，他们把持着海关、税务大权。法国在边境各隘口建营房、设碉堡，加强军事控制。经济上也加强渗透，边境城乡贸易竟然以“法光”（法国光洋）为主币。思想文化上，在龙州还设立天主教、耶稣教堂等，贩卖精神鸦片。他们在龙州耀武扬威，横行霸道，与当地封建地主、土豪劣绅和残余土司势力相勾结，残酷压榨贫苦劳动人民。左江地区的民族矛盾和阶级矛盾相当尖锐。左江地区各族人民具有反帝反封建的光荣传统。大革命时期，中共党员陈雰、易挽澜就在这里领导了农民运动。大革命失败后，有些县的农民武装仍坚持斗争。

1929 年 10 月中旬，俞作豫率领广西警备第五大队到达龙州后，成立中共左江军委，由徐开先负责。11 月下旬，中共广东省委派王逸、林礼等一批党员干部到龙州，增强领导力量。12 月初，宛旦平任左江军委书记。左江军委根据中共广西前委的部署和左江地区的实际，积极进行武装起义和建立革命根据地的准备工作。

**一是接管督办公署，稳定局势。**他们以俞作柏、李明瑞的名义，任命俞作豫为广西全边对汛督办公署督办，掌握了左江地区的军政实权，先后收编了督办公署直辖的 13 个武装巡缉队和原留守在龙州的桂系十六师教导队 400 人，并在邕宁、宁明、明江、龙州、凭祥等县招募一批新兵，分别编为警备第五大队第四、五、六营，使警备第五大队由原来的 3 个营 1000 多人扩大到 6 个营 2000 多人。还收编了养利的冯飞龙部和龙州的黄飞虎部农军，分别改编为第一路、第二路游击支队，委任冯、黄为支队司令。同时，以对汛督办公署名义，先后委任了马振武、农德兴、王大由、邬士华、蒋立德、易经文、苏文灿为龙茗、崇善、万承、思乐、宁明、明江、养利等县县长，为稳定和发展左江地区的革命形势打下了基础。

**二是组织和武装工农群众，增强革命力量。**派出一批中共党员干部，分别深入到凭祥、龙州、崇善、上金等县的农村、城镇，宣传、发动各族工农群众，建立和发展农协会、工会和工农武装组织。在第五大队的帮助和何建南领导下，龙州县下冻区东、西、南、北四乡的农民协会很快恢复发展起来，会员达2000多人，每乡还组建了一支有100多人枪的农民赤卫连，区成立了农民赤卫军大队，共500多人枪，由何建南兼任大队长。11月上旬，“左江农民运动指导委员会”由下冻搬到县城办公，同时创办了《群众报》（三日刊），扩大革命宣传。在此期间，龙州县城里的民船、苦力、理发、木器、首饰、茶楼、苏杭（丝绸）、店员、革履、药材、车夫、蚕丝、电报等10多个行业工会相继成立，会员2000多人，并成立了县工人联合总会，组织了龙州县工人赤卫队，有200多人枪。后来又以龙州县工人赤卫队为基础组建左江工农赤卫大队，有1000多人枪，由何建南任大队长。上金县各乡村成立了农民协会，会员达1000多人，建立了一支200多人枪的农民自卫军，缴获该县团局反动武装30多支枪，成立了上金县农民协会联合会。同年12月底，凭祥建立了30多个乡村农协会，会员400多人，成立了凭祥县农民自卫队，后扩建为县农民赤卫大队，队员300多人。至龙州起义前，左江地区有11个县建立了农民协会，会员约3万人。部分县建立了工会，有工农赤卫军武装五六千人。第五大队把从南宁运去的部分武器和收缴十六师留在龙州军械仓库的武器弹药，分发给龙州工人赤卫队和农民赤卫军，使之成为龙州起义中一支战斗力较强的地方工农武装。

**三是平息叛乱，消除隐患。**当时，反动分子在左江地区尚有一定的力量和影响，他们伺机进行策反和破坏。吕焕炎被蒋介石委任为广西省主席兼广西编遣公署主任后，自感主政广西力量不足，也同意逃居海外的李宗仁、黄绍竑、白崇禧回桂主政。1929年11月，李、黄、白恢复对广西的统治后，一方面与汪精卫、张发奎合作，向附蒋的粤军进攻，一方面设法对付俞作柏、李明瑞。他们派曾在李明瑞部任过团长的王赞斌等从越南潜入凭祥、龙州等地，对广西警备第五大队军官进行策反，先后收买了驻扎凭祥的第五大队第二营营长、第四营营长和原第五大队副大队长蒙志仁，还活动到第六营营长黄德普。黄德普曾把蒙志仁等人的反叛阴谋告知俞作豫，但未引起俞的重视和警惕。

11月中旬，李明瑞与俞作豫商定，趁粤桂军阀混战而南宁守敌空虚之机，由俞作豫率部队攻打南宁，李明瑞则前往右江联络第四大队会攻。俞作豫率第一营为先头部队乘船东下到达崇善县驮芦时，已被桂系军阀收买的蒙志仁率领的警备第五大队第二、第四营，从陆路到达崇善县境后，便停止前进，并胁迫后续部队退回龙州，实行叛变。当时留守龙州的新编第六营和部分军政机关工作人员，被迫退出龙州。俞作豫获悉后，派第一营营长何家荣带信乘船溯江前往劝阻叛军，但船至薄刀滩即遭叛军阻击。俞作豫遂放弃进攻南宁的计划，率部从陆路日夜兼程回师平叛。29日，部队抵达距龙州县城20多华里的上龙乡水窿村时，恰遇李明瑞率1个步兵连从右江返回。李、俞在该村召开排长以上干部参加的紧急军事会议，分析敌我形势，决定发动和组织工人赤卫队和农民赤卫军助战，连夜合围龙州城，并断绝叛军粮草。经三昼夜激战，叛军被困在黄家祠。这时，城里缺粮缺水，居民强烈要求叛军离城。蒙志仁被迫通过商会派代表与李明瑞、俞作豫谈判，并趁机率残部溜出南门，沿左江南岸向南宁方向逃跑。12月4日，李、俞部队夺回龙州县城。此役击毙叛军营长和原第五大队参谋长。平叛的胜利，消除了赘瘤，也锻炼了党掌握的部队和工农武装。

**四是进一步坚定李明瑞的信心和加强部队改造。**平定蒙志仁叛乱后几天，邓小平率领何世昌、严敏等一批党员干部从百色来到龙州，主持召开了有20多人参加的党员干部会议。会上，邓小平传达了中央有关指示和最近召开的广西前委会议精神，介绍右江地区准备举行武装起义的经验和策略，分析龙州的形势，研究制订龙州起义的工作计划。邓小平强调，左江要大力发展党的组织，加紧部队改造和地方革命政权的筹建工作。会后，邓小平再次与李明瑞谈心，介绍《共产党宣言》等革命书籍给他阅读，给他指明革命前途和出路，并以红七军前委名义，面允成立红七军、红八军后，请他担任两军总指挥。李明瑞这位在旧军队具有较高威信的将领，在中共教育、帮助下，在左右江革命力量迅猛发展形势感召下，毅然投身到革命队伍中来，直接参加了领导龙州起义的工作，不久，加入中国共产党，成为一位坚定的无产阶级战士。

广西前委原要求龙州起义于12月11日与百色起义一起同时举行，因发生蒙志仁叛乱，决定推迟起义，待条件成熟时才举行。邓小平部署好工作后，便从龙州经越南、香港前往上海向党中央汇报工作。

李明瑞、俞作豫等根据邓小平的指示，吸取蒙志仁叛变的教训并借鉴右江地区改造警备第四大队的经验，加紧进行整顿改造部队工作。平叛后，原来六个营的部队只剩下第一营、第六营和新编第五营的一部分。他们便以第一、第六营为基础，加上新编进来的部分工农赤卫队，合编为一个旅，番号改为“讨蒋南路军第一军第二旅”，李明瑞为总指挥，俞作豫为旅长，宛旦平为参谋长。下设两个团六个营。第一团团长何凤川，第二团团长由宛旦平兼任。原第一、第二路游击支队的番号和组织不变。党组织先后委派了一批共产党员到部队和游击支队中担任重要职务，加强党对部队的领导，在各部队中开展革命的宣传教育和民主运动，成立士兵委员会，发动士兵揭发和批判旧军官中的军阀作风。对个别坚持反动立场和军阀作风的旧军官，采取挖基倒墙的办法，礼送出境。这对纯洁部队、团结教育广大官兵起了一定的作用。但由于干部力量薄弱，部队的整顿、改造仍不彻底。

## 二、龙州起义和红八军、左江革命委员会的建立

平息叛乱后，中共左江军委继续加紧进行龙州起义的准备工作。1929 年 12 月 15 日，中共龙州县委成立，由王逸任书记，下辖 3 个支部，16 名党员。县委派出一批党员到各县发展党的组织。至龙州起义前，凭祥、上金、崇善、养利等县建立了党支部，地方党员发展至 30 多人，党对各县工农运动的领导得到加强。

12 月中旬，何世昌接任中共左江军委书记，俞作豫、宛旦平、袁也烈、何畏（何瑞）为委员，部队党员约 20 人。军委为加强培养部队的基层干部，由旅部建立一个教导队，从各团、营、连抽调一批军官到教导队学习和训练，俞作豫、何世昌和李明瑞亲自给学员讲课，并深入到士兵群众中了解情况，宣讲革命常识。俞作豫在军人大会上作有关革命任务和革命前途的报告。在党的教育下，广大干部战士的思想政治觉悟不断提高。

1930 年 2 月 1 日，一万多军民在龙州古城新填地广场举行集会。会上，何世昌庄严宣告中国红军第八军和左江革命委员会成立，宣读了红八军和左江革命委员会的领导成员名单，以及红八军的实施政纲。政纲主要内容有扩大反帝运动、以阶级战争消灭国民党军阀混战、扩大红

军割据区域、扩大红军组织、推翻军阀国民党政府，建立工农兵代表会议政府——苏维埃政府，建立乡村苏维埃，彻底推翻豪绅地主统治，实行减少工人工作时间，增加工资，制定劳动保护法，没收一切地主阶级土地归乡村苏维埃处理，发给土地使用证，分配给农民，官兵待遇一律平等，人民有言论自由，男女平等，保护交通及商人营业等。政纲还指出："本军是民众的武力，负有解除民众的痛苦，图谋民众利益的使命。""本军全体战士，以牺牲精神，奋斗决心，努力此政纲之实现"①。

随后，军长俞作豫、左江革命委员会代表及工人、农民、士兵代表相继在会上发表讲话，俞作豫在会上带头撕掉国民党军的帽徽，率全体官兵举行庄严宣誓。

大会结束后，举行声势浩大的示威游行。"红军万岁""革命委员会万岁""中国共产党万岁"等口号声，震天动地。晚上，举行舞狮、舞龙、演剧等各种文艺活动，龙州城沉浸在振奋欢乐之中。

同一天，中共左江军委改组为中共红八军军事委员会，领导成员不变。当晚，红八军军委和龙州县委举行联席会议，决定把中共龙州县委改为中共广西左江特委，推选王逸任书记，涂振农（涂镜吾，后叛变）、林礼、麦锦汉、何建南等委员分别担任宣委、组委、工委和农委，并报中共广东省委批准。红八军军委和左江特委均直属红七军前委和广东省委领导。

红八军的序列：

红七、八军总指挥：李明瑞

军　长：俞作豫

政　委：邓小平（兼）

政治部主任：何世昌

参谋长：宛旦平

军事政治学校校长：俞作豫（兼）

第一纵队：

---

① 《中国红军第八军目前实施政纲》，1930年2月，刊1930年2月21日龙州《工农兵》报。

纵队长：何家荣

政治部主任：潘思文

第二纵队：

纵队长：宛旦平（后俞作豫兼）

政治部主任：史书元

全军共2000多人。左江第一路游击支队（司令冯飞龙）、左江第二路游击支队（司令黄飞虎）的番号和组织不变，暂未列入红八军的编制。

左江革命委员会是左江地区的新生革命政权，由13名委员组成，其分工是：主席王逸（兼行政委员、财政委员），常委兼肃反裁判委员会主任麦锦汉，常委兼土地委员会主席何建南，常委兼交通委员杨志坤，常委周和平，委员俞作豫（兼军事委员）、吴式南（兼外交委员）、杨春秀、姜科、邓生、张兆梅、冯飞龙、黄飞虎。秘书长林礼。

红八军和左江革命委员会成立后，颁布了《中国红军第八军目前实施政纲》《劳动法》和《土地法》，这些政纲、法令充分反映了左江各族人民的迫切要求和愿望。

在中共左江特委的领导和红八军帮助下，龙州县革命委员会于2月1日成立，主席由何建南兼任；上金县革命委员会和龙茗县革命委员会于2月2日成立，主席分别由张兆梅、马镇武担任；凭祥县革命委员会于2月3日成立，主席韦炫；养利县革命委员会于2月5日成立，主席苏文灿；崇善县革命委员会于2月12日成立，主席陈锡镇。雷平、宁明、明江、思乐、万承等县的革命政权，也正在筹建中，已任命谢玉芳、赵子美分别为雷平县、思乐县革命委员会主席，但由于土匪活动猖狂等原因，至龙州失陷时，这些县的革命政权尚未正式建立。

## 三、左江军民的反帝斗争

龙州起义不仅推翻了左江地区封建豪绅地主的统治，也沉重打击了法帝国主义势力。法国殖民主义者对龙州起义非常仇视，不仅在报刊上造谣、诬蔑，还发出照会，扬言要派武装卫队及机关炮车进驻龙州。他们与桂系军阀勾结，封锁了中越边界，企图配合桂系军阀摧残革命力量。他们利用在龙州的领事馆和天主教堂，窝藏龙州反动豪绅地主的武器和金银财物。龙州军民对此无比愤慨。

红八军颁布的《中国红军第八军目前实施政纲》中，把反帝斗争列为第一条。为贯彻实施这一政纲，左江军民通过集会、纪念活动和写标语、呼口号、在《工农兵》报发表文章等，揭露帝国主义对中国进行政治、经济、文化侵略的罪行，宣传反封建必须反帝的道理，指出消灭了帝国主义在华的势力，就是打倒资本家、豪绅、地主、贪官、污吏的靠山。号召扩大反帝运动，用群众革命力量，驱除帝国主义出华，没收帝国主义在华一切资本企业，取消帝国主义在华一切特权。这种“将反法运动与土地革命，与苏维埃政权，与反帝反国民党联系起来作广大的宣传，收到相当结果”，“一般群众反法的热情很高，‘打倒老番’的口号每一群众都懂得都热烈的拥护”①。

1930 年 2 月 7 日，邓小平从上海回到龙州。为了打击法帝国主义的嚣张气焰，他对龙州的反帝斗争作了具体部署。19 日，红八军和左江革命委员会在龙州县城体育广场召开有一万多军民参加的声讨法帝国主义罪行的群众大会。大会发出了《中国红军第八军政治部为法帝国主义驻龙州领事馆无理照会告全国民众书》，理直气壮地宣告：“中国人民在中国境内谋解放运动不受任何帝国主义干涉”；“中国广西左江民众为彻底解除痛苦和压迫，必要实行自卫！并且要执行革命的外交”；“如法越南政府真派兵进中国广西左江爆发战争，责任应由法越南政府负责”；“反对法越南政府勾结或买通反动政府压迫工农群众解放运动”。大会还用英、法两种文字电告全世界，以扩大影响。会后，举行盛大的反帝游行示威。当游行队伍经过龙州利民街时，愤怒的群众高呼反帝口号，冲进法国驻龙州领事馆、海关楼和天主教堂，没收了窝藏在其中的豪绅地主的武器、财产。左江革命委员会根据广大群众的要求，宣布驱逐法国领事嘉德夫妇等出境。与此同时，崇善县人民也揭露天主教堂的侵略罪行，把法国神父押送出境。不久，法军派飞机到左江苏区上空挑衅，左江军民给予坚决还击，一架敌机坠落在宁明县境。事后，法国政府向国民党南京政府提出“抗议”。

① 邓小平：《七军工作报告》，1931 年 4 月 29 日。

左江军民的反帝斗争,是中国共产党领导下的革命根据地军民最早同帝国主义的直接较量。中共中央赞扬左江军民的反帝斗争是“已经做了国民党军阀政府数十年所不能做所不敢做——不是,实在是所不愿做的事。实现了中国共产党之反帝国主义政纲”①。

4 月 20 日,《中共中央给七军前委信》中对邓小平在龙州领导军民开展反对法帝国主义的斗争给予肯定,说这“是很正确的策略,很伟大的工作”。

① 李立三:《赤色的龙州》,《红旗》第 86 期,1930 年 3 月 22 日出版。

# 第 六 章

# 左右江革命根据地的建设

## 第一节　以土地革命为中心的经济建设

### 一、土地革命的路线和政策

在半殖民地半封建的社会制度下，壮、汉、瑶等各族人民聚居的左右江地区，长期处于落后、贫穷的状态。“土纱家机布，瓦盏茶油灯，比比皆是。唯地主与佃人关系，则比之他处更不平”[①]。封建地主豪绅霸占着大部分的山林和土地，用收租的方法剥削农民，租额高至十分之五或十分之六，就是旱灾水患的荒年，也不能丝毫短少。他们还强迫农民无偿提供各种劳役，进行残酷的超经济剥削。逢年过节，或遇到地主家婚丧，佃户还要给地主送礼、抬轿、送葬。尤其是居住在石山弄场里的瑶胞，更是一贫如洗，每户的财产一只背篓便可装完。实行土地革命，实现“耕者有其田”，是广大农民的迫切期望。

百色起义后，红七军前委领导右江根据地军民开展了土地革命运动，并为此制定了具体的方针政策。红七军政治部编印的《土地革命》宣传小册子，分析了各阶级、阶层对土地革命的态度，提出了土地革命的策略思想。指出“贫农雇农是乡村无产阶级，他们是土地革命的主力。”“中农（多半是自耕农）常有降落为贫农雇农的危险，他有保持土地和废除捐税的要求，他是可靠的土地革命的同盟者。”“富农的利益，在

---

① 陈协五:《广西东兰农民之惨案》，1926 年 9 月。

农民与地主之间。富农虽然受豪绅的压迫,但有些是豪绅和半地主的,他有造成地主的希望,所以对于土地革命的态度是动摇的,革命深入一层,他必定要反革命。”“工人阶级是革命的领导者,工人阶级一定以全力帮助土地革命的。”“士兵是土地革命中的主要势力。”右江苏维埃政府 1930 年 5 月颁布的《土地法暂行条例》,提出了关于农村阶级成分划分的标准:“一、凡将自己土地全部或一部分佃给农民,而以佃租制度来剥削农民者,皆谓之地主阶级。二、凡利用政治的、经济的、军事的势力,剥削群众,压迫群众者,谓之豪绅阶级。三、凡农民:(甲)除了自给外,还有剩余者;(乙)非豪绅地主阶级之放高利贷者;(丙)自己土地较多,须雇雇农耕种者;(丁)还有一种将自己剩余财产埋藏,而在乡村中有个人经济地位者。以上数种,皆谓之为富农,是站在剥削穷苦农民之地位。四、凡农民每年所得,仅能勉强自给,不剥削人,亦不被人剥削者,谓之中农。五、凡农民每年所得,不足维持最低生活,而必须为人作短工、借高利贷,或用其他方法以维持其困难生活者,谓之贫农。六、凡自己没有土地,亦未佃地主土地,而以帮地主或富农种田者,谓之雇农。七、凡在乡村不种田地,而专其以其他职业维持其生活者,谓之乡村手工人。八、‘自耕农’、‘佃农’均不能成为代表一种成分的标准,因自耕农或佃农之中,均有富农、中农、贫农之分,应按上面标准以确定之。”这些观点和划分的标准,虽然还有某些不足的地方,但它在“质”的规定上明确了地主阶级、豪绅阶级和富农、中农、贫农、雇农的界线,与毛泽东 1930 年根据井冈山、兴国等地经验制定的依靠贫雇农、联合中农、限制富农、保护中小工商业者、消灭地主阶级的土地革命路线和政策基本一致,受到根据地广大农民的欢迎。

根据《土地法暂行条例》提出的原则和各地实际,右江根据地分配土地的办法,主要有几种:(1)乡为单位进行分配。这样做,有利于照顾贫农、雇农的利益,有利于打破宗族姓氏的界限,有利于农民之间的团结。(2)按人口平均分配。以原耕为基础,抽多补少,肥瘦搭配。(3)凡没收之土地,完全分给无地或少地的农民使用。“出外当红军者,亦得一份土地给家属,并得请雇农耕种之”。对外来参加革命在本地落户的,也同样分给土地。(4)凡没收土地财产之所有权,属苏维埃政府(即所有民众)。绝对禁止自由买卖。农民只有土地使用权。

## 二、土地革命运动的开展

右江地区土地革命运动,主要分为两个阶段进行。

第一阶段:宣传发动和试点阶段(1929 年 12 月至 1930 年 4 月)。

右江苏维埃政府成立不久,即给各县发出通令,要求苏维埃政府负责督促各县,县督促各区,区督促各乡,切实开展土地革命工作。红七军政治部也编印了《土地革命》小册子和散发《我们的主张》等传单,大力宣传土地革命的意义和政策。红七军派出的干部在帮助各县建立革命政权的同时开展土地革命宣传。各县县委也组织宣传队下乡宣传。这些宣传为没收和分配土地的工作作了舆论准备。由于敌人从 1930 年 2 月开始进犯苏区并相继占领了右江沿岸各县城,红七军主力撤到东兰、凤山一带,后转移到黔桂边游击,右江沿岸各县的土地革命工作被迫暂时中断。

邓小平于 4 月间从靖西到达东兰县后,与红七军第三纵队纵队长韦拔群、右江苏维埃政府主席雷经天等一起,在东兰进行有关土地革命的调查研究和试点工作。他们在旧州屯举办了以土地革命为主要内容的党员干部培训班。邓小平亲自编写《土地革命的政策和口号》等教材,并给学员讲课,介绍红四军在井冈山地区开展土地革命的做法、经验。武篆、太平等区的土地革命运动首先开展起来。为了多方探索经验,还在群众基础较好、干部力量较强的韦拔群家乡东里屯试办了一个共耕社。邓小平等对共耕社很关心,经常了解群众对共耕社的反映,及时帮助解决出现的问题。

这一阶段的调查研究和摸索试点工作,为其后右江苏维埃政府制订《土地法暂行条例》和《共耕条例》打下了基础。

第二阶段:土地革命逐步铺开的阶段(1930 年 5 月至 10 月)。

右江苏维埃政府参照井冈山土地革命的经验,结合右江地区的实际,制订了《土地法暂行条例》,并于 1930 年 5 月 1 日颁发。该条例对土地革命的路线、政策、阶级成分的划分和土地分配原则等问题,作了比较具体和明确的规定。15 日,右江苏维埃政府又颁布了《共耕条例》。

这两个条例（主要是第一个条例）成为当时右江地区进行土地革命的依据和准则。

5月中旬，红七军主力返回右江地区。6月间，红七军前委决定部队在田州、平马进行整训的同时，在东兰、凤山、恩隆、奉议、思林、果德等县乡村铺开土地革命运动。为此，红七军前委在平马镇举办了以土地革命为中心内容的党政干部训练班。训练班结束后，邓小平到向都、天保等县了解、指导土地革命工作。右江地区土地革命的主要做法，一是成立乡雇农工会，吸收最贫苦的农民参加，作为土地革命的依靠力量。二是普查土地和人口，划分阶级成分。各乡苏维埃政府土地委员负责调查全乡的人口和土地，由雇农工会根据调查情况按政策划分出地主、豪绅、富农、中农、贫农、雇农、手工业者等阶级成分。三是销毁所有的土地契约和债务契据，没收地主和一切反革命的土地，并征收富农出租的土地，开展对地主豪绅的清算斗争。四是以乡为单位，由土地委员会提出分地方案，然后召开全乡农民代表大会讨论通过。有的乡则把没收来的土地，加上贫农、中农、富农原有的土地，按照全乡人口进行平均分配。有的乡只是采用抽多补少、抽肥补瘦的办法，把抽出来的土地分给贫雇农，最后发给土地使用证。

在土地革命过程中，红七军前委先后发出第六、第七号通告，及时指导各地土地革命的开展。针对恩隆、果德、思林等县土地革命中有些干部存在犹豫、拖延或利用职权分给自家好田等问题，前委于9月19日发出第七号通告提出了如下意见：审查过去分配之实际情况，随时纠正一切错误。如发现某处分配土地不当，则应召集群众大会讨论解决办法，必要时可重新分配；分配土地应以乡为单位，开乡苏维埃大会解决；分配土地时应鼓动群众，提高其情绪，分配土地的各种办法，应向群众作详细的解释，根据大多数人的意见决定。

## 三、土地革命取得的成果

东兰、凤山和右江沿岸的恩隆、奉议、思林、果德等县实行土地革命后，由于废除了封建的土地所有制，实现了“耕者有其田”，农民成了土地的主人，第一次享受翻身解放的欢乐，生产积极性空前提高，生活得到初步改善。如东兰、凤山的农民,平均每人分得的土地生产的粮食就可供几个月口粮。东兰县武篆区东里屯土改后,农民群众组织了共耕社,每天早出晚归,精耕细作。当年 6 月大旱,军民一起挑水抗旱,还修了一条几里长的水渠。结果,寒露还没有到,谷桶就打响了,当年获得了粮食大丰收,比 1929 年增产三成。粮食按年龄分等级分配,13 岁以上的每人分得线谷(即未脱粒的禾穗)800 斤,13 岁以下的分得 200 至 500 斤,留一万斤作公粮。当时东兰、凤山一带流传着这样的山歌:“跟着共产党,翻身各有份,不论老和少,人人有田耕。”

经过土地革命,各族农民更加热爱新生的红色政权,热爱红军,踊跃参军参战,支援前线。1930 年 8 月,东、凤两县农民加入红军和赤卫队的有 6000 多人,红军力量因此得到迅速扩大。1931 年 8 月 1 日,中共两广省委代表邓拔奇写给中共中央党报委员会的通讯中这样写道:东、凤两县的农民群众已经真实的得到土地革命的利益,生活上获得相当的改善了。他们热烈的拥护苏维埃和自愿加入红军为全国革命胜利而奋斗。事实正是如此。右江革命根据地的巩固、发展,与土地革命的深入开展是紧密相联的。

在左江地区,龙州起义后发布的《中国红军第八军目前实施政纲》中也明确提出:“没收一切地主阶级土地归乡村苏维埃处理,发给土地使用证,分配农民”。1930 年 2 月 7 日,邓小平从中央汇报工作回到龙州时,召开军政党员干部会议,决定红八军和左江地区今后工作方针是:以龙州为中心发动左江土地革命,一方面分配大批同志到基层做实际工作,反对机关的工作方式;一方面派队伍到龙州附近几个县游击,发动土地革命,建立苏维埃、农会等政权、群众组织。根据这一方针,红八军打到哪里,便在哪里开展土地革命宣传。同时,还派出军事政治学校学员约 100 人,由该校教育长甘湛泽带领,于 2 月中旬到龙州县下冻区各乡村进行土地革命的宣传发动工作。为了不误春耕生产,他们一方面进行丈量、登记土地,一方面组织群众实行共耕。下冻区的河渡、坡目、农招、那造、那城等村屯相继实行了土地共耕。左江革命委员会委员杨春秀在他家乡河渡村组织了一个有 40 多户参加的共耕社。当该共耕社经济有困难、春耕生产受到影响时,他把家里积存下的 10 多石谷子和几头大肥猪献给共耕社。不久,因敌人进犯龙州,左江地区的土地革命工作被迫中断。

左右江革命根据地的土地革命是我国第二次国内革命战争时期土地革命的一个组成部分。它的实践和经验,为我国新民主主义革命时期土地革命作出了贡献。

## 四、工商业和财税工作

左右江地区工农业生产落后,尤其是工业基础很差,工厂数量寥寥,规模极小,设备简陋,右江地区称得上较大企业的有那坡电力公司、那坡切烟厂、百色日光电灯公司、恩隆电厂;左江地区也只有电灯、印刷、制糖、首饰加工、切烟、革履等小型企业。

左右江革命根据地建立后,苏维埃政府在频繁的战事和艰难的条件下,十分重视经济建设,相继制定、颁布了有关财政经济政策。红七军和红八军的实施政纲中明确提出:“取消一切政府军阀的捐税”,“没收反革命的财产,交苏维埃政府处理”,“保护交通和商人营业”,“取消一切债务,严禁重利盘剥”。围绕战争需要,右江地区开办一些工厂。

思林县爱桑兵工厂。1929 年 11 月开办,有 30 多名工人,设造枪、维修、造弹三个车间。他们利用简单设备制造了 200 多支枪,维修枪支 80 多支,造子弹 6 万多发,至 1934 年停办。

东兰县武篆区勉峨乡板勉屯兵工厂。1930 年初开办,有职工 60 多人。技术工人和设备由张云逸从南宁带来,每天生产子弹 700 至 1000 发。在近一年时间内共造子弹 20 多万发,造步枪 60 多支,还修理了一大批枪械。

平马红军被服厂。1929 年 12 月开办,有职工 40 多人。共为红军生产军服 500 多套,棉大衣 200 多件,干粮袋及子弹袋 1500 条,制作各区乡苏维埃政府犁头红旗和一大批红领带。

平马铸银工场。1929 年 12 月开办,有工人 10 多人。该场将苏维埃政府没收得来的首饰、碎银、坏银元加工成银锭,换得一大批银元,帮助解决红军和苏维埃政府的经济困难。

为解决财政经费的困难，除了征收工商税（主要是鸦片烟过境税，按价值10%征收）外，主要是取之于敌人：

一是收缴国民党政府的资财。1929年10月，张云逸曾以右江督办名义，通知右江地区各县县长和税局局长，将库存全部税款如数上缴督办，共征缴得几万银元。

二是战争缴获。1930年5月1日红七军攻克贵州榕江时，缴获银元10多万元。

三是没收豪绅地主及反革命分子财产。如龙州起义后不久，没收了几名大土豪、“清党”委员的财产，得黄金200余斤，光洋10万元，烟土500箱。还没收了帝国主义分子在左江地区非法掠夺和窝藏的财产。

财政的支出，主要用于红军和赤卫军的供养，一部分用于各级政权工作人员的伙食费、办公费、教育费及交通运输费。根据地党、政、军工作人员实行供给制。由军部经理处和政府财经委员负责资财的收入和支出管理工作。

在贸易方面，注重保护城镇中小工商业。《中国红军第七军司令部、政治部布告》中规定：“对商民：废除苛捐，取消杂税，保护贸易，买卖公平，严守我军纪，绝不扰商民。”红八军的实施政纲也有同样内容的规定。百色、龙州起义后，左右江沿岸各县城的商店照常营业，物价稳定，红军和群众所需的日常用品，一般都能买到。外省的商人照常来百色做生意。敌人禁止同根据地贸易，不准红区群众到白区做买卖，因而苏区的食盐、医药品较缺乏。为此，苏维埃政府另辟圩场，吸引白区的商人前来贸易，解决群众对日常用品的需求。

有些乡、区苏维埃政府办了消费合作社，但由于缺乏资金和经营经验，效益不大好。

右江苏维埃政府曾拟开办一农业银行，但因筹集不到资金，没有办成。市场流通的货币是广西东毫和光洋，每1.6元东毫值1元光洋。

左右江革命根据地的经济建设工作虽然时间不长，加上战争环境影响和经验不足等原因，不少工作还未能很好开展，但还是取得一些成效，对根据地的巩固和发展起了一定的积极作用。

# 第二节　政治建设和文化建设

## 一、党的建设

中共红七军前委十分重视党的建设。1929年12月20日发出的《红七军前委通告(第二号)——关于党的组织工作》,对党的组织系统、党的中心工作、培养干部、健全支部生活、注意集体指导、实行民主化、严格执行纪律、注意秘密工作、加强党与群众的联系、健全地方党部、发展共青团等十二个方面的问题,作了具体规定。《通告》着重指出:“怎样使红军中及地方党委的组织工作能健全起来,实为目前严重的问题。”《通告》在强调党的组织建设的同时,指出要注意党的思想建设,要“开办中坚同志训练班,在短期内施以基本理论之训练”,要通过召开党的活动分子会议、组织生活会、个别谈话、开展批评与自我批评、讨论党的基本理论问题等方式,加强党的思想建设。1930年9月9日和19日,又相继发出《红七军前委通告(第六号)——目前政治形势和右江党的策略》和《红七军前委通告(第七号)——目前右江党的工作方针》,提出在当时“政治形势下,党的任务是发展组织,加强党的领导力量,扩大党的政治影响”。

根据前委指示,部队和地方各级党委都认真加强了党的建设。首先健全了各级党组织机构。在前委之下,各纵队、各营设党委,各连队设党支部。地方党组织与所在地军队最高党组织发生平行关系,都受前委的指挥。当时右江地区成立县委或临时县委的有东兰县(书记先后为严敏、黄举平、韦菁、黄明强)、凤山县(书记先后为黄松坚、韦菁、廖由斌)、奉议县(书记先后为李汉生、陆浩仁、黄治峰、黄正统)、恩隆县(书记先后为滕德甫、高永平)、思林县(书记先后为陈金平、陈鼓涛)、果德县(书记黄书祥)、百色县(临时县委,书记黄唤民)、向都县(书记陈鼓涛)。成立特支的有凌云县(书记黄伯尧)。成立总支的有那马县(书记李凤彰)。左江地区成立县委或特支的有:龙州县委(书记王逸，龙州起义后，县委改为左江特委，书记仍为王逸。另成立下冻特支和县城三个党支部，均直属左江特委领导）、上金县特支（书记张兆梅）、凭祥县特支（书记刘朗云，后叛变）。成立支部的有养利县、雷平县、崇善县。有的县以下还成立区委，区以下成立党支部。如东兰县有七个区建立区委，每个乡一般都成立一个党支部。至红七军北上前，右江根据地有党员2000人，其中，地方党员1500人①，部队党员500人②。

其次，举办各种类型的党员训练班，提高广大党员干部的素质。前委、右江特委及部分县委都举办这种训练班。如1930年四五月间和六七月间，邓小平先后在东兰县武篆和恩隆县平马镇举办了党员干部训练班，并亲自编写教材，给学员讲课。训练班印发了《党员须知》《革命常识问答》《经济教授提纲》等学习材料。《党员须知》，主要讲共产党的性质、指导思想、纲领、奋斗目标、共产党与其他政党不同点、共产主义与其他主义不同点、中国革命只有共产党领导才能取得胜利等道理。《革命常识问答》，内容有革命的起因、共产主义的特征、无政府主义的主张、中国共产党对周边国家和地区的政策及当时党的各项具体政策等。《经济教授提纲》主要是讲政治经济学基本常识。这些教材的内容基本上是正确的，语言也较通俗易懂，每期学习班都取得较好的收效。正如1931年4月29日邓小平在《七军工作报告》中所说的："对于干部的训练我们是注意了的，除了实际工作的指导也不断的办训练班"，"讲的课目均是解决实际问题的办法"。

再次，加强纪律和廉洁教育，对违反纪律者或腐败分子，给予坚决查处。如左江特委书记兼左江革命委员会主席王逸，任职期间，财政账目不清，有贪污行为。红八军第二纵队政治部主任史书元，挪用公款，形势紧张时，私自逃走。他们二人均被开除了党籍。这样做，纯洁了党的干部队伍，提高了党在群众中的威望。

---

① 1930年8月22日王玉树写给广东省委的报告。

② 1931年3月9日陈豪人写给党中央的《七军工作总报告》。

## 二、政权建设

百色起义、龙州起义后，左右江地区迅速建立各级人民政权。宣传部门印发了《关于建立苏维埃》的油印宣传品，对苏维埃的性质、产生办法、组织系统及各级苏维埃执行委员会组成人员等问题作了具体明确规定，指出“苏维埃是工农兵自己的政府，他是工人、农民、士兵大家选出代表来开代表会议组织的”，“苏维埃是最革命的政府，绝对与反革命国民党政府、团局不同，所以要反对腐化，官僚化，要举出很革命的贫苦工农分子来当苏维埃委员，帮助大家办事”。右江苏维埃政府管辖的县、区、乡都建立苏维埃政府，一般由同级工农兵代表大会或会议选举产生。县苏维埃政府设执行委员会和行政委员会。执行委员会设主席一人，常务委员五至七人；行政委员会设主席一人，由执委主席兼任。行政委员会下设财务、经济、文化、裁判兼肃反、土地、赤卫等委员会，各委员会只设主席一人，不设委员。区苏维埃政府设执行委员会和常务委员会。执行委员会下设主席和财政、文化、粮食、裁判兼肃反、赤卫等委员会，另设由常务委员直接领导的经济委员会。乡苏维埃政府机构与区级基本相同，只是另设土地委员会，不设经济委员会。

政权建设的一个重要方面是培养和造就政治思想觉悟较高、富于牺牲精神、忠心耿耿为各族人民服务的干部队伍。县、区、乡苏维埃政府的干部，多是土生土长的干部，同本地群众联系密切，斗争坚决，但文化水平和政治理论水平较低。为此，各级苏维埃政府都举办各种类型的干部训练班，组织干部学习革命理论和党的方针政策及工作方法，不断提高干部的思想政治素质和工作能力。

与此同时，加强对干部的纪律教育、廉政教育。1929 年 12 月颁布的《右江苏维埃各级政府组织职能》中明确规定：“绝对禁止侵犯群众利益”“肃清内部一切动摇腐化及剥削人的分子”。1930 年 8 月 1 日东兰县苏维埃政府宣委印发的《目前宣传标语》提出：“肃清苏维埃委员豪绅化官僚化。”9 月 19 日，红七军前委发出的《前委通告（第七号）——目前右江党的工作方针》要求各地要“严格执行党的纪律，肃清反动腐化分子”。1931 年 2 月，东兰县苏维埃政府在武篆召开各区苏维埃政府主席会议时，根据红七军前委关于红七军主力北上后根据地要整顿组织、纯洁内部的指示，制定了惩处变节分子的 12 条法令。

各级苏维埃政府根据群众的检举、揭发，对一些贪污腐化、变节分子坚决给予查处。果德县果化区苏维埃政府主席和粮食委员两兄弟侵吞红七军的军粮、军饷价值约 20 万铜仙，右江苏维埃政府于 1930 年 10 月将他们逮捕、处决。

在党的培育下，广大干部严于律己，廉洁奉公，得到群众的称赞。奉议县苏维埃政府主席、右江赤卫军总指挥黄治峰，于 1930 年夏在家乡领导土地革命试点工作时，该乡的土地分配标准为一级每份产量 800 斤，二级 700 斤，三级 600 斤，他坚持自家要最低一级。在他带动下，该乡的土地革命顺利开展。同年 10 月，他准备随红七军主力北上时，回家提取放在他家里的红七军经费——黄金 3 斤 12 两、光洋 17 箱。这些经费原由他的堂兄保管。堂兄考虑黄治峰将远离家乡，劝他留下一些钱，赡养家中老少。黄治峰严肃批评其堂兄，说这是红军的军饷，一个铜板也不能动。思林县苏维埃政府主席阮殿煊，在土地革命中，带头焚烧自家田地契约，说服家人把田地交给共耕社。

根据地还注意加强工会、农民协会、共青团、儿童团、妇女会、赤色救济会等群众组织的建设，各县、区、乡都相继建立了这些群众组织，并通过群众组织广泛发动和组织各族群众参加根据地的革命斗争和建设。

## 三、文教卫生建设

左右江革命根据地对文教卫生建设也很重视。红七军的施政纲领和司令部、政治部的布告提出："实行平民教育，发展识字运动"，"提高文化，普及教育，劳动儿童，免费入学，推翻旧礼教，创造好风俗" 等要求。各县苏维埃政府内设立文化委员会，区和乡苏维埃政府设文化委员，专门管理文化教育工作。在苏维埃政府的领导和红军的帮助下，根据地的文教卫生事业有了一定的发展。

**教育事业方面**。一是创立各级劳动学校。1929 年 12 月，百色县苏维埃政府把省立第五中学改为广西劳动第一中学，百色镇模范小学改为百色县劳动第一小学。学校实行男女同受教育，免收工农子女一切教育费用。东兰县苏维埃政府拨出专门经费，在瑶族聚居的西山 16 个乡办起初级劳动小学，教师由县苏维埃政府派出。各校一律采用右江苏维埃政府编印的教材。同时，还在一些地方创设劳动人民夜校、劳动人民文化讲习所、劳动人民通俗阅报室和图书室等。

二是组织编写、出版课本和教材。1929 年 12 月，红七军政治部组织编写出版了《工农兵小丛书》《工农兵识字课本》等，把识字教育同宣传革命道理结合起来。现保存的其中一种书，名为《打倒国民党》，主要内容是揭露国民党反动派的种种罪行。东兰县苏维埃政府于 1930 年初组织编写、印刷的《工农兵识字课本》，介绍社会阶级划分、共产主义、共产党、国民党、白军、红军、赤卫军、士兵委员会、工会、农会、苏维埃、土地革命、游击战争等方面的情况和知识，具有一定的思想性、实用性和知识性。各地的劳动小学、工农夜校、识字班，都采用这些教材。

**新闻事业方面。**创办了《右江日报》，左江《工农兵》报、《红旗周报》《红旗报》等报纸。

邓小平、张云逸等率部挺进右江地区时，即派出干部利用当地的印刷条件，于 1929 年 11 月初在百色镇创办了石印的《右江日报》，张云逸为该报题写报名。该报公开宣传共产党的主张，揭露国民党反动派、资本家、豪绅地主压榨工农群众的罪行，大造工农武装割据的革命舆论。百色起义后，它成为红七军前委的机关报，由红七军政治部主办。军政治部主任陈豪人、政治部宣传科长许进负责编写和审阅重要稿件。该报每天出八开两版一张，内容有社论、评论、专电、工农兵俱乐部等栏目。发行至右江地区各县和红七军连队。1930 年 2 月中旬，因敌人占领百色及右江沿岸县城而被迫停办。

《工农兵》报于 1930 年 1 月 30 日创办于左江地区龙州镇。它的前身是 1929 年秋何建南创办的《群众报》。2 月 1 日，红八军成立，该报成为红八军军委（后改为红八军临时前委）和左江特委的机关报。总编辑由涂振农担任。该报逢星期一、四出版，每期出四开四版一张，印 5000 份，发行至左江地区各县和红八军连队。1930 年 3 月下旬，因敌人侵占龙州而被迫停刊。

《右江日报》和《工农兵》报，忠实地宣传党的路线和方针政策，紧密地配合党的中心工作，注重地方消息的报道，文章短小精悍，深受广大军民欢迎。红军部队和地方举办的一些训练班，常选用两报刊登的文章作教材。不少单位在召开干部或群众会议时，也选读两报的文章，因此，群众称两报是革命的“螺号”。

1930 年 2 月，龙州还出版了《红旗周报》，主要内容是宣传解释党的策略。每期发行 2000 份，共出版了 4 期。

**文艺工作方面**。成立俱乐部和宣传演唱队，运用群众喜闻乐见的山歌、戏剧、曲艺、民族舞蹈等形式，开展文化娱乐活动。1929 年底，韦拔群亲自组织一支青年歌队，由东兰武篆出发，途经东兰县江平圩，凤山县福厚圩、盘阳圩，恩隆县七里圩、甫圩，奉议县仑圩，最后到奉议百育圩，进行一次长途的“歌会”活动，每到一个地方都与当地群众举行“歌会”，先后参加“歌会”的群众达万人。

**医药卫生方面**。红七军军部设有军医处，处长吴清培。纵队设卫生队，营有卫生所。红七军在东兰县武篆设后方医院，能做阑尾切除、疝气修补等一般外科手术和急救、截肢等战伤处理。医院设备较简陋，伤病员住在群众家里，生活主要靠当地妇女协助照料。

红七军和红八军中的医务人员，少数是专门医科学校的毕业生，多数是自己培训的青年学生和部队中选送来的卫生员。红七军曾举办了十多期医务人员培训班，每期五至十人，学习时间半个月左右，毕业后分配到各纵队卫生队或营卫生所工作。

## 四、少数民族工作

左右江地区有壮、汉、瑶、苗、仫佬、彝、回等民族，其中壮族约占总人口 85%，汉族约占 10%，瑶族约占 3%，其他民族占 2% 左右。各民族之间的政治、经济、文化发展水平很不平衡，语言、风俗习惯各不相同。如何团结和带领各族人民共同建设和发展根据地，推进革命事业，是百色起义和龙州起义后面临的一个重要问题。虽然当时中共中央尚未有明确的具体的民族政策，但已对广西的民族问题作了专门的指示。指出要“站在整个阶级观点上，注意他们的苦痛，宣传汉瑶平等待遇”[①]。苏维埃

① 《中共中央给广东省委转七军前委的指示》，1930 年 3 月 2 日。

政府和红军在实际工作中也十分注意民族问题(如瑶族问题),并为此做了大量的工作。

一是坚持为各族工农群众谋利益的宗旨。起义前后,中共广西前委和红七军、红八军前委,通过各种形式,大力宣传党和红军的主张和宗旨。军部颁布的布告和目前实施政纲中,都阐明了红军的任务是以“解除民众痛苦为职志”。红七、红八军坚决执行群众纪律,对侵犯少数民族利益、违犯群众纪律的事件给予严肃处理。有一次,红七军到达凌云县瑶族居住的地区,因天气寒冷,有一位战士拿了群众的茅草去烧火取暖。军部领导发现后,立即在群众大会上宣布严肃处理,并向群众赔礼道歉。因此,红军走到哪里,那里的群众都热情欢迎、拥护,称赞红军是穷人的队伍。

二是坚持各民族不分大小,一律平等的原则。红七、红八军努力宣传各民族平等的思想,注重发挥各族人民的积极性。在政治上,注意吸收本地的民族干部参加各级政府。右江苏维埃政府 11 名委员中,5 名是壮族,1 名是瑶族。右江地区先后成立的 16 个县级苏维埃政府或革命委员会中,有 14 个县的第一任主席是少数民族干部。在经济上,关心各族人民的苦痛。在 1929 年 10 月公布的《广西东兰县革命委员会最低政纲》中,宣布取消山主对贫苦瑶民的超经济剥削和一切徭役,瑶民与其他民族群众一起参加分配土地。并从各方面帮助瑶族等少数民族发展教育事业。

三是注意培养和使用少数民族干部。部队和地方党、政部门先后开办了教导队、党政干部训练班或军事政治学校,作为培训各级各族干部的基地。从 1929 年底至 1931 年初,红七军前委和中共右江特委、红七军第三纵队在东兰县举办了有各族干部参加的训练班 7 期,还单独举办两期瑶族干部训练班。通过培训和实际斗争锻炼,一大批密切联系群众、熟悉本地情况、受到群众拥护的少数民族干部迅速成长起来。地方党政部门的干部中,多数是本地壮、汉、瑶族干部。红七军部队中的连排干部,也多数是本地各族干部。他们在保卫和建设革命根据地的斗争中,发挥了骨干和桥梁作用。

四是尊重各族人民的风俗习惯和生活方式。在左右江根据地,外来干部和本地汉族干部,都注意了解和尊重当地少数民族的风俗习惯及信仰爱好,对一些带歧视性、不尊重少数民族的称呼,一律宣布废除。红军在宿营和行军作战中,注意尊重各族群众生活习俗。不少外地来的干部认真学习壮语,与群众打成一片,建立了深厚感情。

由于正确执行党的民族政策,有效地调动了各族人民建设和巩固革命根据地的积极性。少数民族同胞把共产党和红军当作自己的靠山,积极拥护共产党和各级新生红色政权,踊跃参军支前。邓小平后来说:"红七军是植根于右江各族人民之中的革命武装,壮族就占了一半。"① 在根据地里,各族人民之间、军民之间、军政之间、外来干部与本地干部之间,互相帮助,互相支持,密切合作,共同战斗,形成了团结友爱平等的新的民族关系。

## 第三节　军队建设和主要军事活动

### 一、军队建设

为了加强军队建设,红七、红八军除了在部队中建立、发展党的组织外,还建立和健全了政治工作制度,设有政治机关,配有政治工作人员。为了提高部队干部素质,红七军和红八军都分别开办了教导队或军事政治学校。1930 年 2 月中旬,红八军临时前委在龙州成立"中国红军第八军军事政治学校",军长俞作豫兼任校长,甘湛泽任教育长。第一期学员 180 多人,主要来自红八军各连选派的班排干部,也有部分从地方招来的青年知识分子。学习科目分政治和军事两科。原定学习时间为 6 个月,后因工作需要,学员仅学习 20 多天便下乡宣传、发动群众,准备开展土地革命。不久,敌人占领龙州,该校也随之解散。同年 7 月,红七军收复右江沿岸县城后,军前委在平马再次组建了军部教导队,培训连、排干部,学员 100 多人。学习课程有政治、军事和文化。邓小平、张云逸等给学员讲政治课,讲帝国主义对中国的侵略、国民党反动派的反革命罪行、

① 《广西日报》1981 年 10 月 6 日。

土地革命的意义、工农民主政权的性质等问题。通过两个多月的学习，学员的政治觉悟有了较大的提高。

1930年7月，红七军前委集中全军在平马、奉议一带进行整训。从总结经验教训入手，通过首长作报告、学习有关文件、开展批评与自我批评，进行政治思想、组织纪律和军事技术教育。经过三个月整训，指战员的政治素质和军事素质有较大提高。部队中党的工作也建立了相当基础，各支部能经常开会，讨论问题，分配工作。这次整训，还积极扩充部队，每连均补充八九十人。8月，红七军前委决定，右江赤卫军指挥部及其领导的恩隆、奉议赤卫军编入红七军为第四纵队，黄治峰任纵队长，罗少彦任政治部主任，下辖三个营共700人。

红七军前委也很重视地方武装的建设，将各县农民自卫军改编为赤卫军，县城组织工人赤卫队，由军队派干部帮助整顿、训练。1930年2月，右江苏维埃政府决定建立右江赤卫军总指挥部，直属右江苏维埃政府领导，由黄治峰担任总指挥，滕国栋为副总指挥，直辖7个营，即右江苏维埃政府特务营、赤卫队独立营和奉议县赤卫大队5个营。这7个营和各县赤卫军常备营为脱产武装，区、乡赤卫队均不脱产，平时务农，战时为兵。每个赤卫军战士都要接受军事训练，各县地方武装因此有了很大的发展。如东兰县各区乡都有农民赤卫军、妇女赤卫军（后男女混合编为农民赤卫队），全县的青壮年农民大都参加了军事组织。至1930年10月，整个右江地区的地方武装发展到近万人。

## 二、主要军事活动

### 百色保卫战

百色起义后不久，敌人不甘心失败，妄图卷土重来。1929年12月17日，百色的反动豪绅地主勾结西林、西隆县土匪武装2000多人，乘红七军主力在田州、平马、果德执行任务之机，偷袭百色城，妄想把红色政权扼杀于摇篮之中。当时留守百色城的红军只有军部机关和特务连、教导队共500多人。危急关头，军部机关干部和战士在陈豪人、许卓等指挥下与敌奋勇拼杀。在工人武装配合下，经过三个多小时激战，毙敌40多人，伤敌数十人，终于击退进犯之敌。翌年1月24日，该股匪徒再次偷袭百色，由于红军已在城外布防，并从田阳调来一个营在百色附近驻扎，土匪的进犯又被击退。

**隆安—亭泗战斗**

1930 年 2 月初，桂系军阀派三个团又一个营兵力，以熟悉右江地形的师长李画新为总指挥，向右江革命根据地的前哨阵地隆安县城大举进攻。当时，红七军驻守隆安的只有 300 多人，战斗打响后，增援部队才陆续到达。在敌强我弱的情况下，红军与敌激战四昼夜，打退敌人多次进攻后，被迫撤出战斗，向平马一带转移。是役敌人伤亡数百人，敌团长蒙志仁被打伤，红七军也损失约一个营的兵力，第一纵队政治部主任沈静斋在撤退时牺牲。红七军撤到恩隆县北部的亭泗村（今属巴马县）时，又遭敌人截击。双方经过三个小时激战后撤出战斗，红军进入凤山县盘阳区赐福乡（今属巴马县）休整。

**游击桂黔边**

1930 年 3 月初，红七军第一、第二纵队为扩大政治影响和解决给养问题，在总指挥李明瑞和军长张云逸率领下，从凤山县盘阳区出发，经南丹，于 4 月初到达河池县城。在河池帮助成立了农会、工会、妇女会和县革命委员会。后以第一纵队为先导，向怀远镇和思恩县进发。途中与敌杨腾辉师遭遇，敌派人送信给李明瑞，策动李接受改编，被李严词痛斥。此时，敌后续部队不断涌来，情况紧急，张云逸与李明瑞商量，决定用号音指挥第一纵队向西撤退，军部率第二纵队向北撤退。甩开敌人后，军部率第二纵队经宜北县进入贵州境内。第一纵队转向东兰，后经那地、南丹进至黔桂边界。不久，两个纵队在贵州省荔波板寨村会合。会合后，原拟攻打贵州省独山县，因探知该县有黔军重兵驻守，遂决定秘密穿过苗山，奇袭榕江县城。该县城是贵州军阀王家烈的老巢，许多军需品囤积在城里。4 月 30 日，红军到达榕江城下，城里只有黔军第 25 军副军长毛光祥率一个团及部分警察共七八百人驻守。经过几小时激战，于当天下午 6 时攻克榕江县城，歼敌 500 多人，缴获步枪、机枪 400 余支（挺），子弹 10 万发，山炮、迫击炮数门。这是红七军成立以来打的第一个大胜仗，大大地鼓舞了广大指战员的斗志。5 月 1 日，红七军指战员与当地群众一起举行纪念“五一”节暨祝捷大会，会上宣传红军主张，并将没收豪绅地主的财产分给当地贫苦农民。部队在榕江城休整三天,筹得一笔军费,遂从贵州回师河池。当时在东兰武篆的邓小平闻讯立即前往河池与李明瑞、张云逸等会面。在河池,邓小平召集了一次党员大会,传达从上海带回的中央指示精神,讨论红七军今后的行动方针,决定利用粤桂军阀混战的有利时机,第一、第二纵队回师右江地区深入开展土地革命,发展壮大红军,然后再向外发展。

**回师百色和伏击滇军**

1930 年 6 月,红七军第一、第二纵队共 3000 人,从榕江回到百色城下。驻守百色的敌正规部队有 300 余人,加上民团共 600 人。敌人龟缩在城边几个高地的碉堡里顽抗。红军攻打半天一夜,尚未攻克。总指挥李明瑞决定用山炮摧毁敌碉堡,当时红军只剩下三发炮弹,精通炮科技术的李明瑞亲自操炮瞄准,炸塌敌主碉堡,红军破城而入,歼灭大部守敌,缴枪 500 余支。收复百色后,红七军又乘胜收复了右江沿岸县城。

7 月初,云南军阀龙云奉蒋介石命令,派卢汉率三个师的滇军,分三路进入广西,以牵制参加蒋桂军阀战争的桂军北进。其中,师长张冲率一万余人,由贵州兴仁经黔桂边境进入广西田西县旧州,拟经百色沿右江进攻南宁。红七军前委研究决定,暂时让开一条路,待滇军大部队通过后,再袭击其后路,拦截其辎重。中旬,军部率第一、第二纵队撤出百色、平马,进至果化鹧鸪坳一带设伏。滇军经过此坳时,红军突然猛烈袭击其尾部,滇军措手不及,旋即组织两个团掉头反击。双方经过五昼夜激战,滇军损失五六百人,惊叹“从没有遇到过这样有战斗力的队伍”。红军也伤亡 60 余人。这一仗,虽然取得一定战果,但从战略上说,红七军的主要敌人是桂系军阀,红军袭击向桂系进攻的滇军,削弱了打击主要目标的力量。

**龙州保卫战和红八军的转移**

1930 年 3 月,桂系军阀得悉红八军主力已分赴各地游击,龙州城防薄弱,便命令其驻南宁的第十五军第一师师长梁朝玑率两个团兵力,并勾结地方反动武装约 4000 多人,沿邕龙公路和左江北岸分两路向龙州进犯。3 月 20 日,龙州军民在新填地广场举行追悼革命烈士何建南的群众大会。由于驻守崇善县的第一游击支队司令冯飞龙的叛变,敌人得以直趋龙州城下。红八军仓促应战。驻守龙州的只有军部卫士队、第二纵队一个半营，加上农军、赤卫队，不足 2000 人。战斗打响后，俞作豫军长率领卫士队巡视各个阵地指挥作战，第二纵队长宛旦平率部扼守北门至东门一线，第一路游击支队政治部主任严敏率农军一个营镇守铁桥南头。他们英勇击退敌人一次又一次的进攻。敌人自北门、西门突入龙州后，双方发生激烈的巷战。由于敌我力量悬殊，第一纵队又未能赶到，红军浴血奋战一天后，俞作豫决定放弃龙州。傍晚时分，俞作豫、何世昌等率领军部和第二纵队突围撤出龙州。掩护部队撤离的严敏和大部分守桥官兵壮烈牺牲，军教导大队大队长唐克、左江赤卫队大队长邓生和左江革命委员会秘书长林礼等先后牺牲。守卫黄家祠的一个红军连队，英勇战斗到最后一刻。至此，龙州陷入敌手。

俞作豫等率部突围后，转战凭祥、宁明、明江、思乐、崇善、绥渌、扶南、邕宁、钦县。宛旦平在凭祥战斗中牺牲。红八军余部到达钦县的南间圩时，俞作豫迫于形势，决定自己率 30 多名党员政工干部离开部队，令刚被任命为第二纵队纵队长的刘桂廷（刘定西）带着余部 300 多人转入十万大山待命，但后来刘桂廷率部接受了军阀的改编。4 月中旬，俞作豫、何世昌决定率队突围到右江找红七军，途经邕宁马村时，遭反动民团袭击，何世昌不幸被捕，不久在南宁牺牲。俞作豫等三人后赴香港寻找党组织，因在香港误与叛徒接头，在深圳被捕，同年 9 月 6 日在广州壮烈牺牲。就义前，他挥笔写下了“十载英名宜自慰，一腔热血岂徒流”的豪迈诗句。

红八军第一纵队从靖西赶到雷平，便接到龙州失陷的消息。这时，敌人已把主要力量指向第一纵队。在敌情严重情况下，纵队党委书记袁也烈决定按邓小平的指示，与纵队长何家荣率部向右江地区转移，以便与红七军会合。但当时与红七军未取得联系，情况不明，便决定避开敌人的正面，从雷平绕道沿中越边境和桂滇边北上。队伍途经靖西的岳圩、云南富宁县的田蓬、板仓、剥隘和广西田林县的利周，于同年 4 月底转战到凌云县彩架村。这时，遭到敌百色警备团四个连的伏击，红军被敌军前后夹击在彩架村狭谷中，情况非常危急。第一营猛攻正面的敌人，第二营抗击尾追之敌，从早上激战到下午，才打开缺口突围出来，部队伤亡、失踪300多人。突围后经板干到百乐，由于通往东兰、凤山县的道路已被敌封锁，遂渡过南盘江进入贵州境内，暂驻望谟县蔗香圩贵州地方实力派王海平处，一边派人寻找红七军，一边休整。1930年10月下旬，红八军第一纵队在向右江地区行进途中，于凌云县讲肥村岗里屯（今乐业县上岗村）与前来迎接的红七军第一纵队第一营胜利会师，之后到河池县城编入红七军，成为红七军的一支劲旅。

红七、红八军在一系列军事活动中，虽然装备较差，但在广大群众支持下，不畏难险，浴血奋战，英勇杀敌，充分体现了这支新生的人民军队的英雄本色。

## 第四节　红七军主力北上中央苏区

### 一、平马会议和河池整编

1930年6月11日，中共中央政治局会议在李立三主持下通过了《新的革命高潮与一省或几省的首先胜利》的决议。不久，李立三等人又作出以武汉为中心的全国总暴动和集中红军进攻中心城市的冒险计划，并命令红一、红二、红三军团和红一军分别去攻打南昌、长沙、武汉、九江，命令红七军去进攻柳州、桂林和广州，要求各路红军实现所谓“会师武汉，饮马长江”的计划。

9月30日，红七军前委正拟向外游击发展时，中共中央南方局代表邓拔奇（化名邓岗）来到右江地区的平马镇。10月2日，红七军在平马召开前委会议。会上，邓拔奇传达了6月11日中共中央政治局决议精神和中央要红七军离开革命根据地去攻打柳州、桂林、广州的指令。邓拔奇还传达了中央对右江工作的批评，指责右江的土地政策是执行右倾的富农路线。这个批评是不符合实际情况的，是李立三“左”倾错误思想的反映。

会议对邓拔奇的传达，展开了激烈的争论。红七军原来有北上江西会合朱毛红军的计划，但不是去攻打大城市。邓小平和张云逸等认为，在俞作柏、李明瑞军事反蒋失败后，李宗仁、黄绍竑、白崇禧乘机回到广西，收集旧部，重整旗鼓，恢复了对广西的统治，红七军以现有几千人的力量，执行那样大的任务是困难的。经过争论，前委会最终还是接受了中央“左”倾冒险主义指令，决定集中全军到河池县城河池镇整编，并准备在河池召开全军党代会，贯彻中央指示精神。在此之前，右江特委书记、右江苏维埃政府主席雷经天因反对把右江地区全部赤卫军编入红七军主力北上，被扣上“本位主义”和“右倾保守”等帽子，加上说他工作失职等问题，错误地撤销了他的党内外职务，开除其党籍，命令他随红七军主力北上。至 1931 年 4 月，红七军在江西永新召开第二次党代会时才恢复其党籍。

前委会议后，邓小平和邓拔奇于 10 月 4 日离开平马。6 日到达恩隆县北部的燕垌，召开百色、奉议、恩隆、恩阳、思林、果德等县 70 多名负责干部参加的会议，贯彻中央指示和平马前委会议精神，指出红七军主力离开后根据地斗争的艰苦性、复杂性，要求各地要抓紧整顿党组织，纯洁内部；扩大赤卫军，迅速建立县、区常备武装，并加强军事训练；广泛宣传、发动群众，坚定革命到底的决心；组织群众抢收农作物，收藏好粮食，防备敌人进犯。

11 月初，红七军 4 个纵队和红八军第一纵队余部集结于河池。同月 7 日，红七军第一次党代会在河池召开。大会主要议程是：（一）南方局代表邓拔奇作政治报告，传达 6 月 11 日中央政治局决议精神和中央给红七军的指令；（二）红七军前委作过去工作报告；（三）讨论目前政治形势与红七军党的任务；（四）选举前委。大会选出邓小平、陈豪人、张云逸、李谦、袁也烈、许进、许卓、李朝纲、黄一平为前委委员，龚鹤村、胡鹤林、杨英为候补委员，邓小平为书记。这次党代会，全面总结了红七军前委成立以来的经验教训，在发扬党内民主，调动广大党员的革命积极性，坚定革命信念，整编部队和加强部队党组织建设方面起了一定作用，但因接受中央交给的攻打柳州、桂林、广州的“左”倾错误指令，给红七军的前途带来了很大的危害，也使右江革命根据地遭受严重损失。

党代会闭幕后的第二天，红七军进行整编，改为师团制。主要领导人是：总指挥李明瑞，军长张云逸，前委书记兼政委邓小平，参谋长龚鹤村，政治部主任陈豪人。下辖三个师：第一、第三纵队合编为第十九师，师长龚鹤村（兼），政委邓小平（兼），下设第五十五、第五十六两个团；第二、第四纵队和红八军余部合编为第二十师，师长李谦，政委陈豪人（兼），副师长黄治峰，下设第五十八、第五十九两个团；第二十一师（待组建）师长韦拔群，政委陈洪涛，副师长黄松坚。全军 7000 多人（不含第二十一师）。前委决定：第十九、第二十师按中央指令北上，第二十一师留在右江根据地坚持斗争。

## 二、红七军北上和全州会议

1930 年 11 月 9 日，整编后的红七军全体指战员在河池县城三里亭举行阅兵式和出征誓师大会。会上，军部首长分别给各师授旗，并进行北上动员。

会后，第二十一师师长韦拔群率整编时留下的该师特务连几十名战士返回东兰。邓小平、李明瑞、张云逸率领第十九、第二十师从河池出发，踏上艰苦的征途。

红七军原准备经庆远（宜山）攻打柳州，因庆远守敌有备，便绕道渡过龙江到罗城县。在罗城的四把又遭顽敌阻击，激战后撤往三防（原属罗城县，今属融水县）。在三防稍事休整后，军部放弃攻打柳州的计划，改经融县渡过融江攻击桂林。12 月 5 日，红七军攻打融县长安镇未克，又撤往桂黔边的三江县富禄乡。后得悉柳州、庆远的敌人已移师桂林布防，遂转向湖南的通道、绥宁进发。这时，已是雪花纷飞的寒冬，指战员穿着单衣、草鞋，忍饥挨冻翻山越岭。为解决部队给养问题，军部决定攻打湖南武冈县城，未攻下。部队损失了几百人，团长何子祁牺牲。接着，向广西全县（全州）撤退。1931 年 1 月 2 日，红七军到达全县。该县城守敌地方民团缴械投降。当晚，红七军占领全县县城城关镇。全县周围未发现敌人主力，军前委决定部队在此休整几天。

红七军出征以来，已近两个月，部队处在频繁的行军作战之中。指战员们虽然打得英勇顽强，但未能攻克一个城镇，红军却减员三分之一。部队远离根据地作战，军饷困难，冬衣无着，疲惫不堪，情绪逐渐低落。部队往何处去？广大指战员迫切要求前委作出明确解答。

面对如此严峻形势，军前委在城关镇召开会议，讨论部队去向问题。会上展开了争论。邓小平、张云逸、李明瑞等认真总结红七军北上以来强攻硬打而造成严重损失的教训，主张放弃攻打大城市的冒险计划，经湖南江华进至湘粤赣边界活动，以寻找立足之地，并设法与朱毛红军取得联系。这一正确意见，得到了多数同志的赞同和支持。至此，红七军在付出沉重代价后终于抛弃了李立三的“左”倾冒险计划。会上还决定把不足员的两个师缩编成三个团，并精减非战斗人员，充实战斗部队。全州会议是红七军历史上的一个重要转折点，对挽救红七军、保存这支部队的基本力量起了十分重要的作用。

会后，中共中央南方局代表邓拔奇和红七军政治部主任陈豪人赴上海向中共中央汇报工作，军政治部主任由许进继任。

1 月 5 日，桂军向全县反扑，红七军按计划离开全县，经灌阳向湖南道县进发。9 日，到达江华县城。

## 三、红七军在湘赣苏区和中央苏区

1931 年 1 月 14 日，红七军主力从湖南江华转到广西贺县桂岭圩。一路上，天气奇寒，部队严重减员。前委决定在桂岭整编部队，把原来的三个团缩编为两个团，即第五十五团（团长由龚鹤村兼）、第五十八团（团长由李明瑞兼），取消师的番号，干部降级使用。缩编后，红七军经桂湘边界转向广东的连县、乳源县，拟在北江乳源县一带建立根据地，发展壮大部队。但到达该县梅花村的第二天，即遭敌四个团围攻，被迫与敌人进行血战。红军指战员奋不顾身，英勇作战，军首长亲临前线指挥。原师长李谦率第五十八团第一营坚守一高地，打退了敌人八次冲锋后，在追击敌人时不幸腹部中弹，不久牺牲。红军经五小时激战后，在当地赤卫军配合下撤离梅花村。是役虽毙伤敌 1000 余人，但红军也伤亡 700 多人，干部伤亡过半。此时，前委决定放弃在北江地区建立根据地的计划，率部队北上江西与朱毛红军会合。2 月 5 日，部队陆续到达粤北的杨溪附近，在强渡乐昌河（武水）时，被敌截为两部，邓小平与李明瑞等率领第五十五团和第五十八团一部分渡过河后，向江西崇义前进。张云逸率领未能过河的军部和第五十八团大部分，转到坪石以北渡过乐昌河。

邓小平和李明瑞率部于2月中旬到达崇义。该县是湘赣革命根据地的游击区,军前委与中共赣南特委取得联系后,决定以崇义为中心创建根据地,并整顿、发展红军。部队抽出一批得力党员干部协助地方建立党组织,建立了县和四个区的苏维埃政府;举办党员干部训练班,培训党团员和地方基层干部;加强地方武装力量,拨出80多支枪给当地游击队,协助中共赣南特委将上崇南游击大队改编为红军独立营,由部队派出干部担任营、连长,该县的革命工作出现了新的局面。3月初,邓小平经组织同意,离开崇义赴上海向中央汇报工作。不久,敌重兵来犯,红七军第五十五团离开崇义,向北撤到营前镇,与中共湘东南区委取得联系,得知军部和第五十八团在湘东南活动,遂放弃以崇义作为根据地的计划,经遂川县的衙前镇,沿井冈山南麓西行,到达江西省永新县的天河镇驻扎,同时寻找机会和军部及第五十八团会师。

张云逸率军部和第五十八团转道渡过乐昌河后,一时找不到前委和第五十五团,即于2月中旬北进到井冈山西麓的湖南酃县黄泥塘,这里已属湘赣边区根据地的范围,群众基础好。第五十八团到达时受到群众的热烈欢迎和慰劳。其时,恰逢旧历春节,尾追红军的汝城县土匪1000多人到附近骚扰,第五十八团与当地游击队密切配合,一举将其击溃,毙伤俘敌200余人,缴枪100多支。春节后,部队离开黄泥塘往宁冈。2月下旬,在湖南水口镇与湘东南独立师第三团会师,后向湖南茶陵进军。在张云逸指挥下,这两支红军部队在茶陵县严塘将军山击败了湘军两个团。3月中旬,第五十八团和湘东南独立师第三团到达永新与红二十军第一七五团会合。为统一指挥,中共湘赣省委决定成立一个临时总指挥部——河西红军总指挥部,由张云逸任总指挥,红二十军政委曾炳春任政治委员。此时,中央苏区正在进行第二次反"围剿"斗争,为牵制敌人,配合中央红军粉碎敌人的"围剿",这三支红军部队联合行动,攻占了吉安县的永阳镇。4月上旬,红七军第五十五团与第五十八团,在永新县天河镇胜利会合。会合后,红七军与红二十军、独立师等兄弟部队并肩作战,4月中旬,攻占安福县城,歼敌一个团,俘获700多人,缴枪千余支、迫击炮数门。

安福大捷后，红七军回到永新休整。4月底，在永新嘉禾小学召开了中共红七军第二次代表大会，出席大会的代表80多人。中央苏区派红一方面军副总政委滕代远参加大会。大会由许卓主持。会上传达了党的六届三中全会精神，批判了李立三"左"倾冒险主义的错误及其给红七军带来的严重危害，肯定了过去的工作成绩，总结经验和教训，确定了新的战斗任务，选举产生了新的前委。中央任命李硕勋为前委书记，因李硕勋在香港被改派去海南岛工作，5月14日中央又任命葛耀山为书记，张云逸、李明瑞、葛耀山为前委委员。并决定将红二十军编入红七军，指定李明瑞为红七军军长，葛耀山为政委，张云逸为参谋长。

红七军党代会后，全军上下斗志旺盛，与兄弟部队一起，连克茶陵、安仁、攸县、酃县、遂川等县城，扩大了湘赣革命根据地范围，配合中央红军胜利粉碎国民党军队的第二次"围剿"。

6月下旬，红七军进至江西省赣县沙池镇休整。7月初，刚从中央苏区回来的湘赣临时省委书记王首道，到红七军驻地传达红一方面军总前委的指示，并代表苏区中央局前来迎接红七军。7月11日，红七军东渡赣江进入中央苏区。7月13日到达兴国县，受到当地党政军民的热烈欢迎。7月22日，在于都县桥头镇与红一方面军第三军团胜利会师。从此，红七军编入红三军团战斗序列，成为中央红军的组成部分。

红七军从1930年11月上旬奉命北上，在党的领导下，以大无畏的英雄气概和惊人毅力，转战桂、黔、湘、粤、赣五省，历时近9个月，行程7000里，经历大小战斗百余次，打破了敌人的围追堵截，战胜了种种艰难险阻，终于实现了与红一方面军胜利会合的目的。中央红军总前委书记毛泽东和总司令朱德曾在一次军事会议上亲切接见红七军领导人李明瑞、张云逸等同志，并高度赞扬这支来自壮乡的革命武装。

红七军与中央红军会师后，立即投入第三次反"围剿"斗争，参加了许多重要战斗，为反"围剿"的胜利作出很大贡献。9月下旬，中央红军在瑞金召开庆祝第三次反"围剿"胜利大会，红三军团军团长彭德怀在会上称赞红七军是"猛如虎，精如猴"的英雄部队。11月，中华苏维埃第一次全国代表大会在瑞金召开，远在广西未能到会的韦拔群当选为中华苏维埃共和国临时中央政府执行委员会委员。会上，中华苏维埃共和国临时中央政府主席毛泽东授予红七军一面锦旗，旗上绣着“转战千里”四个大字，这给红七军指战员以很大鼓舞。

不幸的是，由于当时王明“左”倾路线在党内占统治地位，中央苏区的肃反扩大化，红七军军长李明瑞被怀疑为红七军中改组派头目而于1931年10月被错杀。红七军政治部主任许进、师政治部主任佘惠、军直党委书记魏柏冈等优秀干部也被错杀。许卓、雷经天等大批干部遭受错误迫害。1945年，党中央在延安为李明瑞等平反昭雪，并追认李明瑞等为革命烈士。

1932年底至1933年春，红七军又参加了中央苏区第四次反“围剿”斗争，在黄陂、草台岗两次战斗中重创敌军，为胜利粉碎第四次“围剿”作出贡献。

1933年6月7日，根据中央革命军事委员会关于改编红一方面军的通告，红七军和江西军区红二十一军一部合编为红三军团第五师，成为中央红军的一支劲旅。

## 第五节　右江革命根据地的反“围剿”斗争

### 一、红二十一师的组建和第一次反“围剿”斗争

红七军主力离开右江革命根据地后不久，滇军在南宁败退回滇，桂系军队在追击沿右江溃退的滇军时，乘机侵占了右江沿岸的果德、思林、恩隆、恩阳、奉议、百色等县县城，并准备将其反革命锋芒指向右江革命根据地中心区域东兰、凤山两县。

韦拔群参加河池整编回到东兰后，在武篆向陈洪涛、黄松坚等传达红七军党代会和前委关于整编部队的指示精神，商量组建第二十一师和坚持根据地革命斗争问题，决定把东兰、凤山、恩隆、奉议、果德等县的赤卫军常备营编到第二十一师来，并对各团的组建工作作了分工。经过紧张筹备，韦拔群和黄松坚在东兰组建了第六十一团，黄松坚到凤山组建了第六十三团，陈洪涛到恩隆、奉议组建了第六十二团，黄书祥到果

德组建了独立团。与此同时，各县新建赤卫军常备营，区、乡建立赤卫队。1930年12月底，师部在恩隆县七里区乙圩（今属巴马县）举行第二十一师成立大会。到会各族军民5000多人，师长韦拔群和师政委陈洪涛在会上号召大家要在党的领导下，团结战斗，保卫革命根据地。

新组建的第二十一师约3000人。韦拔群抓住敌人未进犯的时机，指挥部队消灭各地残余反动武装，巩固内部；举办军政训练班、地雷训练班等，培训政治、军事技术干部，准备与反革命势力作斗争。各县党政机关和赤卫军转移到山区，中共右江特委和右江苏维埃政府迁到恩隆县七里山区的那拔村（现属巴马县那桃乡）。

1930年10月，国民党军阀之间的中原大战结束，桂系军队退回广西。此时，桂系军阀趁红七军主力远征后右江革命根据地力量空虚之机，于1931年2月至5月，对右江革命根据地进行了第一次“围剿”。2月，第七军第十九师师长廖磊率1万人兵力，从东、西、北分三路大举进犯东兰、凤山；第四军第十二师第三十四、三十六两团从田州经七里山区，向东兰进攻；百色民团指挥官岑建英指挥在凌云被桂军收买来的黔军王海平两个团和当地民团从凌云向凤山进攻；庆远区“剿匪”司令石化龙率领其所属各县民团2000多人从河池向东兰集结，以封锁红水河东岸，切断红军退路。敌人摆下大包围圈的阵势，采取步步为营、分进合击的战术，命令东兰、凤山、凌云等县民团配合，妄图在东兰、凤山消灭红军，摧毁右江革命根据地。

中共右江特委和第二十一师的领导成员冷静分析敌我形势，决定动员军民采取积极防御的方针，避开敌人锋芒，运用“敌少我打，敌多我盘旋打圈子”的灵活机动战术，集中优势兵力，发挥土地雷的作用，抗击进犯敌人。由副师长黄松坚率领第六十一团第三营和第六十二团，在恩隆七里区的乙圩至龙川一带，阻击从田州、百色方向进犯的敌人；由第六十三团团长廖源芳率领该团第一、二营和师部特务营一个连，在凤山、凌云一带阻击黔军；由师部参谋黄大权（后任师参谋长）率第六十一团第二营和第六十三团第三营，在东兰县长江区一带和红水河东面阻击、牵制从河池、凤山方向进犯的敌人；由第六十一团第一营在东兰县城附近监视、牵制进犯的敌人；师部、右江特委和右江苏维埃政府机关转移到峰峦重叠、地势险要的东兰与凤山交界的西山，以此为基地，指挥反“围剿”斗争。

接着，韦拔群在东兰武篆召开各区苏维埃政府负责人会议，要求各级苏维埃政府动员群众坚壁清野，配合红军打击敌人，坚持革命斗争，并制定了惩处动摇、变节分子的12条法令。

3月中旬，敌人攻占东兰县城。廖磊在东兰县城召开军事会议，制订“分途搜剿”的计划。廖磊设指挥所于武篆，指挥3个正规团，以东兰、凤山根据地中心的西山、中山和东山为重点大举进犯。所到之处，大肆烧杀掳掠，踏毁庄稼，投毒入水。生机勃勃的根据地，在敌人的蹂躏之下，到处断垣残壁，满目疮痍。

面对敌人重点“搜剿”“三山”的形势，韦拔群和陈洪涛在西山弄峒召开紧急会议，决定进一步动员军民，坚壁清野，在内线坚守、扰敌，在外线游击、歼敌。在党组织的领导下，各地军民一面抓紧进行春耕生产，一面做好坚壁清野和转移群众工作，使敌人每到一处，要粮无粮，要柴无柴，要菜无菜，而迎接敌人的是令其胆战心惊的土地雷和一张张《骂国民党反动派四字经》《告国民党军阀士兵转变为工农红军四字经》的传单。敌人在西山不仅到处扑空，而且时常受到红军小分队的袭击，陷入了进退两难的境地。

4月初，敌民团1000多人进犯东兰县都邑区板升乡，韦拔群决定消灭这股兵力较弱的敌人，派韦汉超率领第六十三团第三营和地方赤卫队，先用少量兵力把敌人诱到该乡苏维埃政府所在的弄肖屯，然后集中兵力包围敌人，经过18个昼夜的围攻，消灭敌人200多人。与此同时，驻守凤山的第六十三团在隆山寨猛烈打击黔军王海平部后，展开政治攻势，离间黔军与桂军，使黔军两个团哗变。当黔军与桂军互相厮打时，红军乘机袭击黔军，攻占凤山县城。黔军只剩下二三百人，狼狈逃回贵州，北面敌人的包围被解除。

战斗在右江沿岸的红六十二团和独立团，与各族群众一起，英勇袭击进犯之敌。1931年2月，敌人疯狂进犯东兰、凤山时，滕国栋率领第六十二团，在七里山区配合第六十一团牵制和阻击两个团的敌军。4月，第六十二团击退了恩隆县民团几百人的进攻。7月，黄书祥指挥独立团和向都县赤卫军 1000 多人，攻占了向都县城，赶走了反动县长，打开监狱，救出了被关押的革命青年和群众。当时南宁的报纸，惊叹右江沿岸的田州、平马、思林、果德、向都城镇“均已陷入于严重的状态中”。右江沿岸红军和赤卫军的这些活动，有力地配合了东兰、凤山的反“围剿”斗争。

5 月，粤桂军阀联合反蒋的战争继起，桂系军阀命令廖磊率部撤出东兰、凤山，开到田州、平马，以便出兵湖南参加反蒋战争。至此，敌人对东兰、凤山的第一次“围剿”结束。本来，廖磊扬言 3 个月内摧毁东兰、凤山革命根据地，但其结果，正如国民党编的《东兰痛史》所哀叹的：“军团分山搜剿，计已期月，所捕获者，不过是顽瑶羸汉，毫无伤红匪”。

廖磊率部撤离前，在东兰县组织了“东凤剿匪司令部”，委东兰县长黄汉杰兼司令，并留下第七军第六十一团和新派来的韩彩凤师一个团在东兰、凤山驻防，把对根据地的“围剿”改为“围困”。

8 月，中共广东省委派陈道生到右江地区，传达中央关于纠正李立三冒险主义错误、整编红军和地方政权的指示。中共右江特委在东兰县兰泗区泗孟乡丘板屯召开扩大会议，决定按照中央的指示精神，把红七军第二十一师的番号改为中国红军独立第三师（又称右江独立师），师领导成员和下属四个团的编制不改变；右江苏维埃政府改为右江革命委员会，由中共右江特委委员黄举平担任主席，各县苏维埃政府也改为县革命委员会。会议决定抓紧时间整顿部队，跳出敌人包围圈，向外游击，粉碎敌人的围困阴谋。

会后，韦拔群、陈洪涛、黄松坚和陈道生率师部直属队和第六十一团（团长、政治指导员分别由韦拔群和黄松坚兼），从西山经中山到东山的苏托、苏邦、麻品峒一带进行整训。第六十二团（后独立团并入该团）团长滕国栋、指导员黄书祥和第六十三团团长韦国英、指导员蓝志仁也率所部回原地整训。通过整训，传达贯彻了中央指示精神，总结第一次反“围剿”斗争的经验教训，提高广大指战员的思想政治觉悟，增强了反“围剿”斗争的决心和信心。

9 月底，韦拔群率领第六十一团经东山弄沙峒东渡红水河，向都安、河池边区游击，先攻下板合，后进入都安与河池交界的弄福、弄跃一带瑶胞居住地区，在那里进行短时间休整和宣传发动群众后，又攻打都安县九顿圩（现大兴）团局，缴获一批枪支、弹药和其他物资。韩彩凤和石化龙闻讯派兵赶来围攻。韦拔群率部紧急撤退，并趁东兰县城空虚，率部队和赤卫军突袭东兰县城，骚扰守敌后，再移兵捣毁了荫圩、凤凰团局，回师西山。这些军事行动，虽未能从根本上解除敌人的围困和封锁，但打乱了敌人的部署，补充了红军的部分给养，扩大了红军的政治影响。

## 二、第二次反“围剿”斗争

1931 年 11 月至 1932 年 6 月，桂系军阀对东兰、凤山革命根据地发动第二次“围剿”。

他们除了抓紧组织各地民团，巩固其统治基础外，又“不惜繁费浩饷”，调集张发奎第四军的三个团、第七军的一个团加特务营和各县民团共 7000 多人，向东兰、凤山根据地进攻，重点仍是西山、中山和东山。敌人的军事部署是：第七军的罗活团在河池、南丹、凤山、东兰等县民团配合下，进攻东兰县红水河以东地区；第四军的余剑鸣团进攻凤山县；沈玖成团与余剑鸣团相配合，重点对西山进行“搜剿”；韩彩凤师的一个团封锁西山、中山、东山与外面的联系；罗活团还派 1 个营配合河池、南丹、凤山等县民团进攻那地、巴暮地区。红军仍采取避实就虚的游击战术，利用西山的有利地形，时而据险伏击，时而主动出击，灵活机动地袭击敌人，敌人在西山仍找不到红军的主力，屡搜空回。

12 月底，进犯的敌军虽然有两个团调离东兰、凤山，但根据地仍遭敌围困。加上东凤地区遭敌长期摧残，红军的武器装备和粮食供应越来越困难，减员越来越严重，斗争越来越艰苦。为了适应新的斗争形势，保存革命力量，1932 年 1 月，中共右江特委和红军独立第三师党委在西山弄索召开常委会，决定缩编队伍，化整为零，取消团、营、连编制，把枪支大部集中埋藏起来，把骨干分子组成 10 个杀奸团，每团 30 人左右。这些精悍的杀奸团，灵活机动地捉奸杀敌，在保卫根据地的斗争中起了一定的作用。

当时，中共右江特委书记、红七军第二十一师政委陈洪涛，在东兰县西山创办了不定期的油印《红旗报》。该报刊登《中国共产党十大政纲》等文件,介绍中央苏区红军的发展和粉碎国民党军队“围剿”的胜利消息,号召广大军民团结一致,粉碎桂系军阀对右江革命根据地的疯狂“围剿”。

1932 年 4 月,中共右江特委和红军独立第三师党委召开紧急会议。会议根据当时的斗争形势,为保存党的干部并向外发展,决定抽调黄松坚、黄举平、黄大权等 30 多位干部,分别到黔桂边和右江下游地区开展斗争。会后,右江革命委员会主席黄举平率 15 名干部到达黔桂边(右江革命委员会主席由覃道平接任),与在那里坚持斗争的韦国英等会合。同年 7 月建立了中共黔桂边委员会(黄举平任书记)和黔桂边革命委员会(黄举平任主席),直接领导南丹、凌云和贵州省罗甸一带的革命斗争。黄松坚和黄大权率领 20 多位干部到达右江下游后,会合在那里坚持斗争的原第六十二团领导人滕国栋和黄书祥等,先后建立了中共右江下游临时委员会(黄松坚任书记)和右江下游革命军事委员会(滕国栋任主席),领导右江下游军民开展艰苦的游击战争。师政治部主任陆浩仁带领一批干部到都安一带活动,打通都安与右江下游的交通线。右江下游的黄书祥与中共向都县委书记陈鼓涛等,率领红军和农民赤卫军在平治、果德、那马和向都一带与敌周旋,伺机打击敌人,消灭敌人的有生力量。这些外线游击斗争,在一定程度上减轻了敌人对西山的压力。

1932 年 6 月 1 日,中共右江特委发出《为时局告群众书》,指出“右江革命虽暂时受挫折了,但是全国革命与世界革命还是向前发展”,号召各族人民在党的领导下,“坚决奋斗到底!”

## 三、第三次反“围剿”斗争

1932 年 8 月,蒋桂军阀矛盾暂趋缓和,桂系军阀决心彻底消除其心腹之患,又派出近 1 万兵力,对东兰、凤山革命根据地发动更加残酷的反革命“围剿”。白崇禧在南宁召开了专门军政会议,制订“军事经济政治同时并进”的“进剿”方针。根据这一方针,敌人采取“缩网收鱼”的狠毒策略,步步为营,节节搜索前进。为了断绝群众对红军的接济和联系,敌人继续实行杀光、烧光、抢光、铲光的“血洗政策”,并强迫西山周围群众到指定的峒场里集中管制,不许群众带一粒粮食、一根火柴上山,妄想把红军烧死、冻死、困死。但是，与红军血肉相连的各族群众，经常冒着生命危险，千方百计给山洞里的红军送粮、送盐、送情报。

廖磊在派七路重兵“搜剿”西山的同时，还派罗活指挥一个团和凌云、东兰、凤山、河池等县民团共 5000 多人，气势汹汹地进犯南丹县巴暮地区（现属天峨县）。当时，坚守巴暮的红军和赤卫队只有 400 多人，他们分成 5 路，抗击 10 倍于我、装备精良的敌人。由于敌众我寡，红军各防地的联系先后被切断。退守在甘孟山上的 80 多名红军战士，经过 3 昼夜的激烈战斗，只剩十几个人。他们宁死不屈，子弹和石头打光了，便与敌人肉搏，最后，抱着敌人一起跳下悬崖。

巴暮根据地丧失后不久，白崇禧从百色赶到东兰，与廖磊等密商围捕韦拔群、陈洪涛的毒辣计策和组织“东凤善后委员会”等事宜。韦拔群和陈洪涛深感形势的严重和危急，准备分头向贵州方向转移，不幸，韦拔群于 1932 年 10 月 19 日被叛徒杀害。同月，覃道平也在武篆牺牲。12 月 9 日，陈洪涛不幸被捕，被押往百色，在遭受百般酷刑后，壮烈牺牲。至此，右江革命根据地丧失。但是，革命火种并没有因此熄灭。中共右江下游委员会书记黄松坚和中共黔桂边委书记黄举平等，继续担负起领导右江地区革命斗争的任务。

左右江革命根据地军民为中国人民的解放事业所建立的功勋是永存的。根据地的斗争历史在中国革命史上有着重要的地位。

一是根据地的创造者们高举“工农武装割据”旗帜，吸取南昌起义、湘赣边界秋收起义和广州起义的经验教训，选择群众基础较深厚的左右江地区，坚持正规武装与农民运动相结合的方针，建立起一个面积较大、人口较多、工农武装力量较强的全国瞩目的革命根据地，丰富和发展了“工农武装割据”思想。

二是根据地的创造者们，在组织武装起义和创建根据地的过程中，正确地对待中间阶级的力量，对主桂的国民党左派采取团结争取的方针，成功地改造了旧军队，使其成为党领导的革命武装，这在当时党内不能正确对待中间阶级力量的情况下，是难能可贵的。

三是根据地的创造者们，把革命种子撒播在过去被称为“蛮烟瘴雨”的西南边陲，照亮了边疆各族人民的革命道路。他们实行正确的民族政策，谱写了民族团结战斗的历史篇章，并为中国共产党制定和实施正确的民族政策提供了有益的经验。

四是左右江革命根据地鲜明地举起反帝斗争旗帜，对帝国主义进行了有理、有利、有节的斗争，打击了帝国主义的嚣张气焰，这是土地革命战争时期党领导的革命根据地中最早同帝国主义侵略势力的直接较量，在党领导的争取民族独立的斗争史上有着重要的意义。

五是在左右江革命根据地斗争中，锻炼和造就了一大批革命骨干，培育了一大批少数民族干部。他们当中的不少人在抗日战争、解放战争时期担任了重要领导职务，为中国人民的解放事业作出了重大贡献。新中国成立后，他们又成为治党、治国、治军的骨干。

# 第七章

# 党在白区和游击区的艰苦斗争

## 第一节　郁江地区党组织的艰苦斗争

### 一、广西特委的重建

20世纪30年代初，桂系军阀不仅连续对右江革命根据地进行军事“围剿”，隔绝根据地与外界联系，而且在其统治区内实行白色恐怖，到处搜捕共产党人，致使广西的共产党组织被分割为难以互相联系的两个部分：一部分在右江苏区，一部分在郁江和南宁等地区。广西党组织进入最艰苦的斗争时期。

中共广西省第一次代表大会后不久，广西特委书记何誓达调回广东省委工作，常委陈洪涛和委员严敏、雷经天被派到右江地区参加百色起义筹备工作，只剩下常委聂根（负责职工运动）和委员张第杰（负责农运）二人。后聂根又在南宁郊区牺牲，特委领导班子已不健全，难以负起领导全省党组织的责任。

1930年9月，中共中央南方局特派员吴茂祥到贵县，向该县委传达6月11日中央政治局关于《新的革命高潮与一省或几省的首先胜利》的决议，同时宣布将贵县的党、团组织、赤色工会等机构合并，建立“县行动委员会”，指定陈岸（原名杨善安）为“行委”书记，并要求立即准备暴动，建立苏维埃政府和工农红军。10月中旬，南方局又先后派詹恒祥、陈春霖（陈福）为特派员来到贵县。陈春霖从广东带来麦锦汉、黄德普两个广西籍干部。他们向广西党组织传达党的六届三中全会关于停止执行6月11日中央政治局决议的决定，按照南方局的指示，重建广西特委。

10月底，詹恒祥在贵县县城召开会议，宣布成立新的广西特委，吴茂祥任书记，黄德普、张第杰、麦锦汉为委员，黄德普兼任组织部长和军事部长，张第杰任宣传部长。特委机关设在贵县县城（后搬往贵县第八村）。特委隶属南方局领导。同时，宣布撤消贵县行动委员会，恢复贵县县委、共青团和赤色工会组织，陈岸任中共贵县县委书记。11月，吴茂祥对六届三中全会关于停止执行李立三“左”倾冒险主义错误的决定想不通，要求回南方局申辩。吴离开后，特委书记由詹恒祥代理。

这次会议虽然传达了六届三中全会关于停止执行全国总暴动和取消各级行动委员会的决定，但没有从思想上分清是非，认清李立三“左”倾错误的危害，加上特委书记吴茂祥不同意中央决定，六届三中全会精神在广西并没有得到认真贯彻执行，广西特委在一些重要问题上仍受“左”的影响。

11月7日，中共贵县县委根据特委指示，组织党团员和群众300多人在桥圩镇举行纪念俄国十月革命示威游行（亦称飞行集会）。当天恰是桥圩的圩日。参加游行的革命群众汇集在圩场的戏台前，高呼“拥护共产党”“打倒国民党”等口号，并散发传单，进行游行示威。这一行动很快引起敌人的注意，桥圩团务局立即派团丁前往镇压，当天捕去五人，其中有县委委员杨德云和两名党团员骨干，后被敌人杀害。

11月19日，玉林五属地区党组织在玉林新定村召开玉林五属临时行动委员会会议，研究暴动计划和策划兵变等问题，拟定11月25日召开各县地下党负责人会议，正式成立玉林五属行动委员会，指定徐必华（李元）为书记。会议决定举行秋收暴动，攻打玉林县城。会后，把玉林县委机关由新定村搬到竹尾村。11月22日，竹尾村的玉林县委机关突然被军警包围，回机关取文件的徐必华等四人被捕。25日，玉林县委书记王懿仁、北流县委书记黄嘉谷等因不知机关已出事，仍前往县委机关开会，被隐蔽在村里的敌人逮捕，后王懿仁、黄嘉谷被杀害。

徐必华被捕后叛变投敌，供出玉林秋收暴动计划和玉林五属各县地下交通机关、地下党领导人和革命同志名单。结果，暴动未成，党团骨干20多人被捕杀害，玉林、北流、贵县的党组织几乎全部解体，各地劳农会也受到严重摧残。中共广西特委委派陈岸为特委巡视员从横县到玉林，担任中共玉林中心县委书记，负责整顿恢复发展玉林五属党组织。

1931年3月2日，在中共中央南方局和中共广西特委帮助下，贵县、横县、玉林、宾阳等县共青团组织负责人在贵县举行联席会议。会议根据广西特委的指示精神，讨论了广西青年工作等问题，选举产生了共青团广西临时特委，委员五人，梁超为书记。当时广西团组织的基础较薄弱，加上白色恐怖严重，团的革命活动很少开展。同月，中共两广省委成立，广西特委由两广省委领导。4月5日，中共广西特委在贵县第八村召开特委扩大会议，由刚从香港回来的特委代理书记詹恒祥传达党的六届四中全会精神，要求各地继续批判李立三"左"倾错误和反对右倾机会主义，推行以王明为代表的"左"倾冒险主义路线。会议补选了陈岸和谢锐为广西特委委员。

## 二、中共郁江特委的建立及解体

1931年6月18日，广西特委由中共两广省委巡视员、特委代理书记詹恒祥主持，在贵县第八村召开特委扩大会议。会议根据当时广西特委实际上只能领导郁江地区党组织的情况，决定将广西特委改为中共郁江特委（这次会议也称中共郁江特委第一次全体扩大会议）。会议推选杨建南（杨钜祥，玉林县委书记）、黄德普、张第杰为特委常委，麦锦汉、陈岸、谢锐、陈嘉良为委员。詹恒祥指定杨建南为特委书记。杨没有到职，特委领导工作实际上由詹恒祥负责。特委机关设在贵县第八村。

中共郁江特委成立后，加强对下辖的贵县、北流、玉林、横县四个县委和宾阳特支、邕宁县吴圩中心区委等党组织的领导，领导成员分工到各县巡视。

是年7月，叛徒徐必华带军警到贵县逮捕从事兵运工作的原广西特委军委干事、玉林县委代理书记张上达（后叛变）。此事没有引起郁江特委的警惕。8月12日，徐必华又带军警到贵县县城逮捕了郁江特委委员黄德普。黄德普被捕后即叛变，供出了特委机关所在地、特委成员及贵县、玉林、北流、陆川、横县党团组织的骨干共50多人。8月13日晚，留守在第八村的特委和贵县县委机关人员发现黄德普赴县城未回等异常情况，于当晚将机关人员撤离第八村。翌晨，敌人包围第八村。驻在该村的农民赤卫队经过两天英勇抵抗，十多人牺牲，最后突围出来。在毫无准备的情况下，詹恒祥还要组织贵县赤卫队去攻打贵县县城，营救被捕人员，后未执行。

特委机关撤离贵县第八村后，先后在贵县的苏村和三里罗村落脚，9月中旬迁到南宁。

为总结经验教训，打开革命新局面，9月26日，中共两广省委代表邓拔奇在邕宁县吴圩七坡村召开中共郁江特委第二次全体委员会议。出席会议的有两广省委巡视员詹恒祥，特委委员张第杰、麦锦汉、陈岸、谢锐、陈嘉良和共青团广西特委书记梁超，两广省委秘书黄观栏（即莫佩兰，女）等九人。会议听取了邓拔奇作的关于目前的政治形势与党的任务的报告，传达了两广省委关于发动游击战争、建立苏维埃政权的决定，介绍了广东开展游击战争的经验。会议总结、检查了过去的工作，讨论了《土地法（草案）》等中华苏维埃共和国的各种法令，修改了劳农会章程；结合学习党的“十大政纲”，批判了“左”倾盲动主义错误和“右倾失败主义情绪”。会议通过了由邓拔奇起草的《中共郁江特委第二次全体委员会议工作决议案》。决议案针对桂系军阀向外扩大地盘，对内实行搜捕、“清乡”，残酷镇压广西革命运动的情况，确定广西党组织目前的总任务是：“组织冲破敌人清乡团围剿的运动”，“集中力量去布置以南宁、玉林、贵县为中心的三个区域工作”，“以期在邕南方面建立一个部份强大的革命力量，造成一个巩固革命根据地，与南宁城市工作运动，与右江的工作相配合，准备夺取南宁的政权。在玉林方面则努力去做玉林城市工作，……以夺取玉林政权为目标的工作”。决议案还对城市工作、农村工作、士兵团丁运动、组织工农武装建立工农游击队、宣传教育工作、整顿与发展党的组织、加紧反错误倾向的斗争、秘密工作养成、妇女青年工作等提出具体任务要求。要求在三个月内，南宁、贵县、玉林三区发展劳农会员6000人，发展工农游击队员450人以上，发展党员500个以上。会议对特委领导成员作了调整，由两广省委巡视员詹恒祥兼任郁江特委书记，麦锦汉、陈嘉良为常委，谢锐、陈岸、张第杰、杨建南为委员。梁超任共青团广西特委书记。特委成员作如下分工：詹恒祥和张第杰管南宁，陈岸管玉林五属，麦锦汉管横县，谢锐管贵县，陈嘉良管邕宁，特委机关设在南宁。

这次特委会开了一个星期，是中共广西地方组织成立以来的一次重要会议，也是广西地方党组织在艰苦发展时期的一次重要会议。会上学习的党的纲领和有关政策，是中央苏区几年来革命斗争的经验总结，其中体现着毛泽东的正确思想，对其后的广西革命斗争起了积极的推动作用。但是，这次会议仍明显地受"左"倾错误的影响，如提出要准备夺取南宁、玉林的政权，就是一种冒险盲动的主张；提出的发展党员、游击队员、劳农会员等指标，也要求过高，操之过急，难以实现。

会议期间，传来九一八事变消息。特委对此事件进行讨论，认为此事变是"帝国主义进攻中国革命与苏联的勾当"，也是"国民党各派军阀勾结帝国主义以及帝国主义中间冲突的结果"。会议以中共郁江特委名义，发表了《对日本侵占满洲事件的宣言》，表示要站在苏维埃的旗帜之下，团结起来，武装起来，反对帝国主义对中国的侵略和掠夺。

特委会议后，特委在七坡村开办为期五天的短期训练班，与会同志全部参加学习。学习内容有党的十大政纲、中华苏维埃共和国宪法、土地法令、经济政策、劳动法等文件（均草案）和开展游击战争的方法。大家运用批评与自我批评的方法总结检查过去的工作，提高了政治理论水平和政策水平。学习班结束后，除书记詹恒祥和秘书留在机关外，其余委员分赴各县巡视，整顿发展各地党的组织，准备开展武装斗争。陈岸赴玉林五属，麦锦汉赴横县，谢锐赴贵县，陈嘉良在邕宁，张第杰到右江地区。

当时，粤桂军阀已取得暂时妥协，陈济棠与李宗仁握手言和，开始形成两广联合反蒋的局面。桂系军阀加强了对广西的统治，加紧"清乡围剿"，大肆捕杀共产党员和革命群众。麦锦汉到横县不久，由于叛徒黄德普到横县指认，麦锦汉和谢承元（横县县委书记）等 6 人于 11 月被捕，12 月被杀害。至此，该县党组织解体。

陈嘉良与邓拔奇一起着手在七坡村建立广西工农游击第五大队。

该村群众基础较好，革命活动发展很快，引起了敌人的注意。1932 年 3 月中旬，国民党出动 1000 多名警兵"围剿"七坡村，驻村的工农游击大队奋勇抵抗，顽强战斗，领导人甘寿朋、甘启椿等牺牲。7 月，陈嘉良在南宁郊区被杀害。

1931 年 12 月，詹恒祥赴香港汇报工作。他到港后于 1932 年 3 月被捕叛变，被押回广州。广西党组织与上级组织的联系从此中断。张第杰到右江地区后下落不明，杨建南 1932 年 4 月被捕、关押，谢锐在白色恐怖下动摇脱离组织，梁超到香港参加训练班后要求留广州工作，不久在广州被捕叛变。至此，郁江特委七名领导成员中只剩下委员陈岸一人继续坚持斗争。各县党组织也遭受严重破坏。

## 第二节　广西各地党组织的恢复和发展

### 一、玉邕等地党组织的恢复

中共郁江特委遭受严重破坏而解体后，特委委员陈岸首先在陆川县与从上海回到该县中小学任教的党员陈能膺、罗英寿等一起，组织青年知识分子深入农村，按照农会章程，发动农民群众加入劳农会。他们根据革命处在低潮的形势，引导农民开展小型经济斗争，取得预期胜利，就适可而止，以树立劳农会的威信，扩大党的影响并在斗争中培养积极分子，发展先进分子入党。他们曾发动农民开展吃蒸尝（即宗族中从祭祖田的收入里拿钱出来聚餐）、开塘放水灌田、抢收稻谷等斗争，使农民得到利益。1932 年春夏间，他们在陆川两次召开农民代表会议，宣传发动群众，一点一滴积蓄力量。到 1932 年底，陆川县共建立 15 个党支部和 2 个区委，并成立了县委。在县委和各地党支部领导下，至 1933 年，建立了县、区、乡、村劳农会组织。县劳农会主席由县委书记陈岸兼任。1935 年，全县近 300 个村建立了劳农会，会员达 4000 多人。县委还以大桥、乌石、良田、清湖、盘龙为基地组织游击队，先后在清湖、乌石、盘龙等地掀起较大声势的反对苛捐杂税和反征兵的斗争。地主豪绅惊叹

"陆川成为广西第二个东兰"。

陆川县农运开展起来后,陈岸又到北流去活动,向北流县的几位党员介绍了陆川的做法,组织他们在新圩、民乐等地区开展农民运动。民乐区开展活动的有 20 个村,劳农会员 180 多人;新圩区十多个村,劳农会员 160 多人。在斗争中还发展一批先进分子入党。1935 年,在北流新圩小学、沙塘小学和良村建立了党支部。

在兴业县,1931 年底党组织遭受破坏,活动停止。1935 年春,陈岸通过唐任(唐敬中)的介绍,到兴业县木根圩和城隍找到当医生和教员的两位党员,鼓励他们开展党的工作,建立劳农会组织。同年夏,这两处的农民运动很快发展起来,并吸收了一批先进分子入党,建立了中共木根圩(葵阳)支部。同年 4 月,杨第鷴派一名党员到兴业县城隍的莫村、铜锣村开展农运和发展党员工作,建立了城隍附城农村支部。

在贵县,1934 年 2 月,陈岸到贵县西山找到黄彰后,向他介绍陆川县开展农运和发展党组织情况,并留黄彰在贵县负责恢复、发展党组织工作。黄彰以群众基础较好的三里罗村为基地开展革命活动,恢复、整顿该村党支部。翌年春,陈岸又将木格、谭冯两地的组织关系告诉黄彰,黄彰即到木格、谭冯建立了党支部。

1932 年春,南宁市区和邕宁县因被敌人多次破坏,已没有党组织活动。这时,中共玉林县委书记杨第鷴因在玉林隐蔽不住,转移到南宁活动。他通过关系,改名为杨守真到国民党广西省政府统计局任科长。原兴业县党组织负责人唐任也转到南宁志成中学任教。他们虽与上级党组织失去联系,但仍一面寻找党组织,一面秘密开展活动。1934 年秋,他们在广西国民基础教育研究院恢复了该院与组织失去联系的两位党员的党籍,并吸收几名进步教师入党,建立了党支部。这是在南宁重新建立的第一个党支部。后陆续在一些中小学建立党组织。1935 年春,陈岸到南宁与杨第鷴、唐任取得联系,听取他们的汇报,同意他们于是年夏建立中共邕宁县委,书记杨第鷴。下辖广西国民基础教育研究院、新兴小学、南宁初中、南宁高中、邕宁吴圩等 5 个党支部。

在宾阳县,该县特支书记黄彰(黄文波)在芦圩中药店当店员,秘密进行党的活动,于 1933 年春成立中共甘棠支部。不久,黄彰被店主解雇后回贵县。1934 年 2 月，陈岸到宾阳，对原来的十多名党员进行审查，重新登记，并进行思想教育工作。他还深入到马缆、武陵、廖平等地宣传发动群众，把成立“劳农会”改为成立“反征兵同盟”，以此发动、组织群众，很快在罗幔乡（今属大桥镇）、廖平乡、马缆乡成立了反征兵同盟，党组织的活动也逐步恢复、发展，建立了芦圩、三军、廖平等党支部。6 月，成立中共宾阳南区（武陵区）委员会。该区委下辖马缆、军靖、廖平、芦圩支部。各党支部都积极领导群众开展抗征兵、抗粮、抗税等斗争。1935 年春，在毗邻的迁江县，建立了陶邓支部。

在横县，1931 年底县委被破坏而解体后，党组织停止了活动。1935 年 1 月，在外地隐蔽的该县籍的两名中共党员先后回本县，在县城学校教员、工人和中学学生中发展党员，建立党支部。

这期间，陈岸先后五次派人到上海和云南、贵州、香港等地寻找上级党组织，但都未能找到。

## 二、党在广西师专等院校的活动

广西师范专科学校于 1932 年 7 月在桂林创办，这是广西当局为培养乡村师资，以适应其所谓“行新政，用新人”的需要，巩固其统治地位，从而与蒋介石抗衡而开办的一所专科学校。他们打着“建设广西，复兴中国”的招牌，从国内各地招聘一批有声望的学者来校工作。被聘为校长的杨东莼，1923 年曾加入共产党，“马日事变”后与党组织失去联系，当时是国内知名的进步学者。教务主任朱克靖（朱笃一）是大革命时期著名的共产党员，曾任国民革命军第三军副党代表兼政治部主任，南昌起义后与党失去联系。陈望道、邓初民、马哲民、杨潮、施复亮、夏征农、张海鳌、薛暮桥、崔真吾等教师，都是知名进步人士或共产党员。当时，学校虽未成立党组织，但这些进步教师利用教学阵地，讲授社会发展史、唯物辩证法和政治经济学等理论，传播马克思主义，批判改良主义观点，使该校成为广西传播马列主义的一个重要阵地。1933 年暑假，薛暮桥等教师带领一批学生到苍梧、邕宁、龙州、柳州等地进行农村经济调查，后整理成《广西农村经济概况调查报告》一书出版，受到国内外学者的重视。

师专革命风气日益浓厚，引起桂系当局的注意。1934 年 4 月，杨东莼突然被宣布辞职离开学校。朱克靖于同年夏被“礼送出境”。薛暮桥等教师也相继被迫辞职离校。

1935 年春，师专个别教师在校长郭任吾支持下，在校内挑起了关于“中国革命问题”的公开辩论，说什么国民党蒋介石政权建立后，中国已是资本主义社会，中国应该让资本主义和平发展，无产阶级只应搞合法运动，不应进行武装斗争。为了回击这些谬论，在中共党员教师和进步教师指导下，陶保桓、李殷丹（李芦炭）、杨江（路伟良）、宁振邦、路璠等进步学生勇敢地起来应战。他们坚持的观点是：中国社会性质仍然是半殖民地半封建社会，中国革命是反帝反封建的资产阶级性质的民主革命。他们利用朝会、墙报等形式，批驳反动的理论观点，逐渐在校内形成学习马克思主义理论的热潮。中共党员、教师马哲民应学生要求，就中国经济性质问题的研究方法论作了长篇讲演，阐明了马克思主义关于社会性质问题的基本原理。通过这场大辩论，使进步学生明辨是非，进一步提高对中国革命基本问题的认识。

在辩论中，党员教师杨潮引导进步学生团结起来，建立进步团体。1935 年 10 月，由陶保桓等进步学生发起，在校内秘密成立“反帝反法西斯同盟”。其组织纲领是：“在国际上，反对帝国主义，反对德国法西斯，拥护苏联；在国内反对日本帝国主义侵略我国东三省，反对蒋介石的不抵抗政策，主张全国各阶层人民团结起来，共同抗战。”这个纲领得到进步同学的赞同，至 1936 年 6 月，有 30 多位学生加入该同盟。当时，广西、广东两省当局发起“抗日反蒋”的“两广事变”。为造声势，广西当局下令全省中等以上学校停课下乡宣传，师专学生于 7 月分赴南宁等地宣传。在南宁，该同盟骨干陶保桓、龙德洽、郭英布、杨江等，与中共民团干校支部取得了联系，并先后加入中共组织。在党的领导下，反帝反法西斯同盟积极开展抗日救亡宣传活动。9 月，该同盟改为“抗日反法西斯同盟”，作为党的外围组织。此时“两广事变”结束，陶保桓等人返回桂林，与从梧州转来的党员庞敦志取得联系，成立中共桂林支部，由陶保桓任书记。

桂林支部成立后，一方面继续开展抗日救亡工作，大力宣传党的抗日民族统一战线政策，批驳一些人散布的“中共搞抗日民族统一战线是放弃无产阶级领导权、取消阶级斗争”等谬论；另一方面，继续发展“抗日反法西斯同盟”盟员和中共党员，先后在广西大学文法学院（1936年10月广西师专并入广西大学，改为广西大学文法学院）、西大附中、桂林女中、桂林初中等校吸收一批盟员，使盟员发展到70多人。其中路璠、李殷丹等许多盟员加入了中国共产党。10月，成立中共广西大学文法学院支部，书记曾世钦。

## 第三节　红军长征过广西

### 一、红六军团西征过广西

由于党内王明“左”倾错误的严重危害，中央苏区的第五次反“围剿”失败，党中央和红军被迫实行战略转移——长征。

1934年8月初，红六军团8000多人在军团军政委员会主席任弼时、军团长肖克、军团政委王震率领下，作为长征先遣队，离开湘赣苏区，开始突围西征。敌西路军司令、湖南军阀何键见红六军团迅猛进入湘南，即命刘建绪为前敌总指挥，率部火速开赴衡阳一带堵截；桂系也急调第七军的两个师到桂北的黄沙河一带防守，军长廖磊坐镇桂林指挥；蒋介石指令湘、桂竭力合作，以阻止红军西进。

红六军团经过在湖南境内的辗转征突，基本摆脱了四倍于己的敌人的围追堵截，于9月1日晨逼近湘桂交界的蒋家岭、永安关一带。2日晨，红六军团与桂敌在蒋家岭展开激战。当晚，在当地群众带领下，红军趁夜幕掩护抄小路闯过清水关进入广西的灌阳县甘塘坪，然后兵分两路：一路西夺文市，抢占灌江浮桥；一路夜袭永安关，切断尾追之敌。守关民团见红军从背后杀来，纷纷向蒋家岭逃窜。红军追至蒋家岭，守敌第十九师原以为红军早已被他们“击退”，谁知红军却从后面杀来，顿时乱作一团，师长周祖晃险些被红军俘获。

3日凌晨，红六军团到达文市，占领灌江浮桥。主力通过灌江后，在河东留下第五十团的一个营，由团长刘式楷率领以阻击敌人。下午，敌人向我河东阵地猛攻，刘式楷英勇牺牲。该营撤退到河西，抗击敌人，傍晚撤出战斗。

4 日晨，红六军团到达全县石塘一带，日夜兼程赶到湘江边麻子渡，在界首上游的探朋岭涉水过湘江，向越城岭方向西进。为防止兴安方向之敌尾追，红军派出第五十一团沿桂（林）全（县）公路向兴安搜索。第五十一团击溃兴安守敌后，即翻越三千界追赶主力，向西延方向疾进。5 日下午，红军前锋部队神速进入大埠头镇（今资源县城）。

白崇禧获悉红军过湘江后没有南攻兴安、桂林，而开进了深山老林的越城岭，松了一口气，但又怕红军从龙胜、三江方面回攻桂林、柳州，于是调第二十四师第七十一、第七十二团及第七军独立团，星夜开赴龙胜堵击，又令七军军长廖磊亲率第十九师和第二十四师第七十团从兴安和全县的西延尾追红军。廖部前进到三千界下的五福关时，被红军后卫第五十一团阻击，双方展开了一场激战，从早晨打到晚上，敌人无法前进，后向打鸟界方向撤退。红军第五十一团团长张鸿基在战斗中牺牲。

6 日，红六军团主力甩掉了尾追之敌进驻大埠头，在此休整 3 天，没收 20 余户地主豪绅的财产，分给贫苦农民。随即离开大埠头，向五排山区（今资源县车田）等地域进发。7 日，军团前锋部队行至蔡石界下时，两架敌机向红军低飞扫射。红军一面隐蔽，一面组织对空射击，一架敌机被击中后坠落于石溪村前的稻田中，起火焚毁。

8 日，红六军团翻过海拔 1700 多米高的蔡石界，到达车田，11 日进入湖南城步县境。此时，廖磊率领的桂军才进至大埠头，被远远地甩在后面了。

红六军团离开广西后，历尽艰险，突破敌人层层封锁，于 10 月 24 日到达黔东印江的木黄与贺龙率领的红三军胜利会师。这时，红六军团只剩下 3300 多人了。

红六军团西征途经广西灌阳、全县、兴安等县，历时 9 天，行程 500 余里，打了 5 仗，为胜利完成战略转移任务奠定了基础。他们的英勇精神，在广西人民中产生了深远的影响。

## 二、中央红军长征过广西

1934年10月,党中央和红军总部从瑞金出发,率中央红军主力及后方机关共8万多人,开始长征。全军的队形是:右翼为红一军团,红九军团跟后;左翼是红三军团,红八军团跟后;红五军团作总后卫,拱卫着1万多人的中央纵队成甬道式前进。11月上中旬,红军先后突破敌人设置在赣、粤、湘三省的一、二、三道封锁线,由湘南向桂北前进。蒋介石看出了中央红军的行动意图是与湘鄂西红军会合,急忙调兵遣将,在桂北的湘江两岸布下第四道封锁线,妄图歼灭红军于湘漓两水以东地区。为此,蒋介石匆匆任命湖南军阀何键为"追剿军"总司令,并将嫡系的薛岳、周浑元两部交其指挥。何键下令以15个师兵力分5路"追剿"西进红军。桂系的两个军5个师共约2万多人,加上3个地区的民团约1.8万多人,已先期盘踞桂北的全县、兴安、灌阳及桂东北的恭城、贺县、富川、苍梧等地,以防止红军从桂北、桂东北两个方向深入广西腹地。

中央红军于11月26日进入广西地域。西面有湘江和越城岭的阻挡,北、南、东有敌人的重兵围追堵截。蒋介石坐镇南昌行营指挥,等着红军往这"口袋"里钻。红军既不能北进,也不能南下,更不能后退,唯一的出路是杀开一条血路,向西挺进。

**新圩阻击战**

11月27日凌晨,红三军团第五师师长李天佑(原红七军干部)、政委钟赤兵率部从灌阳水车出发,赶往百余里外的新圩布防,阻击从灌阳县城向红军侧击的桂军,掩护中央纵队及后卫部队由文市、水车等地经两河、石塘向湘江前进,抢渡湘江。新圩是灌(阳)全(县)公路旁的一个小圩镇,离灌阳县城约30华里。红五师决定将部队从距县城约5华里的排埠江往新圩方向约20华里的公路两侧布防。刚准备就绪,桂军第十五军第四十三师和第七军第二十四师已从恭城龙虎关一带赶到灌阳,与其原驻守灌阳的第四十四师会合,随即向红五师阵地扑来,战斗于11月28日清晨打响。红五师不仅地形不利、敌众我寡,而且由于长征以来一路苦战,部队严重减员,弹药不足,饥困不堪。英勇的红军指战员们一分一秒地阻滞敌人,一直坚持至30日午后,完成了阻击任务,才奉命转移。是役,红五师伤亡2000多人,加上接防该阵地的红六师第十八团，共伤亡 3500 人左右。师参谋长胡震、团长黄冕昌等在这次战斗中牺牲。

**脚山铺阻击战**

脚山铺是桂（林）黄（沙河）公路西侧一个只有 10 多户人家的小山村，北距全县 32 华里。红一军团领导决定以脚山铺为中心，在南北约 5 华里的桂黄公路两侧构筑第一道阻击线。担负阻击任务的是先后赶到的红二师（师长陈光、政委刘亚楼）和红一师（师长李聚奎、代政委赖传珠）。

30 日拂晓，湘敌以第十六、第十九两师为前锋，向红军前沿阵地连续发起两次冲锋，均被红军狠狠地压了下去。战至下午，敌人又加强了炮火和兵力，向前沿阵地西侧的米花山和东侧的尖峰岭、黄帝岭等阵地发动猛烈进攻，红军与敌人展开拼死争夺。这一天，红军共打退了敌人两个师的几十次冲锋，毙伤了数百敌人，牢牢保住了湘江的几个渡河点。

12 月 1 日凌晨，中央局、军委、总政联合给红一、红三军团下达电令，指出“一日战斗，关系我野战军全部”，必须“以坚决的突击，执行进攻与消灭敌人的任务”。这一天战斗更为惨烈。敌机轰炸扫射后，黑压压的敌人从松林、灌木丛中向红军阵地冲来，形成左、右、中三面推进局面。红军指战员在“一切为了苏维埃新中国”的口号下，与敌展开了惊心动魄的肉搏战，使其无法前进一步。经两天两夜的激战，红一军团牺牲五团政委易荡平等约 2000 人。

**光华铺阻击战**

光华铺是兴安县城以北约 20 华里、界首以南约 5 华里的公路边的一个小村庄。中央纵队渡江前，红三军团第四师已过江进至光华铺、界首一带，与光华铺之桂敌相对峙，以控制兴安方向北犯界首的桂军，保证主力从界首等处渡江。29 日晚，桂军第七军独立团在得到四十五师的增援后，向红四师发起了进攻，但都在开阔地带被红军打退。团长沈述清和继任团长杜仲美相继牺牲。敌人正面进攻受挫，第二天改由东侧的湘江沿岸向界首方向逼进，企图迂回到红十团左前方，切断红十团与另两个兄弟团的联系。但敌人仍然不能得手，于是又开炮炸浮桥，并迂回到红军阵地后面。红十一、十二团因遭敌迂回而被迫撤离界首，经石门、苏家湾一带向越城岭方向且战且退。

12月1日中午，敌人占领了界首，封锁了界首渡口，立即拆除并烧毁了浮桥。午后，界首至脚山铺江段的所有渡河点全部被敌人封锁。此时，红一、红三军团和中央纵队已全部过江，红五、红八、红九三个军团的主力也在这天上午过了江，蒋介石精心策划的第四道封锁线被突破。但红三军团第六师第十八团和第五军团第三十四师将近5000余人，因掩护中央纵队和红军主力抢渡湘江而失去了过江时机，被敌截留在湘江东岸。最后第三十四师师长陈树湘、政委程翠林、政治部主任蔡中等绝大部分指战员壮烈牺牲。

湘江战役是红军长征以来进行的一次最大的战役，也是关系红军生死存亡乃至中国革命成败的一个极为重要的战役。红军以损失过半的沉重代价，打破了蒋介石企图将红军消灭在湘江的美梦，保存了中央红军和中央机关。经过这一战役，全军上下开始对第五次反"围剿"以来的王明"左"倾军事路线产生怀疑，从而为遵义会议的胜利召开作了酝酿和准备。当时担任中央军委总参谋长的刘伯承后来回忆说："红军广大干部从对比中逐渐觉悟到这是排斥了毛泽东同志为代表的正确路线，贯彻执行了错误路线所致。部队中明显地滋长了怀疑不满和积极要求改变领导的情绪。这种情绪，随着我军的失利，日益显著，湘江战役，达到了顶点。"①

中央红军突破湘江后即进入越城岭山区。12月4日下午，军委一纵队开始翻越海拔2100多米的主峰猫儿山左侧的险峰老山界，至6日止，中央红军3万多人，分别从不同的路线翻越了老山界山脉，径向龙胜的江底、马堤一带山区前进。13日，中央红军全部离开桂北，进入湖南通道县境。不久，党中央在贵州省的黎平召开政治局会议，讨论红军行军的战略方向问题。会上经过争论，决定放弃原定到湘西与红二、红六军团会合的计划，改为向国民党军队兵力比较薄弱的贵州前进，以便迅速摆脱敌人。从此，红军取得了主动权，在艰难的长征中一步步走向胜利。

---

① 刘伯承：《回顾长征》，刊《星火燎原》选编之三，战士出版社1980年版，第3—5页。

## 三、红军长征过广西的群众工作及其影响

红军在途经桂北的长征路上做了许多群众工作。红军大力宣传中国共产党和红军的政治主张和民族政策，打破国民党的反动宣传，消除各族同胞对红军的疑惧。红军首长和政工干部亲自做宣传工作，在群众会上发表演讲，上门拜见少数民族老人、头人、向导，与他们开会座谈，使广大人民群众，特别是少数民族上层人士了解党和红军的主张。

红军领导人和广大指战员身体力行，关心群众利益，留下了许多佳话。1934 年 12 月 10 日，毛泽东、周恩来、朱德所在的中央纵队住宿在龙胜县的龙坪、广南时，敌人纵火烧村寨，并嫁祸于红军。周恩来一面派部队警戒，侦查可疑之人，一面与其他同志指挥部队救火，保住了村寨和鼓楼。最后惩办了纵火犯，红军接济了受损失的群众，群众很满意。

红军尊重各族群众的风俗习惯，严格执行红军纪律和民族政策，真诚团结各族同胞。1934 年 11 月 19 日，红军还在湖南道县境内时，总政治部发布了长征以来第一个民族工作的纲领性文件《关于争取少数民族的指示》，要求部队严格执行群众纪律，绝对不许对少数民族有任何骚扰和侵害。29 日，总政治部又向全军发布了《关于瑶苗民族工作的原则指示》，要求“在一切工作中，必须不疲倦地作民族工作”，并作出了关于争取少数民族上层人物，不在少数民族地区打土豪，以及不在少数民族地区组织和扩大红军等规定，并附有《关于对苗瑶民的口号》13 条。红军严格执行纪律，不在少数民族地区打土豪；买东西用银元或铜板，不许用苏区钞票；买粮买杂粮不买大米；不与各族同胞争井水、共厕所等。红军的严明纪律和模范行动，各族同胞看在眼里，记在心里，从心底里热爱这支队伍。

红军支持少数民族的革命斗争。红军进入越城岭时，正是桂北瑶民起义失败的时候，红军在瑶区安慰鼓励瑶胞，旗帜鲜明地支持瑶族同胞的革命斗争，并将一些镇压瑶民起义的地主豪绅当众枪决，为瑶民报仇雪恨；红军还开仓分谷，救济贫困百姓；号召苗瑶胞团结起来，同国民党反动派作斗争，并把部分武器送给了他们。

经过艰苦细致的工作，特别是红军指战员的模范行动，使各族同胞认识了红军是自己的队伍，并以真挚的热忱和实际行动来支援红军。如

帮助红军架桥修路、当向导、筹粮筹款、保护收养伤病员等。有些人甚至为支持红军而牺牲了自己的生命。

红六军团西征和中央红军长征过广西前后虽然只有28天，但其影响是深远的。

——长征使广西各族人民深刻认识了共产党领导的工农红军，是为各族人民谋利益的军队。1935年2月，刻在龙胜县才喜界石壁上署名"黄孟矮"的一首诗："朱毛过瑶山，官恨吾心欢。甲戌孟冬日，瑶胞把家还"①，表达了瑶族群众对红军的感激和怀念之情。

——红军在广西播下了革命的火种。红军所宣传的革命道理，红军为穷苦人民所做的一件件好事，红军与各族群众的鱼水深情，红军的一言一行，都深深地印在各族人民心中，化成了穷人的希望，革命的力量。有些青年学生和群众把红军的伤病员料理痊愈后，便随返队的伤病员参加红军。抗日战争时期，桂北地区人民，挖出当年红军长征过境时埋藏的武器，成立抗日游击队，打击日本侵略者。解放战争时期，桂北最早出现的党领导的人民政权，就在当年红军长征经过的龙胜县的江底、泗水、马堤、瓢里、平等地区。

——红军在湘江战役中表现出的为中国人民解放事业而无私无畏、英勇奋斗的精神，激励着广西广大共产党员和各族群众不屈不挠地为中国人民的解放事业奋斗到底。

## 第四节　艰苦的桂西游击斗争

### 一、右江上下游地区的革命斗争

#### 右江下游的革命斗争

1933年1月7日，黄松坚与滕国栋、黄书祥在思林县古芬村弄纳屯召开中共右江下游临时委员会扩大会议。临委成员和果德、那马、向都、

① 中共桂林地委《红军长征过广西》编写组编著：《红军长征过广西》，广西人民出版社1986年版，第212页。"黄孟矮"是才喜界附近的黄家寨、孟山、矮岭三个村名的合称。

恩隆等县委负责人共12人出席会议。会议分析了韦拔群、陈洪涛牺牲后右江地区的革命形势和党员群众的思想动态，号召党、政、军干部加强团结，紧密依靠广大群众，克服困难，将革命进行到底。会议决定将1932年夏成立的中共右江下游临时委员会改为中共右江下游委员会，负责领导整个右江地区的革命斗争。经选举，黄松坚仍任书记，黄松坚、滕国栋、陆浩仁为常委，黄书祥、黄大权等八人为委员；将1932年夏成立的右江下游革命委员会的领导区域由下游地区扩大为整个右江地区，主席仍由滕国栋担任，其他领导成员不变。会议还决定春节后召开规模较大的右江下游党委扩大会议。

1月31日至2月1日，黄松坚在思林县弄法屯主持召开中共右江下游党委扩大会议。到会人员除全体委员外，还有恩隆、思林、果德、向都、镇结、那马、都安、武鸣等县党组织领导人和红军游击队骨干，共40多人。会议主要内容是贯彻1月7日右江下游临委扩大会议精神，号召党员干部加强团结，振奋精神，坚持革命到底。

6月，黄松坚到上海向中央局汇报工作。中央局对右江下游党委工作给予肯定，也同意下游党委拟在滇黔桂三省边区创建根据地的意见。9月，黄松坚回到右江地区后，在思林县召开右江下游党委常委会和党委扩大会议，传达了中央关于全国组织报告的决议、党中央和团中央告全国民众书、中央致各级党部及全体同志信、中华苏维埃临时中央政府和工农红军革命军事委员会为反对日本帝国主义侵入华北愿在三条件下与全国各军队共同抗日宣言等四份密写文件和有关批判李立三“左”倾冒险主义错误等指示，要求各级党组织坚决贯彻执行中央指示精神，认真揭露“立三路线”在右江地区的表现和危害；进一步加强党的建设和党员发展工作；排除困难，灵活开展游击战争；组织“抗日救国军”“抗日青年同盟会”“革命青年同盟会”等群众组织，开展抗日救亡活动。会后，党委成员分头到各地传达贯彻会议精神，黄松坚到那马等县传达，同时开展整顿、发展党组织的工作。

在此前后，右江下游党委和右江下游革命委员会做了如下工作：

整顿和恢复党的组织和革命政权组织。先后恢复和建立了中共那马特支和30多个党支部，共有党员400多人。建立了向都、果德、那马、红河下游4个县级革命委员会。同时,恢复发展一批农民协会和187个"革命青年同盟会"等革命群众组织。

领导开展游击斗争。右江下游党委对原在本地区活动的红六十二团留下的部队和赤卫军进行整顿,调整布防,并根据敌强我弱、敌众我寡的情况,组织精干的武装小分队,惩处叛徒和打击敌人。1933年5月,敌正规军一个连加上地方民团200多人进犯思林县局良村,黄松坚、黄书祥、赵世同等率领红军游击队100多人占领有利地形伏击,毙伤敌多人。5月7日,黄书祥到思林县那徐屯工作,因叛徒出卖,被敌包围,突围时不幸牺牲。为纯洁革命队伍,提高警惕,克服麻痹思想,果德县赤卫军常备营营部就此事发布通告,下游党委还指派党委委员、手枪队队长赵世同带领几个精干战士惩处了叛徒。5月中旬,黄大权等人根据右江下游党委的指示,从红军游击队中抽40多名战士组成杀奸飞行队,在云南富州(今富宁县)活动一段时间后,转回广西向都、靖西、天保一带开展杀敌肃奸活动。6月初,黄大权等4人在返回滇黔桂边工作途中,在天保县那祥屯附近被敌逮捕,8月在天保县城被杀害。

至1933年底,右江下游党委直接掌握的红军游击队有100多人枪,加上思林、果德、恩隆、向都、那马等县红军游击队武装,共有500多人枪。

争取和改造了滇桂黔边几股共600多人枪的绿林武装。其中较大的有韦高振和梁振标两股,他们活动于靖西县和云南富州七村九弄一带,主要靠打劫烟商和富豪为生,对当地群众无多大伤害。他们对国民党当局不满,不愿受滇桂军阀收编,对共产党领导的革命缺乏认识。后在革命的影响和党组织的教育争取下,终于在1933年夏编入右江上游党委领导的游击队序列。

1934年7月,因黄松坚要离开右江上游到滇桂边工作,中共右江下游党委在思林县召开扩大会议。会议决定撤销中共右江下游委员会,成立以陆浩仁为书记,滕国栋、黄永祺等为常委的中共思(林)果(德)中心县委,负责领导右江下游的革命斗争。

**右江上游和黔桂边的革命斗争**

1932年夏,黄举平率一批干部及小部分武装到右江上游和黔桂边,领导建立了中共黔桂边委员会和黔桂边革命委员会,并担任边委书记和

边区革委会主席,开辟黔桂边的工作。他们主要做了如下几件工作:

恢复、发展党的组织。1933 年夏,在恢复东兰、凤山、凌云、乐业等县党组织基础上,黄举平率干部到黔桂边的贵州省贞丰等县开展建党活动,并把边委机关移驻贞丰县蔗香村板陈屯,先后在该县建立了 6 个党支部,发展党员 38 人。

1934 年春,黄举平认为黔桂边区的工作已有一定基础,便把边委的工作交由韦国英负责,自己带一支红军队伍秘密回到东兰县,以西山为重点,整顿党的组织,恢复弄峰、弄京等五个支部,重建兰木、弄辉两个支部,为重建中共东兰县委打下了基础。1935 年 4 月,经中共思果中心县委批准,中共东兰县委在西山成立,黄举平任书记。5 月,东兰县委改建为东兰中心县委,下辖黔桂边委、西山区委、东山区委和六个直属党支部。不久,中共凌(云)凤(山)边委成立,隶属东兰中心县委,书记黄伯尧。同时成立了凌凤边革命委员会,主席由黄伯尧兼任。至此,右江上游和黔桂边的革命斗争得到了初步恢复。

开展统战工作。当时贵州军阀正在混战,边委认为这是开辟新区的好机会,便决定利用各种社会关系,派委员韦国英、牙永平等人,做贵州黔西南地方实力派王海平和罗川源的统战工作。黄举平、黄伯尧等到贵州的罗甸、贞丰、册亨等县活动,并亲自到驻罗甸的陈秀卿团做统战工作。1933 年初,经黔桂边委与王海平商定:右江上游区红军游击队转移到贵州卡法寨等地,以王海平护商独立营的名义驻扎,军饷由王海平供给。这为边委在黔桂边开展工作打下良好基础。

黄举平从贵州回东兰县西山后,在整顿、恢复党组织的同时,还把西山区域内各村的政权建成两面政权,掩护革命活动。经教育争取,原弄京、会村等村村长都表示支持革命,掩护党的地下工作人员。

开展游击斗争。1933 年 6 月,黔桂边委在贵州陇那的金锁关洞召开扩大会议,决定成立红军黔桂边独立营(对外称王海平护商独立营),下辖 3 个连,共 300 多人。该营在边委领导下,根据这个地区山高林密、土豪多、土匪多的特点及少数民族长期深受国民党反动派和土豪劣绅压榨的情况,积极开展剿匪惩恶的武装斗争,以此为突破口,发动群众,开辟革命新区工作。在边委领导下,红军游击队和杀奸队经常出动,在右江上游和黔桂边打击叛徒、反革命分子和土豪劣绅。1933 年 8 月,边委派黄世新回到西山,召开西山党员、骨干联席会议,传达边委关于肃清奸细的指示,组建了三个锄奸队,先后捕杀了十多个罪大恶极的叛徒和反革命分子,狠狠打击了敌人的嚣张气焰,鼓舞了人民的革命斗志。

## 二、滇黔桂边区游击根据地的建立和斗争

### 滇黔桂边区游击根据地的建立

1934 年 7 月上旬,早已派到滇桂边工作的同志回到右江下游向黄松坚汇报了那里的工作进展情况。为了巩固和发展滇桂边革命斗争成果,黄松坚即带领 12 名干部,赴云南省富州七村。当时,先后派到富州境内的党员干部有 60 多人。他们以各种身份在该县各地活动,建立发展党的组织,组织“劳农会”“赤卫队”和“兄弟会”“同盟小组”等。至 1934 年春夏,该县较大的村寨都建立了劳农会和赤卫队,成立劳农会 20 多个,赤卫队 27 个,约 2000 多人,红军游击队 700 余人。黄松坚(化名何尚之),到达该县后在肯定原有成绩基础上,组织干部分头到各村寨,深入了解情况,进一步发动、武装群众,举行武装暴动,攻占富州的一些区公所,镇压了一批罪大恶极的反动分子。同年 12 月,为加强党的领导,黄松坚在富州九弄多立寨主持召开滇黔桂边区第一次党员代表会议,到会代表 20 多名。会议决定成立中共滇黔桂边临时委员会,黄松坚任书记,委员有黄德胜、赵润兰、韦纪。边区临委除直接领导富州地区党组织外,还领导思果中心县委、黔桂边委和东兰、凌云、凤山等县党组织。同月,临委在九弄的谷留村召开边区劳农会和赤卫队大会,成立滇黔桂边区革命委员会、劳农会和劳农游击队第三联队,黄庆金任边区革委会主席,黄松坚兼任劳农会主席和游击队第三联队政委,梁振标任第三联队司令(总指挥)。边区临委、革委和劳农游击队的建立,形成了以云南富州为中心,以黔桂边和右江上、下游的一些据点为重要活动地区的滇黔桂边区游击根据地,其活动范围达当时 3 省 20 多个县:广西省的百色、凌云、乐业、果德、恩隆、向都、那马、奉议、恩阳、东兰、凤山、南丹、万冈、都安、天峨、镇边、靖西、天保、田西、西林、西隆、河池等县;云南省的富州、广南、麻栗坡县;贵州省的册亨、贞丰、罗甸县。其中革命力量长期活动的有 140 个区乡,人口约

93万。红军游击队全盛时期曾发展到4000余人,另有半脱产、不脱产的赤卫队、锄奸队、轻快队等群众武装4000余人。根据地斗争坚持三年多,成为土地革命战争后期南方的一个重要游击区域。

**滇黔桂边区游击根据地的革命斗争**

一是加强党组织的恢复和发展工作。1935年5月,黄松坚赴上海向中共上海临时中央局汇报工作,边区临委由赵润兰、黄德胜负责。后黄松坚因病在上海住院。同年8月出院时,不幸在英租界被捕,至1937年才获出狱,后经八路军南京办事处介绍赴延安中央党校学习。

1935年10月,中共思果中心县委派原红二十一师第六十二团政治处主任、恩隆县特支书记滕静夫(化名何尚刚)等11人到滇黔桂边工作。经与赵润兰、黄德胜商定,于1936年5月,滕静夫在富州者兰汀水村主持召开滇黔桂边区第二次党员代表会议,到会的各地代表有40多名。会议决定:将滇黔桂边区临时党委改为滇黔桂边区党委,选举滕静夫为书记,赵润兰、黄德胜为委员;将边区革命委员会和边区劳农会合并为滇黔桂边区劳农会,滕静夫兼任主席;将劳农游击队第三联队改为滇黔桂边区革命游击队,滕静夫兼任政委,黄德胜任司令员,梁振标任副司令员,李修学任参谋长,赵润兰任政治部主任。在部队中设特别支部,滕静夫兼特支书记。

是年7月,中共东兰中心县委在东兰西山召开右江上游党员代表会议,到会代表18人。会议决定撤销东兰中心县委,成立中共右江上游委员会,选举黄举平为书记,梁乃武(张宪)为副书记。至1937年,上游党委共辖16个支部,党员190多人,领导东兰、凤山、百色、万冈、南丹、天峨、河池、都安、凌云等县及黔桂边区的革命工作。

1936年12月,中共广西省工委巡视员林鹤逸(何云)在田东县召开桂西地区各地党组织领导人会议,传达广西省工委会议精神,决定建立中共桂西区特委,指定黄桂南任书记,黄举平、赵世同、梁乃武为委员。该特委的建立,进一步加强了右江地区及滇黔桂边区革命斗争的领导。

至1937年7月抗日战争全面爆发前,滇黔桂边区的党组织已由1934年的1个县委和两个特支、10多个党支部增至1个特委(桂西特委)、3个中心县委(东兰、天向田、那马)、1个党委(滇黔桂边区党委)、两个边委(凌凤边委、黔桂边委)和1个县委(东兰县委),党员由原来的400余人发展至近600人。

二是恢复和建立各级革命政权。滇黔桂边区党委在建立和发展各级党组织的同时,抓紧各级革命政权的恢复和建立工作。至1936年,滇黔桂边区先后恢复和建立的县级以上革命机构有:红河下游革命委员会,右江下游革命军事委员会,那马革命军事委员会,凌凤边区革命委员会,右江上游革命委员会,以及东兰、向都、万冈、都安等县革命委员会。这些革命机构,虽然多是秘密建立的,没有公开打出旗号,但它在动员和组织人民群众参加革命斗争,打击敌人,巩固游击根据地等方面起了积极的作用。

三是积极开展革命武装斗争。1934年11月,右江革命军事委员会将分散在各地坚持斗争的游击武装统编为中国工农红军右江下游第一、第二联队。1935年4月,改称右江下游赤色游击队第一、二联队。1936年9月,右江上游革命委员会将分散在上游区各地及黔桂边的武装改为右江上游赤色游击队第一联队,下辖3个大队。在近三年的时间里,游击根据地军民在党的领导下,灵活机动地打击敌人,抗击滇桂黔三省军阀大小数十次的军事"围剿",歼敌近3000人,300多位红军指战员、赤卫队员牺牲。游击根据地先后有500多名群众遭杀害,2000多户人家被烧毁。然而,根据地的红旗不倒。1937年2月,敌人组织"滇黔桂三省会剿",围攻富州,边区党委集中2000名游击队员和群众武装在富州那泼设伏,毙伤敌200多人。战斗结束后边区党委在富州塘彦召开有3000多军民参加的庆祝反"围剿"斗争胜利的群众大会。

此外,根据地还在极其困难条件下开展各项经济工作和文化教育工作,发动群众努力生产,增加收入;组织群众打倒地主土豪,反抗国民党的苛捐杂税和高利贷;在百油等村寨开展土地登记工作,为开展土地革命作准备。各地红军游击队还分别在云南的富州、贵州的贞丰、广西的那马等地建立了秘密的枪械修理所、兵工厂和纺织厂,生产军需用品。这些,对坚持根据地的斗争都起了积极作用。

# 第 八 章

# 省工委的建立和广西抗日救亡运动的兴起

## 第一节 中共广西省工委的建立

### 一、中共郁江特委筹委会的建立

1931 年中共郁江特委被破坏以后，经过几年艰苦的工作，至 1935 年，陆川、贵县、北流、宾阳、南宁等县的中共组织已经逐步恢复，并有所发展。为了统一领导郁江地区的党组织，适应新形势的需要，迎接抗日救亡的新任务，郁江特委委员陈岸经与贵县地下党的负责人黄彰研究，决定重建郁江特委。

1935 年 11 月 7 日，郁江特委筹备委员会在兴业县葵阳乡木根圩的永源客栈召开（店主是中共党员）。出席会议的有陈岸、黄彰、杨第鵾及各县党员代表共 15 人。会议决定建立郁江特委筹委会，推选陈岸为筹委会书记，黄彰、杨第鵾为委员，定于次年适当的时候，召开郁江地区党代表大会。会议于当晚结束。

特委筹委成立后的主要工作，是继续建立和发展党组织。在郁江地区，特委筹委从陆川调党员罗梓荣、陈涛任巡视员，分别到各县去协助工作。次年春，罗梓荣在永淳被捕牺牲，陈涛因病返回老家。工作虽然受到挫折，但在筹委的领导和各县党组织的努力下，郁江地区的党组织仍得到较快的发展。1935 年 11 月，成立了中共宾阳县委，黄广年任书记；

成立宾（阳）永（淳）迁（江）临时工作委员会，黄广年为负责人。1936年夏，中共横县工委成立，陈聆明、陈湖光先后任书记，不久改为中共横县县委，仍由陈湖光任书记。同时，重建中共北流县委，书记罗青松。9月，中共岑溪特支成立，书记唐任。

在南宁，中共郁江特委筹委仍以国民基础教育研究院为活动基地，发展党员，建立党组织。1936年春，教育研究院的党员在南宁女中也发展了党员。在教育研究院先后举办的师资训练班中，先后发展了30多名党团员（1937年，按照党中央通知，所有团员都转为党员）。这批党团员又把党的活动扩展到了南宁市的一些中小学校。

1936年1月，龙州民团干校教员刘敦安等3人由在广东工作的中共干部陈勉恕吸收入党后，在该校成立中共支部，刘敦安为支部负责人。1936年春，桂系为了加紧培养城乡基层干部，将各区的民团干部学校合并组成广西民团干部学校，还将广西国民基础教育研究院也并入其中，校址设在南宁市郊西乡塘。原来在教育研究院的方与严和其他单位的一批中共党员，转到民团干校。四五月间，刘敦安到南宁广西民团干校任教官。同年夏，建立广西民团干校中共支部，刘敦安任书记。

随后，干校中共支部吸收进步的教官、学员和原属广西师专抗日反法西斯同盟的一批盟员入党。10月，成立民团干校总支，由杨江任书记。总支下设两个支部：一个外省籍党员支部，方与严任书记；一个本省籍党员支部，杨江兼书记。

在梧州市，1928年冬，省临委机关两次遭受严重破坏后，党的活动已经停止。1935年10月，上海党组织派兴业籍党员庞敦志回到梧州工作，先后吸收了两位知识青年和一位农民入党，于12月建立了中共梧州支部。1936年夏，中共中央北方局派南方临时工委的负责人薛尚实到广西开展统战工作，薛在梧州发展了莫西凡入党。10月，徐敬五途经梧州时，根据郁江特委筹委的指示，把梧州分散活动的党组织联系起来，建立统一的领导机构，先后发展一批党员。1936年7月，民团干校的中共党员刘敦安派曾世钦到都安县找到了中共右江上游中心县委。从此，郁江和右江两个地区的党组织中断了几年的联系得到恢复，为建立全省性党的领导机构创造了条件。

在桂林，1936年9月，中共桂林支部成立后，10月成立广西大学文法学院支部，书记曾世钦。

## 二、中共广西省代表大会的召开与省工委的建立

经过一年的筹备，原定的郁江地区党代表大会，于1936年11月7日至8日，在贵县三里罗村召开。

出席大会的有郁江特委筹委会书记陈岸、委员黄彰，以及陆川、北流、兴业、南宁、横县、贵县等县市代表和右江地区代表共约20人。中共南方临时工作委员会派联络员李守纯列席了会议。

这次会议，原定为中共郁江地区代表会。由于出席会议的代表超出了郁江地区的范围，会前根据李守纯的建议，决定把会议的名称改为中共广西省代表大会，把原计划重建中共郁江特委改为成立中共广西省工作委员会。这个决定，后来得到南方临时工委的承认和同意。

大会由陈岸致开幕词并作工作报告，李守纯作《目前形势和今后任务》的报告，黄彰等六位代表作关于恢复、发展党组织情况的汇报发言。

陈岸的工作报告，主要说明因受李立三和王明两次“左”倾错误的危害，郁江地区党组织遭受破坏的情况，以及此后逐步恢复和发展的过程。报告指出，至大会召开时，白区已有陆川、北流、邕宁、宾阳、横县等5个县建立了县委，贵县、兴业、永淳、岑溪、苍梧、迁江等6个县建立了区委、特支或支部，共有党员600多人，党组织和党员比原郁江特委时期均有所发展。右江老苏区，有26个县建立了党组织，在党组织领导下，各地革命武装坚持了长期斗争，并有了较大发展。过去被敌人摧残得支离破碎的广西党组织，现在又恢复和发展起来了。陈岸还在大会上提出要贯彻党中央的《为抗日救国告全体同胞书》（“八一宣言”）的精神，要求与会代表充分认识“八一宣言”的重大意义，今后在方针政策上、组织形式上、工作作风上，都要有一个根本的转变。

大会报告后，进行了小组讨论和大会发言。经过听报告和讨论，代表们知道了广西各地党组织恢复和发展的情况，听到了党中央的声音，了解到党的抗日民族统一战线的方针政策，受到了鼓舞。与会代表认为，由国共两党十年内战转变为合作抗日，由土地革命转变为包括地主、

资本家在内的各阶级联合抗日，要实现这样一个重大转变，工作上将会遇到很多困难。目前民族矛盾已经上升到了第一位，必须坚决实现这个转变。大会通过了关于坚决拥护和贯彻执行党的抗日民族统一战线方针政策的决议①。

大会选举产生了中共广西省工作委员会（简称省工委）。委员共七名。其中，给右江地区分配两名，推选黄桂南，留空一个后补。选出的六名委员分工如下：陈岸任常委、书记兼组织部部长；彭懋桂任常委兼宣传部部长；滕雪心任常委兼妇女部部长；黄彰、陈湖光、黄桂南任委员。省工委机关设在南宁。

会后几天，中共南方临时工作委员会负责人薛尚实到南宁巡视。薛尚实听取汇报后，肯定了广西党组织几年来的工作成绩，确认了广西党组织与南临委的关系和这次党代表大会选举的结果，并指定刘敦安为省工委委员。同时，中共南方临时工委决定成立中共广西省军团，负责广西军事方面的工作，直属于南方临时工委领导，由刘敦安任书记，麦世法、张镇道为委员。至此，广西党组织恢复了与上级中断了四年之久的组织关系，实现了对全省党组织的统一领导，广西党的工作开始了新的局面。

## 三、中共广西省工委工作重点的转移

省工委成立以后，动员和领导全省各级党组织和全体党员，坚决贯彻执行代表大会确定的方针、任务，主要进行了以下几项工作：

一是传达贯彻党代表大会的精神。参加大会的代表回到各地后，都分别召开了该地区党的骨干分子或党员会议，认真传达贯彻大会的精神。1936 年 12 月 12 日，西安事变发生。在没有接到中央有关精神的情况下，省工委于 12 月 17 日，向党内发出《通告》，阐述抗日救亡运动已急剧转入新的阶段，指出“当前的唯一重大的任务是鼓动民众起来造就抗敌救亡的紧张局面”，并提出“押蒋抗日”的口号。次年 3 月，在横县召开的省工委第二次会议上，出席会议的中共南方临时工委巡视员莫西凡，在会上肯定了广西党“自代表大会以来，工作有了相当的扩大”，

① 陈岸：《我的革命生涯》，中共党史出版社 1995 年版，第 117 页。

同时，也指出了《通告》中提出的“押蒋抗日”的口号，与党中央和平解决西安事变策略方针的精神不一致，是错误的。为此，省工委发出《通告》，说明党中央决策的正确性，号召大家认真学习党的抗日民族统一战线的方针政策，努力探索，做好工作。会议还作出了《中共广西省工委工作决定》，提出在统一战线工作方面，既要做好上层工作，又要做好下层工农群众的工作，努力争取同盟者实现国共合作，一致抗日。会议还对组织、宣传、军运和群众工作等作出了决议。要求各地积极建立和发展党组织，扩大党的队伍，团结各阶层人民群众，广泛开展抗日救亡运动。黄彰在北流新圩多次召开党的干部会议，并举办了八期党员骨干训练班、学习班，宣传贯彻党的统一战线方针政策。

二是继续做好党组织的建立和发展工作。1936 年 11 月中旬，建立了中共苍梧县委，书记梁寂溪。下辖梧州军警、广西大学、妇女、苍梧等支部。12 月，派省工委巡视员林鹤逸到右江地区传达省工委会议精神。1937 年 1 月，成立了中共桂西区特委，书记黄桂南。同月，成立桂林县委，书记徐敬伍。下辖广西大学文法学院、桂林高中、桂林女中、广西省政府、桂林东江镇、桂林八桂镇等支部。2 月，将右江上游中心县委改为东凤中心县委，书记仍为黄举平。同时，组建了中共那马中心县委和天向田中心县委，书记分别为徐泽长、韩平波。3 月，省工委派陶保桓组建中共柳州支部，书记陶保恒。同月，成立中共博白特支，书记朱为流。同年春，成立中共桂平特支，书记陈聆明，下辖城东、城西、县府机关三个支部。4 月，成立中共武宣县工委，书记覃秉寿。

在 3 月省工委横县会议上，省工委领导机构也作了一些调整，陈岸在会上提出辞去省工委书记职务的要求。会后，南方临时工委负责人薛尚实批准陈岸辞职，由彭懋桂接任省工委书记，陈岸仍任省工委委员，并任命林鹤逸为省工委常委兼组织部部长，麦世法为常委兼宣传部部长。

三是派遣党员渗入国民党的官办团体以及乡镇基层政权开展工作。国民党广西当局不允许其他党派或社会人士举办群众团体，并在农村实行“三位一体”的政策，即乡镇长兼任中心小学校长和民团后备大队大队长，村长兼任基础小学校长和民团后备队队长，集行政、教育、军事大权于一身，以图加强控制。在这种情况下，省工委采取灵活的策略，利用有利时机派遣党员和进步分子渗透到国民党官办的团体去开展工作，有的还担任乡长、村长。他们一方面支持这些团体的抗日救国的行动，一方面从中团结群众，掩护党的活动，发展党员，建立党的组织，扩大党的政治影响和力量，带领群众广泛开展抗日救亡运动。省工委还通知各县党组织有计划地派一些党员和进步青年投考广西民团干校。陆川、北流党组织就派了20多人到该校学习。他们回去后，都发挥了积极作用。

## 第二节　广西抗日救亡运动的兴起

### 一、一二九运动在广西

1931年秋，日本帝国主义侵略军发动九一八事变，侵占我国东北三省。其后，日军向华北大举进攻，于1933年春侵占热河省。1935年秋，日本又策划“华北自治运动”，11月，成立“冀东防共自治政府”。在民族危机日益加深的形势下，1935年12月9日，北平爱国学生数千人，在中共北平临时工作委员会领导和组织下，冲破国民党政府恐怖统治的牢笼，举行声势浩大的抗日救国示威游行，喊出了“反对华北自治运动”“打倒日本帝国主义”“停止内战，一致对外”等口号。16日，北平学生和市民1万多人，又举行更大规模的爱国集会和示威游行。这一爱国运动获得了全国人民的热烈支持和声援。

在广西，在中共南宁县委的领导和推动下，南宁的学生首先奋起响应。12月17日，南宁高中和广西普及国民基础教育研究院的学生自治会，发起召开南宁各校学生自治会联席会议，讨论援助北平学生爱国运动的问题。当晚，各校学生纷纷走上街头，进行抗日演讲。18日中午，南宁高中、广西国民基础教育研究院、省会会计人员养成所、邕宁乡师、南宁女中等校8000多名学生，齐集在南宁公共体育场，举行“广西省会全体学生援助北平学生救国运动大会”。负责筹备大会的学生代表李俊成（1936年加入共产党）等，在会上发表抗日救国演讲。据当时《南宁民国日报》记载，到会的学生，一律穿着军训制服，神情愤激，气氛热烈非常，“大有气吞胡虏，誓斩国贼之概”。大会一致通过向南京政府发出通电，表示“誓愿领导全桂三百万青年”，“誓死反对任何分裂中国领土主权之自治运动及政治组织……援助北平同学奋起救国，首树风声之民族争斗”，并警告当局，“停止对爱国学生之非法迫害，立即释放被捕同学”。会后，学生列队向国民党广西省政府、省党部、第四集团军总司令部请愿，并在市内举行示威游行，沿途散发《告同胞书》，高呼“全省青年一致团结抗日”“反对丧权辱国的外交”“惩办卖国贼”等口号。晚上，各校学生又组织 50 多个宣传队，到大街小巷进行宣传演讲至深夜。同一天，南宁高中校长雷荣柯等 538 人也以“广西省会各学校教职员”名义通电，声援北平学生运动，要求中央当局下令全国总动员，实行民族自卫战争。21 日，南宁各学校学生自治会举行联席会议，筹备组织广西省学生救国会，推举李俊成等为筹备委员会常务干事。

12 月 21 日，桂林市学生 6000 余人、民众 2000 余人，举行盛大示威游行，声援北平学生的爱国斗争。在陆川，学生们举行集会和示威游行，印发宣言和传单，并同破坏学生爱国行动的陆川中学校长进行了斗争。在合浦，数百师生上街游行，并通电谴责蒋介石的不抵抗政策，还出版了登载全国各地救亡活动情况的刊物。

在抗日救国热潮的推动下，1936 年 2 月 24 日至 28 日，广西省学生救国会第一届代表大会在南宁召开。大会选举产生广西学生救国会干事会，通过了《广西全省学生救国会章程》，规定该会以唤起民众、集中全省学生救国力量从事抗日救亡运动为宗旨。5 月底，全国学联在上海成立，广西学联与上海、北平、天津、武汉四市学联的代表被推选为常委。6 月，广西各界民众抗日救国会也在南宁召开市民大会，通过了要求政府出兵抗日的宣言，会后举行了示威游行。

在此前后，梧州、柳州、百色、龙州、崇善、贵县、桂平、天保、宜山、武鸣、北海等地的学生和教职工，纷纷举行集会和示威游行，声援北平学生的爱国斗争。

## 二、两广事变和中共对桂系的统战工作

1936 年 6 月发生的“两广事变”（又称西南事变，六一运动），是继

1933年的“福建事变”之后,国民党统治集团内部在民族危亡面前发生的又一次以“抗日反蒋”为号召的重大事件。

国民党内部派系林立。蒋系与粤系、桂系的矛盾由来已久,争斗极为激烈。尤其是1931年2月发生蒋介石囚禁胡汉民的汤山事件后,粤桂两系即进行“拥胡倒蒋”活动,于5月成立了广州国民政府。12月取消此名称,成立国民党中央执行委员会西南执行部、国民政府西南政务委员会、国民政府军事委员会西南分会,与蒋抗衡。1936年5月12日,胡汉民在广州突然病逝,两广顿时失去了政治旗帜,蒋介石即开始收拾两广的行动。先是提出撤销设在广州的“一部两会”,削弱两广的权力,继而拉拢粤系,对付桂系,以图各个击破,消灭两广势力。两广首脑看清蒋介石的图谋,不甘坐以待毙,于是先发制人。6月1日,陈济棠、李宗仁在广州召开西南执行部、西南政务委员会联席会议,向国民党中央党部和国民政府发出呈文,陈述日本步步进逼,民族命运已至生死关头,吁请对日宣战。同时,将两广部队改称为“中华民国国民革命抗日救国军”,任命陈济棠为总司令,李宗仁为副总司令,宣布“北上抗日,收复失地”。“两广事变”由此开始。

6月2日,西南执行部和西南政务委员会联合向全国发出“冬电”,要求国民党中央领导抗日,并号召国民党两广各级党组织以及民众团体通电响应。陈济棠、李宗仁还派代表分赴山东、山西、陕西、四川、贵州等省联络,拉拢各地方实力派襄助。

6月4日,由陈济棠、李宗仁领衔,两广将领数十人联名向国民党中央党部、国民政府军事委员会发出“支电”,表示拥护“冬电”的立场和主张。6日,第四集团军总部、广西省政府饬令所部总动员,并令中等学校以上师生组织起来,分赴各地进行抗日救国宣传。

6月8日至10日,粤、桂军集结10多个师北上湘南郴州、永州等地。蒋介石急调2个军到衡阳,阻止两广军队北上,并令其他蒋系军队迅速集中武汉,向衡阳推进。一时两军对峙,剑拔弩张,战事大有一触即发之势。

此后,双方各施手段,讨价还价。6月13日,蒋介石以国民党五届二中全会决议的名义,撤销西南“一部两会”,同时免去陈济棠本兼各职，以余汉谋代之。15日，陈济棠、李宗仁在广州召开紧急会议，否决蒋的决议案，并成立抗日救国军第一、第四集团军联军，由陈、李分任正副总司令。两军共约30万人。面对僵局，蒋介石故伎重演，用官职金钱收买陈济棠部下。7月6日，粤系主要将领余汉谋、李汉魂、邓龙光等被收买，通电反陈（济棠）拥蒋。18日，陈济棠被迫下野，离穗赴港。李、白决定苦撑危局。

25日，蒋介石以国民政府令，免去李宗仁、白崇禧广西绥靖正副主任职。李、白拒绝此项罢免令，并电请李济深来邕主持抗日反蒋大局。月底，蒋介石在广州组建委员长行营，调集近50万大军从广东、湖南、贵州三面进逼广西。

这时，中共中央派到广西的代表云广英（当时化名林秀先）向李、白提出“逼蒋抗日”的建议。桂系当局衡量得失，表示接受，对蒋的态度趋于缓和，通电表示，如蒋真抗日，广西将竭诚拥护。但仍不甘示弱，继续扩编军队，在边境地区陈兵布阵。蒋介石则步步进逼，但面临全国日益高涨的抗日呼声，受到各方面的很大压力，加上这时受蒋介石之令在西北“围剿”红军的张学良、杨虎城已接受中共建议，双方停止敌对行动，使蒋不敢轻举妄动。8月，蒋桂双方频频互派代表进行谈判、协商，谋求事变和平解决。经过讨价还价，又有各方抗日派的劝和，双方终于“和解”。9月14日，李宗仁、白崇禧发表和平通电，表示服从中央领导。至此，蒋桂军事对峙结束，西南事变和平解决。

两广事变发生之前，中共中央曾几次派干部到广西与桂系联络，进行统战活动。1935年，派宣侠父（当时化名宣古渔）到香港工作。宣经常到广西进行活动，取得白崇禧的信任，后来担任了广西绥靖公署上校参议，以公开合法的身份，继续做白崇禧等上层人物的统战工作，推动他们联共抗日。同年，中共中央调曾任抗日将领吉鸿昌秘书的谢和赓（中共党员）到广西。谢到广西后，也取得了白的信任，被白调到身边任机要秘书。尔后，谢在周恩来、董必武的直接领导下，坚守这个工作岗位。在两广事变中，宣、谢都进行了推动桂系抗战的工作。

中国共产党对两广事变极为关注。1936年6月8日，毛泽东即以中华苏维埃共和国中央政府主席的名义，向红色中华社记者发表谈话，称赞此次事变“勇敢的单独来抗日并打倒南京的屈辱外交，这是值得庆幸的壮举”，指出“西南抗日反蒋的军事行动，客观上是革命的与进步的行动”，表示“准备在军事上及其他各方面给予西南以各种可能的援助”。12日，又发表了《中华苏维埃人民共和国中央政府，中国人民红军革命军事委员会为两广出师北上抗日宣言》，声明我们“对两广爱国军人爱国同胞表示敬意和拥护，并首先愿意同两广当局缔结抗日联盟共同奋斗。”宣言还谴责了蒋介石南京政府诬蔑两广当局，以武力威胁两广的罪恶行为。后来，中共中央在《关于两广出兵北上抗日给二、四方面军的指示》中指出：“我们的策略，是在使这次发动持久、扩大、充实而转变为全中国人民抗日的神圣的民族革命战争。”7月下旬，中共中央派云广英为红军代表，到广西对桂系进行统战工作。云到南宁后，会见了李宗仁，向李表明了中共中央对两广事变的立场和态度。指出：中国共产党的主张是停止内战，一致对外，建立广泛的抗日民族统一战线，把日本帝国主义赶出中国去。李宗仁表示赞同中共的主张，并派王公度为代表与云广英保持联系。此时，蒋介石正在调遣重兵围攻广西，王公度去找云广英征求意见，问对蒋打还是不打。云对王分析了日本准备发动对华全面侵略战争的严峻形势，明确指出，中共的方针是逼蒋抗日、不主张打内战。云广英还会见了李济深，李表示拥护中共的抗日民族统一战线，还给毛泽东写了一封信，托云广英转交。该信称：广西当局同意中共提出的逼蒋抗日，不打内战的主张，希望红军配合两广的行动，争取蒋介石停止内战，一致抗日。两广事变和平解决后，云广英于10月返回延安，向中共中央作了汇报。

8月25日，中共中央发出致中国国民党的信，强调“只有国民党重新合作，以及同全国各党各派各界的总合作才是真正的救亡图存”。

9月1日，中共中央发出了《关于逼蒋抗日问题的指示》，指出：“在逼蒋抗日的方针下，并不放弃同各派反蒋军阀进行抗日的联合。”“对广西方面，我们赞成他们的抗日发动，是正确的。但我们更应要求他们在实际行动上表现他们抗日的诚意。”“对他们的错误，决不放弃批评的自由”。

9月，中共中央北方局应桂系当局的邀请，派薛尚实来广西，向桂系转达中共中央对两广事变的策略：在政治上要开展积极攻势，在军事上要采取守势。9月22日，毛泽东致函李济深、李宗仁、白崇禧，指出："当前急务，在于全国范围内停止内战一致抗日。现贵方与南京之间虽幸免战祸，然西北方面尚未停息。全国各党派各界各军向南京当局一致呼吁，请其将仇恨国人之心移以对外，蒋介石氏及中国国民党一律参加抗日统一战线，实为真正救国政策之重要一着。"中共与桂系"双方订立抗日救国协定，实属绝对必要"，"中华民族之不亡，日本帝国主义之驱逐出中国，将于贵我双方之协定开其端矣"。

"两广事变"是在中国人民与日本帝国主义的矛盾逐渐上升为中国社会主要矛盾的情况下，在中共抗日民族统一战线的影响下，中国的地主资产阶级及其政党内部政治态度逐渐地发生变化过程中出现的事件。中国共产党正确地估价了事变对建立抗日民族统一战线的意义，因而大力支持并极力推动事变的和平解决。中国共产党在这一事变的过程中，根据形势的变化，将原来"抗日反蒋"的方针，转变为"逼蒋抗日"的方针，使党的抗日民族统一战线又迈出了重要的一步。

此后，桂系与中共的关系有进一步发展。李宗仁、白崇禧派遣高级幕僚刘仲容到西安、延安，了解西北的情况和中共提出全民族团结抗日的真实意图，争取中共支持其抗日反蒋的行动。西安事变时，周恩来、叶剑英在西安接见了刘仲容，说明中共关于和平解决西安事变，促进团结抗日的主张，阐明中共关于建立抗日民族统一战线的方针政策。西安事变和平解决后，刘仲容应周恩来的邀请到了延安，受到毛泽东的接见。毛泽东向刘详细了解广西的政治、经济、军事等方面的情况，对李、白的抗日主张表示赞赏，同时指出：只要各党派从国家民族的利益出发，逼蒋抗日，建立抗日民族统一战线是完全可能的，希望李、白做好准备。1937年5月，刘仲容从延安回到桂林，向李宗仁转达了毛泽东的谈话内容和中共关于联合各方面力量逼蒋抗日的主张。李宗仁随即邀请了几个省的代表，在桂林共商联合抗日问题。

## 三、广西抗日救亡运动的兴起

两广事变发生后，桂系为了发动群众支持他们的抗日反蒋活动，借人民的力量对蒋介石施加压力，颁布了广西民众抗日公约，还通令全省各中学指导学生暑假回乡进行抗日救国宣传。应李、白之邀来桂商讨抗日反蒋大计的李济深、蔡廷锴等爱国将领，以及全国救国会代表杨东莼，华南区救国会代表何思敬、桂君慧，民族革命同盟代表金城（中共党员），也以各种方式广泛地同广西各界人士接触，从而为全省抗日救亡运动的深入开展提供了有利条件。

当时，中共广西地方组织尚未建立全省性的领导机构，亦未能与上级党组织恢复联系，不知道党中央对两广事变的态度、方针。各地党组织正确地分析形势，积极开展抗日救亡活动。1936年6月1日，中共邕宁县委以“广西抗日同盟会”的名义发表《拥护抗日宣言》，提出立即召开全国国民会议，产生国防政府，释放政治犯，没收日货和汉奸财产，对日宣战，组织抗日义勇军等十项主张，号召一切党派联合起来结成抗日统一战线，一切武装队伍和各界民众团体团结起来共同抗日。广西民团干校的中共党员编辑出版了《新动向》半月刊，大力宣传党的抗日民族统一战线的主张。

6月3日，由广西文化界救国会发起的“广西各界抗日救国会”在南宁成立。该会通过了成立通电及宣言，决定举行各界抗日救国示威巡行大会。4日，在中共南宁地方组织的推动下，南宁各工会、妇女救国会以及农、学、商等各界113个单位共4万余人，在南宁公共体育场举行抗日救国示威巡行大会。会上通过了吁请国民党中央立即下动员令出兵北上抗日收复失地等四项提案，发出拥护抗日的通电。会后举行示威游行，向桂系当局请愿，要求立即出兵抗日。

6月7日，柳州各界民众4000余人在公共体育场举行抗日救国大会，会后向桂系当局呈递请愿书，要求出师抗日。23日，梧州组织数百人的妇女抗日义勇军，当日开始军政训练。

6月下旬，中共组织通过谢和赓向白崇禧提出建议，组织学生军开展抗日宣传和防蒋防奸工作，白崇禧采纳了他的建议。27日，由广西学生抗日救国联合会和广西师专学生发起组织的“中华民国国民革命军广西抗日救国学生军”（史称广西第一届学生军）在南宁成立。是日，举行成立暨誓师大会，有2万多学生参加。学生军共300余人，编为1个大队，3 个分队，10 个小队，分赴湘桂边、粤桂边和黔桂边等地进行抗日宣传。在学生军的带动下，全省有 40 余所中学成立了抗日宣传队。宣传队员爬山涉水，深入城镇、乡村以至边远山寨，开展抗日宣传，使全省迅速掀起了抗日救亡的高潮。9 月，两广事变宣告结束，学生军即行复员。

11 月中旬，日伪军大举进犯绥远，在中国共产党的推动下，全国各地发起援绥抗日运动。24 日，广西各界抗日救国会在桂林举行援助绥远将士抗日大会。26 日，由中共党员发起组织的南宁市文化协会发表宣言，提出要求政府出兵抗日，组织抗日后援会、抗日义勇军，捐款慰劳前方抗日将士，铲除汉奸，实行焦土抗战等主张。12 月 2 日，广西各界抗日救国会组织了慰劳绥远抗日将士代表团，从桂林启程北上绥远。5 名代表团成员中，有中共党员、桂林女中学生易凤英。代表团在北平，会见了北平学联负责人和全国救国会负责人，同他们交流抗日救亡运动的情况，学习了各地经验。

绥远抗战前后，广西的抗日文化活动逐步兴起。广西学生抗日救国会出版了以宣传抗日为主旨的《广西学生》；广西文化界抗日救国会出版了《文化救国》月刊；中共党员梁寂溪、凌建平分别在梧州、玉林发起开办《生活文化合作社》《群生书店》，经销各种宣传抗日的进步书刊。

西安事变发生后，广西人民的抗日情绪更为高涨。1936 年 12 月 17 日，中共广西省工委发出第二号通告《救亡运动的新任务与新口号》，指出西安事变的爆发，使“救亡运动急转入新的阶段——‘抗日救亡的行动阶段’”，广西的地方实力派正从本身利益得失考虑其对西安事变的态度，广西的救亡阵线分子“在目前短短的时间内的唯一重大任务”，是“鼓动民众起来造就抗敌救亡的紧张局面”，推动广西地方实力派走上抗日前线。通告要求党内要以此来统一思想认识。12 月 21 日，中共右江上游中心县委和右江下游党组织根据省工委和中共中央有关指示，将右江上游和下游两个革命委员会，合并成立为“桂西区抗日救国分会筹备会”，并发表了《桂西区抗日救国分会筹备会成立宣言》，要求各县、区、乡、村革命委员会改为抗日会或抗日小组，赤色游击队改为抗日义勇军。号召全区各党派“团结一致，举起拳头对付日本帝国主义及汉奸卖国贼”。24 日，中共苍梧县委发动 2000 余学生，不顾梧州当局的阻挠，走上街头，举行了要求停止内战、一致抗日的示威大游行。在此前后，梧州各界举行悼念鲁迅逝世活动，梧州学生举行纪念“一二九”运动一周年活动，使梧州抗日救亡运动再次活跃起来。

## 四、北海事件与北海人民的抗日斗争

两广事变期间，桂系为了扩充实力对付蒋介石，邀请著名的抗日将领、原第十九路军军长蔡廷锴入桂，并于1936年8月18日在南宁恢复了曾在淞沪抗战中立了战功的原第十九路军建制，由蔡廷锴任总指挥。蔡部第六十师师长翁照垣率部于9月初进入北海布防。

在六十师成立之前，中共派到广西工作的宣侠父，利用他在广西绥靖公署任上校参议之便，积极向李济深、蔡廷锴、翁照垣等宣传党的抗日民族统一战线的方针政策，得到他们的支持，翁曾聘请宣侠父为师部参谋长。宣侠父虽然没有正式接受，但积极参与第十九路军的活动，实际上起了翁的“政治参谋”的作用。

第六十师进驻北海之前，第十九路军先派出一个政工队到北海。在政工队工作的师部三位秘书都是进步青年，他们与合浦的进步青年和合浦一中的进步学生一起，积极支持第十九路军的抗日行动。第六十师到达北海时，他们组织数千群众开会欢迎英雄的抗日部队到来。当时任北海市政府筹备处主要负责人的第十九路军团长、进步军人钟俊生（抗战期间到延安中国人民抗日军政大学学习，后牺牲），还委任一名合浦进步青年为教育科科员，以便于他联系和发动各校师生开展抗日活动。

在发动群众的过程中，政工队经过对长期住在北海的日本人中野顺三的情况进行周密的调查，得知此人以开药店“丸一洋行”作掩护，进行间谍活动，为日本政府搜集情报，于是将情况向翁汇报。经研究，决定把这个日本特务除掉，并制订了刺杀行动计划，得到蔡廷锴默许。9月3日晚，翁部官兵7人奉命直奔“丸一洋行”将中野顺三刺死。这次被称为“北海事件”或“北海九三事件”的行动，轰动一时，大快人心。几天后，日本驻广州领事馆向国民党政府外交部提出抗议，要求立即派军舰到北海进行调查。8日，蒋介石在广州召见外交部驻两广特派员刁作谦及秘书凌士芬，令他们处理此事。12日，凌士芬等到达北海时，各界民众数千人举行声势浩大的示威游行,沿途高呼“打倒日本帝国主义”“打倒卖国贼蒋介石”等口号。凌与北海军政当局谈判时,愤怒的群众将会场围得水泄不通,各界代表纷纷向凌递交抗议书,并涌进会场示威。群众代表严厉斥责凌士芬:日本人在东北、华北、上海,任意屠杀我国同胞,你们应该到那里去调查,中野顺三是日本间谍,死有余辜,没有什么好调查的。同时,强烈要求国民党政府撤退南下合围广西的军队,停止内战,一致抗日。凌理屈词穷,狼狈不堪,当天离开北海。

此后,北海人民的抗日情绪益加高涨,继续开展各种抗日活动。合浦等地的进步青年学生和爱国人士纷纷举行集会,声援北海人民的抗日斗争。

17 日,日本海军当局企图和粤海军联合赴北海调查,日军还派出六艘军舰到北海港外游弋,以武力威胁。但慑于第十九路军严阵以待和北海民众同仇敌忾,不敢贸然登陆。

是月下旬,第六十师被迫调离北海,翁照垣等被解职,由粤军第一五九师到北海接防。这时,日舰 7 艘又到北海炫耀武力,凌士芬奉命与日方代表重到北海进行调查。后来,国民党政府外交部就此事件向日方道歉,并付给中野顺三遗属抚恤金。北海进步青年和群众受到进驻北海的亲蒋的粤系军队镇压。这充分暴露了蒋介石实行屈辱外交和压制人民抗日行动的丑恶面目,激起了各界群众更加强烈的愤慨。

# 第　三　编

# 全民族抗日战争时期

（1937 年 7 月—1945 年 8 月）

# 第九章
# 为贯彻党的全面抗战路线而斗争

## 第一节 第二次国共合作在广西的形成

### 一、党的抗日民族统一战线的正式形成

1937年7月7日,日本侵略者悍然制造卢沟桥事变,向中国驻军发动进攻,中国军队奋起抵抗。中国人民的全面抗战从此开始。7月底,日军占领北平和天津,接着调动数十万大军向华北地区扩大进攻。8月13日,又向上海大举进犯,并声称三个月内灭亡中国。中国人民同仇敌忾,誓死捍卫民族的独立,争取民族的解放。

卢沟桥事变发生的第二天,中国共产党中央委员会即发出《中国共产党为日军进攻卢沟桥通电》,向全国人民呼吁:"平津危急!华北危急!中华民族危急!只有全民族实行抗战,才是我们的出路";号召"全中国同胞,政府,与军队,团结起来,筑成民族统一战线的坚固长城,抵抗日寇的侵略!国共两党亲密合作抵抗日寇的新进攻!"同日,毛泽东、朱德、彭德怀等红军领导人致电蒋介石,表示红军将士愿意"为国效命,与敌周旋,以达保家卫国之目的。"7月14日,中共中央军委命令红军做好开赴前线的准备。同日,叶剑英在西安代表中共中央向国民党政府表示:"愿在蒋指挥下努力抗战,红军主力准备随时出动抗日。"7月15日,中共代表周恩来等将《中共中央为公布国共合作宣言》交给蒋介石。《宣言》强调"在民族生命危急万状的现在,只有我

们民族内部的团结,才能战胜日本帝国主义的侵略",并提出发动全民族抗战、实行民主政治和改善人民生活等三项基本要求,重申中共为实现国共合作所作的四项保证。17 日,周恩来、博古、林伯渠又同蒋介石、邵力子、张冲在庐山会谈,这是国共两党 1936 年春以来就抗战问题多次秘密会谈的继续。在全国抗日救亡运动不断高涨和中国共产党倡议国共合作的推动下,蒋介石于当日在庐山发表谈话,表示了中国政府抗战的决心。在中国共产党的催促下,9 月 22 日,国民党中央社发表了《中共中央为公布国共合作宣言》。23 日,蒋介石发表了实际上承认中国共产党合法地位的谈话。中共的《宣言》和蒋介石谈话的发表,标志着国共两党重新合作和中国抗日民族统一战线的正式形成。

## 二、张云逸来桂进行合作抗日谈判

国民党桂系是中国共产党推动建立抗日民族统一战线进程中的重要争取对象。桂系和蒋系,在维护大地主大资产阶级根本利益方面是一致的,但他们为了争权夺利,又长期存在着矛盾。桂系从其阶级利益出发,对代表人民利益的中国共产党是一贯反对的,特别是对中共广西地方组织,一向采取镇压的方针。但是,一方面由于中国共产党积极主张抗日,在全国人民中有很大的影响;另一方面,由于桂系力量不足,它要与蒋系抗衡,要抗日,不得不联合共产党。根据桂系的本质和当时的表现,中共中央对它的基本策略是:既鼓励、支持它有利于抗战的一面,又反对、阻止它不利于抗战的一面,以牵制蒋介石的反共和对日妥协活动,推动全国团结抗战,发展抗日救亡运动。

全面抗战爆发之前,中共中央已经对桂系做了许多富有成效的工作。1937 年 5 月,中共中央派张云逸以中国红军代表的身份到香港指导华南地区的统战工作。张云逸到香港后,确定先以桂林为中心开展工作。在他赴桂之前,中共中央已派党员杨德华(杨必升)到桂林,向桂系当局说明中共中央将派张云逸作为全权代表到广西进行合作抗日谈判。桂系当局对此很重视,李宗仁立即召集白崇禧、黄旭初、李品仙、李任仁、王公度、甘乃光等军政首脑和高级幕僚,举行会议，商讨对策①。

6月6日，张云逸偕同秘书李实（罗理实）到桂林，与李宗仁、白崇禧会见；12日，与李、白以及桂系有关军政要员举行正式会谈。桂系对蒋介石不信任，对中共提出的联蒋抗日的方针缺乏信心。针对桂系当局的这些疑虑，张云逸分析了全国的形势，说明了西安事变以后联蒋抗日、建立抗日民族统一战线的紧迫性和可能性，表明了中国共产党以国家民族利益为重，积极联合各方面力量，联蒋共同抗日的立场和态度。李、白当即表示，赞同共产党的抗日民族统一战线的方针政策，愿意团结抗日，一致对外。

几天后，双方进行第二次会谈，在原则问题上基本达成一致。经商定，由张云逸与桂系的几个高级官员，共同拟订一个关于巩固和平统一，实现民族团结抗战的具体方案。此时，经李宗仁介绍，四川地方实力派刘湘派遣的代表张斯可，也在桂林与张云逸见面，并一起参加了会谈。

经过多次会谈，6月下旬，拟订了红（军）、桂、川三方联合抗日纲领草案。其主要内容是：巩固和平统一，实现民主政治；召开国防会议，充分接纳各方抗日领袖的主张；树立抗日旗帜，扩大宣传；开展抗日运动，改善人民生活，释放政治犯；抗日力量之间彼此互助。

这个纲领草案拟订后，张云逸即电告中共中央。7月14日，毛泽东电复张云逸指出：在国家存亡和国民党、蒋介石转变政策的关头，我党与桂、川各方应诚意拥护蒋氏与南京政府的抗日政策，不可有牵制之意；同时，要求各方做好抗日救亡实际工作，并促请桂方向粤、港、沪联络，推动各方也努力去做。张云逸将毛泽东的复电向李、白作了转达，并与之再次进行商谈，双方意见更趋一致。8月初，张云逸离开广西赴广东工作。

张云逸此行，对促使桂系增强与共产党联合抗日的决心和信心，促使桂系拥蒋抗日，起了积极作用。7月17日，蒋介石在庐山发表谈话，表示抗战决心。21日，李宗仁、白崇禧即通电表示拥护。8月4日，白崇禧应蒋介石电邀，到南京就任国民政府军事委员会副参谋总长。不久，李宗仁被任命为第五战区司令长官，11月12日赴徐州上任。桂军组成

---

① 程思远：《政坛回忆》，广西人民出版社1983年版，第98页。

第十一、第二十一两个集团军，相继开赴淞沪、徐州一带抗日前线，投入战斗。与此同时，广西空军编入国民政府空军序列，参加战斗。

## 三、百色谈判与滇黔桂边区游击队的被骗改编

在抗日民族统一战线形成过程中，发生了桂系采取阴谋手段，利用国共合作百色谈判之机，骗走中共桂西区特委领导的红军游击队两个团的严重事件。

1937 年 3 月 22 日，中共南方临时工委直接致函桂西区特委，指示特委和红军游击队“应加紧动员，向国民党及其军队进行协作谈判”，并对桂西区红军游击队与桂军合作抗日谈判问题提出五点指示。主要内容是：为了迅速建立抗日民族统一战线，领导广大群众及地方实力派走上抗日战场，党中央已将“抗日反蒋”的口号改成“促蒋抗日”，桂西区红军游击队现时要极力避免与政府冲突，在“促蒋抗日”这个紧急任务和保障安全条件下，与国民党及其军队进行合作抗日谈判；在谈判进行中，丝毫不能减弱我们扩大党与武装部队之组织，同时做好争取桂系民团的工作；要与党的主要危险关门主义及冒险主义作坚决的斗争。

4 月，黄桂南按南临委的指示，同国民党百色区民区指挥部进行了非正式的联系，提出以承认赤色游击队是共产党领导的队伍，并在报上登载国共两党谈判消息两项作为谈判的先决条件，国民党百色当局表示接受。

10 月初，中共桂西区特委在田东县那浪屯召开特委扩大会议。参加会议的，有南临委派往右江地区指导谈判工作的尹林平（林平）、高朗如（高维新），到桂西区特委指导谈判工作的中共广西省军团书记刘敦安，以及桂西区特委及其所属党组织、武装部队的负责人黄桂南、赵世同、徐泽长、黄德胜、黄彪等 20 多人。会议传达了南方临时工委的指示，研究了桂西区特委与国民党桂西当局举行谈判、实现合作抗日的问题。会议决定，就右江地区赤色游击队和滇桂边革命游击队整编开赴前线的问题，与国民党百色区民团指挥部举行谈判。会议确定黄桂南、高朗如、徐泽长三人为谈判代表。

10 月中旬，黄桂南等三人到达百色，与国民党方面的代表百色区民

团指挥官黄韬、参谋长罗荪等三人进行正式谈判。国民党方面背信弃义,不承认原来已经同意的两项条件,把谈判说成是“土匪自新”“招安改编”。黄桂南向尹林平、刘敦安作了汇报。尹林平指示,要坚持原来已经达成协议的两项条件进行谈判。几天后,黄韬暴卒,谈判中断。

10 月下旬,新任百色民团指挥官梁家齐到职,谈判继续进行。梁口头表示同意黄桂南提出的两项条件。黄桂南等人回田东向刘敦安作了汇报。经研究,向梁提出了如下要求:(1)特委领导的所有武装全部改编北上抗日,国民党当局取消对中共人员的通缉令;(2)队伍番号按全国统一编制,军需给养全部由国民党政府供给;(3)除队伍随身携带的武器弹药外,不足部分由国民党政府补充;(4)部队编为一个旅,旅长、团长由原部队人员充任,国民党可适当派副职人员。对此,梁家齐的答复是:(1)同意中共桂西区特委领导的红军游击队全部改编,给正式番号,公开登报,保证接受改编部队的安全;(2)部队改编后的名称与全国一样,统称为国民革命军,但是否编成旅,具体番号如何,待请示后答复;(3)军需给养完全由政府供给,先拨给 10 万元作伙食费;(4)武器弹药不足部分由前方供给;(5)人员配备另行研究。黄桂南即接受 1 万元经费,拨给韦高振部和黄彪部使用。此时,梁家齐也派人以高官厚禄引诱韦高振和黄彪。

11 月,参加田东会议的黄德胜回到云南富州,向中共滇桂边区党委负责人滕静夫等,传达桂西区特委扩大会议精神。在关于改编部队的问题上,边区党委内部出现分歧。滕静夫、谭统南、岑日新等,认为轻易将游击队交由国民党改编是错误的,应慎重对待。而黄德胜、李修学等人则主张接受改编。韦高振受了梁家齐的利诱,迫不及待地带领随从人员和一路上招募到的新兵,到田州等待改编。

是月上旬,在中共广西省工委两次派黄彰、彭懋桂赴香港向中共南委汇报并请求下,中共南委致信桂西区特委,要求“即刻停止这种谈判”。指出:“这种谈判是不适宜的”,应“把这种谈判移到桂林去”。12 月初,广西省工委派林鹤逸赶到右江,指示桂西区特委停止百色谈判,并调黄桂南到延安学习。此时尹林平和刘敦安已不在右江地区,黄桂南便借口谈判已基本达成协议,擅自继续进行谈判改编,致使中共掌握的滇桂边劳农游击队第三联队韦高振部、右江下游赤色游击队第二联队黄彪部，共1600多人、600多支枪，被国民党桂系诱骗过去。

这些部队分别被桂系改编为国民革命军第五路军第一预备军第八、第九独立团。韦高振、黄彪分任团长，黄德胜、李修学分任团政委。黄桂南被委任为百色区民团指挥部政训组上尉组员，徐泽长被委任为两个独立团那马后方留守处主任（该留守处一直未正式成立），高朗如被送往桂林广西绥署另行任命（高到南宁后逃脱，到香港汇报）。不久，黄德胜发现已上桂系的当，极力劝阻韦高振不要率部参加改编，在田州被韦高振杀害。黄桂南投靠国民党，接受了任命。

翌年春节后，两个独立团奉命开赴安徽，被国民党军第五战区第二十一集团军肢解，干部被遣散。仅有朱鹤云、黄国楠等20多人，脱离了国民党军，经八路军驻武汉办事处转送到延安。另有赵润兰、李修学等在安徽逃离国民党部队后，回到右江地区坚持斗争。

在百色谈判的过程中，滕静夫、黄举平、赵世同等人，坚决反对这一错误的谈判，使广西右江地区和滇黔桂边区得以保存了一部分革命武装和党的骨干。此后，他们继续在当地进行抗日救亡活动。

## 第二节　广西党组织在抗战初期的活动

### 一、加强党的建设　加紧部署抗日救亡工作

全面抗战爆发后，广西党组织工作的重点，一是调整和发展党组织，二是贯彻执行党的抗日民族统一战线的方针政策，部署抗日救亡工作。

郁江地区。1937年7月中旬，中共广西省工委书记彭懋桂在横县郁江船上主持召开中共郁江区党代表会议，横县、永淳、宾阳、武宣、贵县、来宾、上林、兴业、邕宁、武鸣等县党组织的12名代表出席。会议传达了同年5月在延安召开的苏区代表会议和白区代表会议精神，重点讨论了建立抗日民族统一战线，组织和发展抗日武装等问题。会议选举产生了中共郁江区特委，陈湖光任书记。

南宁市。9月，中共广西省工委改组中共南宁市委，由区济文任书记。市委改组后，继续深入开展抗日救亡工作，进行公开的和秘密的斗争。次年5月，南宁市委被破坏，后成立中共南宁中心县委，书记林鹤逸。中心县委下辖武鸣、宾阳及左右江地区党组织，加强了对南宁及周围地区抗日救亡工作的领导。

浔江地区。8月，中共广西省工委委员黄彰在北流县梧村主持召开中共浔、梧、玉区党代表会议。桂平、苍梧、玉林、陆川、博白、北流等县党组织20多名代表出席。这也是一次以传达苏区和白区代表会议精神，讨论如何建立抗日民族统一战线为主题的会议。会议要求：尽快恢复浔梧玉区党组织，广泛发动群众开展抗日救亡运动。会议选举产生了中共浔江区特委，黄彰任书记。会后，浔江区特委所属各县通过各种方式传达和贯彻执行会议精神，以建立抗日民族统一战线为中心任务开展工作。中共陆川县委召开党代表会，确定全县党的主要任务，是从思想上、组织上和行动上实现革命的转变，将过去的一些秘密组织，改为公开的群众性抗日救亡组织，广泛团结各界各阶层人民群众参加抗日救亡运动。

1938年冬，日军有从广东南路入侵广西之势。中共广西省工委为了加强玉林五属党的领导，决定成立中共玉林中心县委。次年2月下旬，在玉林召开了有玉林、陆川、北流、博白、兴业五县代表参加的会议。会上陈铁生传达了省工委关于成立玉林中心县委的决定，着重讨论了如何开展抗日救亡运动、建立抗日民族统一战线、建立抗日游击根据地和抗日救亡工作团等问题。会议选举陈铁生任玉林中心县委书记。

桂西地区。1937年8月，中共广西省工委派林鹤逸为巡视员到东兰指导工作。中共东兰中心县委在西山召开所属各县90多人参加的党员和群众骨干会议。会上，林鹤逸传达了中共中央关于和平解决西安事变的方针，提出了贯彻执行党的抗日民族统一战线方针政策的具体要求。会议决定，在所属各县广泛建立抗日救国组织，利用社会关系，开展合法工作，派党员干部打入乡村政权各部门，开展统战工作，推动国民党地方政府抗战。会后，中心县委印发宣传材料，在右江上游各县广泛开展抗日宣传活动。10月，东兰中心县委在西山水洞举办党员骨干训练班,学习中央关于实行国共合作抗日的方针、任务和策略。

1938 年 1 月,中共广西省工委又派黄孔修(孔克)到东兰,在西山召开东兰中心县委所属各县党员骨干会议,到会 100 多人。会上,黄孔修作了关于抗战形势和国共合作问题的报告,强调指出在国共合作、建立抗日民族统一战线的工作中,要坚持党的独立自主原则,要整顿发展党组织,纯洁党的队伍,党组织要向平原发展,迎接抗日高潮的到来。会后,各县党组织动员全体党员和先进分子,深入发动群众,团结各界各阶层人士,广泛开展抗日救亡运动。3 月,东兰中心县委在武篆召开了第三次执委会议。此时,东兰中心县委已建立了东兰 5 个区委,万冈 8 个支部,河池、南丹、凤山各一个支部,共有 298 名党员,党的力量有了较大发展。会议经过深入讨论,明确了"建立抗日民族统一战线不是向国民党投降"等问题。会后,进一步深入开展统一战线和抗日救亡工作。

桂东地区。1938 年 7 月,中共浔江区特委特派员黄传林到桂东地区开展发展党员的工作。1939 年 1 月,建立贺县中心县委,下辖贺县、钟山、昭平、怀集等县和当地矿区的党组织,书记罗奋平。中心县委成立后,继续进行发展党员和建立党组织的工作,并在一些地区成立各界抗日救国后援会,发动群众筹粮、筹款、募捐物资,支援前线。还通过各种形式,开展抗日救亡活动。1938 年 11 月,中共苍梧县委改为苍梧中心县委,书记陈鋆才。下辖苍梧、桂平、藤县、怀集等县党组织。

钦廉地区。1938 年 2 月,中共广东省委派张进煊、李英敏、赵世尧到合浦开展工作,建立党组织。他们在廉州镇、北海、西场、公馆等地发展了一批党员。4 月建立了合浦县特支,书记张进煊。11 月,广东省委又派周楠来合浦,在北海召开合浦特支扩大会议,传达省委关于迅速建立抗日游击根据地的指示,并将合浦县特支改组为县工委,书记仍由张进煊担任。同月,成立合浦县青年抗日先锋总队。总队部的工作人员大部分是共产党人,李英敏任政治部主任。1939 年 2 月,成立合浦中心县委,书记李士洋,下辖合浦、钦县、灵山、防城四县党组织。

广西各地的党组织顺应新的形势,进行调整、发展,壮大了党的力量,团结各界各阶层人士,广泛深入发动群众,促使各地抗日救亡运动蓬勃兴起,全民抗战的情绪空前高涨。

## 二、党在第二届广西学生军的活动

全面抗战爆发后,桂系在派遣部队开赴前线的同时,组建广西学生军(史称第二届学生军),到前线去配合正规军开展战地宣传和服务工作。

桂系当局组建学生军的告示一公布,广大青年学生即纷纷响应,几天之内,报名者达 5000 多人。经过考核,录取了 280 人,男女生约各占一半。参加这支学生军的共产党员,有朱澄霞、郑忠(郑少东)、易凤英、莫如珍等十多名。

1937 年 10 月,学生军集中在桂林市郊李家村进行编队训练。全部人员编为一个大队,下设一个男生中队,一个女生中队,广西大学来的学生单独设一个分队。学生军中的中共党员秘密串联,成立了党小组。12 月 4 日,学生军拔营北上,28 日到达武汉。这支全副武装的学生军,特别引人注目,成为中外记者采访的重要对象。学生军的女兵被称为“巾帼英雄”“现代花木兰”“娘子军”。在武汉期间,学生军先后请了周恩来、叶剑英、王明、博古、邓颖超、张爱萍、聂鹤亭等人来演讲、作报告,使大家了解到中国共产党的主张,认清了抗战的形势和任务,提高了政治思想觉悟。

为了接上党的组织关系,莫如珍、易凤英、郑忠等先后到八路军驻武汉办事处联系。周恩来、邓颖超接见了他们。在听了他们的汇报之后,周恩来指示他们先组织起来,商量研究工作,开展活动。学生军的党员即按照周恩来的指示,由莫如珍、郑忠、易凤英三人组成党的中心小组,其余党员和党的发展对象,自然形成小组。

1938 年 2 月 5 日,学生军从武汉出发北上,3 月 3 日到达安徽六安,归第十一集团军总部管辖。这期间,学生军中的中共党员发动群众,机智地对付了集团军总部政训处主任韦贽唐要大家检举所谓学生军中共产党的阴谋活动,提出了“要求上前线抗日救国,不在六安打雪仗”的要求。得到批准后,学生军开拔到田家庵(今淮南市),脱离了险境。29 日,学生军到达田家庵前线阵地。他们在与日军隔河相望的地带,深入战壕,慰问守军将士,昼夜开展宣传工作。

4月17日，学生军从田家庵转移到合肥。这时，李宗仁决定，将学生军分为两个男女混合中队。第一中队归属第十一集团军，第二中队归属第二十一集团军，保留学生军大队部，隶属第十一集团军总部。学生军党组织经过研究决定，共产党员都留在第二十一集团军，并团结争取更多的进步同学留在这一边。签名结果，到第二中队的，共有82人，其中大部分是共产党员和进步分子，由钟少熙任中队长，中共党员朱澄霞、麦世法任指导员。

5月，中共安徽省工委根据中共中央长江局的指示，派谭光廷找到莫如珍，接上了组织关系，批准成立学生军支部，莫如珍任书记，由安徽省工委直接领导。学生军党支部建立以后，先后发展了甘怀勋、赖月婵（王彦）、蒋奎等20多人入党。

7月，抗战一周年时，学生军派一个代表团，回广西宣传前方抗战情况，推动后方青年的抗日救亡活动。代表团成员共八人，其中中共党员五人，进步群众三人。代表团回到广西后，在各地党组织协助下，到全省各地进行巡回宣传活动，产生了很大影响。10月，代表团返回前线时，区济文等三名共产党员随团到了安徽，参加了学生军。

年底，广西学生军第二中队奉命分别从湖北省英山县和罗田县集中到立煌县（战时安徽省会，今金寨县）。此时，根据中共鄂豫皖区党委常委张劲夫的指示，学生军派一部分党员进入国民党的地、县、区政府机关工作，其余大部分党员进入省、县民众战时动员委员会等群众团体和单位工作。这些党员在动员群众，发展抗日民族统一战线，掩护边区党委和大别山党的地下活动等工作中，取得了显著成绩。

1939年冬，国民党发动第一次反共高潮。1940年2月，根据鄂豫皖边区党委的指示，学生军党支部带领全体党员和进步分子撤退到新四军根据地。桂系顽固派、安徽省主席李品仙得知这一情况后，立即派兵追捕，下令通缉。撤退到新四军根据地后，广西学生军的中共党员和进步分子40人，于1940年3月16日，联名发出《为制止反共摩擦，广西学生军致李宗仁、白崇禧电》。该电文通过延安新华社电台向全国广播，揭露了李品仙倒行逆施的罪行，给桂系顽固派以有力的回击。至此，党在第二届广西学生军完成了其历史使命。

### 三、组织和发动共产党员和进步青年奔赴延安

全面抗战爆发后，广大共产党员和进步青年抗日情绪空前高涨，他们仰慕革命圣地延安，纷纷要求到延安学习、工作。中共广西省工委认为，送一些人到延安学习，对培养干部和将来广西党工作的开展，很有好处。因此，先后选调和帮助 100 多名共产党员和进步分子去延安。在钦廉四属，1938 年 2 月和 1939 年夏初，也有两批共产党员和进步青年共 20 多人奔赴延安。这一批批的共产党员和进步青年，多数是几个人结伴同行，分别在不同的时间，从不同的地点出发，通过重重关卡，历尽艰辛，先到达西安，找到八路军驻西安办事处，再由办事处安排，分批到达延安。

他们到延安后，分别进入中共中央党校、抗日军政大学、陕北公学等学校学习。他们珍惜这难得的机会，努力学习马列主义理论和党的抗日民族统一战线方针政策，学习有关专业知识。学习结业后，有的留在陕北根据地工作，有的分赴八路军、新四军，在抗日前线或深入敌后工作，在实际工作和战争烈火的锻炼、考验中迅速成长，大部分人都入了党，成为各方面工作的骨干，在工作中作出了出色的贡献。其中，罗奋平、唐亲政、李祖陵、钟国宁、陈厚三（改名巴斯克）、庞炎（改名庞佳）、宁振邦等先后在抗日战争和解放战争中英勇牺牲。全国解放前后，李殷丹、黄传林、廖联原等一批当年奔赴延安的党员先后回到广西工作。

## 第三节　桂系制造的反共事件与广西党组织的整顿

### 一、广西各地相继发生的反共事件

抗战初期，桂系顽固派依然对中共广西地方组织采取残酷镇压的政策，在广西各地制造了多次反共事件。

陶保桓、崔真吾被害事件。1937 年 8 月，桂系的国民革命军第五路军总司令部下令，在桂林、南宁、柳州等地，以托派的罪名，逮捕了广西

军校政训处处长王公度等四名桂系党政官员，同时趁机逮捕了中共柳州支部书记陶保桓，中共党员蒋汝志、崔真吾以及一些进步人士。9月14日，桂系将王公度等四人枪决。17日，将陶保桓、崔真吾杀害。桂系诛杀王公度等四人，是由于其内部矛盾引起的。王公度原受桂系李宗仁、白崇禧的重用，掌管桂系的特务、政训和党务，桂系的一些高级将领对他极为忌恨，非把他除掉不可。桂系借王公度案杀害共产党员陶保桓、崔真吾，则是为了打击中共广西地方组织和进步势力。

中共郁江特委被破坏事件。国民党南宁民团指挥部派遣的特务分子刘锋民混进共产党内后，担任了中共宾阳县委书记的职务。他在参加郁江地区党代会时，窃取了机密。1937年9月7日，桂系顽固派下令逮捕了中共郁江区特委书记陈湖光、委员李蔚梁。接着，逮捕了中共宾阳县委全部七名委员和邕宁、永淳、武宣三个县委领导成员各一人。这次事件，使中共郁江区特委受到严重破坏。事件发生后，中共广西省工委立即采取应变措施，切断了与郁江特委的联系，对所属各级党组织进行了整顿。

同月，由于叛徒出卖，桂系当局逮捕了中共桂林县委书记徐敬伍，中共桂林县委及其所属党组织也因此受到了破坏。

那马惨案。全面抗战爆发前，中共那马中心县委在都安县镇西乡一带深入发动群众，发展党员，建立了党支部，组织了革命武装，领导群众进行反抗国民党反动派的斗争。1937年上半年，国民党都安县政府曾多次派兵前往“清乡”。同年8月，县长陈泰春又带领县警、民团官兵20多人到该乡驻扎，强迫各村群众把私人枪支拿出来烙印，并向每村勒索“罚金”白银一担（1000块光洋），还袭击拿枪来烙印的群众，打死了几个瑶民。镇西乡党支部领导群众进行武装反抗，在两次战斗中，共打死县警、民团70多人，俘虏20多人，缴获枪支弹药一批。事后，南宁区民团指挥官率兵2000余人，到该乡进行“围剿”。乡党支部领导群众奋起反抗，双方相持数月之久。乡党支部派人去向那马中心县委汇报情况，请求支援。南宁区民团指挥官看到用武力不能解决问题，害怕事态继续扩大，只好派人请求国民革命军第八、第九独立团那马后方留守处出面调解。留守处主任、中共那马中心县委书记徐泽长亲自到都安调解处理，与国民党方面谈判达成协议，双方停火，事态平息。后来，群众提出控告，广西省政府被迫判处陈泰春15年有期徒刑。中共那马中心县委因参与处理镇西乡事件而暴露。

1938年6月中旬，南宁区民团指挥部派人与中共那马中心县委负责人会见，制造合作假象。接着，南宁区民团副指挥官黄建元亲自到那马，以商谈处理镇西事件善后工作及合作抗日诸问题为名，电邀“留守处”主任徐泽长、副主任李凤彰、韦成篇（均为中共那马中心县委成员）到那马县城周鹿镇。徐、李到达那马县政府即遭拘捕。韦成篇因病未去，黄建元再次派人催促。韦带病和一名随从人员前去，又遭拘捕。8月3日，徐泽长等四人于武鸣县城东门外惨遭杀害。这是当时震动全省的那马惨案。

国民党桂系顽固派的倒行逆施，给中共广西地方组织的活动造成了很大困难。

## 二、南委对广西党组织的审查和整顿

由于广西党组织屡受镇压和破坏，上级党组织认为广西党混进了托派，组织不纯，政治路线有问题，群众工作有错误。中共中央长江局遂于1937年12月27日作出决定：“考察广西党的领导机关”，“在思想上组织上严格肃清托匪的活动”，并指示中共南方工作委员会[①]具体贯彻执行。

1938年3月中旬，中共南委派黄松坚到广西负责审查整顿广西党组织。黄松坚到南宁后，宣布南委的决定，对广西党进行逐级审查、重建，对全省党员进行逐个审查，重新登记。首先是审查省工委委员。省工委九个委员中，彭懋桂（省工委书记）和黄彰，不久前已经在广州经过南委的审查，证明没有问题。省工委代理书记陈岸[②]经过审查，获得通过。黄随即报请南方工委批准成立新的省工委，由黄松坚任书记兼组织

① 1937年10月，根据中共中央的指示，撤销中共南方临时工作委员会，成立中共南方工作委员会，书记张文彬。

② 1937年11月，彭懋桂赴香港向南委汇报工作时，指定陈岸任省工委代书记。

部部长，陈岸任委员兼宣传部部长，黄彰任委员。彭懋桂因前段工作出了一些问题，自己提出不参加省工委，省工委决定他任南宁市委书记。原省工委的其余六名委员，黄桂南、陈湖光因犯了严重错误，已被开除党籍，不再审查；林鹤逸经过反复审查，保留党籍；省工委委员刘敦安、麦世法被怀疑是托派，不予登记；委员滕雪心，因其恋爱对象被怀疑是托派，被开除了党籍[①]。

审查广西省工委委员工作结束后，接着审查全省各地的党组织和党员。4月中旬，省工委向各级党组织和党员发出《组织通告》，说明过去广西党组织“非常松懈”，必须“严格整理和改造”，“才能巩固党的组织”。为此，省属各级党的干部，均要“重新调查”，“从中教育”，“分别整理”。《通告》还附有对党员历史、思想、工作等方面情况进行调查的要点，要求各级党组织切实做好调查工作。

省工委委员分赴各地进行审查工作。黄松坚到右江地区，陈岸和黄彰先到玉林，尔后陈岸去桂林，黄彰去梧州。南宁市委书记彭懋桂、南委巡视员莫西凡留在南宁。审查工作十分严格。对当地党组织，从上而下逐级审查后，即着手进行整顿。对党员，进行逐个审查，没有问题的，予以重新登记，随即恢复组织活动。被认为有问题的，不予登记或宣布开除党籍。

政治路线方面，经过严格审查，也分清了是非。认为广西党组织对贯彻执行党的抗日民族统一战线的方针政策，态度是积极的，工作也是比较广泛、深入、扎实的，在政治路线上是同党中央保持一致的。

在审查、整顿广西党的过程中，5月中旬，黄松坚、莫西凡、彭懋桂等六人在南宁被桂系当局逮捕，省工委和南宁市委均遭到严重破坏。事件

---

① 后来，刘、麦二人去安徽工作，路经武汉时向中共中央长江局申诉，恢复了党籍，并由长江局介绍到安徽，与中共鄂豫皖边区委员会取得了联系。他们在桂系的第二十一集团军任职，刘敦安还负责中共在该集团军中的工作。他们在统战工作和为新四军收集情报等工作方面做出了重要成绩，得到鄂豫皖边委和新四军领导人的表扬。1943年，刘、麦两人以及与他们有联系的一批共产党员被桂系顽固派逮捕活埋，壮烈牺牲，解放后已追认为烈士。滕雪心被开除党籍后仍积极为党工作。1983年，经中共南宁市委复查，弄清了当时与她谈恋爱的那个对象并不是托派，而是普通群众。她得到平反后于同年重新入党。

发生后，陈岸等即先后赶到广州向广东省委报告（是年4月，中共中央撤销南方工委，成立广东省委，书记张文彬。广西省工委由广东省委领导），请求进行营救。此时，广东省委指定陈岸代理广西省工委书记。后经周恩来向桂系当局交涉，黄松坚等于年底获释。黄出狱后，调往广东工作。

陈岸从广州回到广西后，检查了黄松坚等被捕事件的教训，做好善后工作，继续进行对党组织的审查、整顿。10月中旬，审查、整顿党的工作宣告结束。

这次审查的结果表明，广西党组织基本上是好的。通过审查整顿，党员的思想认识有所提高，党组织得到健全。但是，也错整了一些人，伤害了一些同志，产生了一些不良后果[①]。

① 解放后历次审查证明，广西党组织并没有混入一个托派分子。许多党员是在与托派的斗争中，经过锻炼和考验，成长起来的。1982年，经中共广西壮族自治区委员会上报中共中央批准，对广西党组织的所谓“托派”案作了彻底平反。

# 第 十 章

# 八路军桂林办事处的建立和广西救亡运动的发展

## 第一节 八路军桂林办事处的建立及其活动

### 一、桂林八办的建立

1938年10月，日军占领广州、武汉。中国抗日战争逐渐从战略防御阶段转入战略相持阶段。此后，日本的侵华方针有了重大变化：日军在正面战场上停止了战略性进攻，逐渐将其主要兵力用于打击八路军和新四军；对国民党政府，从以军事进攻为主、政治诱降为辅，转变为以政治诱降为主、军事进攻为辅。

周恩来、董必武等在撤离武汉之前，分析了抗战形势、蒋汪矛盾、蒋桂矛盾以及重庆、桂林的政治环境，做了撤退到重庆、桂林的准备。他们还对分配到桂林工作的同志作了指示：到广西后的工作原则，是要在广西搞好统战和抗日救亡的宣传工作，要把大批进步人士吸收到广西去。同时，指示做上层统战工作的同志，要向桂系的上层人物做好宣传，促使桂系坚持抗战，反对蒋介石的反共投降倾向。

11月13日，周恩来撤离长沙，在前往衡阳途中，一度与白崇禧同车。周对白说明抗日民族统一战线的方针政策，鼓励白放开胸怀，坚持抗战，争取当民族英雄，并向白提出，为适应武汉失守后形势发展的需要，打算在桂林设立八路军办事处，说明旨在支持广西抗日。白赞扬中共的抗日游击战争战略方针，对周的提议表示支持和协助。

八路军桂林办事处（简称桂林八办）于1938年11月中旬成立，处长李克农。在此之前，中共在桂林的联络办事机构称新四军桂林通信处，处长吴奚如。桂林八办对内是中共中央南方局的派出机构，李克农全面负责党内外各项工作，党的组织工作由曹瑛（当时化名石磊）负责。办事处设在桂林市桂北路（今中山北路）138号“万祥醋坊”的一幢两层楼房里，并在城北的路莫村和全家村租用了几间民房，作为机要电台、仓库和过往人员的驻地。

## 二、桂林八办的活动

桂林八办成立以后，在中共中央南方局直接领导下，做了大量卓有成效的工作。

**联络、掩护华南各地党组织。**桂林八办在党内作为中共中央南方局的派出机关，肩负着领导广西地下党，联络湘、赣、粤、港和南洋等地党组织的任务。它通过地下交通和电台通讯等途径，向这些地区的党组织传达党中央、南方局的指示，向党中央和南方局汇报各地党组织的工作情况，请示解决各种问题。

**推动抗日民族统一战线在广西的发展。**首先，团结桂系的上层人物。李克农利用公开合法的身份，经常与桂系的上层人物接触，和他们交朋友，谈党的统战方针政策。桂林八办建立不久，李克农就会见黄旭初，坦率地表明了中共在广西的活动，旨在支持广西团结抗战，不干涉广西的内部事务，不挖广西的墙脚。同时，通过在国民党的党政军部门中任职的中共秘密党员和与中共有关系的人士，如谢和赓（白崇禧机要秘书）、侯甸（广西绥靖公署科长）、周可传（三青团广西支团部组长）、左洪涛（张发奎秘书，以上四人均为中共党员）、刘仲容（桂林行营参议）等，在桂系上层了解情况，进行统战工作。

其次，团结国民党民主派人士。桂林八办十分注重团结李济深、陈劭先、李任仁、陈此生等国民党民主派人士，同他们友好交往，保持密切联系，并通过他们做桂系上层人物的工作。在桂林八办的推动下，这些爱国民主人士紧密合作，在掩护共产党的地下活动，保护共产党员和进步人士的安全，解决这些人的工作和生活困难问题，以及开展抗日救亡运动等方面，做了许多工作，发挥了重大的作用。

再次，团结各界进步人士。桂林八办除了与一些有影响的进步人士直接联系以外，还通过在桂的中共党员夏衍等文化名人做工作，使云集桂林的各界进步人士，分别参加救国会、中国农村经济研究会、广西建设研究会等进步社团，积极投入抗日救亡运动。桂系原来有一个反蒋的秘密组织，称广西革命同志会。全面抗战爆发后，桂系解散了这个组织，另外成立了一个广西建设研究会，由李宗仁任会长，白崇禧、黄旭初任副会长。桂系党政军的头面人物几乎都参加了这个会。李济深任国民政府军委会桂林办公厅主任时，也被推举为名誉会长。但是，实际主持会务工作的，是桂系的民主派人士李任仁、陈劭先。桂林八办利用该会进行统战活动，先后引荐了夏衍、胡愈之、范长江等一批中共党员和柳亚子、千家驹、李四光、金仲华等一批进步名流、专家参加该会活动，并担任各部要职，主持该会的日常工作。他们通过该会，坚持同反共顽固分子作斗争，广泛团结爱国民主人士和进步文化人士，开展抗日文化运动，争取民主进步，孤立顽固势力，发展进步势力，扩大了抗日民族统一战线。

另外，对宗教界的统战工作，也很有成效。在桂林，宗教界有一定力量和影响。通过桂林八办的工作，基督教、天主教、佛教、伊斯兰教等组织的抗日救亡团体，不分信仰，都动员了起来，积极参加抗日救亡运动，控诉日军暴行，出钱出力，坚持抗战。广西伊斯兰教救国会曾组织回民声讨汪精卫的叛国罪行，出版抗战刊物，并在训练青年，成立收容所、救济队，救济难民等方面，做了许多工作。

**领导桂林抗日文化运动**。桂林八办通过各种途径，团结云集桂林的大批进步文化人士，推动抗日文化运动蓬勃发展。一是通过合法渠道，利用合法身份、场合和合法团体、机构，宣传中共的方针、政策和主张，从政治思想路线上实施领导。二是通过基层党组织，实施组织领导。当时桂林的党组织，有外省党组织系统和广西地方党组织系统。两个系统的组织均属“八办”党组织领导。直属“八办”领导的基层党组织，有新闻、出版、文化、教育系统的十多个总支和支部。其中有《新华日报》桂林分馆、《救亡日报》社、新知书店、读书出版社、生活教育社、国际新闻社、抗敌演剧第九队(1941年改为第五队)、抗宣一队(1941年改为第四队)、新安旅行团、汉口基督教女青年会战时服务团等单位的总支或支部。广西省工委领导的桂林地方基层党组织,有20多个支部。这些基层党组织,按照桂林八办和广西地下党的指示,积极推动抗日文化运动的开展。三是向社会文艺团体和学术单位,秘密派进共产党员,在不同程度上掌握该团体单位的领导权,使之按照党的方针政策开展工作。如中华全国文艺界抗敌协会桂林分会,有共产党员夏衍、司马文森、周钢鸣担任理事,中共党员作家和进步作家在会员中占很大比例。桂林文化供应社是中共党员胡愈之以救国会代表的名义,同广西建设研究会合作办起来的,中共党员、进步人士成为该社骨干。

**筹运军需物资,输送过往人员。**武汉、广州沦陷后,桂林成了抗日大后方在西南对外联系的枢纽。当时,从香港、南洋等地筹集到的华侨捐献的各种军用物资,向国民党军需部门领取的八路军、新四军的军饷、军需品,以及有关过往人员及其家属,回国参加抗战的华侨,大都经过桂林八办转送到延安和八路军、新四军驻地。如1939年5月,桂林八办派人到新加坡接受华侨捐赠的汽车、电信和医药器材,经香港、越南河内、镇南关(今友谊关)到桂林,再转辗运到陕北,历时3个多月。随车回国参加抗战的,还有20多名新加坡、马来西亚、泰国、菲律宾等地的华侨。

## 三、周恩来、叶剑英在桂林的活动

1938年9月底至11月初,中国共产党在延安召开扩大的六届六中全会。全会总结了抗战以来的经验教训,确定了党在抗战相持阶段的方针和任务,重申必须独立自主地领导人民坚持抗战。同时,根据形势的发展,决定撤销长江局,在重庆设立中共中央南方局,周恩来任书记。

八路军桂林办事处成立后,周恩来先后三次到桂林检查指导工作。1938年12月初,他从长沙来到桂林,8日即应邀出席在桂林大华饭店举行的国际反侵略运动大会中国分会桂林支会筹备会成立大会,在会上作了关于抗战形势的演讲。周恩来还与郭沫若一起会见了白崇禧,提出《救亡日报》在桂林复刊的问题,白表示欢迎。1939年2月中旬,周恩来和新四军军长叶挺前往皖南新四军视察工作时,途经桂林。16日应邀出席白崇禧在桂林行营大礼堂举行的庆祝国民政府军事委员会军训部成立周年纪念大会，在会上作了关于广州、武汉沦陷后的抗战形势的演讲，宣传毛泽东关于论持久战的战略思想。会后，白崇禧命令广西当局选拔干部到南岳西南游击干部训练班受训，并要求广西的干部学习毛泽东的《论持久战》。4月底，周恩来从皖南回来，第三次到桂林。他会见了一些国民党的高级军政人员，对他们分析了抗日战争的形势，阐述了毛泽东论持久战的战略思想。他在接见记者和文化界人士时，畅谈抗战形势，谈到同投降派作斗争问题，揭露国民党顽固派不断制造摩擦的阴谋活动，并号召大家做好工作，巩固和扩大抗日民族统一战线。

在此期间，叶剑英也多次来到桂林，利用各种机会进行统战活动，并以八路军参谋长的身份，多次应邀作公开演讲。1938年12月初，叶剑英在广西大学向师生讲抗战形势。1939年1月下旬，又给广西学生军团第二团官兵讲《现阶段的游击战和正规战》。4月上旬，出席生活教育社主持举办的演讲会，讲《积小胜为大胜》。5月21日，应黄旭初的邀请，到广西地方建设干部学校给全体师生员工讲《当前战局之特点》。28日，向各界人士再次讲《积小胜为大胜》。叶剑英的演讲，以丰富的材料和生动的事实，讲述了抗战的形势和任务，介绍了八路军、新四军的战绩和经验，阐述了毛泽东关于持久战和抗日游击战争的战略思想，宣传了中国共产党的路线、方针、政策，号召广大青年到敌人后方去发动群众，开展抗日游击战争。周恩来、叶剑英在桂林的活动，对促进党的抗日民族统一战线在广西发展起到了重要作用。时人评论说，叶将军的演讲，“稳定了军心、民心，抵得上千军万马”。

## 四、桂林八办领导下的广西党组织

1938年11月下旬，中共广西省工委代理书记陈岸从南宁到桂林，与桂林八办接上组织关系，接着，省工委机关迁到桂林。此后，广西省工委受桂林八办直接领导，由曹瑛负责联系。

12月，南方局在湖南衡阳举办党员干部训练班。经李克农介绍，陈岸率领覃桂荣等六名广西党员干部前往参加学习。学习回来以后，省工委于1939年2月中旬，由陈岸、黄彰主持，在灵川县雍田村举办党员干部训练班，传达、学习衡阳训练班的精神。参加训练班学习的有全省各地的党员干部十多人。黄彰、黄书光、覃桂荣根据衡阳训练班学习的内容，分别就党的建设、统一战线、青年运动等问题进行讲课。学习期间，曹瑛曾到训练班指导。此后，全省各地的党组织相继举办训练班，传达贯彻灵川训练班的精神和省工委的有关指示，使党员干部和党员更清楚地认识抗战形势和党的抗日民族统一战线的方针政策，积极动员各方面力量投入新的战斗。

周恩来对广西党的工作十分关心。1939 年 2 月他在桂林"八办"同李克农、曹瑛谈形势，谈党的工作问题，对广西党的工作作了重要指示。

指出：要坚决执行隐蔽精干的方针；广西地方党组织的工作应放在下层，不忙发展党员，工作重点是认真整顿好组织，建立短小精干的领导机关；要注意宣传好毛泽东《论持久战》等著作；要利用一切机会，采取一切办法，动员群众投入到抗日救亡运动中去；在讲团结抗战时，不要忘记国民党顽固派在搞分裂投降活动；要加强理论、政策学习，时刻以党中央的路线方针政策检查党的工作。

4 月，桂林八办根据周恩来的指示，对中共广西省工委作了调整，宣布陈岸任广西省工委书记，黄彰、黄书光任委员。7 月上旬，根据中共中央南方局《关于组织问题的紧急通知》的精神，桂林八办宣布撤销省工委，成立桂林、梧州、南宁三个特支，分别由陈岸、黄彰、黄书光任书记。三个特支均由桂林八办直接领导。桂林特支辖桂林、柳州、庆远、平乐（一部分）三个半行政区的党组织；梧州特支辖梧州、浔州、平乐（一部分）两个半行政区的党组织；南宁特支辖南宁、武鸣（一部分）、龙州、玉林三个半行政区党组织。

12 月，陈岸作为广西出席中共七大的代表，离开广西，前往延安，由张丽贞代理桂林特支书记。

三个特支的主要任务是：积极巩固和发展抗日民族统一战线，大力宣传 1939 年 7 月中共中央提出的"坚持抗战，反对投降；坚持团结，反对分裂；坚持进步，反对倒退"三大政治口号，深入发动群众，广泛开展抗日救亡运动，一旦日军入侵广西，即组织抗日武装斗争，建立游击根据地，开展抗日游击战争，同时适当发展党的组织，壮大革命力量。

广西党组织的各项工作，都以秘密的方式，通过抗日民族统一战线的形式和渠道去进行。如派遣党员利用社会关系，进入广西各地基层政权机关及其所属单位内部，以公开合法的身份掩护党的秘密活动；派遣党员参加桂系办的青年、学生、工人、妇女以及学术团体进行活动，发动、组织广大群众，开展抗日救亡运动，团结进步分子，扩大进步势力，从中培养、发展党员，壮大党的队伍；派遣党员加入桂系地方当局组建的抗日武装队伍，对其军政人员进行统战活动，取得他们的信任和支持，并在工作中起领导和骨干作用，带领这些队伍开展抗日武装斗争，培养锻炼军事人才，待条件成熟后，转变为人民的武装。

## 第二节　桂林抗日文化运动

### 一、进步文化人士云集桂林

广州、武汉相继沦陷后，原在华中、华南从事文化工作的共产党员和进步文化人士，从四面八方云集桂林。据统计，抗日战争时期先后在桂林从事过抗日文化活动的文化人士有1000多人。其中，著名的作家、诗人、画家、戏剧家、音乐家、科学家、教授、学者200多人。如此众多的文化人士集中到桂林，主要是由于我国半壁河山沦丧，沦陷区的大批文化人士需要往大后方疏散；桂林是西南重镇，也是交通枢纽，进退比较方便；蒋桂有矛盾，日军又步步进逼，桂系既怕蒋系势力渗入广西，又怕日军入侵广西，为了保住广西，它要借共产党的威望招纳人才，扩大它的势力，争取群众对它的信任和支持，因而在一定程度上容许抗日文化运动和抗日救亡运动的开展；中国共产党开展抗日文化工作战略部署的需要，党的抗日民族统一战线方针政策的指引和感召。

桂林是一个历史文化名城，原来的文化基础较好。全国抗战爆发前后，中共桂林地下组织和进步人士，在抗日文化方面做了不少工作。全国各地从事文化工作的共产党员、进步文化人士来到桂林后，同广西的共产党员、进步人士会合，形成了一支抗日文化工作的骨干力量。这支骨干力量，在桂林八办和中共广西省工委的领导下，掀起了气势磅礴的抗日文化运动，形成了驰名中外的桂林抗战文化城。

## 二、桂林抗日文化运动的兴起

新闻方面。1938 年 11 月以前，桂林出版的报纸只有广西当局办的《广西日报》一家。从 1939 年至 1944 年，先后在桂林出版和发行的报纸有数十家，另有新闻机构十来个。其中影响较大的是中共领导的《新华日报》社桂林分馆（负责人先后是张尔华、陈晃），《救亡日报》社（社长郭沫若，总编辑夏衍），国际新闻社（社长先后是范长江、陈国生、孟秋江，总编辑黄药眠），中国青年新闻记者学会（1939 年春总会迁重庆，桂林设南方办事处）。国际新闻社总社于 1938 年 11 月 21 日在桂林成立，在香港、重庆设分社，金华设办事处。国新社向国内外 150 多家报刊发稿，打破了国民党中央新闻社对新闻的垄断，在国内外产生了重大影响。

出版方面。据统计，抗日战争期间，桂林前后办起来的书店、出版社，共有 200 余家，出版杂志近 200 种，各类图书 1000 多种。当时桂西路（今解放西路）被称为“书店街”。中共直接领导的书店、出版社有：《新华日报》桂林营业处、生活书店、新知书店、读书出版社、南方出版社、文化供应社。以中共党员和进步文化人士为骨干的有：三户图书社、科学书店、开明书店、白虹书店、文献出版社、《广西妇女》社等。桂林出版发行的各类图书杂志不少畅销到港澳以至东南亚各国。

文学方面。郭沫若、茅盾、夏衍、巴金等文化名流和作家，根据南方局和周恩来的指示，成立了中华全国文艺界抗敌协会桂林分会，贯彻总会提出的“文章下乡，文章入伍”的口号，团结广大文艺工作者，组织作家开展社会活动，举办各种座谈会和文艺讲习班，讨论抗战小说写作和文艺创作的民族化和大众化等问题，推动作家深入生活，进行创作，各种文学作品如潮涌现。《抗战文艺》《野草》《中国诗坛》《十月文萃》等文艺刊物发表了大量弘扬民族精神、宣传全面抗战的文艺作品。

戏剧方面。在桂林活动过的戏剧团队有 70 多个，其中话剧团队 40 多个。如广西艺术馆话剧实验团、国防艺术社、抗敌宣传队、新安旅行团、广州和厦门儿童剧团等。在桂林工作的知名戏剧家，有欧阳予倩、田汉、洪深、瞿白音、杜宣、洪道、熊佛西、焦菊隐等。演出和观看抗战戏剧，在桂林形成了群众性的活动。不少机关、学校和民间团体都组织了业余戏剧团队，踊跃投入抗日救亡宣传运动。他们除了在城里剧院演出外，还深入农村、军营、防空岩洞，以至奔上前线，开赴海外演出。李克农也写了活报剧，并带领桂林八办的同志到街头演出。中共党员领导的新安旅行团是一个宣传抗战的青少年团体。该团在桂林三年，团员发展到近百人。他们深入农村、工厂、学校，演抗战戏，唱抗战歌。1940 年 10 月，他们演出了揭露顽固派和投降派面目的大型歌舞剧《虎爷》，在桂林引起了轰动。戏剧家欧阳予倩对桂剧的改革也取得显著成就。

音乐方面。到桂林的著名音乐家有张曙、林路等人。出版的音乐刊物，有《每月新歌曲》《新音乐》等几种。桂林群众性的音乐运动开展得十分火热，许多机关、学校和群众团体，都组织有歌咏队、合唱团，经常举行音乐会和歌咏比赛，进行街头歌咏宣传。一些进步音乐工作者经常深入到群众中去教唱抗日救亡歌曲，带动了群众歌咏活动蓬勃发展。在重大节日，常常举行大型歌咏会，曾举办过场面宏伟的“万人大合唱”。日本飞机轰炸桂林时，举行“反轰炸歌咏大会”，气氛慷慨激昂。《音乐阵线》发表评论说：“抗战开展了新音乐运动，新音乐运动推动了抗战。”

舞蹈方面。富有民族特色的歌舞活动，在桂林很盛行。抗宣演剧七队演出的民间歌舞剧《新年大合唱》《生产三部曲》《生产大合唱》和音乐舞蹈造型《黄河》，轰动一时。民族新歌剧《军民进行曲》《农村曲》等，在桂林演出以后，还到广西西江流域各县和粤北巡回演出，后来又到南洋各地巡回演出。

美术方面。徐悲鸿、关山月、特伟、廖冰兄、丰子恺、余所亚、赖少其、陈烟桥等一批著名画家、漫画家、木刻家，团结桂林的美术工作者，成立了中华全国美术界抗敌协会桂林办事处，举办了艺术师资训练班、战时漫画训练班、木刻函授班等，创办了《工作与学习·漫画与木刻》《漫画专刊》等多种美术刊物。徐悲鸿、关山月等在桂林举办了画展。有的美术团体还到外地开展活动，以美术作品鲜明形象地歌颂军民合作抗战，控诉日军暴行，揭露国民党顽固派的阴谋活动。这些美术作品在激发和鼓舞群众抗日热情方面，起了积极作用。

教育方面。桂林的广西大学、逸仙中学、桂林中学、桂林师范学校等都有中共组织。这些学校的共产党员和进步人士，在教学中给学生介绍进步书刊，灌输进步思想，讲授革命道理，领导学生开展抗日救亡活动。不少学校建立了剧团、歌咏队、漫画组，出版小报、壁报，成立抗日救亡俱乐部，举办时事座谈会、文艺研究会。各校师生还跨出校门，走上社会，投入到抗日文化运动的洪流中去，与文化界各团体并肩战斗。

科技方面。在桂林的科研机构和团体主要有：国民党中央研究院所属的一些研究所、中国农村经济研究会、中国工业合作研究所等。著名科学家和学者李达、李四光、丁西林、金仲华、陈翰笙、千家驹等，在桂林开展了科技理论研究活动。如中国工业合作研究所主办的《中国工业》，刊登了有关工业经济、企业、合作事业、救济问题和民营工业界呼声等方面的文章和资料。这些科研单位和科学家们，在战时极其艰难的情况下坚持科研工作，出了许多重大成果，为桂林文化城增添了一份光彩。

## 第三节　党在各社会团体和学校中的抗日救亡活动

### 一、党在第三届广西学生军中的活动

日军占领广州、武汉后，广西形势危急。鉴于广西组织第一、第二届学生军在抗日救亡中的积极作用，广西当局于 1938 年 11 月组建了第三届广西学生军。各大中学校的青年学生抗日热情高涨，纷纷报名请缨。原定招收 1200 人，可是报名的有 1.9 万多人。许多青年学生不顾父母阻拦，放弃学业，投笔从戎，有的兄弟姐妹一同报名参加。经过考核筛选，录取了 4200 多人。月底，编为三个团。第一团以桂林、平乐、柳州、庆远地区的学生为主编成，第二团以梧州、桂平、玉林地区的学生为主编成，第三团以南宁、宾阳、左右江地区的学生为主编成。由桂系的第十六集团军总司令夏威兼任学生军司令。

学生军开始组建时，中共广西省工委根据党的抗日民族统一战线的方针政策，分析广西面临日军入侵的危急形势，决定动员和派遣党员并带动广大青年学生参加这支队伍。设想是：在日军入侵之前，利用这支队伍，广泛进行抗日救亡宣传，并扩大党的影响；日军入侵之后，把党所能掌握的学生军挺进敌后开展抗日游击战争，建立抗日根据地。

青年学生中的中共党员积极响应省工委的号召，报名参加了这支学生军，人数约 100 名。他们分布在各个团。学生军的 29 个男生中队中，有 23 个中队有中共党员，3 个女生中队都有中共党员。他们大部分当了班长，有一部分还担任了大队和中队的政治指导员，基本上掌握了学生军基层活动的主导权。

学生军一组成，三个团即分别成立中共支部，由省工委代书记陈岸和省工委委员黄彰直接联系。陈岸在桂林月牙山召集一部分党员骨干开会，分析形势，交代任务，强调要在斗争中争取党的领导权，发展进步力量。对反特、反奸、巩固和发展统一战线，学会做秘密工作等问题，也作了指示。1939 年初，省工委根据上级关于不在桂系军队中建立党组织的规定，撤销学生军中的党支部，改为党员个别联系。

1939 年 1 月，学生军集中在桂林进行训练。各个团党组织推动各大队、中队建立学习制度，开展学习活动，并邀请叶剑英、郭沫若、夏衍、范长江等到团里来作报告。通过这些活动，激发了学生军战士的爱国热情与追求进步的欲望，坚定了他们抗日救亡的决心，许多人也由此对中国共产党的主张有了初步认识。中共党员还积极带动学生军战士走出军营，到桂林市内开展抗日救亡活动，提高了党员在学生军中的威信。

学生军组建时，一些持有托派观点的人也被吸收了进来。在桂林集训时，他们就散布中国共产党倡导的抗日民族统一战线背叛了无产阶级，是向国民党投降等托派观点，企图破坏抗日民族统一战线。在学生军分赴各地的行军途中，还有人散播谣言，说抗战没有希望，行军很艰苦，煽动学生军战士逃跑。三个团的中共党员分别对这些情况作了调查研究，在取得团长的支持之后，发动学生军战士，召开大会小会，批判了托派观点，鼓舞了士气，团结了群众。

桂系为了把学生军牢牢控制在自己手里，处心积虑地在组织上、思想行动上“管理”学生军。中共组织密切注视这一动向，针对性的进行反控制斗争。1939 年 2 月至 4 月，学生军在桂林集中整训期间，桂系要在学生军内建立三青团，三个团的中共组织都对此进行了抵制，使它建立不起来，建立起来的，也没有进行组织活动，形同虚设。

4 月，学生军集训结束后分赴各地。第一团到桂东、桂中，第二团到桂东南，第三团到桂西南。他们分别在 30 多个县开展抗日救亡宣传。

各团的中共党员认真贯彻省工委的指示，带领学生军战士，切实开展抗日救亡运动。他们每到一地，就走家串户，访问群众，参加各种农事活动，同群众打成一片。然后，通过举办报告会、座谈会，出版墙报，张贴标语，演出戏剧，教唱歌曲，向群众宣传抗日救亡，揭露日军侵华暴行，痛诉沦陷区人民所受的深重灾难，讲述广西面临日军入侵的危急情况，激发人民群众抗日救国保卫家乡的热情。

在群众发动起来的基础上，学生军在各地城镇、乡村普遍举办了各种识字班、读书会，开展演剧、歌咏等活动，活跃群众文化生活，提高群众政治思想文化水平，引导群众关心国家大事和时局发展。他们还参与地方的民事工作，为民众排忧解难，处理纠纷；协助当地政府处理政务，解决疑难问题；引导和帮助群众组织抗日武装，进行政治学习和军事训练，把青年、妇女，以至老人、儿童，都组织到抗日救亡的行列中来。他们所到之处，抗日救亡运动迅猛兴起，受到了各阶层人士的信任和爱戴。群众誉称学生军是“兵王”。

学生军的良好表现深得民心，却引起了官僚豪绅的恐惧和忌恨。他们纷纷向夏威告状说：“学生军是吃五路军（国民党）的饭，做八路军（共产党）的事。”5 月，夏威在贵县召开“思想整顿会议”，要对学生军进行整顿。会上，少数顽固分子攻击学生军中有人阅读共产党书报，传播共产党思想，要求严加取缔。在场的共产党员据理反驳。夏威虽然对学生军“赤化”有所忧虑，但鉴于当时广西形势危急，还需要利用学生军为他进行战备工作，因此没有对学生军的进步活动采取严厉的限制措施，使反动分子的阴谋没有得逞。

夏威为了更好地利用学生军这支队伍,同时分散和削弱学生军的进步力量,下令举办干部训练班,抽调班长和文化水平较高的学生军战士去受训。训练班前后办了五期,近600人参加。学员结业后,一部分仍回学生军工作,一部分调到正规部队当连队的政工人员,一部分调到各地的军民合作站进行战备工作。调到正规部队和军民合作站的人员中,都有一部分共产党员。他们发扬学生军的优良作风,在桂南会战中起了良好的作用,扩大了学生军的影响。

由于人员调动和一些队员因故离队,1939年11月,学生军进行了一次整编,由三个团整编为两个团,分别部署在桂东南和桂西南的战事前沿地带。同月下旬,日军入侵桂南,桂南会战爆发。学生军深入战地,发动群众为正规军作向导,找驻地,供应粮草,运送弹药、物资和伤病员;调解军民纠纷,改善军民关系;协助政府收容、救济难民;组织战地农工商贸,缉拿走私,打击奸商;深入敌后,侦察敌情,惩治汉奸,打击日伪政权;配合地方政府组织民工破路,破坏日军的运输线。学生军独立或配合正规军和游击队对日军作战共130多次。12月1日,学生军的一个班配合国民党部队,在邕钦线上向日军的一个宿营地发起夜袭,歼敌近百名,缴获步枪80多支,小钢炮一门和一批物资。在历次作战中,有十余名学生军官兵英勇牺牲。

学生军的良好表现,赢得了国民党一些将领的高度评价,震惊了日本侵略者。日军贴出告示:“谁能斩获一个学生军的首级,即赏银一千元,斩获一个学生军军官的首级,即赏银三千元。”后来升格为“缉获学生军一人,赏银二千元”。还一再散发传单,张贴告示,对学生军进行威逼、利诱、挑拨、谩骂。

桂南会战结束后,敌我双方处于相持状态。1940年5月,夏威把学生军集中到隆安县下颜圩进行整编,从中抽调800人到第十六集团军干训班受训,准备在结业后分配到桂军连队任军官。学生军中有几名共产党员被派进该训练班工作,他们在训练班中建立了党支部。余下1200人组成一个学生军团,编为三个大队,归集团军总部直接领导。学生军中的党组织利用这个时机进行了整顿。经中共南宁特支书记黄书光请示桂林八办同意,在学生军恢复建立党组织,成立了中共总支委员会,归南宁特支直接领导，书记杨烈。[①] 接着，在学生军团的 11 个中队和《曙光报》社，共建立了 12 个支部，发展了 40 名党员。此时，共产党员靳为霖被委任为学生军团政治室主任，杨烈任军团部政治干事。这样，党组织的工作意图、计划，就经常以合法的行政方式层层下达布置，贯彻执行。

中共组织还掌握了学生军的宣传阵地《曙光报》。该报原是学生军第二团的机关报，1939 年 3 月在桂平创刊，有靳为霖等多名共产党员在其中掌握宣传导向，报纸受到广大读者的欢迎，发行量最高达万份。学生军在下颜整编时，报社发展了党员，建立了党支部。1941 年 8 月，报社进行改组，党的力量进一步加强，报社总编辑、副总编辑和经理，都是共产党员，全社 20 名员工，有 10 名是共产党员。此后，报社党支部由中共桂西南区特委直接领导。

整编后的广西学生军团，主要任务是：进行战地工作，加强军民合作站工作，在时机适当时开辟敌后根据地。军团党总支根据新的形势，提出党在学生军中的根本任务是："巩固学生军团，并争取其进步，以支持广西的进步力量"。这时，在军团中开展了一系列的政治思想教育，全军团士气旺盛，情绪高昂。

1940 年 8 月底 9 月初，参加军民合作站工作的学生军第三大队陆续从隆安下颜出发，奔赴岗位。队员被分配在军民合作站柳州总站及其所辖的忻城、宾阳、贵县、田东县等 7 个支站、58 个分站工作。到军民合作站的党员，都被安排担任支站、分站的负责人。他们利用这个有利条件，带领群众开展工作。第九中队在邕宁四塘、五塘一带，第十中队在邕宁八尺区还成立了工作组，发动组织群众，培养青年积极分子，配合当地游击队，开展对日伪的斗争，并在斗争中发展了几名游击队员入党。

第二大队开赴第十六集团军驻防的桂南地区邕宁、武鸣、宾阳等县，发动组织群众支援前线，配合部队坚守防线，协同当地游击队袭击骚扰日军，深入敌占区侦察敌情，鼓励"义民"，劝导"顺民"，调解"义民"和

① 杨烈、丘冰：《回忆学生军团党总支的建立及其主要活动》，载《党在广西学生军》，广西人民出版社 1988 年版，第 207 页。

“顺民”的矛盾，争取民心，瓦解日伪政权。他们还在敌占区发动群众，组织抗日游击队和各种抗日自卫武装，保护群众，骚扰和打击敌人。

第一大队一部分到龙州一带工作，大部分越过日军封锁线，深入到上思县一带敌占区，进行开辟抗日根据地的工作。在中共南宁特支书记黄书光、宣传委员覃桂荣的领导下，他们深入进行调查研究，宣传发动群众，成立读书会、青年救国会、文化补习班，举办各种训练班，培养了大批积极分子，发展了一批党员，为后来这些地方革命工作的开展打下了良好基础。

1940 年 11 月，日军撤出广西。1941 年 1 月，皖南事变发生，政治形势急剧逆转，桂系公开追随蒋介石反共。此时，党总支估计学生军即将被解散，便抓紧时机，深入宣传发动群众，积极举办青年训练班、读书会，讲授科学知识，传播革命思想，启发阶级觉悟，培养了大批积极分子，发展了一批党员。在学生军内也发展了 60 多名党员，进一步壮大了学生军中党的力量。

1941 年 6 月，广西当局宣布解散学生军，8 月办理结束事宜。在这期间，学生军党总支在桂西南区特委直接领导下，总结了党在学生军的活动和学生军各个方面的工作，审查了在学生军中发展的 100 多名党员（审查结果，全部合格），布置了今后继续在原来培养的对象中发展党员的任务，安排了党员的去向和党员在新岗位上的工作任务。党员的去向是：大部分到广西合作人员训练班受训，一部分到三青团各县分团部、十六集团军政工队、《曙光报》社、学生军通讯处工作，有的返回原校继续上学，只安排几个人专门从事党的工作。这是一次因势利导，把学生军中的共产党员播散到全省广大地区去的战略部署。至此，这支被誉为“既是宣传队，又是工作队，又是战斗队”的广西第三届学生军的历史宣告结束。

## 二、党在战时工作团中的活动

日军占领广州、武汉后，面对日军入侵的严重威胁，中共广西地方组织遵照党的抗日民族统一战线的方针政策和全民抗战的路线，积极推动广西当局组建战时工作团，深入城乡发动组织群众，支持和参加抗战，用人民战争来战胜日军。1939 年 1 月，陆川县在中共组织的推动下，首先成立了县战时工作团。1939 年春夏，北流、博白、玉林、贵县、兴业等县战工团相继成立。6 月，中共玉林中心县委为了统一领导玉林五属的抗日救亡工作，通过民主人士出面成立玉林五属战时工作总团。11 月，日军侵入桂南。南宁沦陷前夕，经中共南宁特支做工作，南宁区民团指挥官、爱国将领梁瀚嵩同意成立南宁区战工团。广西省政府迫于形势，于 1939 年 11 月下旬，下令在战区附近和日军可能进一步入侵的梧州、玉林、浔州等地区成立战时工作团。

按照广西省政府“饬令”的规定，县战工团团长由县长担任，副团长由国民党县党部书记长、县参议会议长、县民团副司令担任。中共广西各级组织在积极推动成立战工团的同时，发动党员带动进步分子参加战工团，掌握实际领导权，通过共产党员的骨干作用，更好地发挥这支队伍在抗战中的积极作用，同时扩大党的政治影响，壮大进步力量。陆川县战工团副团长李耿、秘书林克武是共产党员，团部各部门的负责人几乎全是共产党员。全县战工团有 15 个中队，49 个分队，共有脱产团员 40 人，不脱产的团员 3000 多人，其中的中队长和分队长，大部分是共产党员。北流县战工团有专职团员 40 人，其中共产党员 30 多人；战工团分两个队，都建立了党支部。博白县战工团有专职团员 60 余人，其中共产党员 28 人，秘书吕仲先和多数部门的负责人，是共产党员，团内建立了党支部。玉林县战工团有专职团员 30 人，副团长龙明勋是爱国人士，各部门负责人也多是共产党员。兴业县战工团有专职团员 28 人，乡村有不脱产的义务团员，副团长覃震声是爱国人士，副团长兼秘书覃注礼是共产党员。贵县战工团秘书谭镇邦是共产党员，各部门的负责人也多是共产党员。玉林五属战工团总团秘书金石声是共产党员，各部门的负责人大多数也是共产党员。南宁区战工团 100 人中有 15 名共产党员。副团长梁寂溪，秘书吴光华，以及多数部门负责人是共产党员，三个队的正副队长，都是共产党员或与党有联系的进步分子，团内成立中共支部。

玉林、南宁地区的中共组织把战工团作为党的主要活动基地，团结各民主人士认真做好战工团工作。南宁战工团副团长梁寂溪，同南宁区民团指挥官、战工团团长梁瀚嵩建立密切的合作关系，许多意见得到梁瀚嵩的积极支持。玉林区民团副指挥官、玉林五属战工总团副团长肖道龙，与团内中共党员也合作得很好。

各地战工团的主要任务，是动员广大人民群众深入开展抗日救亡运动，积极组织武装准备抗击入侵日军。围绕这个任务，战工团主要开展了以下几方面的活动：

**进行全民抗战动员。**各地战工团深入到所属地区的城镇乡村，通过各种渠道，以各种形式进行抗战宣传。同时，推动各个城镇、村寨、学校，成立歌咏队、话剧队、演讲队、壁报组等宣传组织，兴办政治、文化夜校，宣传抗战，动员民众。抗战的墙报、漫画、标语随处可见。夜校里，群众既学文化，又学政治，还学军事知识和救护知识。有的地方还组织了晨呼队、夜呼队，每天拂晓和午夜，穿街走巷，越野过村，高呼抗战口号，警钟长鸣。陆川战工团出版《动员日报》，兴业战工团出版《抗敌周刊》，南宁战工团出版《瓶山报》，大力宣传抗战形势，介绍各地抗日救亡运动情况，对动员全民抗战起了很大作用。

**培训干部。**陆川县战时工作团派人参与组建了县抗日救亡战时教育工作团，先后培训了 300 多人。博白县战工团举办了抗日青年训练班，共培训了 100 多人。北流县战工团先后举办了三期青年训练班，培训了 150 多人。玉林五属战工团总团举办了抗日妇女游击训练班和抗日青年干部训练班，培训了骨干 100 多人。各县战工团培养的人员，充实了战工团、游击队和其他救亡团体的骨干力量。

**组织抗日武装。**玉林五属几个县的战工团，都组建了抗日武装。陆川县成立了抗日自卫大队，全县 49 个乡，都成立了游击中队，拥有队员约 3000 人。各乡游击中队的队长和指导员，大部分是共产党员和进步人士。博白县战工团在向县政府取得武器，武装起来以后，即选择地处六万大山西南面的官洞、历山一带，以自然村为单位，组织农民抗日自卫军，进行军事训练，准备迎击入侵日军。南宁区战工团在上思等地组织了抗日自卫队，为建立敌后抗日根据地作了准备。陆川县战工团还组建了陆城、西稔、米冲、山口四支妇女游击队，共 160 多人。北流县战工团也组建了一支妇女游击队，有队员数十人。女游击队员和男队员一样，打绑腿，扎腰带，扛枪操练，苦练杀敌本领。她们白天扛枪，晚上拿针线，赶做军鞋、棉衣,捐献给前方将士,还为出征军人代耕。当时的《救亡日报》《广西妇女》等报刊,盛赞她们是“现代的花木兰”“妇女解放的先锋”“南国的巾帼英雄”。

**组织群众拥军支前**。在日军入侵桂南之前,各地战工团即发动群众捐钱捐物,支援前方,组织各界团体慰问当地驻军及军属、烈属。日军入侵桂南后,各地战工团发动组织群众,协助部队运送粮草、弹药,救护伤员,支援部队作战。

**发动民众进行备战**。为了阻止日军从广州湾(今湛江市)入侵广西,玉林地区各战工团还协助地方当局,组织了浩大的民众队伍,到公路沿线进行破路、拆桥、抢割,坚壁清野,运走粮食,疏散妇孺老幼,准备抗击入侵的日军。同时,广泛开展锄奸工作。普遍成立锄奸小组,组织民众侦察、揭发、检举汉奸,一旦发现线索,就跟踪追查、追捕。陆川县有一次围住一个汉奸的家,捕获了正在开会的大小汉奸十余人。

广州沦陷以后,大量的日货从广州湾流经陆川运至玉林,进入广西内地,转运至云贵川等省。一些汉奸日探扮作商人混了进来,刺探情报,散布谣言,扰乱社会治安。各县战工团组织民众仇货检查团,沿公路布岗设卡,严密检查。陆川县乌石圩一次就查出日本棉纱万余锭,棉布千余疋和大批煤油、火柴等货物。

**开展战地工作**。南宁区战工团在南宁沦陷的前一天,从南宁出发,到上思集训。后分成三个队,到隆安、扶南、绥渌、同正等几个县的战事前沿地带开展战地工作。由于得到民团指挥部的支持,战工团的几名干部担任督导员,到各县去检查、监督和指导战勤和其他抗日救亡工作。日军占领邕龙线以后,该战工团长期在敌后坚持斗争。

1940 年春,敌我双方在桂南形成对峙局面,一些县的顽固派当局强行解散战工团。到 1941 年 1 月,所有战工团全部被解散。各地战工团中的共产党员,转到其他岗位继续坚持斗争。

当时属广东省管辖的钦廉地区合浦、防城县,也成立了类似战工团的抗日救亡团体。1939 年 11 月,合浦县民众抗敌后援会战时工作队和县民众动员委员会战时工作队成立,两队共 60 多人。战工队的领导成员张进煊、谭俊(谭锡裕)等 3 人是中共党员。他们组织队员看书学习,唱《抗大校歌》,过延安“抗大”式的生活。队员一面学习,一面深入城乡开展抗日救亡活动,上前线进行战地服务工作,还募捐寒衣,慰问抗日将士。1940 年 3 月,防城县成立了战时后方服务团,队员 100 多人,团长、副团长、总干事是爱国进步知识分子,主要骨干是中共党员。他们举办培训班,培训了 100 多名青年知识分子,组成几个分队,到各区乡开展抗日救亡工作;他们创办了《青年生活周刊》和《十万大山报》,进行抗日救亡宣传,还到前线开展服务工作。

## 三、党在广西地方建设干部学校中的活动

1939 年 2 月 1 日,广西当局筹办的广西地方建设干部学校(简称地干校),在桂林城郊成立,广西省政府主席黄旭初兼任校长,并邀请教育家杨东莼任教育长。杨向桂林八办处长李克农汇报,李向中共中央南方局请示,得到了批准①。

为了办好这所干部学校,杨东莼专门拜访了当时在桂林作短暂逗留的中共中央南方局委员徐特立。徐特立详尽地介绍了延安抗大和陕北公学的办学经验,与杨东莼共同研究确定了广西地干校的办校方针和教学计划。杨东莼把这些设想和计划向李克农作了汇报,得到了同意和支持。李克农还指定周钢鸣作为他与杨的秘密联络员。

杨东莼首先着力招揽人才。他通过桂林八办的关系和自己的社会关系,请了一批中共党员和进步人士到校任教。中共广西省工委也派进了一批党员。先后在地干校工作和学习的中共党员,共有 100 多人。

地干校一成立,中共组织随即建立。校内设两个支部:一个是省外党员支部,周钢鸣任书记,属桂林八办领导;一个是省内党员支部,先后由张海鳌、杨江任书记,属广西省工委领导。两个支部不发生横向关系,但互相紧密配合开展工作。在人事安排方面,杨东莼和党组织作了精心部署,把党员都安排在各个部门、单位中担任要职,掌握了学校行政、教学、训练等主要阵地。

---

① 杨东莼:《关于干校的回忆》。中共桂林市委党史研究室编:《党在广西地方建设干部学校》,漓江出版社 1993 年版,第 231 页。

杨东莼提出的地干校的训练方针是：提高学生的自动精神，养成学生的自觉纪律，唤起学生的战斗工作精神，实施集体的自我教育，实施战时生活，强调动员精神，注重理论与实践相联系。在这六项方针指导下，进行政治、军事、工作、生活四项训练，以提高学员对抗战的认识，坚定抗战到底的信念，增强实际工作能力，适应战时工作的需要，养成学员民主团结、友爱互助的集体主义精神。

以这个办校方针和训练计划作为依据，学校的中共组织秘密组织党员学习党的方针政策，研究工作方式方法，对党员进行组织纪律教育和保持革命气节教育；用“旧瓶子装新酒”的办法，广泛宣传“坚持抗战，反对投降；坚持团结，反对分裂；坚持进步，反对倒退”三大政治口号；依靠党员，团结进步分子，引导广大学员掀起学习进步书刊的热潮；开展抗日民族统一战线工作，发动和组织全校师生员工参加校内外的抗日救亡运动，还组织了一个战地工作队，开赴昆仑关做战地服务工作，协助日本人民反战同盟西南支部向日军进行反战宣传。

举办演讲会、报告会、座谈会、讨论会，是地干校对师生员工进行教育的一个重要方式。他们通过桂林八办，邀请叶剑英到校作了题为《当前战局之特点》的演讲。叶剑英在演讲中，阐述了党的抗日民族统一战线的方针政策和毛泽东《论持久战》的思想，分析了战局的态势，介绍了八路军、新四军的战绩，指出抗战必胜的前途，批评了国民党消极抗战的言行。在此前后，还邀请了夏衍、田汉、胡愈之、千家驹、张铁生、刘清扬、沈钧儒、王造时、李任仁、雷沛鸿、程思远以及日本人民反战同盟西南支部负责人鹿地亘等数十名专家、学者和知名人士到校演讲、作报告，举行时事座谈会、专题讨论会，对学员进行政治思想、形势任务、世界观、人生观的教育。杨东莼也经常利用各种机会，向学员发表演讲，作报告，运用辩证唯物主义和历史唯物主义的观点、方法，阐述各种问题。

地干校两年间共开办了四期，培训了乡、村长及小学教员、行政职员共 1400 人。经过学习和一系列活动，师生员工思想政治觉悟得到了提高，增强了适应抗战需要的能力。

地干校办校取得较好的成绩，受到了社会舆论的赞扬，有人把它誉为“南方抗大”。同时，也因此受到了顽固势力的诽谤。他们攻击“地干校的训练方法是共产党的那一套”，叫嚷“地干校是拿国民党的钱，替共产党办学”，攻击“杨东莼要赤化广西”，等等。但是，当时桂系要利用杨东莼主持办学，而杨东莼治校办学有方，又能妥善处理各方面的关系，巧妙对付各种事态，因此顽固分子的阴谋诡计一时未能得逞。

地干校也混进了一些持托派观点的人，他们以“左”的面目出现，在学员中散播抗日民族统一战线是背离了无产阶级，向国民党、向资产阶级投降的言论。还散播“唯武器论”，“苏联是赤色帝国主义”等等。学校党组织决定发动反托斗争。杨东莼就此请示李克农，李同意进行批判，并指示不要公开开展反托派斗争，而是要批判其破坏抗战、破坏团结、破坏训练的言行。据此，杨东莼在每周例行的精神讲话中，对托派散播的破坏抗战的言行进行了批判。党组织也通过党员带动学员进行揭发、批判，使坚持托派观点的人完全孤立，最后被开除出校。

地干校进步势力与顽固势力的斗争，牵涉面最广、影响最大的是“入党”“入团”事件。1939 年秋，广西当局下令，全省公教人员都要加入国民党、三青团。对地干校还作了具体规定：教职员一律入党，学员年满 25 岁的入党，25 岁以下的入团。对此事，地干校的两个中共支部都进行了认真的分析。一致认为，广西当局此举，有两个阴谋：一是使共产党在公教人员中没有了发展对象；二是迫使隐蔽的共产党员暴露身份。为此，他们分别向桂林八办和中共桂林特支请示。桂林八办党组织指示省外支部，为了保存地干校这块阵地和有利于今后开展工作，同意批准部分党员集体参加国民党。桂林特支也同意地干校省内支部的党员集体参加国民党。同时指示，共产党员参加国民党以后，要保持思想上、政治上、组织上的独立性，要更慎重地开展工作。两个支部分别贯彻上级党组织的指示。杨东莼提出，省外的党员可以不参加的尽量不要参加；采取集体方式参加；一律由黄旭初和李任仁作介绍人。地干校发展了国民党党员之后，建立了国民党区党部，委员和工作人员都只由本校人员担任，主要工作只是办理集体入党手续，没有开展其他活动，抵制了国民党广西省党部派员来校进行破坏活动的企图。在这场斗争中，保护了地干校的党组织，稳定了党员和进步分子队伍，挫败了广西当局的阴谋。

广西当局一再动员地干校年青的学员参加三青团。地干校省内支部对此作了分析，认为这是因为广西干部很缺乏，各县三青团建立不起来，而广西当局又害怕蒋系势力乘虚而入，所以急切发展三青团员；我们可以趁机派些党员进去，帮助他们组建，日后利用三青团这块牌子做党的工作，这对发展进步势力有好处；但为了避免“为他人做嫁衣裳”，必须先发展条件成熟的学员加入共产党，然后让他们参加三青团。这些看法得到了桂林特支的同意。1939 年冬，地干校党组织抢先发展了一批学员入党，然后让他们和其他学员一起集体参加三青团。地干校结业后，党组织选派了其中一些党员，通过三青团广西支团部分配到各地去，担任领导职务，打着三青团的旗号，做共产党的工作。

1939 年冬，国民党掀起第一次反共高潮，广西的政治局势也发生了变化，有的人说杨东莼使用的都是共产党人，并扬言要改组地干校，把“异党”分子赶出学校。此时，黄旭初对地干校也很不放心。这位“挂名校长”，过去很少管地干校的事，此时却频频“莅校训话”。在这种严峻的形势下，杨东莼意识到地干校很难继续办下去了。1940 年 5 月，他向黄旭初提出辞呈，6 月即获得批准。同月，广西省政府下令，地干校办至年底结束。杨东莼离开学校后，仍住在桂林，继续指导地干校工作。地干校的党组织分批撤退党员。已经暴露的，一部分转移到新四军根据地，一部分转移到省外隐蔽。未暴露的，一部分继续留校坚持工作，一部分到柳庆区、浔梧玉区、邕龙区干部训练班工作。分到三个地区干部训练班工作的 20 多名党员，分别在训练班中担任各种领导职务，基本按照地干校的模式办学。这些训练班共培训了村街长约 4000 人，从中培养了一批积极分子，发展了一批党员，建立了两个中共特支。1940 年 12 月 31 日，地干校结束时，一部分党员由中共广西地方组织通过各种渠道派进三青团广西支团部和各县分团部工作，其余党员和进步分子，分配到全省各地的基层单位工作。

## 四、党在广西三青团中的活动

1938 年夏，蒋介石为了压制抗日救亡运动，下令解散了国民党统治区内的进步青年团体中华民族解放先锋队，决定建立三民主义青年团（简称三青团）。在三青团筹建过程中，中共中央、中共中央青年委员会、中共中央南方局,曾建议和争取使它成为一个全国性的抗日民族统一战线的团体,但被蒋介石拒绝。蒋介石要把三青团办成一个完全由国民党控制的组织。

同年7月,三青团中央团部在汉口成立。此后,它极力向全国发展。蒋系企图趁在广西建立三青团之机,扩展其势力,控制广西。桂系看穿蒋系的阴谋,决心抵制它,但是感到干部缺乏。

桂林八办和中共广西省工委认为,帮助桂系建立三青团,把蒋系的势力顶回去,对发展党与桂系的统战关系,对党在广西的活动,对坚持抗战,都是有利的。因此,都很重视这项工作[①]。

1939年1月,三青团广西支团部筹备处在桂林成立,中共即派出干部给予支持。这时,中共党员周可传从重庆来桂林,由叶剑英介绍到桂林八办分配工作。周是广西上林县人,在日本东京入党,抗战开始时回国,他与广西绥靖公署政治部主任程思远友谊深厚。桂林八办利用周与程的关系,派周到三青团广西支团部筹备处工作。广西省工委也先后从第三届广西学生军、广西地干校、各大中学校以及各市县,抽调了几批党员,通过多种渠道,进入国民党三青团各级组织工作。与此同时,蒋系也派蓝衣社的骨干分子方采芹等人,带领一些骨干到广西来。因此,广西三青团从筹建开始,就存在着激烈的斗争。

2月,三青团广西支团筹备处在桂林举办了一个青年干部训练班,正式名称为中央青年训练班直属中队,队长方采芹。学员中有共产党员和进步分子,也有特务和托派分子,情况很复杂,斗争很尖锐。在学习讨论中,有人公开散播反共谬论。班里的共产党员和进步分子,在小组会和全班大会上,机智地批驳了这些反动谬论,并得到爱国民主人士、三青团中央监察委员李任仁的支持。经过反复辩论,教育了群众,孤立了顽固分子。

三青团广西支团部筹备处主任黄旭初,书记程思远,指导长李任仁。筹备处设政训、宣传、总务三个组,其中的组长都是共产党员和进步分子,日常工作由政训组组长周可传主持。三个组的共产党员密切配合开

---

① 陈岸:《我的革命生涯》,中共党史出版社1995年版,第156页。

展工作。

三青团广西支团部筹备处成立以后，桂林、全县、柳州、宜山、邕宁、武鸣、龙州、梧州、贵县、玉林、陆川等19个县，相继建立了分团部。李云蒿、覃注礼等一批党员分别进入各县三青团分团部工作，分别在其中15个分团部担任主任、书记、股长等重要职务，基本上掌握了这些分团部的领导权。广西支团部的两个直属分团——广西地干校分团和第三届广西学生军分团的领导权，也掌握在中共党员手里。他们利用自己掌握的权力，与当地的抗日群众团体互相协作，运用各种方式开展抗日救亡运动，宣传抗战、团结、进步，反对投降、分裂、倒退；揭露国民党顽固派的反共、投降阴谋，同三青团内的反动分子作斗争；进行统战活动，团结爱国人士、开明绅士共同抗日；引导广大青年群众阅读进步书籍报刊，走革命道路；掩护党的秘密活动，配合地方党组织开展工作。

党在广西三青团的活动，引起了顽固分子注意。一些县分团部的反动分子向三青团中央"控告"，说广西三青团内有共产党活动。在三青团广西支团部工作的共产党员采取措施，与之进行斗争。如，把三青团中央发下来的一些反动指示文件扣压下来，不往下面传达贯彻，将《防止异党活动办法》等一类机密文件，送交党组织参考；通知在各县分团部工作的党员提高警惕，加强防范；撤退已经暴露的党员；利用上层统战关系，帮助同志脱险，营救被捕同志。通过这些措施，挫败了反动分子的阴谋，保护了在各县三青团分团部工作的同志。

1940年10月，周可传被派去重庆国民党中央党政训练班集训。受训期间，他会见了中共中央南方局常委董必武。董必武对他说："你们在广西三青团工作的同志很不错，做了很多工作，希望今后继续把工作做好。"①

1941年，皖南事变后，由于政治形势逆转，中共党员在三青团的活动受到很大限制，周可传即撤出三青团广西支团部，转移隐蔽。党在三青团的活动方式也有所改变，如举办升学补习班，帮助青年学生学习科学文化知识，组织青年开展文体活动，继续以进步思想教育团结青年。

---

① 陈贞娴:《回忆在广西三青团的工作》,《广西党史》1996年第2期。

1942 年 7 月，桂林发生七九反共事件。1943 年 1 月，玉林、南宁又相继发生一·一三事件和一·一五事件。在三青团工作的中共党员，少数在这三起反共事件中被捕，多数转移隐蔽。至此，党在广西三青团的活动终结。

## 五、党在广西妇女工作委员会中的活动

1938 年 5 月，宋美龄在庐山召开了一个全国各界妇女谈话会，这是一次全国妇女界统一战线性质的会议。会后，成立了中国新生活运动促进会妇女工作委员会，作为全国妇女运动的领导机构。

1939 年 7 月，广西新生活运动促进会妇女工作委员会（以下简称妇委会）在桂林成立，主任郭德洁。此时，中共广西地方组织通过各种关系，派遣了曹国智、张海萍等 10 名中共党员，进入该会工作，分别担任该会文化组、训练组、联络组、总务组和战时工作组的组长。各组的干事，也都是中共党员和进步人士。中共党员利用公开合法的身份，积极开展妇女运动和抗日救亡工作。

**指导市、县成立妇委会。**不少市、县先后成立起来的妇委会，其领导成员和骨干分子，也多数是共产党员和进步人士，他们在当地党组织的指导下开展工作。

**宣传教育妇女。**各地的妇委会，以举办妇女学习班、妇女联谊会、妇女问题讲座、妇女座谈会等形式，对妇女进行宣传教育。在农村，还举办妇女夜校、妇女识字班，组织妇女学习文化知识，开展抗日救亡宣传。

**组织训练妇女。**省妇委会举办了妇女干部训练班，培养战时妇女干部。还先后在桂林举办了妇女的看护、伤兵服务、难民救助、缝纫等专门训练班，指导妇女学习各种专业知识和技能，以适应战时需要。一些市、县妇委会，也举办了各种训练班，组织妇女参加战时工作队、战地工作服务团的活动，使广大妇女得到锻炼提高。

**发动妇女支援前线。**妇委会深入城镇农村，发动广大妇女发展生产事业，做军鞋冬衣，捐献钱物，慰问军属，慰劳残废军人，为出征军人代耕、代劳、代写家书，积极支援前线。

以中共党员和进步分子为主导的广西妇委会，广泛团结各界各阶层妇女，建立妇女抗日统一战线，深入发动妇女积极投入抗日救亡运动，为抗日战争作出了积极贡献。在1942年广西的反共事件中，该会的中共党员有的被捕，有的转移，党在广西妇委会的活动结束。

第三届广西学生军、广西各地的战时工作团、广西地方建设干部学校、广西三青团、广西妇女工作委员会，都是以青年知识分子为主体，由中共党员在其中充当骨干、起重要作用的抗日救亡团体（学校）。这是中共广西地方组织在国共合作的历史时期和蒋桂矛盾的特殊情况下，创造的一种基层抗日民族统一战线的形式。这些团体不但为广西的抗日救亡运动作出了重要贡献，而且培养了大批积极分子，发展壮大了党的力量，对中共广西地方组织的建设和革命事业的发展，产生了深远的影响。

## 第四节　桂南会战与粤桂南人民的抗日斗争

### 一、日军第一次入侵广西与桂南会战

1938年10月，日军占领广州、武汉，控制了我国华南海岸线的大部分，切断了平汉、粤汉铁路。接着，日军又准备入侵广西，占领南宁，企图切断由中国通往越南的国际交通线，缩短轰炸我滇越铁路和滇缅公路两大补给线的飞行距离，堵死国际上对中国抗战的物资援助，进而威胁云贵和整个大西南，同时实施对国民党桂系的诱降工作。

1939年1月，日军占领与北海相邻的涠洲岛，随即在岛上设立基地司令部，修建了军用机场。日军飞机从涠洲岛起飞，不断轰炸我钦廉沿海地区和广西内地。11月15、16日，日军先后从钦州湾的企沙、龙门登陆。当时，国民政府军委会桂林行营对敌情判断错误，认为日军进犯广西，是以海南岛为基地，从广州湾水东、电白登陆的可能性比较大，因而把留守广西的桂军主力夏威所部，布防在桂东南和西江一带。因邕钦一线兵力不足，抵抗不力，致使日军长驱直入。旬日之间，即占防城、钦县，

24日攻占了南宁，30日占领邕武线上的高峰坳，12月5日占领邕宾线上的昆仑关。

为了保卫西南交通线，12月8日，国民政府军委会电令白崇禧组织桂南会战，反攻南宁。敌我争夺的焦点在昆仑关。参加会战的，日军方面有第五师团、台湾混成旅团共约5万人。中国军队方面，有9个军17个师，共约15万人。18日凌晨，中国军队在杜聿明等指挥下，向昆仑关发起攻击。经过13天的惨烈战斗，于31日夺回了昆仑关。此役击毙日军旅团长中村正雄少将以下官兵共4000多人，俘敌102人，缴获各种炮30多门，轻重机枪162挺，步枪2000余支，战马近百匹，弹药和军用物资大批。中国军队也付出了重大代价，阵亡1万多人①。

昆仑关争夺战结束后，双方调兵遣将，准备更大的决战。中国军队增加4个军，日军从广东调来1个师团、1个旅团，共约3万人，增加飞机105架。

1940年1月中旬，日援军从钦州湾源源登陆北进。下旬，在邕宾线上进行佯攻，其主力则绕道永淳，于2月2日攻占宾阳，中国军队匆忙撤退，日军重占了昆仑关。此后，敌我处于相持状态。从3月至10月，中国军队在桂南对日军作战百余次。6月，法国向德国投降。九十月间，日军先后从龙州撤往越南，从邕钦线撤到海上，中国军队趁机反攻，收复了龙州、南宁。日军第一次入侵广西遂告结束。

日军在入侵桂南的一年时间里，先后占领的县份有邕宁、武鸣、上林、宾阳、永淳、横县、扶南、绥渌、上思、思乐、明江、上金、宁明、凭祥、龙津、崇善、左县、同正、迁江、防城、钦县、合浦、灵山，共23个县。日军所到之处，烧杀抢掠，奸淫妇女，凶残暴戾，无恶不作，给粤桂南地区人民造成了深重灾难，犯下了滔天罪行。据不完全统计，当时桂南19个县，被日军杀死的群众有13629人，杀伤的4381人，受灾的111.7万人，被毁房屋4425间。② 邕宾、邕武、邕龙、邕钦公路沿线，到处是残垣断壁，满目凄凉。

① 据昆仑关战役总指挥官白崇禧1940年撰写的《昆仑关战役阵亡将士纪念碑》文。

② 邱昌渭:《桂南收复因果的观察》，载《学术研究》第四卷第六期，1942年2月。

## 二、钦廉地区的抗日武装斗争

日军从钦州湾入侵广西后，钦廉地区的中共组织，领导人民群众开展了不屈不挠的抗日武装斗争。

中共北海市组织争取国民党合浦县第五区区长的支持，建立了一支50多人枪的学生武装，由中共党员担任队长、指导员。国民党军队撤退后，他们日夜守卫着北海，监视日军在海上的行动，袭击日军巡逻艇。还深入农村发动农民，建立农村抗日据点。

这时，蔡廷锴率第二十六集团军总司令部进驻灵山，支持人民抗日，这给中共钦廉地方组织的工作提供了有利条件。中共合浦中心县委派一名灵山籍的党员回灵山工作，他和当地进步青年组织青年抗日游击队，后又动员一位爱国人士组织灵山人民抗日敢死队。1940年2月，这两支抗日武装和广东南路抗日游击队一起，开赴泗峡坳前线参加截击日军一个联队的战斗，同时发动当地的抗日自卫队和青壮年妇女共数百人，配合我国军队作战。激战三天，取得重大成果。

钦廉地区人民武装抗日的另一种形式，是参加国民党军队的政治工作队及其组建的地方抗日游击队。当时，蔡廷锴的第二十六集团军成立了政工队，并在各地组建抗日游击队。5月，中共合浦中心县委派7名党员到灵山工作，和当地的党员和进步青年一起参加政工队，并在灵山建立中共特别支部。6月，又派12名党员到钦县南路第九游击队工作，建立钦县特支。两个特支在灵山、钦县抗日前线开展抗日宣传，发动群众，组织抗日武装，和正规军一起，对日作战，镇压汉奸，保卫村庄。

1939年2月，日军侵占海南岛，企图把它建成控制太平洋和东南亚的基地。钦廉的一些官僚、地主、奸商竟然为虎作伥，偷运大米及其他战略物资到涠洲岛、海南岛资敌，引起了广大群众的极大愤怒。1940年3月，中共南路特委常委温焯华，在中共合浦县工委扩大会议上，传达中共中央发表的《为抗战两周年纪念宣言》。会议决定发动群众，开展反汪反逆流斗争。会后，西场、廉州、小江、寨圩、白石水等地的广大群众，举行声势浩大的反汪、反资敌大会，向当地政府请愿，强烈要求禁止运米资敌，严惩奸商，还到江边拦截待运的米船、竹筏，将没收的大米平价出售给群众。合浦一中、五中及寨圩简师的学生，开展反对汪派分子和反动校长的斗争，斗争浪潮波及全县。

5月，中共南路特委将合浦县工委改组为合浦中心县委，加强对人民抗日斗争的领导。县委书记黄其江获悉国民党合浦县政府即将派兵镇压白石水地区群众的抗日斗争，即赴白石水，与该区区委共商对策。是月下旬，中共白石水区委在栊檬坳召开反击顽固派武装镇压群众和抗日反汪斗争誓师大会。参加大会的有农民、学生、教师和各阶层人士千余人，武装人员数百人。8月，成立白石水抗日武装大队，由张世聪任大队长。国民党顽固派连续出兵"围剿"白石水，均被粉碎。1941年9月，国民党顽固派对白石水进行第四次"围剿"。在此期间，县委执行广东省委"把武装斗争转变为政治斗争"的指示，撤退干部，解散队伍，埋藏枪支，国民党顽固派便更疯狂地"进剿"，抓去群众千余人，并强迫他们"自新"，缴枪罚款。其后，又把40多人关进监狱，其中20多人被折磨致死。尽管如此，在党的领导下，白石水和钦廉地区的人民群众仍然以各种形式坚持抗日斗争。

## 三、宾阳、邕宁等地人民的抗日活动

桂南会战期间，昆仑关北麓的宾阳县人民从人力、物力、财力等各方面，积极支援我国军队作战。为了防止日军北进宾阳，该县5万多群众手持火把，冒着严寒，执行破路毁桥任务。三天之内，破坏了全县的公路桥梁。同时，组建了县抗日游击大队，共300多人枪，分4个中队，开赴昆仑关，协助部队作战。全县有6万多名青壮年应征，组成44个运输队，日夜出动，把粮食、弹药运送到前线。全县妇女积极为部队官兵赶做军鞋，先后捐献了两万多双。她们还组织洗衣队，日夜为部队官兵洗补军衣。战地附近的群众组织了义勇救护队，冒着枪林弹雨救护伤员。宾阳中学师生组织了抗日救亡宣传队和战地服务团，深入乡村进行宣传鼓动，到前线进行战地服务工作。县军民合作站为新到部队安排住地，筹备军粮、稻草，收集、转送慰问品，传递公文，当翻译，作向导，侦察敌情，解决各种困难问题。

这期间，以中共党员为骨干的南宁、玉林等地的战工团，广西学生军、广西地方建设干部学校战地服务团和各地军民合作站，以及邕钦公路沿线的游击队和其他群众抗日武装，在作战前沿地带和日军后方，发动群众坚壁清野，运送粮食弹药，救护伤员，慰劳军队。同时，组织群众破坏日军必经的道路和桥梁，截击日军的运输车辆，打击日伪的维持会组织，捉拿和惩治汉奸，扰乱日军的后方，使在邕钦线上的日军日夜不得安宁，在南宁和昆仑关的日军弹药、粮食供应受到阻滞，有力地支援了我国军队在邕宾线和昆仑关的战斗。在华日本人民反战同盟西南支部负责人、日本反战作家鹿地亘也带队到昆仑关前线，冒着猛烈炮火向日军作反战宣传。

邕宁县的八尺区位于南宁市东南，日军占领南宁后，该区民众成立了游击大队，共 500 人枪，分四个中队。他们集资买进了一批机造步枪和 20 多挺机枪，增强了战斗力。在日军占领桂南期间，这支游击队始终坚持游击战，屡创日军。

1940 年 10 月，日军撤出桂南后，广西学生军团第三中队进驻八尺区进行善后工作。该中队的中共支部吸收了八尺区抗日游击队的四名骨干分子入党，建立了八尺区党小组。当月，国民党当局下令解散这支游击队，并收缴枪械。游击队把武器埋藏下来，人员分散隐蔽。1944 年 11 月，日军第二次入侵广西时，在党的领导下，他们又拿起武器，英勇抗击日本侵略者。

日军撤入越南后，中共中越边支部书记谭统南，于 1941 年 6 月，在靖西县安宁乡组建中越边境抗日游击大队，自任大队长。该大队协同越南独立同盟领导的抗日武装，在中越边境两侧开展抗日游击战争达四年之久。

# 第 十 一 章
# 在国民党反共逆流中坚持斗争

## 第一节 八路军桂林办事处被迫撤退

### 一、第二次反共高潮中中共对桂系的方针

抗日战争由战略防御转入战略相持阶段以后，日本侵略者对国民党政府采取了以政治诱降为主、军事打击为辅的方针。以汪精卫为代表的国民党亲日派，于1938年12月公开向日本投降。以蒋介石为代表的国民党亲英美派，虽然继续抗日，但是表现出很大的动摇性，推行消极抗日、积极反共的政策。

1939年冬至1940年春，国民党顽固派掀起了第一次反共高潮。1940年冬至1941年春，又掀起了第二次反共高潮。1941年1月，在安徽省泾县茂林地区，蒋介石集中了国民党军队7个师8万余人，对奉命北上的新四军军部及所属部队9000余人进行突然袭击，使新四军受到了重大损失。事后，蒋介石却诬称新四军"叛变"。这次震惊中外的皖南事变，是国民党第二次反共高潮的最高峰。

中共中央从抗日大局出发，对第二次反共高潮中的桂系作了全面分析，采取了正确的对策。毛泽东在评价国民党桂系在这次反共高潮中的态度时说："上次居于中间立场的桂系，这一次虽然转到了反共方面，却和蒋介石仍然有矛盾，不可视同一律。"① 皖南事变发生之前，中共中央对

① 《毛泽东选集》第二卷，人民出版社1991年版，第783页。

蒋介石集团掀起第二次反共高潮的动态，已经有所觉察。为了争取桂系保持中立，在 1940 年 10 月 19 日何应钦、白崇禧发出阴谋消灭新四军的“皓电”后，11 月 3 日，毛泽东即致电周恩来、李克农、项英，指出“蒋介石准备投降”，“目前的反共高潮是直接投降的准备”，“应揭露蒋介石的反共投降阴谋，开展统战工作，命李克农速向白（崇禧）之秘书（按：指谢和赓）及黄旭初等建议，不要上蒋介石投降反共的当，迅速停止覃连芳军的东进。覃军现已由鄂中开到商城、固始、立煌一带，如再东进，就有引起冲突的危险。八路军与广西是患难相依的，犯不着受欺骗而伤和气，将来国际国内形势变化，两军相助之处甚多”。电文还说：“如他们愿意谈此问题，可与一定人员谈判具体办法，例如托故缓开，万一接触时朝天开枪等。”11 月 18 日，中共中央书记处致电南方局、中原局、新四军和桂林八办领导人，指示对桂系所采取的方针政策。电文说，白崇禧与何应钦在对日对共的关系上仍有分别，桂系在现时还要算作中间力量，桂系的中下层军官和士兵，以至一部分中级将领，可能不积极反共或保守中立。对被迫与我发生冲突之桂军，应采取一打一拉、又打又拉的政策。应通过各种关系向桂军宣传解释：蒋介石、何应钦利用桂军作反共先锋是借刀杀人的渔人政策；白崇禧受何应钦利用一起反共，将断送桂系三年抗战的光荣，如其在反共中受挫，则桂军一半人枪将被蒋系吞并；桂军最好的政策是一面敷衍共产党，求得保存其实力，并在必要时出面调停国共冲突，取得全国信仰。电文还要求调配干部，详细研究桂军的每个军、师、旅、团、营、连、排长的政治倾向、社会关系、个性特点、互相矛盾，以便利用各种可能去进行公开的或秘密的交友工作，争取其同情、倾向我党或保持中立。皖南事变发生后，中共中央革命军事委员会就皖南事变发表的声明和谈话，在要求惩办皖南事变罪魁祸首的名单中，只点了何应钦、顾祝同和上官云相的名，而没有点李宗仁、白崇禧的名。

中共中央对桂系策略方针的灵活运用，收到了良好的效果：在事变过程中，桂系没有直接出兵去攻打新四军；桂军的一些将校和下层军官，在第二次反共高潮中保持了中立；桂系部队的一些高级军官，对蒋介石顽固反共的做法表示强烈抗议；桂系留守广西的黄旭初，在这期间也没有完全按照蒋介石的指令行事。对于外省来广西的中共党员和民主进步人士，黄旭初只是令其限期离开或“礼送出境”。但是，由于桂蒋合流反共，广西的政治形势从此日益恶化，桂系对中共广西地方组织，实行更残酷的镇压政策，广西地下党面临着更为严峻险恶的形势。

## 二、桂林八办的被迫撤退

何、白“皓电”发出后，国民政府军政部桂林办事处即派人催逼桂林八办必须于1940年11月19日前结束，并要八办先递送呈请撤销公文。11月12日，李克农就此事致电中共中央南方局和中共中央汇报请示。13日，毛泽东电复周恩来、李克农，指示：向国民政府军事委员会军政部桂林办事处申明，皖南部队准备遵令北移，正商具体事项，在实行北移前有事要办，暂难结束，一俟部队移动，即可结束；如彼方定要马上结束，则请军政部来一正式公文，以便报告总部，并办理结束事宜，若不给公文自动结束，则不能照办；作了上述表示后，彼方如仍不答应，则让其封闭为有利，但我内部须准备安全撤退，以防万一。李克农接毛泽东复电后，即用朱德、彭德怀、周恩来、叶剑英名义，再次电呈军政部请求缓撤，并致电请李济深疏通，但军政部只准再延长一个月办理结束。其后，李济深电复李克农并转朱、彭、周、叶，说明疏通无效，务希即请通令桂林八办于年终撤销，并限于次年1月将物资转运完毕。

1941年1月6日，皖南事变发生。11日晚，周恩来从重庆发来急电，指示桂林八办紧急部署撤退工作，妥善安排与各地党组织的联络工作，迅速疏散在桂林的进步文化人士。此时，广西的政治局势也发生了变化，桂林各报刊奉命登载了国民党诬蔑新四军的电讯，《救亡日报》拒登这些电讯以示抗议。从1月中旬起，桂林生活书店被军警查封，人员被扣，新知书店和读书生活出版社被迫停业，《救亡日报》被迫停刊，部分进步文化人士被迫离桂。桂林八办根据周恩来的指示，一面揭露国民党顽固派的反动罪行，一面采取积极的应变措施，有计划地将在桂的外来中共党员和进步文化人士撤往香港等地。1月20日，桂林八办被迫撤销，工作人员撤离桂林。该处工作人员由处长李克农率领到达重庆后，部分留在中共中央南方局工作，部分撤回延安。

# 第二节　中共桂林统战工作委员会的成立及桂林抗日文化运动的继续发展

## 一、桂林统战工作委员会的成立

桂林八办撤离桂林后，1941 年 6 月，中共中央南方局先后派李亚群、刘隆华、徐鸣等到桂林，组建中共桂林统战工作委员会，以便继续在桂林开展上层统战工作和文化工作。8 月下旬，该委员会成立，由李亚群任书记，孙士祥任副书记。李、刘自重庆赴桂前，周恩来亲自给他们分析广西形势，布置工作。明确指示：桂林统战工作委员会与广西地下党不发生横的关系，主要通过单线联系领导上层统战和文化界工作；搞好与国民党民主派李济深以及桂系民主派的团结合作，并通过他们做桂系的工作；在柳州与第四战区的张发奎搞好统战关系；组织领导理论、文化、教育界的党员，团结教育党内外知识分子，进行抗日宣传和民主活动；重新组建桂林文化界的党组织，继续开展桂林的抗日救亡运动；开展对华侨的宣传工作。周恩来还指出，桂林这个文化阵地不能丢，一定要保存下来并发挥其作用；要做好广交朋友的工作；要充分认识和利用广西的有利条件，出版一些好书刊，使这些好书刊不仅能在广西发行，而且能向全国发行。

李亚群等到桂林后，坚决执行周恩来指示，及时恢复了原属桂林"八办"领导的桂林文化、教育界的党组织的活动。同时，成立了由邵荃麟、张锡昌、狄超白组成的文化工作组，协助桂林统战工作委员会开展工作。仍在桂林的张友渔、陈翰笙、司马文森、张兆汉、梅龚彬、萨空了、吕复、舒模等一批单线联系的中共党员，以及田汉、孟超、周可传、侯甸、孙师毅、张云乔等一批由南方局直接领导的中共党员，密切配合桂林统战工作委员会开展统战工作，团结各方面的力量，继续开展桂林抗日文化运动，坚持抗战、团结、进步。

## 二、桂林统战工作委员会的统战工作

中共桂林统战工作委员会按照周恩来的指示，继续做好李济深的统战工作。因桂南战事失利，1940 年 6 月，国民政府军事委员会撤销桂林行营，成立军委会桂林办公厅，李济深任主任。9 月，李济深从重庆飞桂任职。该办公厅名义上管辖四个战区八个省，实际上只是一个承转机关，没有实权。但由于李济深的地位和声望，他在广西政界仍是一位举足轻重的人物。桂林统战工作委员会成立后，南方局指示到桂林做统战工作的干部要充分认识李济深的重要地位，要继续通过李济深身边的中共地下党员、进步人士以及救国会成员做好对李济深的统战工作，通过他联系、影响两广和西南的地方实力派与地方民主派，在坚持抗战、团结、进步，反对国民党顽固派的斗争中起积极作用。

这一工作收到了很好效果。李济深在多方面协助下，在保护共产党员和进步民主人士，救济、安置进步文化人士，支持桂林抗日文化运动等方面都做了许多工作。

由于李济深对蒋介石消极抗战、积极反共不满，对共产党表现友好，蒋介石对他继续留在桂林不放心，因此，于 1943 年冬撤销桂林办公厅，把他调回重庆任军事参议院院长，以便就近控制。但是，李济深没有去重庆，仍然留在桂林，继续进行爱国民主活动。中共桂林统战工作委员会还按照周恩来的指示，积极开展对第四战区司令长官部上层人物的统战工作。李亚群等来桂途经柳州时，向国民党第四战区司令长官部中的中共特支领导人左洪涛传达了周恩来的指示，并将该司令长官部所属的抗敌演剧第四、五、六、七、九队和桂林新中国剧社中的中共组织交由左洪涛领导。桂林八办撤走后，第四战区司令长官部的中共特支由八办交给中共桂林统战工作委员会书记李亚群领导。根据南方局的指示，该特支主要是做第四战区司令长官部上层人物的统战工作，利用张发奎与蒋介石的矛盾，争取张发奎等人坚持抗战。左洪涛是张发奎的随从秘书，他和另一名秘书何家槐（中共党员），利用为张起草讲话稿和文章的机会，宣传团结抗战。同时，特支还做一些中下级军官的统战工作，争取他们站到进步方面来。特支还利用合法地位，组织群众开展抗日救亡宣传活动,并指导几个抗敌演剧队在柳州、南宁等地区活动达四年之久。

## 三、桂林抗日文化运动在斗争中坚持和发展

中共桂林统战工作委员会恢复了桂林文化界的党组织,领导全体党员,团结爱国民主人士和进步分子共同努力,与国民党顽固派展开针锋相对的斗争,使桂林抗日文化运动逐步恢复了起来。

1941 年 12 月,日军发动太平洋战争,香港沦陷。许多先前转移到香港的著名人士,如何香凝、柳亚子、茅盾、夏衍、沈志远、金仲华、梁漱溟、陈翰笙、萨空了、杨东莼、陈此生、胡绳等,在中共的积极营救和周密安排下,于 1942 年春,分批经东江游击区取道粤北和湛江等地到桂林。中共桂林统战工作委员会想方设法把他们安置了下来,从而为桂林抗日文化运动注入了强大的活力。

为了推动桂林抗日文化运动继续发展,中共领导的进步势力根据实际情况,采取了灵活多变的斗争策略和斗争方式。比如,国民党顽固派要查封进步书店,查禁进步图书,进步书店就用化整为零、隐蔽精干的办法来和他们作斗争。生活书店在被封前,举行廉价大拍卖,扩大事态的影响,随即把存书和人员转移到三户图书社,照常营业。同时,筹办学艺出版社和致用书店,继续出版原生活书店计划出版的图书。广西省图书审查处宣布,各印刷所不得承印未经送审的文稿,违者严惩。中共桂林统战工作委员会通过胡希民找李济深出面支持,使多数进步刊物照样刊印出版。新中国剧社上演话剧《再见吧!香港》,演出前已领得了许可证,可是开演时,广西当局下令禁演,只演完了第一场就被强迫停演。后经过反复斗争,该剧更名为《风雨归舟》,重新上演。进步势力在斗争中取得了节节胜利,桂林抗日文化运动不但得到了恢复,而且在许多方面还有所发展。

出版方面。据统计,1942 年,桂林原有和新开办的进步书店和出版社共 202 家,新创办的进步刊物近 20 种。《文化杂志》《诗创作》《中学生》《自学》《戏剧春秋》等一批进步杂志,破土而出,占领了期刊阵地。

文学方面。这个时期,桂林出版的文学刊物比前一时期还要多,小说、诗歌、散文、杂文日益增多,思想内容日益深化,许多作品逐渐“走到人民大众中去”,形成了“暴风的呼啸”。

戏剧方面。这个时期,各种演剧团队林立,业余剧团仍然长盛不衰,还诞生了中共领导的职业剧团新中国剧社。该社名誉社长田汉,社长杜宣,导演有瞿白音、洪深等。剧社还出发到衡阳、长沙、湘潭等地演出,扩大了桂林抗日文化运动的影响。据统计,从 1941 年至 1943 年,在桂林上演的进步戏剧共有百余个剧目。

音乐方面。皖南事变后,新音乐社桂林分社的工作仍在进行,《新音乐》杂志照样刊行。后来又创办了《音乐知识》月刊。桂林音乐界举行了各种抗日音乐会 20 余次。1942 年 5 月 28 日,进步音乐工作者,在市体育场举行了“万人大合唱”的大型歌咏会,万人高歌《义勇军进行曲》《保卫黄河》等抗战歌曲,歌声震动了桂林山城。

美术方面。1941 年,中华全国木刻界抗敌协会在桂林的会址被广西当局封闭,出版的刊物《木艺》亦被迫停刊。但经过美术界同人的斗争,1942 年 4 月 26 日又成立了中华全国美术协会桂林分会。该会成立后立即开展各种活动,多次举办画展。展出的作品,控诉了日本帝国主义的侵略罪行,揭露了豪门官僚荒淫腐败的丑恶面目,使广大观众受到深刻教育。

新闻方面。这个时期,在进步记者和主编主持下,《广西日报》的新闻报导和副刊仍然坚持进步方向。桂林多数报纸的副刊仍为进步力量所掌握,继续坚持进步方向,为广大读者提供健康的精神粮食。在培养青年作者方面,也还有所作为。

教育方面。在许多学校,中共党员和进步人士坚持抗战、团结、进步,校内外的抗日文化活动深入开展。例如,桂林中学一批党员和党的积极分子从学生军回校复学以后,在校内外广泛开展抗日文化活动,还成立了抗日工作团,深入到桂东南各县进行宣传工作。

桂林抗日文化运动在斗争中坚持和发展,至 1944 年达到了高潮。这个高潮的主要标志,是西南剧展的举行和保卫大西南宣传运动的开展。

是年，经过欧阳予倩、田汉、吕复、熊佛西、瞿白音等倡议和筹备，在桂林举行了规模宏大、盛况空前的西南第一届戏剧展览会（简称西南剧展），黄旭初任会长，西南各省主席和各战区司令长官任名誉会长。担任各部门实际领导工作以及具体指导剧展活动的，大部分是中共党员和进步人士。剧展于2月15日开幕，5月19日结束，历时三个月零四天。参加演出、展览的，有来自粤、桂、湘、赣四省的28个戏剧团队和单位，共895人，加上工作人员，与会者近千人。演出的节目，有话剧、平剧、桂剧、歌剧，还有少数民族歌舞、傀儡戏、马戏、魔术等，总计演出175场，观众达10多万人次。同时，举办了戏剧资料展览，观众达3.6万多人次。剧展期间，还举行了戏剧工作者大会，西南各省32个戏剧团队的成员和特邀戏剧专家共千余人参加。大会讨论通过了成立中华全国戏剧界协会西南分会和制订剧人公约等提案，举行了“戏剧运动路线”“如何创造民族歌剧”“改革旧剧”等问题的专题座谈。

参加演出、展览的骨干队伍，是中共党员领导的新中国剧社和剧宣四队、七队、九队。桂林文协组织了由中共党员田汉、周钢鸣、华嘉、骆宾基和进步文化人士组成的剧展演出评剧团（亦称十人团），掌握评论方向。剧展大会成立了有中共党员瞿白音等参加的剧展演出检讨会。桂林文化界的领导和中共组织全体党员参加了剧展各部门、各方面的工作。当时在重庆和桂林文化界工作的党的负责人，在报刊上发表文章，阐明剧展的指导思想，对剧展和剧运中的问题，提出了方向性的意见。《新华日报》先后发表了30多篇社论、评论、通讯、报导，及时宣扬和大力支持了剧展。在中共组织和党员的策划和引导下，剧展始终沿着正确的方向健康发展。演出、展览的众多节目，其思想内容的主流是抗战、团结、进步。

剧展期间，大会名誉会长李济深、张治中等出席了大会，参观了戏剧资料展览，还捐款给大会作活动经费和奖励成绩显著的戏剧团队。由于统战工作做得好，使剧展取得了合法的地位，避免了反动势力和特务分子的破坏，得以顺利进行。

西南剧展是抗战时期国统区进步文化运动的一次大检阅，是中国共产党抗日民族统一战线政策强大威力在文化工作中的生动体现。这次剧展规模大,影响深远。当时的美国戏剧评论家爱金生在《纽约时报》发表评论说:“这样宏大规模的戏剧展览,有史以来,除了古罗马时代曾举行之外,还是仅见。”

西南剧展刚刚结束,日军南侵,桂林危急,广西当局于5月下旬下疏散令。桂林的文化界又一次动员起来,由一批中共党员和进步人士策划,运用各种形式,开展抗日救亡宣传活动,发动群众起来保卫桂林,保卫大西南。

5月25日,“文协”桂林分会在艺术馆举行“桂林诗人为保卫中原而歌”的诗歌诵唱晚会。诗人和剧人们满怀抗战激情的诗篇,慷慨激昂,激励了人民群众。接着,由“文协”桂林分会倡议,李济深、郭德洁、龙积之、柳亚子、田汉、欧阳予倩等约百人发起,成立了桂林文化界扩大动员抗战宣传周工作委员会,从6月14日至20日,连续开展宣传。李济深以国民政府军事参议院院长的名义先后发表讲话,号召八桂子弟组织起来,武装起来,粉碎敌人的进攻,保卫家乡,保卫大西南。李任仁、梁漱溟、金仲华、千家驹等,围绕保卫大西南的主题作了演讲。在重庆的郭沫若、张申府、邓初民、茅盾、夏衍等联名致电广西各界,热烈声援桂林文化界发动的保卫大西南宣传运动,要求采取民主办法,组织人力、物力,保卫大西南。18、19两日,举行国旗献金大游行。李济深、柳亚子等著名人士领头,在桂林的文化人悉数参加。上万人的游行队伍沿途高呼口号:“有钱出钱,有力出力”“一百万不多,一块钱不少”“拿出良心来吧,是时候了”,沿街广大群众、商店老板、小姐太太们踊跃捐献。接着,新中国剧社公演特写话剧《怒吼吧,桂林!》。

宣传周和国旗献金大游行结束后,桂林文化界召开联席会议,推选人员将募捐所得的款项、物资,一部分送往八路军驻重庆办事处转交八路军和新四军,另一部分送交湘桂前线国民党部队。同时,成立桂林文化界抗敌工作协会,李济深任会长,李任仁、陈劭先、田汉、欧阳予倩、邵荃麟、周钢鸣等9人任常委。7月,成立桂林文化界抗敌工作队(简称文抗队),由田汉任总队长,华嘉任总队秘书,下分两个队,周钢鸣、陈残云分任队长。队员经过集中学习后,合并为一个队,共70多人,队长陈残云,党的负责人华嘉。接着由田汉带领,从桂林出发,到湘桂铁路沿线的兴安、全县等地进行抗日救亡宣传活动,发动群众组织起来准备抗击日军。文抗队的活动对前线军民产生了很大影响,却引起了国民党顽固派的忌恨,遭受阻挠和破坏。8月下旬,文抗队被迫返回桂林,宣布解散,队员们分别转到桂东、柳北等地继续进行抗日文化活动或参加抗日游击战争。

在湘桂战事紧急的7月,中共中央南方局派是年春撤回南方局的李亚群专程来桂林,布置在桂爱国民主人士和进步文化人士的疏散、转移工作。9月11日,桂林城防司令部下紧急疏散令。在中共桂林文化工作组协助下,柳亚子、田汉、邵荃麟、熊佛西等人,撤往贵阳、重庆;司马文森、张琛等人,转移到柳北与当地的党组织联合,建立抗日武装,开展抗日游击战争。何香凝、梁漱溟、陈劭先、陈此生、莫乃群、欧阳予倩、千家驹、张铁生、张锡昌等人,转移到桂东贺县、昭平。至此,持续了六年之久的桂林抗日文化运动结束。

## 第三节　中共广西省工委的重建及其工作方针的转变

### 一、中共广西省工委的重建

1940年8月,桂林八办作撤离准备时,指示中共广东省委派苏蔓回广西筹备重建中共广西省工委。苏蔓回桂后,撤销中共桂林特支,建立中共桂林市委,罗文坤任书记。10月,苏蔓派王祥彻到玉林区工作,撤销中共梧州特支,建立中共玉林区特支,黄彰任书记。

12月,中共南方工作委员会[①]派钱兴回广西,正式重建中共广西省工委,钱兴任书记,苏蔓任副书记兼宣传部部长,黄彰任组织部部长,黄书光任青年部部长,罗文坤任妇女部部长。省工委机关设在桂林。

① 1940年11月,中共中央南方局决定撤销广东省委,成立中共南方工作委员会(简称南委),由方方任书记,广西省工委划归南委领导。

钱兴于1941年1月到任，2月间到南宁巡视，宣布将南宁特支改组为中共桂西南区特委，彭维之任书记，特委继续领导桂西南地区的党组织。钱兴还与特委成员分析研究了皖南事变后的形势，商定了新的斗争策略。他指示，今后桂西党的工作，要以城市青年运动为主，适当布置一些农村工作；要大力开展中上层统战工作，发展进步力量，争取中间势力，孤立顽固分子；要依靠群众，利用矛盾，对顽固分子进行有理、有利、有节的斗争。同月，钱兴到玉林、博白等地巡视，宣布将中共玉林区特支改组为中共玉林区特委，黄彰任书记，领导桂东南区党组织。3月，钱兴到柳州，建立中共柳州市委，路璠任书记。

1942年2月，钱兴派罗文坤到广东曲江，向中共南委汇报工作，南委组织部部长郭潜向罗传达南委指示：广西党组织由委员制改为特派员制，实行单线联系。钱兴为中共广西省特派员，苏蔓为副特派员（后来实际上仍称省工委），地区和市一级的党组织也先后取消委员制，改为特派员制。桂林市特派员张祖贵；桂西南区特派员黄书光，副特派员覃桂荣；柳庆区特派员路璠，副特派员杨烈。1943年春，增设桂东区特派员和玉林区特派员，分别由黄嘉、吴家宜担任。

中共广西省工委重建后，除了对各地原有的党组织进行调整和改组外，还建立和发展了一些党组织。至1942年2月，新建立了中共平治县委、北流特支、龙州特支、明江爱店特支、钟山英家特支、武鸣特支和上思特支。

## 二、对桂系制造的一系列反共事件的处置

1942年5月中旬，中共南委组织部部长郭潜抵桂，领取中共中央南方局汇给南委的活动经费，并检查广西党的工作。20日，郭潜离桂，26日在广东韶关被捕，随即叛变，供出了中共南委和广西省工委领导人名单。南委机关被郭潜带特务进行破坏后，广西省工委失去了与上级党组织的联系。

7月4日，国民党中央执行委员会急电国民党广西省党部主任委员黄旭初，令其立即着手破获中共广西地下组织。7日，国民党江西中统局特务庄尚之、叛徒郭潜等六人到达桂林。8日晚，特务首先逮捕了中

共广西省工委外交通员梁耀宝，梁随即叛变，供出所知党员名单。9 日，广西当局开始全面捕人，省工委副书记苏蔓、妇女部部长罗文坤、中共南委驻广西特别交通员张海萍等七人被捕。史称“七九事件”。

事件发生的当晚，省工委书记钱兴即采取紧急应变措施：通知桂林市所有与被捕人员有关系的各级组织和党员一律撤退，撤到安全地方后，停止向外通讯；凡留恋职位、家庭、学籍而不愿撤退者，一律开除党籍；省工委机关只留个别干部处理撤退工作；派党员到柳州、南宁、玉林等地，通告桂林事件，要求各地党组织做好撤退准备工作。10 日早晨，钱兴派黄嘉到桂林中学、广西大学，彭维之到桂林师院、被服厂、妇女会，陈盛年到柳州、南宁、玉林，通知党员撤退。钱兴亲自到省三青团部、省干训团等处，布置撤退工作。是日，大部分党员安全撤离。11 日下午，留在桂林处理善后工作的彭维之被捕。苏蔓、罗文坤、张海萍被捕后，在敌人的利诱和酷刑面前坚贞不屈。桂系当局为放长线钓大鱼，于 11 日将他们“释放”，暗中派人监视。他们为了保护党的组织，于 13 日凌晨集体自缢牺牲。至 9 月 1 日止，有 30 余名中共党员在桂林及灵川、临桂等地被捕，中共广西省工委和桂林市委遭到了严重破坏。

7 月 11 日，钱兴脱险后由党员肖雷护送，偕夫人邹冰（省工委秘书）从桂林转移到灵川县城三街镇隐蔽。他在灵川起草了《告广西当局暨各界父老书》，派员到桂林及各地散发，揭露国民党特务和桂系顽固派的反共罪行。8 月 12 日，钱兴从灵川启程，先后到桂林、平乐、钟山、梧州、桂平、贵县、玉林、宾阳、南宁、武鸣等地，继续布置全省党员撤退，指定黄彰为广西省工委代理副书记，同时着手建立新的交通联络系统。9 月上旬，钱兴到达钟山县英家乡，在听取中共英家特支书记张赞周汇报当地的情况之后，详细考察了该乡白沙井村的环境，认为那里党的工作基础较好，也比较安全，决定将省工委机关转移到该村。10 月上旬，钱兴偕邹冰由灵川转移到白沙井村。随后，陆续从各地抽调党员干部到英家，组成新的中共广西省工委机关。接着，钱兴等人分头到各地联络“七九事件”后分散隐蔽的党员，重新建立组织联系。

桂林“七九事件”发生后，国民党中统特务和广西当局继续在全省各地追捕共产党员。由于彭维之（原中共桂西南特委书记）被捕叛变，供出桂东南和桂西南地区的党员名单近百人，桂系当局派出大批特务在玉林、博白、陆川、北流、兴业、容县、灵山等县进行追踪。1943 年 1 月 13 日，30 多名中共党员和 20 多名进步分子被捕入狱，群生、三友、建国等进步书店被查封。15 日，大批军警包围《曙光报》社和南宁高中、南宁初中、三青团邕宁分团部、邕宁妇女会等十多个单位，逮捕了中共党员 50 多人。其后又在武鸣、宾阳、横县、龙州等县和邕宁县八尺区那莲乡，逮捕了中共党员 28 人，进步分子 20 多名。

玉林“一・一三”和南宁“一・一五”事件发生之后，1 月 21 日，中共广西省工委以“中共桂委”的名义，再次发出《为反对顽固反共分子继续摧残告广西当局暨各界父老书》，揭露自上年“七九事件”以来，顽固反共分子残酷迫害中共党员和进步人士，制造白色恐怖的罪行；指出顽固反共分子的反动行径是有计划、有步骤的，如不从速制止，则“煮豆燃萁”之痛复现于国共两党之间，为“亲者所痛，仇者所快”，祸害国家民族；申述广西共产党人竭力从事抗日救亡和广西建设的模范行动，声明此立场不变；要求广西当局立即释放被捕人员，撤销各地市县通缉令，制止恐怖事件再扩大，以国法制裁迫害苏蔓、罗文坤、张海萍三人的主谋分子，恢复被迫出走人员的职业、学业，并保障其生命安全。2 月 7 日，中共广西省工委向全省党员发出《为反对顽固反共分子继续摧残告全体同志书》，指出：反共逆流从桂林泛滥到了各地，顽固反共分子为了扑灭共产党，实现其一党专政独裁的迷梦，强迫中共党员“悔过”“自新”，胁迫中共党员的家属、亲友劝降，并利用叛徒、特务，通过地方政权进行跟踪追捕，继续残酷迫害中共党员和进步人士。告诫和号召全体党员：无论局势如何严重，都要信守不渝地坚持党的政治主张和路线方针；要学习苏蔓、罗文坤、张海萍三位同志宁死不屈，以身殉党的革命气节，反对梁耀宝贪生怕死、叛党变节的罪恶行径；要坚决遵守党的纪律，维护党的团结，发扬坚韧奋斗的精神；要严密党的组织，遵守秘密工作条例；要深入群众，联系群众，依靠群众；要加强学习掌握马克思列宁主义的思想武器；要向各界人士普遍揭露国民党顽固派的反共阴谋和残酷迫害共产党人的事实真相。

在以上几次反共事件中，中共广西地方组织受到严重破坏，许多党员失掉了和党的联系，他们分散在各地，利用各种关系隐蔽下来，一面积极寻找党组织，一面继续坚持革命斗争。博白县在“一·一三”事件中被捕的十多名党员和进步青年，在狱中坚持斗争，1943 年 4 月 7 日晚，在中共博白县委的周密组织下，里应外合，成功越狱，转移到外地继续坚持斗争。

## 三、省工委工作重点的转移

在桂系制造的几起反共事件之后，中共广西省工委一面转移、隐蔽党员干部，一面积极寻找上级党组织，并根据情况的变化，采取新的斗争策略。

1943 年春，钱兴通过在桂林的著名爱国民主人士庄希泉，与当时属中共桂林统战工作委员会领导的党员张兆汉取得了联系。钱兴委托张兆汉向上级组织汇报广西党受破坏的情况，张即向桂林统战工作委员会书记李亚群汇报。李亚群表示：同意把广西党的情况转报南方局，可以向广西党组织传达中央有关指示，双方组织不发生横的关系。张兆汉通过庄希泉的儿子、中共党员庄炎林，把李亚群的意见向钱兴作了转达。至此，广西省工委与南方局取得了间接联系。

3 月 15 日至 18 日，中共广西省工委由代副书记黄彰主持，在武宣县通挽乡召开桂中南、桂西南部分党员骨干会议。会上交流了各地党的工作情况，研究了当前的形势和任务。会议吸取几次事件的教训，决定把地下党的工作重点转移到农村，整顿右江老区，开辟越桂边界。会后，根据会议的部署，黄彰等继续留在来宾、武宣，杨烈等到靖西、镇边，区镇等到右江，覃桂荣来往于粤桂边和右江之间，路璠到柳北。主要任务是整顿、发展党组织，开辟新区工作。这次会议是广西地方党工作的一个转折点。此后，各路党员骨干按照通挽会议的部署，深入农村，深入山区、边区，深入群众，开展工作，开辟新区，恢复和发展党组织，建立群众组织和革命据点，坚持艰苦卓绝的斗争。

通挽会议后不久，钱兴获悉国民党特务已将搜捕中共党员的注意力，集中到桂东的平（乐）八（步）公路和梧（州）桂（平）水路一带地区，于是又将广西省工委机关从靠近公路的白沙井搬到较为偏僻、更便于隐蔽的牛垌。为了掩护党的工作，钱兴、吴赞之化名以叔侄相称，同当地群众上山割茅草烧石灰卖，开荒种地，当挑夫，做小贩，在极其艰苦险恶的环境下坚持斗争。省工委机关的其他工作人员，有的在私塾做教师，有的在寺庙当庙祝，有的帮人打工，克服了重重困难，与农民打成一片，终于在这个地区站稳了脚跟，隐蔽了下来。半年后，因国民党平乐区专署要在牛垌办农场，广西省工委机关复迁回白沙井村。

1944 年 7 月，中共广西省工委在钟山英家举行“七九事件”两周年纪念活动。这次活动通过回顾总结，肯定“七九事件”两年来广西党组织深入农村，坚持斗争所取得的成绩，教育全体党员继续坚持党中央“荫蔽精干，长期埋伏，积蓄力量，以待时机”的白区工作方针，在农村做好群众工作，号召全体党员学习苏蔓、罗文坤、张海萍三烈士为党献身的崇高精神，坚持革命斗争。1945 年 8 月中旬，中共广西省工委书记钱兴将省工委机关，由钟山县英家迁至昭平县黄姚镇黄姚中学，继续坚持革命斗争。

1942 年桂林七九事件后，广西党组织从城市撤退到农村，经过两年埋头苦干，为开展武装斗争打下了基础。到 1944 年底，党员总数已恢复到七九事件前的 900 多人，建立了 4 个县委、17 个县特支，另有近 10 个县、市新建了 30 多个支部。加上南方局派到广西工作的党员和粤北省委撤退到广西隐蔽的党员，以及当时属广东的钦廉地区的党员，广西全省各个系统的共产党员约 1400 人。

## 四、钦廉四属党组织的斗争和从广东转移来桂党员的活动

1940 年 5 月，中共广东省委为了在钦廉四属和桂南地区开展敌后斗争，建立粤桂边抗日游击根据地，成立了中共粤桂边工委，周楠任书记。不久，日军从钦廉和桂南地区撤走。翌年 1 月，广东省委决定撤销粤桂边工委，钦廉四属划归中共南路特委领导，周楠任南路特委书记，特委常委杨甫常驻合浦，领导中共合浦中心县委（辖灵山特支、钦县特支、防城特支）工作。

1943 年 3 月，为了加强秘密工作，防止敌人破坏，中共南路特委一方面组织已经暴露的党员和干部撤退隐蔽，一方面缩小组织目标，撤销

了中共合浦中心县委及其所属钦县、防城、灵山等县特支以及合浦各区区委，分设钦县、防城、灵山特派员及合浦各区特派员，由杨甫兼任钦廉四属特派员，领导四属党的工作。是年夏，杨甫在合浦县城廉州镇开了一间“永信烟庄”，作为党的联络机关。1944 年夏，日军发动打通中国大陆交通线的军事行动，逼近两广。杨甫根据上级指示，着手发动群众，准备开展抗日游击战争。9 月 22 日凌晨，国民党特务包围永信烟庄，捕去党员和进步分子 3 人，杨甫化装脱险。与此同时，灵山县国民党当局也派兵逮捕进步分子，搜查协隆号，包围萍塘村，该县地下党同志事先得到消息，早已转移。事件发生后，特委停止了钦廉四属党的组织生活，上下级党组织之间只保持工作上的联系。12 月，特委派阮明负责处理这一事件。经查明，事件是由于杨甫遇上熟悉他的特务，没有及时采取应变措施造成的。

当时在南路活动的，还有桂林“七九事件”和南宁“一·一五事件”发生后，从南宁撤退到钦县的广西党组织的党员，他们于 1943 年夏建立了中共南路特支，书记康浪平。特支有党员十多人，他们在钦县的长滩、小董、大寺、贵洞和防城、上思等县的农村开展抗日宣传工作。1945 年 2 月，康浪平根据桂西南区特派员覃桂荣的指示，返回邕宁县八尺区那莲乡组织抗日武装，后被反动分子杀害。

皖南事变发生前后，广东的党组织也陆续派一些党员到广西活动。1940 年冬，中共广东北江特委书记黄松坚派几名党员到中越边境的靖西、镇边一带秘密活动，成立了中共平孟支部。1942 年 6 月，原属广东党组织领导的党员罗培元，应邀到柳州任《柳州日报》编辑室主任。该报原来有中共柳州市委领导的支部，报社社长兼总编辑系中共党员。桂林“七九事件”发生后，报社中广西系统的中共党员撤离，罗培元未暴露，不久被任命为报社总编辑。罗陆续从广东等地邀请了张琛、邓楚白、司马文森等一批中共党员和进步分子到报社工作。1943 年 6 月，罗担任报社社长，各部门的要职也由中共党员和进步人士担任。罗培元等联系和团结社会力量，利用该报宣传抗战、团结、进步，并为接济和掩护过往的中共党员和进步人士做了许多工作。1944 年 11 月，柳州沦陷，该报社撤到融县、罗城等地继续出报，报社内成立了中共特支，下辖各分社、分销处、警卫处党支部以及一些单线联系的党员。1944年初,中共广东后北江副特派员魏南金到桂林寻找上级党组织,但没有找到。9月,魏到平乐中学任教,以教师身份作掩护,组织进步学生和职工成立秘密读书会,与疏散到平乐的桂林文化供应社、中国工业合作协会中的一些中共党员和进步人士联系,开展抗日救亡活动。

# 第 十 二 章
# 党领导和推动的广西敌后抗日游击斗争

## 第一节 日军第二次侵桂和省工委的《八月决定》

### 一、日军第二次入侵广西

1944 年,世界反法西斯战争捷报频传,日军在太平洋战争中节节败退。为了挽救败局,日军在中国战场上发起一场气势汹汹的打通大陆交通线的攻势,其目的是急谋建立一条从中国东北到越南的大陆交通运输线,破坏设在我国华中、华南的中美空军基地,并以中国为基地作垂死挣扎。为此,日军先后投入 51 万兵力,战火殃及河南、湖北、湖南、广东、广西、贵州 6 省。

4 月 18 日,日军开始进攻河南,得手后继续南侵,6 月 17 日占领长沙,8 月陷衡阳。其后,日军 8 个师团又 2 个半旅团,约 16 万兵力,从湖南、广东两面进攻广西。

守卫广西的国民党第四战区部队,原来只有桂系两个军。经多方征调,来桂的国民党军队共有 10 个军的番号,加上地方部队,共 12 万余人。广西当局也采取了一些迎战措施,恢复废弃了 5 年之久的民团制度,从省、专区到县,设立民团指挥部。但是,国民党军各部队为着自身利益,争相保存实力,消极抵抗。在日军的猖狂进攻面前,国民党当局惊慌失措,但又压制人民的抗战要求,防共重于抗日。当局组织的民团、自卫队，多由地主、官僚、兵痞把持，日军未到，这些人携家先逃，基层政权大多瘫痪。

9月11日，日军第十一军从湖南入侵广西。驻广东的日军第二十三军，分三路沿西江向广西推进，22日占领梧州，10月1日进占桂平。26日，桂北日军5个半师团分六路发起进攻，国民党军节节败退，桂北各县相继沦陷。11月1日，日军包围桂林，又以第三、第十三师团南下奔袭柳州。这期间，国民党爱国官兵在桂平一带反击日军，在桂林进行顽强的保卫战。桂林防守战至为壮烈，官兵阵亡5565人，被俘13151人。城防司令部参谋长陈济桓、师长阚维雍、军参谋长吕旃蒙殉国。11月10日，桂林陷落。同日，柳州失守。国民党第四战区司令长官张发奎率残军退守宜山。日军追击，14日占领宜山，21日突入金城江，22日占领河池。其时，在河池、南丹的难民20多万人，在公路上挨饥受饿，日本飞机低空扫射，日军跟踪追杀，百姓死伤累累。这时，蒋介石才把驻在黔南的第九十二军开入广西，但仅打了两天，就溃散了。11月26日，南丹丢失。日军分两路打进贵州省，12月2日，陷独山，4日，撤退到河池固守。

日军不等黔桂线战事结束，便在桂南、桂西发起攻势。11月21日，从贵县进占宾阳。24日，南宁沦陷。紧接着，盘踞在越南的日军，派一特编支队3000人，于11月28日，分三路侵入镇南关、龙州、宁明。南宁日军派1个联队向邕龙公路推进，两股敌人于12月10日，在东门镇会合。至此，日军完成打通大陆干线的作战任务。

此后，留守广西的是日军第十一军统辖的4个师团又1个旅团，约10万人，军部驻柳州。日军的占领区，大体是湘桂铁路、黔桂铁路、桂越公路沿线和西江沿岸，包括桂、柳、邕、梧4市和54座县城及一部分圩镇，约占广西面积和人口的2/3。国民党广西省府从桂林退到宜山，经都安、百色，退到凌云、乐业，只保有桂西和桂东、桂南30多个县。

日军在其占领的地方，极力收罗地痞、流氓、土匪、恶棍，以及国民党军政人员中的民族败类，组织“维持会”。维持会的汉奸为虎作伥，欺骗人民回城当“顺民”，强制人民领“良民证”，为日军刺探情报。同时派丁拉夫，勒收捐税，搜刮粮食、物品和妇女，供日军享用淫乐。由于人民的抵制,回城的人不多,日军也无法成立全省或地区性的伪组织。已成立的伪组织,不断受到抗日军民的打击。

日军第二次入侵广西,进行了疯狂的掠夺、屠杀。据战后调查统计,日军在广西抢夺的谷米杂粮共 1738 万担,耕牛 48 万头(占全省耕牛的 1/3);广西人民被杀 21.108 万人,受伤 43.3823 万人,染病死亡 28.32256 万人,失踪 5.8456 万人,被毁房屋 31.4394 万间①。桂林市全城原有房屋 47359 间,战后只剩下 471 间,绝大部分被毁,柳州市被毁约 95%,梧州、龙州大半成为焦土,全省无家可归难民 240 万人。日本侵略者的滔天罪行,激起了具有反侵略传统的广西人民的坚决反抗,群众性的抗日武装斗争蓬勃兴起。

## 二、中共广西省工委的《八月决定》

1944 年 7 月,中共南方局工作委员会负责人王若飞按照中央的战略部署,派原中共桂林统战工作委员会书记李亚群专程到广西。李亚群到柳州后,将中共中央对形势的估计及党的决策向左洪涛、张兆汉作了传达,然后通过张兆汉,向中共广西省工委的政治交通员庄炎林转达南方局对广西党组织的指示。南方局的指示说,日军企图打通大陆交通线作最后挣扎,国民党军为保存实力将不战而退,广西即将沦为敌后。因此,今后应按实际情况布置工作,放手发动群众,大力宣传抗日保卫家乡,组织抗日武装队伍,建立抗日游击根据地,党内同志能上山打游击的,就上山打游击。南方局还要求广西省工委适时再派人到重庆找南方局直接联系。庄炎林火速赶回钟山县英家村,向省工委书记钱兴报告。

中共广西省工委得到南方局指示,明确了斗争的方向。8 月,省工委根据党中央、南方局的指示精神,结合广西的实际情况,作出了开展抗日武装斗争的决定,即《八月决定》。

《决定》提出,广西党组织当前的中心任务是“一切为了建立抗日武装”,“一切为了发展游击战争”。要求全省各地党组织,揭露国民党不战而退的政策,揭露桂系顽固派消极抗战、积极反共的行为,动员广大群众

① 广西省政府 1946 年编《广西省抗战损失调查》报表。

进行抗日保家乡的武装斗争，作好干部、武器准备，到敌后开展抗日游击战争。《决定》还提出，为了避免桂系当局的打击，应参加桂系组织的各种武装，从中争取领导权，搞好统一战线工作，争取当地父老绅士支持；在部队中建立政工组织，作好思想政治工作。《决定》对广西开展抗日武装斗争的最高要求，是建立与创造敌后抗日根据地。省工委认为，桂东北、桂东南是日军入侵广西的要道，我党的力量也比较强，有创造根据地的条件。因此，省工委把主要力量集中于这两块地方。考虑到广西沦陷后交通隔绝，联系困难，省工委分工由书记钱兴负责桂东及桂东北，代理副书记黄彰负责桂东南。同时，要求各特委、县委、特支、支部，根据情况独立作战。省工委派黄嘉（桂东特派员）到桂东，肖雷（桂北交通员）到桂北，庄炎林到柳州地区，黄彰在桂东南，向各县委、特支、支部传达《决定》精神。

## 第二节　党领导和推动的广西各地抗日游击斗争

在桂系顽固派的残酷镇压下，处于地下状态的中共广西地方组织，在面临人民受难、民族危亡的时刻，挺身而出，肩负起领导人民抗日救国的历史使命，按照中共广西省工委的部署，开展了多种形式的抗日武装斗争。其中，有的是中共组织直接领导的抗日队伍，公开打出中国共产党的旗帜；有的是由中共组织建立和领导的队伍，使用国民党地方武装的番号，但不公开党的领导；有的是中共组织派党员和进步分子进入国民党的政权和军事部门，取得抗日武装队伍的部分领导权，或在其中起重要的作用。

### 一、桂东北地区的抗日游击斗争

桂东北地区以桂林为中心的十多个县，湘桂铁路纵贯南北，是广西进出华中的走廊，战略地位十分重要。早在 1943 年，省工委就派遣党员加强了这个地区的工作，在部分县建立了特支、支部。1944 年 6 月，日军进攻湖南，省工委估计桂北将成为前线，即部署湘桂铁路沿线的党组织准备开展抗日武装斗争，并动员兴安、全县、灌阳在外地求学的学生返回家乡，准备参加斗争。省工委作出《八月决定》后，为了创建桂东北抗日根据地，钱兴亲自运筹策划，在桂东北地区先后创建了几支抗日武装队伍。

**桂东北人民抗日纵队临阳联队**

1944 年 9 月，疏散回乡的进步学生赵志光按照党的布置，在阳朔县兴坪动员本村青年和逃难来的知识青年组织抗日宣传队，向群众作抗日宣传。11 月，吸收一批从桂林突围出来的国民党爱国官兵和几名越狱出来的中共党员，共 30 多人，10 多支枪，改名为兴坪战时服务队，亦文亦武。当时，流窜在敌后的国民党桂林区民团指挥官要强行收编这支服务队，该队被迫化整为零。稍后，桂北党组织通过做阳朔县自卫大队大队长的工作，得到 30 多支枪和 4 箱子弹，进一步把服务队武装起来。钱兴决定以这支队伍为基础，把中共党员陆支礼组织的平乐游击队 20 多人调来，一起组成由省工委直接领导的、以海洋山为中心的抗日根据地的一支武装力量。接着，抽调一批党员骨干到桂东北，任命黄嘉为中共桂东北特派员，肖雷为副特派员，负责组织领导这个地区的抗日武装斗争。

1945 年 2 月 20 日，临阳联队成立。联队长黎偶章，政委黄嘉，副联队长赵志光，副政委兼政治部主任肖雷。全队 200 多人，150 多支步枪，3 挺轻机枪。仿照新四军的建制，联队编为两个大队和 1 个民运队，设立 5 个党支部。5 月 28 日，以中共桂东北特委的名义发表宣言，公开宣布临阳联队是中国共产党领导的抗日武装。临阳联队独立自主，战斗在漓江两岸，活动范围为阳朔、临桂、荔浦、平乐等县，建立了兴坪区天顺乡、大源乡、亨庆乡的抗日民主政权，形成了临阳抗日根据地。联队还成功地收编了当地由广东潮汕难民组成的武装，壮大了力量。在日军第二次入侵广西期间，临阳联队对敌作战 11 次，毙伤日军 30 多人，俘顽军 40 多人，缴获重机枪 1 挺、轻机枪 2 挺、长短枪 250 多支，击沉日军运粮船 4 艘，击溃船队 3 支。副联队长赵志光等 6 人在斗争中英勇牺牲，赵志光被追认为中国共产党党员。联队的主要战斗有：1945年4月5日，捣毁了勾结日军的秦姓恶霸的老巢蓬山，歼灭顽军40余人，缴获轻重机枪3挺。5月中旬，夜袭牛尿塘，击沉日军运粮船2艘，毙伤日军10多人。6月下旬，在平乐附近河口伏击日船1艘，全歼船上日军10多人。7月13日，在古座塘背水作战，击破顽军500多人的围攻。临阳联队发展到300多人枪，纵横于敌顽之间，声威远播，人民爱戴，是桂东北地区最坚强的一支敌后抗日武装。

**潞江抗日自卫队和灵川政工队**

1944年7月，中共灵川特支根据省工委的指示，着手训练干部，筹集武器，准备一旦沦陷，便在漓江两边的山区建立游击根据地。同时组织桂林师范学生暑期宣传队到兴、全、灌，开展抗日宣传，察看地形，加强同当地党组织的联系。8月，衡阳失守，桂北成了前线，灵川特支即集中30多名党员和进步分子，成立潞江抗日自卫队，队长全昭毅（中共党员），指导员阳雄飞（特支书记）。另派党员到河东镇义山区组织武装。10月末，灵川沦陷，吴腾芳（特支副书记）向国民党灵川县长建议组织武装队伍，抗击日军，保卫家乡。得到同意后，成立了灵川政治工作队，吴腾芳任队长，全昭毅任副队长，并得到县长拨给的经费和枪支子弹。政工队以桂师暑假宣传队为基础，吸收当地青年参加，设政工、民运、宣传、游击等组，还应邀派出5人到县自卫队担任指导员。

这两支由党秘密领导的抗日武装，同日军作战10多次，歼灭日军70余人，缴获步枪数十支，多次打退日军对路西山区的进犯。1945年4月，政工队30多人在灵川甘棠的岭尾渡设伏，全歼日军一小队14人。政工队还摧毁了北障乡的伪政权，捕捉了灵川县维持会副会长等一批汉奸。还出版了油印的《民众周报》。

1945年春，临阳联队准备北上开辟海洋山根据地，灵川特支决定将队伍向东发展，与之配合。经向灵川县长建议并得到同意，即在镇义乡设立东区办事处，在潞江山区建立北障、南藩两乡联合办事处，由中共党员掌握了几个乡政权。当时，桂林区民团副指挥率部闯进镇义区抢地盘，阴谋消灭政工队。政工队英勇反击，赶跑了顽军，缴获了2挺轻机枪。到日军撤出广西时，这两支部队发展到280人，向桂林东郊逼进，并首先开进灵川县城。

**全县、灌阳的7支抗日游击队**

1944年六七月间，全县、灌阳党组织在大田召开会议，布置党员和进步青年回本乡发动群众，组织乡、村抗日自卫队，并把外籍干部和铁路西边的干部调到全县南部和灌阳集中待命。8月，省工委交通员肖雷来传达《八月决定》，宣布成立中共灌阳特支，邓崇济任书记，确定全灌地区宜与国民党合作抗日，利用公开合法名义，掌握抗日武装的领导权。后通过灌阳县长的关系，成立了灌阳抗日政工队、立田抗日自卫队，两队共60多人。全县党支部成立了恩德区自卫联队第二中队、独立中队、东山政工队、全县学生宣传队、石塘抗日独立中队，5个队共260人。这7支队伍，都是由中共党员和党员发展对象担任领导。立田自卫队是用红军留下的50支枪武装起来的。全灌抗日武装与日军作战23次，毙伤日军40多人，缴获一批武器和物资，保护了群众的生命财产。这些抗日武装，积极协同友军作战，迫使日军撤出寨屋、马头两个据点，使国民党全县县政府得以在东山立足。他们还频繁袭击全灌公路，致使日军运输中断。1945年3月9日，日军被迫从灌阳撤回全县。在斗争中，特支副书记文良儒英勇牺牲。

在桂东北地区，还有中共党员于1945年1月组织起来的，有20多人的修仁县十锦乡抗日自卫队。该队在保护群众、打击日本侵略者的斗争中作出了贡献。

1945年7月，日军撤出广西，国民党汤恩伯第三方面军追击到桂北。省工委获悉国民党军队阴谋消灭临阳联队的消息后，急令桂东北的抗日武装化整为零，保存革命力量。临阳联队将战士疏散回家，干部分批向桂北、桂东转移。灵、全、灌以统战面目出现的抗日武装则从容解散，掩埋武器，安排人员转移。

## 二、柳北地区的抗日游击斗争

柳州北面的柳城、融县、罗城、三江等县，连接湘黔边，山高林密，融江纵贯其间，为柳州的屏障。日军为了警卫柳州和黔桂线，分兵占领柳城、罗城、融县等县城和少数据点，向湘西、黔南警戒。这时，国民党的地方武装还在争权夺利，抢粮抢地盘。共产党人则挺身而出，领导人民抗战。

柳州沦陷前，中共桂林文化支部书记司马文森率领一批桂林文化界党员和进步青年疏散到柳州，以《柳州日报》社长罗培元为首的一批从广东转移来的中共党员也驻足柳州。这两个党组织根据南方局的指示，都打算到柳北山区打游击，寻找当地的党组织合作。当时，中共融县特支正在贯彻省工委的《八月决定》，工作有了一定基础。三方党组织为了共同的目标，于 1945 年 1 月在融县成立中共桂北临时联合工委，由罗培元总负责，统一领导柳北地区的抗日斗争。融县特支负责发动群众，抓武装斗争；《柳州日报》特支和桂林文化支部负责宣传、统战工作。在内部，三个系统保持相对独立。在桂北临时工委领导下，先后建立了几支抗日武装①。

**融县抗日挺进队**

1944 年 12 月，司马文森以国民党《中央日报》记者的名义，找融县县长陈述发动群众自卫的道理，建议组织武工队，并表示可动员桂林文化界青年参加。县长同意给予“融县自卫队第二分队”的番号，拨给轻机枪 1 挺，步枪 20 支，编制 30 人。该队以文化支部的杨繁、何谷为正副队长，卢起为融县系统的党支部书记，杨繁为外来党员的支部书记。12 月 15 日，日军再占融县，县政府迁入深山，该队则自行转到县南水陆交通要冲的永乐，宣传发动群众，扩大武装。

1945 年 2 月上旬，第二分队得到情报，有一支日军和汉奸武装用 13 艘木船组成的船队，从古顶运载 3 万多斤食盐上融县，于是在大扁洲设伏，将敌击溃，缴获木船 9 艘，食盐 2 万多斤。这些食盐除留 5000 斤作军用外，其余分给群众。这一仗，鼓舞了群众，青年们踊跃携枪参军，使该队壮大到 100 多人枪。为了摆脱国民党羁绊，2 月 19 日，队伍改称“融县抗日挺进队”，代号“北斗”，编为一个政工分队和两个武装分队，独立自主进行抗日斗争。日军遭伏击后，伺机报复，顽军也仇视这支共产党领导的武装，多次威迫挑衅。挺进队团结抗日友军，发动群众组织

① 罗培元：《抗战结束前后柳州日报社的斗争与活动》；路璠：《简谈柳北联合工委》。

自卫队，保卫南区。3 月初，日军到罗龙等村抢去耕牛 200 多头，挺进队立即追击，夺回耕牛，归还失主。中旬，日军又出动 100 多武装和 200 多人的“箩筐队”，企图洗劫东华一带村庄。挺进队奋起迎击，在友军支援和方圆数十里群众支持下，把敌伪包围在两个小村里。入夜，敌人抛弃掠来的耕牛、粮食，抬着尸体和伤员突围逃回县城。从此，挺进队军威大振，扩大到 7 个分队 800 人枪，拥有轻机枪 8 挺，是柳北地区抗日武装的一支劲旅。

**融县抗日挺秀队**

1945 年元旦，桂北联合工委派融县特支副书记莫矜率 3 名党员，到融县北部建立抗日武装，开辟新区，并抽调三江县的党员干部和挺进队的武装骨干去支援。2 月下旬，成立“融县抗日挺秀队”。队长黄略（爱国人士），指导员莫矜，辖浪保、昆安、西隅 3 个分队，分队长均为共产党员，共 100 多人枪。

5 月下旬，浪保分队在浪溪河小片伏击向桂林撤退的日军，打死打伤日军 20 多人。接着围攻逃往盘安乡一带的融县长安镇维持会保安大队残部，伪保安大队长被迫率 20 多人缴械投降。

**柳州日报社警卫队**

《柳州日报》原是国民党桂北行署的机关报，报社从柳州撤退到柳北时，社长罗培元要求桂北行署主任尹承纲借枪保护报社的机器物资，尹 3 次批准拨给枪械 50 多支和弹药一批，并供给粮饷。1945 年 1 月，以报社职工为主体，在罗城县龙岸成立“桂北行署直属队”，对内称《柳州日报》社警卫队。队长罗培元，副队长骆维强，指导员陈光（三人均为中共党员），全队 60 人枪，队内设中共党支部。该队活动于罗城的黄金、寺门，融县的和睦，柳城的龙头、大埔、太平等靠近日军占领的地带，多次参加阻击日军的战斗。报社还在上述各地，设立了 10 多个分社、分销处、办事处，成为党的工作据点，在团结教育敌后的人民方面，起了积极作用。

**镇国政工队**

日军进攻柳州时，桂系第一八八师第五六三团在柳城被冲散，部分官兵流落到罗城。司马文森看到该团长好大喜功，也有抗日热情，便鼓动他扩大番号为纵队，代号为“镇国师”，自任司令，并聘用司马文森为政治部主任。1945 年 1 月，在罗城龙岸成立“镇国政工队”，从中共桂林文化支部抽调党员郑思、吉联抗到该队，先后任队长，司马文森任指导员。队员从 30 多人扩大到 50 人，多是柳州中学、龙城中学、融县中学和广西大学的师生。队内设武装组（10 人枪）、学习组、宣传组、生活组，成立中共支部。

镇国政工队活动在罗城的龙岸、板丈，融县的永乐、和睦，柳城的古砦、冲脉、六塘等地，进行文艺演出和抗日宣传。还到各村组织自卫队站岗放哨保卫家乡，帮助群众搞春耕。武装组参加了寺门阻击战，保卫龙岸、黄金产粮区的安全。

**桂林师范战时服务团**

桂北沦陷后，桂林师范学校迁到融县北部三防圩上课。1945 年 2 月，柳城县长陈如平（民主人士）、民团副司令张镇道（中共桂北联合工委成员）、主任秘书覃景秀（中共党员），邀请桂师派师生到柳城前线参加抗战。学校党组织征得校长汤有雁同意，组成桂林师范战时服务团，蔡纯华任团长，李文松（中共党员）任指导员。全团 40 余人，编为一个文艺队、两个战斗班，开赴柳城县府所在地古砦，县政府授给该团“县督察队”的名义，拨给枪械弹药和给养。此后，服务团武装班积极参加抗击日军的战斗，文艺队深入集镇进行文艺演出，到村屯发动群众，帮助建立自卫队。

1945 年 5 月下旬，日军准备撤出柳州时，其驻长安镇的部队将抢夺的粮食、物资和妇女，装满 23 艘木船，从长安镇沿融江南下运往柳州。融县挺进队、柳城游击队、各地自卫队等抗日武装联合行动，沿江抗击，击沉、俘获敌船多艘，缴获大米 6 万多斤，救出 100 多名妇女，残敌败退入柳城困守待援。融县挺秀队也在日军撤退时冲入敌据点富乐镇，收缴大批食盐、粮食和军用品，部分充军用，部分救济群众。

日军撤走后，国民党威胁抗战有功的挺进、挺秀队交出武器。中共桂北联合工委审时度势，决定将《柳州日报》警卫队、镇国政工队宣告解散，其成员返回原单位工作。挺进队、挺秀队化整为零，把坏枪还给融县政府，群众支援的枪支还给群众，自己筹集的枪支收藏起来，外来人员离开，农民战士回家，知识分子安排读书或教书，武装骨干分散隐蔽活动。

## 三、其他地区的抗日游击斗争

除桂东北和柳北地区外，由中共组织领导或共产党员在其中起重要作用的抗日武装斗争在其他地区也十分活跃，主要有：

**柳江青年抗日挺进队**

桂柳疏散时，柳江县的一批进步学生，接受中共党员罗培元、张镇道的指点，回到家乡流山、洛满、成团、三都等地，组织小队抗日武装，夜袭敌营，伏击小股敌人，出版油印小报，使群众受到很大鼓舞。1945 年初，这些小队抗日武装，联合起来成立柳江青年抗日挺进队。后队伍扩大到 150 人，有轻重机枪各 2 挺，编为大队。青挺队活动在黔桂线与邕柳公路的夹角地带，曾在柳宜、柳邕公路上 9 次袭击敌军，毙伤日、伪军数十人。

**宜山、忻城边的抗日武装**

柳州沦陷前夕，中共党员莫加星在马驷乡，与当地的进步青年组织抗日游击队，后成立了马驷乡抗日联合会，推莫加星为会长，各村成立分会，有 800 多会员。1945 年 1 月 5 日，马驷乡游击队在达烂坳口伏击日军，击毙日军官伊藤及士兵 2 名，缴获长短枪各 1 支。莫加星将马驷、欧洞、思练 3 支队伍联合起来，取名“第四集团军抗日别动队二支队”。2 月 28 日，该队在柳宜公路那借坳伏击日军军车，缴获轻重机枪 12 挺和一批军用物资。3 月中旬，在忻城县城成立“柳庆区抗日游击司令部”，辖 15 个大队 1500 人枪，中共党员王诚与莫江白（后入党）分别任政治部正副主任。司令部指挥各大队，围攻都、宜、忻边 16 个日军据点，3 个月内，战斗 20 次，毙伤敌数十人，缴获一批武器弹药。马驷乡游击队也攻下 3 个敌人据点。6 月中旬，日军被迫全部撤退。

**都安、宜山边的抗日武装**

1944 年 11 月中旬，宜山、忻城、河池相继沦陷。经都安中学几名中共党员发动，在都安拉烈建立了一支 13 人的武装小组，在宜山北山建立了 30 多人枪的队伍，在宜山永定乡建立了 60 多人枪的队伍。在夷江，由土地革命时期的两名老红军为首，建立了两个乡的自卫队。这些队伍建立后，积极开展抗日武装斗争，不断袭击敌人，攻下京口日军据点和加贵、拉烈、北山等七八处日军哨所。

**中共河池特支领导的抗日武装**

1944年7月，中共桂西区特派员覃桂荣派区镇到河池工作，9月建立中共河池特支，罗恒新为书记。1945年2月，区镇以县政府民政科科员的身份，在下坳召开下坳、光隆、保平、城区等乡镇长会议，达成了“如果日寇再来侵犯，三乡协同作战”的协议。会后，在长老乡、光隆乡和华山城区先后组织了抗日自卫队。光隆乡自卫队建立了中共支部。这些由党发动建立的抗日武装，在当地放哨联防，组织群众疏散，保护人民生命财产。4月，一股日军从宜山龙头进犯光隆，抢劫财物、粮食。光隆乡自卫队坚守两个岩洞，打死日军2人，伤3人。日军被迫撤走。

**横县、贵县的抗日武装**

横县县长张树春坚持抗日，比较开明，中共横县县委派了一批党员和进步分子进入县乡一些部门工作，掌握了县战时工作队，队内建立中共支部，有些党员当了乡长、校长。经过艰苦工作，把群众的械斗武装改造为抗日武装，各区、乡、村纷纷成立自卫队、突击队、敢死队。

1944年12月，日军派遣一支由15艘木船组成的运载武器弹药的船队，从梧州上驶南宁。中共贵县、横县两县县委互相配合，组织抗日武装1000多人，协同两县民团沿江阻击日军船队，激战7昼夜，击沉敌船4艘，缴获9艘，歼敌大队长渡部一郎中佐以下约80人，俘日军1人，汉奸4人，缴获机枪3挺，步枪34支，手榴弹450枚，以及大批弹药和文件、地图等。

1945年1月，400多日军侵入横县，各地党组织积极动员群众进行抗击，在四排岭把日军包围了3昼夜。日军步骑兵700多人，带多门火炮赶来增援，才得解围。日军进入县城后，横县自卫队司令部调集自卫队包围县城，日军不敢久留，被迫退走。此役横县共组织了4300多人参加战斗，苦战8昼夜，毙伤敌百余人，缴获枪支、弹药、物资一批。

**武宣、桂平边的抗日武装**

1945年1月22日，日军一支船队从武宣出发下梧州。中共武宣县东乡党支部连夜组织一支抗日义勇队，赶到黔江北岸红石矶伏击，并派人联络南岸的桂平县武平里各村青年100多人，协同作战。25日晨，5艘满载日军的驳船、12只橡皮艇驶下时，两岸抗日武装歼敌一部，击毙其宪兵队长向井立夫。我方 6 人牺牲,5 人受伤。

**宾阳县的抗日武装**

宾阳沦陷时,国民党宾阳区民团指挥官梁瀚嵩将指挥部迁到上林县镇圩,指挥宾阳、上林、那马、隆山、都安、武鸣等县的民团武装。他接受中共党员的建议,派指挥部主任秘书周可传(中共党员)等到宾阳东区双桥组织临时县政府,建立了县自卫大队,有七八十人枪,轻机枪 4 挺。临时县政府任命一名当时失去组织关系的中共党员为三光乡乡长兼自卫队长,有 30 多人枪。这两支武装,在东区多次伏击宾贵公路的日军运输队,取得不少战果。

在北区,由中共党员推动组织的抗日同盟会,建立了抗日自卫队,有 30 多人枪。1945 年 1 月 5 日,日军第三十七师团 60 余人押送物资从迁江南下,夜宿邹圩长车村。中共党员率自卫队和武装群众 100 多人,乘夜杀入村中,当场击毙日军大尉、少尉以下 8 人,击伤 6 人,缴获弹药、文件、药品 100 多箱,内有该师团南进作战计划,以及西南各省军用地图等机密文件。经层层上送,得到国民政府军委会奖给银元 5 万元。

在南区,一些共产党员也组织了抗日筹备会和抗日自卫队。1945 年三四月间,几位中共党员和原学生军战士,组织南区四乡青壮男子,两次围攻武陵圩几个昼夜,日军伤亡多人,后在夜雨中突围逃走。

**上林县的抗日游击武装**

在周可传、梁宁(中共党员)等具体指导下,上林组织了巷贤青年抗日自卫队、宾(阳)上(林)迁(江)抗日义勇队、北区抗日自卫队等抗日武装,共 200 余人。1945 年 3 月,驻宾阳的日军夜袭巷贤圩,巷贤乡自卫队冲进圩内增援,各村自卫队在外面包围,日军伤亡多人,丢物弃尸而逃。4 月下旬,驻上林的日军向宾阳撤退,巷贤自卫队进行截击,抓获并处决了上林县维持会长。4 月,宾上迁义勇队在邹圩东桥夜间伏击,击毁日军汽车 2 辆,击坏 8 辆。4 月下旬,又在恭村、狮螺桥截击从上林往宾阳撤退的日军。四五月间,北区自卫队调集各乡自卫队先后攻打日军中心据点古蓬、北栏村、红河渡口,共歼敌 20 多人。日军乘雨夜偷渡红水河逃回忻城,上林北区全境光复。

**武鸣邓广抗日义勇队**

1944年11月22日，日军占领武鸣县城。中共武鸣特支书记韦宗遗等人到城东的邓广乡夏黄村活动，于1945年2月成立了武鸣邓广乡抗日义勇队。全队120多人，先后对日军进行了香山水坝伏击战、夏黄渡口阻击战、夏黄村巷战等多次战斗，毙伤日军多人（内有军官1名），缴获步枪1支及军用品一批，追回耕牛10多头和大批食物，捕杀汉奸5名。

据统计，日军第二次入侵广西期间，中共广西地方组织领导和由中共党员在其中起重要作用的抗日武装，共有20多支约2000余人。这些抗日武装，认真执行党的抗日民族统一战线方针政策，真诚地团结各阶层人民群众和爱国民主人士共同抗日，坚决打击日本侵略者。他们活跃在广西20多个县，共打死打伤日、伪军约1000人，击沉敌船60艘，缴获各种枪械数百支，弹药2万余发，及大批军用物资，为抗日战争的胜利作出了重大贡献，也为后来解放战争时期的武装斗争准备了有利条件。

## 第三节　党发动的抗日武装起义

日军第二次入侵广西，由于兵力不足，只能占领城市和主要交通线。在桂东南和广东南路，存在一块面积颇大的国民党统治区。这里有国民党的地方政权，但没有其正规军，敌情严重，随时都有沦陷的可能。这些地区国民党的政权不但不积极抗日，而且对中共组织领导的抗日活动常常进行阻挠和压制。在这种特殊条件下，钦廉四属和桂东南地区的中共组织不得不领导人民举行抗日武装起义。

### 一、钦廉四属抗日武装起义

钦廉地区在中共广东南路特委的领导下，经过几年艰苦工作，积聚了一定的革命力量，1944年冬共有党员400多人，联系着大批进步分子和工农群众，是抗击日本侵略者的中坚力量。是年12月，日军独立第二十三旅团一部约1000人，分几批从南宁经钦县、合浦返回雷州半岛，国民党军警让开大路，专署、县府逃避，日军得以从容掠夺物资，奸淫妇女，安然通过，人民对这个仇内怯外的政府完全失去信心。

1944 年 3 月，中共南路特委书记周楠到重庆向南方局汇报工作。同年夏，南方局指出，日军很快就打通湘桂铁路，两广将成为敌后，要周赶快回去大力发动武装斗争。12 月，周楠召集钦廉四属联络员阮明、政治交通员谭俊，传达南方局的指示，并宣布特委决定，于 1945 年春节前后，全面发动抗日武装起义。1945 年 1 月，阮明、谭俊将南路特委的决定传达到钦（县）、廉（江）、灵（山）、防（城）4 县党组织，并在白石水老区设立武装起义指挥中心，阮明任总指挥。经过短期准备，连续发动了合（浦）、灵（山）、钦（县）、防（城）4 县的抗日武装起义。

**合浦起义**

1945 年 1 月，中共南路特委决定，建立南路人民抗日解放军第三支队，任命张世聪为支队长兼政委。2 月 3 日，合浦南康区 40 多人参加夺枪起义，指挥员张义生等 5 人光荣献身。2 月 7 日，南康、白石水、公馆、白沙等起义部队 200 多人集中到金街，编为南路人民抗日解放军第三支队合浦大队，大队长李世益，政委陈明景。队伍攻下白石水和张黄两镇以及 1 个物资仓库。7 日晚，小江起义部队 400 多人分头袭击国民党顽军和物资仓库，与龙门起义部队 30 多人合编为南路人民抗日解放军第三支队小江中队。3 月 12 日，西场起义部队 70 多人，全歼西场镇自卫队和警察 90 人，编为南路人民抗日解放军第三支队西场大队。大队长王克，政委包恭。3 月中旬，国民党维安乡自卫队 30 多人起义，编为南路人民抗日解放军第三支队灵南中队。以上合浦县的起义武装共有 900 人，编为 2 个大队又 2 个中队。这支武装共攻下乡镇据点 9 处，缴获轻重机枪各 1 挺，长短枪 200 多支及一批弹药物资。

**灵山起义**

灵山县党组织负责人陈铭金接到南路特委的通知后，进行了传达和准备，秘密部署新圩、乐水、官洞、司练、钟灵、平山等地 700 多武装人员集结，编为南路人民抗日游击队灵山大队，总指挥陈铭金。1945 年 2 月 8 日晚，灵山大队袭击灵山县城，因走漏消息，被县长捕杀 10 人，攻城失败。次日起义部队撤退。15 日，起义部队到钟灵整编待命，灵山县长纠集自卫大队和民团1500人追到,起义部队与群众一道奋起迎战数天,击毙顽军数十人。23日,钦廉四属起义总指挥阮明从白石水到灵山指导工作,途中被捕杀害,起义失去统一指挥。3月2日,灵山大队开赴白石水与合浦起义部队会合,留下的少数人在钟灵领导群众坚守村庄,与数十倍于己的顽军激战。后因弹药耗尽,村庄被敌攻破,30多名群众被捕,数人死在狱中。3月下旬,爱国人士梁振威率30多人携枪起义加入灵山大队。

**南解二支队增援合灵起义**

为了支援合浦、灵山起义,中共南路特委从雷州半岛抽调南路人民抗日解放军第二支队800多人,由司令部参谋长李筱峰、支队长黄景文率领,开赴合浦白石水。第三支队长兼政委张世聪随部队返回钦廉领导武装斗争。2月中旬,南解二支队和合灵部队连克旧州、白石水、马栏、龙门等乡,挺进合浦、博白边界,打开了局面。

此时,顽军广东保安第九团从雷州半岛跟踪追来,各县乡反动武装亦加强"剿匪"和"联防",退到桂西的国民党军第一五五师两个团置日军于不顾,绕道到合灵镇压抗日武装。3月24日,南解二支队在武利江谷埠背水作战失利,黑夜撤退过河,大队长洪荣等27人掉下急流牺牲。部队转往西场、钦东,又被顽军追堵,活动困难。4月间,南解二支队和合灵部队200多人,从海陆两路撤退到雷州半岛坚持斗争。张世聪被任命为钦廉四属联络员兼军事特派员,率黄河大队和合灵留守部队继续坚持斗争。顽军"围剿"白石水山区,砍林搜山,并村围闸。张世聪率黄河大队和民兵与之周旋。5月6日,顽军围攻大窝山,激战1天,因力量对比悬殊,张世聪等13人在作战中英勇牺牲。谭俊继任中共钦廉四属联络员兼军事特派员。6月上旬,灵山和小江部队280多人,因环境险恶,与上级失去联系,遂西进十万大山。部队到达钦邕灵边境时,被地方反动武装袭击围堵7昼夜,损失严重,又退回灵东南坚持斗争。

**钦县小董起义**

1945年1月,钦县党组织负责人卢文到灵山听取中共南路特委关于举行抗日武装起义的指示,随即返回钦县召开党员骨干会议。会议决定在邕钦公路上的重镇小董举行起义,起义部队称"钦县人民抗日解放军”，指挥朱守刚，政委卢文。起义领导人秘密集中小董、钦州镇、板城、长滩、大寺、贵台等地120多名武装人员，于2月17日袭击顽军小董自卫大队。因部队无作战经验，未能攻克小董。18日，退回六虾、那料、八甲等村庄，国民党自卫队和民团500多人追来，起义部队向邕钦边境撤退，沿途宣传“抗日、反投降、反贪污”，破仓分粮。26日，队伍在那了村被顽军冲散，外来干部因语音有异，多在途中被乡兵民团捕捉，参谋长林国兴、政治处主任陈浩等13人（内有党员7人）遭杀害。卢文、朱守刚脱险后投奔灵山起义部队，部分人员转到防城活动，其他同志分散隐蔽。

**防城那良起义**

1945年2月上旬，中共钦防特派员谢王岗才接到南路特委要求在春节前后举行武装起义的通知，遂决定防城暂缓起义，在那良、那湾、沿海3个党的力量较强的区，组织20多个秘密游击小组，筹集武器、经费，积极创造起义条件。他们吸取各地起义的经验教训，不全面拔根，只动员部分武装举行起义。经过3个月准备，6月14日，谢王岗等调集那良区的地下武装和沿海区少数骨干共150人枪，轻机枪6挺，在北仑河畔的修尧村编组为“钦防华侨抗日游击大队”。大队长沈鸿周，党代表兼参谋长陈汉东（黄木芬）。起义队伍在中越边界活动，国民党无力干预。部队径直开入越南海宁省塘花日军占领区，发动华侨抗日。首战攻克伪军一据点，俘敌14人。战斗结束后，陈汉东率政工队进塘花圩宣传，次日被日、伪军包围，陈在突围时英勇牺牲。在日军准备再次发动“扫荡”时，华侨大队撤回那良山区活动。

钦廉四属的抗日武装起义，共有1800多人参加，组建了一个支队和4个大队。各县的起义，都遭到国民党正规军、地方部队和地主武装的镇压，战斗异常激烈。一批久经考验的领导人和忠贞的革命战士，或在战斗中英勇牺牲，或被捕后遭杀害，付出了重大的代价。但是，起义队伍打击了日、伪军和国民党顽固派，锻炼了干部，教育了人民群众，扩大了党的影响。日本投降后，钦廉地区党组织以这次起义保存下来的部队为基础，开展武装斗争，为夺取解放战争的胜利作出了应有的贡献。

## 二、桂东南抗日武装起义

中共广西省工委作出《八月决定》时，分工由省工委代理副书记黄彰负责在桂东南创建抗日根据地的工作。桂东南地区党的力量比较强，又有六万大山作依托，开展抗日武装斗争的条件较好。1944 年 10 月 2 日，黄彰在贵县木格社塘村召开桂东南各县党组织负责人会议，提出了贯彻《八月决定》的具体措施：第一，调整健全各级党组织，重新任命各县县委书记和委员，要求党员一律参加武装斗争。第二，在各县、乡积极组建抗日武装，千方百计筹集武器。第三，宣传抗战形势和党的抗日民族统一战线，揭露日军的暴行，揭露国民党政府消极抗日、积极反共、独裁专制、横征暴敛的行径。第四，发动群众，成立“同心会”“同盟会”“三抗会”等外围组织。第五，分县举办武装斗争骨干训练班。第六，开展统战工作，团结各阶层人士参加抗日，引导国民党地方武装投奔人民。会议还决定成立桂东南抗日游击区办事处，黄彰为主任，吴家宜（中共玉林区特派员）为副主任，领导日常工作。

当时，国民党广西当局以一贯反共的梁朝玑为桂南行署主任，各县县长也多是顽固分子。玉林地区经济较发达，地主武装与官僚勾结，借抗日之名扩大势力，不断向人民征兵、加税、征粮，“民众对政府之仇恨，实有一触即发的危险”①。他们防共反共甚于防日防汉奸，还特别制订了防范异党分子和李济深分子办法②。1944 年 11 月，桂东南游击区办事处调军事干部陈朝英（汤福胜）从博白到贵县前线抗日，路过贵县木格时被捕，中共贵县县委书记谭留科写了一封言词恳切晓以民族大义的信，向县长交涉放人。县长不但不放人，还把陈朝英在自卫队的几个同乡抓起来。12 月，贵县、横县抗日武装在郁江取得了击毁 13 艘日船的重大胜利后，国民党派贵县副县长率保安大队到香江追逼抗日武装交出战利品。

12 月 15 日，桂东南游击区办事处发出通电，呼吁国民党玉林区当

① 《中共贵县党员谭留科给黄县长、李区长的信》，见《玉林地区党史资料》第 2 辑。

② 桂东南抗日游击办事处通电《呼吁制止反共，反对反动政府》，见《玉林地区党史资料》第 2 辑。

局实行民主团结,停止反共,共同对敌。玉林区当局不予理睬,反而调动军队,派警特四出抓人。1945 年 1 月 25 日,黄彰、吴家宜再次发表通电:“本办事处对现存之玉区反动顽固政府已仁至义尽,心至言至,从今以后再有不幸事故发生,所有责任均应由国民党及其政府一肩负责,至于各界开明人士及父老士绅,切望能本抗日高于一切之民族大义,挺身而出制止反共,实现民主保卫家乡,则国家幸甚!”事实说明,桂东南起义是国民党当局消极抗日、积极反共逼出来的。

桂东南党组织于 1944 年 12 月中旬作出武装起义部署时,起义时间定在 1945 年四五月间。但春节前后,广东南路特委在高雷、钦廉地区相继领导抗日武装起义,要求桂东南地区配合,因而桂东南游击区办事处便在准备不充分的情况下,提前发动起义。起义先后在陆川、博白、兴业、贵县四个县举行,目标是建立六万大山抗日游击根据地。

**陆川起义**

1945 年 2 月,广东南路的抗日武装起义队伍已打到陆川县边界,并派 1 个营到陆川来协助。26 日,陆川起义爆发。起义队伍 700 多人,370 支枪,成立了陆川县人民抗日自卫军,司令员廖家义,政委温翊俊(中共陆川县委书记),下分 3 个支队。第一、第二支队联合攻打清湖乡公所,攻不下,遂按第二方案向博白靠拢。第一支队沿途收缴反动武装的武器,开仓济贫,途中宿营于蚊丁村,被顽军偷袭,牺牲 24 人。因与博白部队联系不上,第一支队又回师陆川,两次强攻盘龙乡公所不下,3 月 12 日,部队化整为零。第二支队从清湖乡公所撤退后,回三水村休整,准备北上攻打乌石,不料被陆川自卫队和广东化县自卫队 800 多人合击于三水村,第二支队被迫分散隐蔽。温翊俊在分散途中被捕,就义于化县县城。第三支队正准备攻打龙河乡公所,得悉第一、第二支队失利,也分散隐蔽。

**博白起义**

博白抗日武装于 1945 年 2 月 27 日,在双旺乡周旺村誓师起义,成立了博白县民主抗日自卫军,司令员林执真,政委熊景升(中共博白县委书记),辖 3 个中队和 1 个青年支队,共 1200 人,枪 1000 支。民抗军先后攻下和控制了双旺、龙潭等 24 个乡,成立了 3 乡 1 村的民主抗日政府,在东平、石角、马田、龙田等地破仓分粮给群众。队伍准备与陆川部队会师，北取县城。3 月初，国民党玉林区保安团一个大队，会同博白自卫大队 1000 多人，分 3 路南下围攻民抗军。民抗军与顽军周旋多日，东进西征，虽有战果，但扭转不了颓势。3 月 20 日，博白县委决定部队分两路活动，一部在县境中部牵制阻击敌人，一部南下开辟博南地区。25 日，中部民抗军 70 余人被顽军包围在绿吊，激战 1 天，弹尽突围，熊景升等 46 人被捕杀害。林执真率部救援不及，其后战斗又失利。4 月 12 日，中共博白县委决定由林执真率 200 余人枪（内有党员 40 多人），随南路莫练部开到雷州半岛抗日，编为南路人民抗日解放军博白独立营。留在博白的人员分为 4 个游击组，反击顽军清乡“扫荡”。

**兴业起义**

1945 年 3 月 2 日，兴业县抗日武装在城隍、铁城、葵阳同时起义，攻下仁厚、城隍、葵阳、铁城 4 乡。3 日，在寨德村召开军民起义誓师大会，有 500 人参加，成立兴业县人民抗日自卫军和抗日民主政府，司令员李云蒿，政委张熙和，副司令员覃注礼（中共兴业县委书记），顾问覃震声。4 日，自卫军围攻县城一昼夜。玉林行署派补充团和玉林、北流自卫队等顽军，于 7 日围攻民抗军司令部驻地榜山村。司令部突围到寨德后，派出队伍攻打合浦县六银圩，久攻不下，13 日撤回横岗时被顽军袭击，损失 10 多人枪。余下 200 多人取道六万山向博白转移，被国民党玉林行署侦知，博白顽军在罗六、双凤卡住去路，玉林自卫队又赶到罗田，将兴业民抗军包围在双凤、罗田一带。15 日，民抗军乘雾突围，虽经反复冲杀，仍冲不出重围，队伍被打散。16 日，吴家宜、李云蒿、张熙和、覃注礼、覃震声等 91 人被捕杀害。他们就义时高呼“共产党万岁”等口号。

**贵县起义**

1945 年 3 月 3 日，贵县抗日武装 200 多人在大江乡宣布起义，成立贵县抗日自卫军。司令员谭留科（中共贵县县委书记），参谋长赖志廉。队伍攻下大江、思怀、龙塘 3 乡后，委任谭振邦为贵县民主抗日政府县长，开仓济贫。7 日，起义部队正准备攻打迁至木梓的国民党县政府时，国民党军警和地主武装数百人突然包围自卫军司令部驻地河村，起义军英勇迎战半天，一部分突围回香江隐蔽，一部分被冲散，起义领导人赖志廉、甘松州和随队伍行动的省工委代理副书记黄彰等被捕，分别在木梓、木格被杀害。谭留科率一支队伍转战到兴业,后与兴业起义部队在玉林罗田抗击顽军时牺牲。

桂东南的抗日武装起义,被国民党顽固派血腥镇压下去了。这次起义的失败,使桂东南地区的抗日武装损失了 80% 以上,280 多名起义者惨遭杀害,起义领导人几乎全部牺牲,抗日游击区和人民群众受到严重摧残,损失是惨重的,教训是沉痛的。但是,这次广西规模最大的抗日武装起义,共产党人和革命群众为国家民族英勇奋斗牺牲的精神,是非常感人的。起义震撼了桂东南地区,也震撼了广西当局,教育了广大人民,锻炼了革命干部,为以后在解放战争时期开展武装斗争提供了宝贵的经验,其意义是重大而深远的。

## 第四节　党支持的桂东抗日民主运动

### 一、桂林爱国民主人士转移到桂东

1944 年 6 月,日军继续南侵。中共中央南方局书记周恩来派李亚群到桂林,通过胡希民向李济深转达口信:如果日军进攻桂林,李最好是回到苍梧大坡山家乡,组织民众武装,以民众武装的形式配合中共地下党领导的游击队抗日。当月,李济深在桂林广西建设研究会八桂厅召开有李任仁、陈劭先、陈此生、梁漱溟等参加的秘密会议,就蒋介石再度催李济深到重庆任军事参议院院长一事商量对策。与会者接受中共对战局的分析,李济深决定以养病为名,先回家乡苍梧组织武装,争取共产党援助,在桂东地区独立自主抗日,把桂林的抗日民主运动转移到桂东去。

当日军逼近桂北时,国民党达官要人鸡飞狗走,李济深指出:“逃跑终归不是办法,我能往,敌亦能往,万一敌人进攻桂林,我决心留在敌后与敌周旋。蒋介石不要土地,我们要;他不要人民,我们要。我要和人民一起坚持在敌后斗争,直到胜利。”[①] 李济深大义凛然的呼声,得到中共党

---

① 李煜平、韩省之:《李济深传略》,载《李济深纪念文集》,广西人民出版社 1986 年版,第 213 页。

员和进步人士的赞同和响应，纷纷表示愿到桂东敌后去抗日。周恩来得知消息后，十分嘉许李济深等民主人士的大智大勇，但劝告他们在这个时候不宜提出反蒋问题，同时指示桂林文化界党组织负责人邵荃麟、狄超白、张锡昌等，秘密进行进步人士疏散到桂东去的准备工作。7月，再派李亚群到桂林、柳州，检查疏散民主人士到桂东去的情况。

1944年8月、9月，桂林城防司令部一再下令疏散，各抗战团体和文化人士即按既定计划行动。陈劭先、陈此生率广西建设研究会，万仲文、覃展（后为中共党员）率文化供应社，张锡昌（中共党员）、徐寅初率中国工业合作社桂林分社，莫乃群、胡仲持率《广西日报》社部分人员，欧阳予倩率广西艺术馆等单位，还有国民党左派何香凝、柳亚子，民主政团同盟常委梁漱溟，经济学家千家驹，科学家高士其（中共党员）等著名人士，先后乘船沿漓江东下，一部分居住在昭平，一部分转迁到贺县八步。只有李任仁乘小汽车经蒙山去桂东时，遇见白崇禧，被拉到百色去了。

## 二、昭平、八步的抗日民主活动

爱国民主人士在昭平、八步居留了近一年时间，在中共的支持帮助下，开展了几项重大的抗日民主活动。

### 成立昭平民众抗日自卫工作委员会

在爱国民主人士推动下，1944年9月24日，成立昭平民众抗日自卫工作委员会，以辛亥革命元老严端为主任，该县县长韦瑞霖为副主任，千家驹、陈劭先、李卓成、欧阳予倩、莫乃群、何海筹、黎民任为委员，聘请何香凝为顾问，张锡昌为顾问兼秘书。与此同时，建立了县自卫队两个大队和青年教导队。没有武器和经费，陈劭先就以广西绥署顾问的身分前去交涉，将广西绥署运到昭平存放的一批武器、服装拨给自卫队。当时，桂东盐务处长何世庸（中共党员）负责将4万担食盐疏散到昭平、贺县，经联系，他拨出一批盐给昭平县政府变卖，利用官价和市价的差价，为昭平的抗日民主运动筹集了30万元经费。自卫队和教导队成立后，紧张地进行军事、政治训练，曾开赴古营阻击从钟山入侵的日军，又同邻县组织联防，保卫地方安宁。12月，广西民团副指挥官蒋如荃窜到昭平，把青年教导队收为他的警卫队，又撤换了自卫队的负责人，民主人士在昭平的抗日活动受到限制。1945 年 1 月，日军从蒙山入侵昭平，这些民主人士便转移到昭平县东部的山区小镇黄姚，另辟活动基地。

**出版《广西日报》昭平版**

当时，桂东处于被日军四面包围的状态，与外面联系不便。为了宣传中共的抗日主张，发动群众抗日，张锡昌建议出版《广西日报》昭平版。陈劭先去电百色取得省政府同意后，即组成社务委员会，以陈劭先为主任（后为欧阳予倩），莫乃群为主笔兼总编辑，徐寅初为经理。中共掌握的秦记西南印刷厂提供机器、铅字和工人，文化供应社供应纸张。1944 年 11 月 1 日，该报正式出版。由张锡昌、莫乃群、千家驹等撰写社论，张铁生、陈此生等撰写专文，大力宣传坚持抗战，反对投降；坚持团结，反对分裂；坚持进步，反对倒退的主张，如实报导湘桂黔战况和国民党的腐败无能，为人民说话，很受群众欢迎。报纸发行量近 3000 份，除在桂东销售外，还流传到湘南江华、临武和粤北连县、广宁一带。1945 年初，日军一度窜陷昭平，报社迁到黄姚镇继续出版，一直坚持到抗战胜利。中共广西省工委书记钱兴，先派交通员庄炎林进入广西日报社做推销员，继派党员卢蒙坚为译电员，把省工委的意见通过报社写成社论发表。省工委亦从报社的电台中获悉国内外形势的变化和情报资料，作为决策参考。

**建立临江中学、黄姚中学工作据点**

另一批著名文化人士何香凝、梁漱溟、肖敏颂、柳亚子、徐旭、周匡人（中共党员）等先后移居贺县八步。八步的临江中学，校长、教务主任、训育主任都是进步分子，学校爱国民主空气浓厚，成为开展抗日民主运动的据点。梁漱溟在给临江中学师生作“动员与民主”的讲演中，直言不讳地表达了他对蒋介石独裁政治的不满，申明他来八步的目的就是拥戴李济深领导抗日；指出当前最重要的问题莫过于发动群众支援抗战，说明无政治民主则不能发动群众。学校还请何香凝、柳亚子向师生作专题演讲。1944 年 12 月下旬，中共广东省临委根据中共中央指示，派李嘉人到临江中学，同梁漱溟等密谈联合抗日的问题，制定了临江中学战时教育方案，拟在桂岭、公会建立分校（武装据点），开展抗日武装斗争。梁、陈等又及时同在苍梧大坡山的李济深信使往来，商议合作事宜。

昭平的爱国民主人士转移到黄姚镇后，为了解决当地青少年失学和外来人士失业的问题，应地方父老的请求，创办了临江中学黄姚分校（后改为黄姚中学），校长千家驹，教导主任刘彦邦（中共党员，后继任校长），欧阳予倩、周匡人参加校董会，聘请张锡昌为政治历史课辅导，安排了一大批进步人士和中共党员在校工作。由于他们的通力合作，学校教学质量优良，革命气氛浓厚，成为中共和民主人士掌握的工作据点。1945 年 8 月，钱兴把省工委机关从英家迁到黄姚中学，加强了与民主党派的统战工作。

**建立民盟东南总支部筹委会**

1944 年 9 月，中国民主政团同盟改名为民主同盟，把过去的团体会员改变为个人会员，国共两党的党员都可参加。年底，狄超白（中共党员、盟员）到重庆向中共南方局汇报工作后回到昭平，传达了民盟的决议和周恩来的指示。于是，在黄姚中学成立民盟黄姚支部。与此同时，梁漱溟等在八步临江中学吸收一批进步人士入盟，成立民盟八步支部。1945 年初，狄超白、梁漱溟以八步、黄姚两个支部为基础，成立民盟东南总支部筹委会，选举梁漱溟、陈此生、张铁生、肖敏颂、张锡昌、徐寅初、周匡人、欧阳予倩、莫乃群、千家驹、李镇等 11 人为委员，推梁漱溟总负责。民盟东南总支部的工作范围，包括两广、两湖、云贵、福建和海外等地，狄超白提出“工作公开，组织秘密”的原则。民盟组织成立后，编印《民宪》杂志东南版，举办民主讲座，这些活动使抗日民主理论得以广泛传播，深入人心。

## 三、李济深在粤桂边的抗日活动

1944 年 7 月，李济深回到苍梧县大坡山后，派人到怀集、玉林、北流、容县活动，策划掌握梧州、八步、玉林三个专区的武装。他还同回到南路搞武装起义的张炎（原第十九路军将领）联系，并嘱蔡廷锴推动谭启秀（原第十九路军将领）成立罗定、郁南、云浮抗日民众武装指挥部。8 月，李济深到八步会见柳亚子、梁漱溟、陈此生等，商谈坚持敌后抗日民主斗争的问题，并邀请进步文化人士到苍梧协助他工作。9 月，日军占领梧州，离大坡山只有数十华里，李济深搬进山中居住，组织乡人自卫。

1945 年 1 月，为了推动桂东南和广东南路自主抗日，李济深出巡岑溪、容县、北流、玉林，经茂名、高州、罗定返回大坡山，历时一个月。他每到一地就开座谈会，与当地官绅共商抗日保家乡大计，并参加群众大会发表演说，痛陈国民党政府军事上腐败无能，政治上独裁反动，经济上横征暴敛，造成空前严重的民族危机。他表明自己不愿与蒋介石同流合污，乐意留在家乡领导民众抗日，推行民主政治。他提醒人民："桂东南十分危急，敌人随时可来，而政府又黑暗糊涂，敌人若来，政府必定逃跑，要保卫家乡不做亡国奴，只有靠人民起来自卫、自治、自救。"[①] 李济深沿途受到人民群众热烈欢迎，地方官吏、党棍、特务，表面上对李毕恭毕敬，殷勤招待，暗中则散布李济深是半边共产党，对他进行盯梢、监视。

李济深出巡期间，张炎在广东吴川发动起义遭到国民党镇压，后赴广西找李济深、张发奎商议抗日大计，途径博白时被国民党军逮捕。3 月 22 日，蒋介石下令在玉林将张枪决。不久，中共地下党领导的桂东南抗日武装起义也遭到严重失败。李济深及时转移到罗定蔡廷锴、谭启秀的游击队里。蒋介石又派人持其亲笔信到罗定请李济深去重庆，宋子文、陈诚也来电"促驾"。李济深明确地回答说，只要蒋介石放弃独裁，实行民主，发动民众抗战，他便去重庆。

中国共产党始终支持李济深在敌后的自主抗日活动，并派党员胡希民随李从桂林返回苍梧大坡山协助工作。1945 年初，狄超白从昭平来到大坡山，向李济深传达南方局的意见，表示支持他领导的抗日民主斗争，愿共同采取一致行动，并把电台密码交给他，以便密切联系。狄留在李济深身边，为其筹划各方面的工作。李济深非常拥护民主党派的建党工作，他认为民盟的对象是知识分子，应再有一个组织来吸收国民党中上层进步人士参加。狄超白、梁漱溟赞成李的意见，李济深即同何香凝、陈劭先等酝酿成立国民党民主促进会。这时，广东阳江县盐警队起义，

① 中共玉林地下党 1945 年初印发的《李济深先生莅玉经过》，引自《广西文史资料》第 14 辑。

有二三百人。李济深致电军政部长陈诚,建议将这支队伍编为军事参议院警卫队,驻在苍梧广平,保卫大坡山。3月,南方局又派陈残云、黄宁婴、朱江洪等从贵州辗转来到大坡山,由李济深安排工作。李派他们到警卫队做政治工作,整顿军纪,成立政工队,发动群众抗日。

1944年9月7日,周恩来致电中共广东省临委书记尹林平,指出:“一旦粤汉路被打通,应坚持广东半独立局面,以响应李济深的民主运动,能如此,我们必予赞助,并切实合作。”1945年3月6日,中共中央又致电广东省临委和军政委员会,指示:“上层统战关系及外交工作在华南特别重要,你们应力求打通南路与李济深(闻在玉林)、张炎的联系。”广东省临委即派李嘉人为东江纵队代表到罗定与李济深会谈,双方表示通力合作抗日。并相约,如果李建立起抗日队伍,东江纵队即代为训练军事干部,并拨给团级军事干部若干人。会谈期间,中共广东西江临时工委派李靖以郁南县抗日民众武装参谋长的身分,到罗定会见李济深,介绍西江的敌情和郁南人民抗日武装的情况。后来,李济深率警卫队回到大坡山时,遭顽固派的武装袭击,郁南人民抗日武装前往支援,将敌击退,并派一支部队常驻大坡山附近策应,还从经济上支持李济深。1945年夏,粤中纵队根据广东省临委指示,派代表杨基赴大坡山向李济深传达中共七大的精神,介绍粤中部队的情况,并商定了双方电台的通讯联络事宜,李济深嘱杨基回部队后,立即给周恩来致电报告他目前的情况。此后,李济深一直和中共保持密切联系。

1945年5月,驻广西的日军开始撤退。广西军民开展了积极的进攻。5月和7月,南宁、桂林先后光复。8月,日军全部退出广西。1945年8月15日,日本宣布无条件投降,这是世界人民反法西斯战争的胜利,也是近代中国反对外敌入侵的民族解放战争所取得的第一次完全胜利。

中共广西地方组织在极其艰难的情况下,领导和推动广西各族人民进行抗日武装斗争,在广西抗日武装斗争史上写下了光辉的一页。广西各族人民为抗战的胜利作出了自己的贡献,也作出了巨大的牺牲。日军两次入侵广西,当时全省99个县1市中,有77个县1市遭受日军蹂躏,近1400万人口中,伤亡人数达100万。公私财产损失8727亿元以上[1]。桂林、柳州、南宁、梧州等城市和许多县城,被日军轰炸、炮击和纵火焚烧,房屋大部分被毁。交通运输遭到严重破坏,湘桂、黔桂铁路全被破坏,全省公路损坏80%[2]。战争带来的疾病、饥荒,加上当年水旱等自然灾害,使各族人民雪上加霜。广大群众在欢庆胜利的同时,也热切盼望休养生息,重建家园。但是,国民党蒋介石和桂系加紧勾结,积极推行反共反人民的独裁内战方针。此后,中共广西地方组织领导各族人民进入了人民解放战争的历史阶段。

① 广西省政府1946年编《广西省抗战损失调查》。

② 广西省政府《1945年5月至12月交通施政报告》。

# 第 四 编

# 全国解放战争时期

（1945年8月—1949年12月）

# 第 十 三 章

# 争取和平民主，准备武装斗争

## 第一节 抗战胜利后的广西局势和省工委的斗争方针

### 一、抗战胜利后的广西局势

中华民族经过浴血奋战赢得抗日战争胜利后，又面临着建什么国的斗争。

中国共产党代表全国广大人民的根本利益，力图通过和平的途径来建设一个独立、民主、富强的新民主主义中国。代表大地主大资产阶级利益的国民党统治集团，则企图依靠美国政府的支持，抢夺抗战胜利果实，用内战的方式来剥夺人民已经取得的权利，在中国继续维持国民党一党专制独裁的反动统治。一场关系中国走向光明还是黑暗的大决战不可避免。这场斗争在广西也极为尖锐、复杂。

**在政治上** 抗战胜利后，广西社会阶级矛盾主要表现为各族人民和以李宗仁、白崇禧、黄旭初为首的国民党桂系军阀集团为代表的大地主大资产阶级之间的矛盾。饱受战祸、损失惨重的广西各族人民强烈要求和平民主，休养生息，重建家园。桂系集团与蒋介石集团为争权夺利，存在着长期的矛盾，但他们反共反人民的阶级立场和根本利益是一致的。经过抗战，在蒋介石集团的操纵下，国内其他派系的军事集团大都受到削弱，粤、川、滇等系已基本失去独立性，而桂系的地盘和实力却增大了。

桂系集团不仅要巩固已控制的广西省和安徽省，还企图向外扩张，因而极力强化其反动统治，积极参加蒋介石发动的反共反人民的内战。

抗战后期，桂系就蓄谋反共。1944 年春，李宗仁对蒋介石说："我认为胜利后，苏俄和中国共产党将变成我们最头痛的问题。……应准备与苏联向东北作进军竞赛，并隔断中共和苏联的陆地交通和直接接触。"① 抗战胜利后，白崇禧一再鼓吹："对中共问题，除武力外，别无解决办法"②，"应乘战胜余威，先将中共剿平，而后行宪"③。

在国共两党举行和谈及召开政治协商会议期间，桂系集团迫于形势，也一度唱起和平调子，侈谈致力"和平建设""刷新政治""还政于民"，实际上坚持的是反共、独裁、内战那一套。他们严令通缉中共广西省工委书记钱兴等共产党员，妄图彻底消灭广西地下党；对中国民主同盟也实行"内紧外松"的控制政策。1945 年 11 月 14 日，国民党广西省执行委员会发出《密切防范制止民盟的活动》电令，要求各县市党部"(一)选派忠实干练之同志打入该同盟秘密活动;(二)利用各种机会及手段，扩大其内部矛盾;(三)调查其活动情形，随时具报"。1946 年 1 月初，广西省政府、省保安司令部通令各县办理清乡，严饬各地彻底"清点户口""点验壮丁""点验民枪""举办五户联保"，以防范人民群众的反抗，巩固其反动统治。2 月 26 日，广西省政府主席黄旭初下令解除石兆棠(民盟盟员)《广西日报》社社长的职务。5 月，又下令解除罗培元《广西日报》柳州分社社长的职务。

1946 年 6 月全面内战爆发后，桂系当局进一步加强其法西斯统治。8 月 19 日，广西省保安司令部发出针对中共组织的《为防止奸党地下活动以遏乱萌》电，饬令"所有机关、团体、学校、社团负责首长，应密查所属有无匪徒分子潜入，秘密检举迅予处置"。9 月 26 日，桂林市警察局会同省保安司令部、国民党广西省党部等突击搜查全市各书店，并以"未经依法登记"为名，没收了《民主》《唯民》《正报》《文萃》《自由世界》等 10 多种进步报刊。1947 年 1 月 11 日，民主同盟广西支

---

① 《李宗仁回忆录》(下册)，广西人民出版社 1980 年版，第 845、846 页。

② 张继学等著:《八桂骁将白崇禧》，兰州大学出版社 1996 年版，第 199 页。

③ 《白崇禧回忆录》，解放军出版社 1987 年版，第 341 页。

部的机关报《民主星期刊》被勒令停刊。

**在军事上** 抗战刚结束，桂系集团即根据蒋介石的命令，将其所辖的三个正规军全部开往解放区，抢夺胜利果实，趁机扩大地盘。其第七、第四十八军侵占了华东解放区的大批城镇。第四十六军开赴海南岛"接收"，对中共领导的琼崖抗日游击纵队进行一年多的"围剿"。1946年秋，该军调到华东，进攻山东解放区。1946 年 4 月，东北民主联军（人民解放军东北野战军前身）和蒋军在四平地区展开激战，白崇禧衔蒋介石之命，两度飞赴沈阳督战。他向蒋介石提出："在东北军事方面应作犁庭扫穴的打算"，"打下长春打哈尔滨，直取佳木斯，编练 300 万民团，保卫地方"①。1947 年 3 月，白崇禧奉蒋介石之令，赴台湾"宣慰"，参与镇压台湾人民的"二二八起义"。

在省内，桂系集团在抗战胜利后立即调整其军事机器，以适应镇压人民反抗的需要。1945 年 9 月 1 日，广西省政府宣布成立省保安司令部，取代抗战期间成立的省绥靖公署。该司令部由黄旭初兼任司令，下辖四个保安团、十个保安大队、两个特务中队、两个通讯中队。省保安司令部随即组织兵力对桂东南、粤桂南地区人民武装进行"清剿"。

全国性的内战爆发前夕，广西省政府于 1946 年 6 月上旬召开保安会议，通过了《各区散匪堵剿办法》《民枪管制实施要点》《地方治安武力组织办法》等旨在镇压人民革命斗争、巩固其反动统治的文件。《地方治安武力组织办法》规定：除原有警察及国民兵（桂系的地方武装）外，其余自卫队、保安队、警备队及其他治安武力，一律改编为保安警察队，每县（市）设保警队 49 至 242 名。

全面内战爆发后，桂系当局开动各种宣传机器，大造战争舆论。7 月 5 日，其御用的"民意机关"广西省参议会发出《请中央明令讨伐共党》电，诬蔑"中国共产党包藏祸心，拥兵作乱"，请求蒋介石"乾坤速断，明令讨伐，以戡内乱而奠国基"。

为了支持长期内战和乘机扩充自己的军事实力，广西省政府于

① 转引自张学继等著：《八桂骁将白崇禧》，兰州大学出版社 1996 年版，第 203 页。

1946年10月恢复征兵，计划该年度征集壮丁1.8万人①。同时成立桂东师管区（下辖桂林、桂平、梧州三个团管区）、桂西师管区（下辖南宁、柳州、百色三个团管区），专司征兵工作。11月，广西省政府作出规定：高中以上学生自十一月起一律施以军事训练②。

是年冬，广西和广东两省保安司令部在粤桂两省交界地区成立3个联防区：怀集、信都、广宁、开建为第一联防区；博白、陆川、南宁、永淳、灵山为第二联防区；绥渌、上思、思乐、防城、钦县为第三联防区。各联防区联合"围剿"活动于上述地区的两省人民游击武装。翌年1月下旬，广西第二（柳州）专区专员兼保安司令莫树杰亲率贵县、桂平、武宣、宾阳四县民团500多人到贵县达开乡一带镇压中共党员廖联原领导的"反三征"（即反征兵、反征粮、反征税）斗争，杀害了14名农运骨干。

**在经济上**　抗战时期，日军两次入侵广西，广西各族人民备受蹂躏，损失惨重，加上灾荒频仍，大批农田荒芜，农业生产急剧下降，1945年全省稻谷总产量仅25亿余斤，还不到1937年总产量的一半③。1946年春，广西又遭受罕见的旱风虫灾害，"受灾面积几及全省三分之二的县份，灾民达340万"。灾区群众"全赖草根树皮为生，穷苦度日"④。

桂系集团为了参与蒋介石发动的内战，不顾人民的死活，对人民残酷地进行搜刮：以惩办"汉奸"为名，随意抓人罚款，没收"伪产"；巧立名目，征收富力捐、自卫捐、联保费、壮丁安家费、乡公所维持费等种种苛捐杂税，仅南宁市的税目即多达40余种。1946年9月，桂系当局明令宣布从10月1日起施行田赋征实征借制度，该年度全省征实200万担，征购100万担，征借60万担。11月7日，又发布命令，1941年以来所欠交的田赋仍旧照征，并追缴1944年和1945年日军占领期间的田粮赋税⑤。官僚、地主、奸商屯积居奇，哄抬粮价，放高利贷，牟取暴利。全县的

---

① 《广西日报》（桂林版）1946年10月25日。

② 《广西日报》（桂林版）1946年11月6日。

③ 《广西年鉴》第三回下册，1948年出版。

④ 《一年来的广西》，载《广西日报》1947年元旦增刊。

⑤ 《广西大事记》，1946年版。

一些富豪在青黄不接时借给饥民1担谷，秋收时竟要还5担。各级官僚利用权势，贪污勒索，舞弊营私。据《广西省民政厅施政报告》记载，从1945年9月至1946年5月上半月，广西省政府“共受理县长贪污案件十九宗、乡镇长一百二十一宗。关于县长被控案中，因罪嫌重大、经移送法院办理者有邕宁县长等九人”。

桂系当局的反动举措，导致广西经济停滞，百业萧条，财政赤字庞大，物价不断暴涨。1946年下半年全省财政收入仅30亿元，支出为104亿元，收入不足支出的30%①。1945年7月，桂林市100斤白米的售价为法币2000元，1946年2月激增至22000元，7个月中涨了10倍。

抗战胜利后，桂系集团在政治、军事、经济等方面的倒行逆施，使广西在政治上更加黑暗腐败，社会各种矛盾日益加深，各族人民群众备受煎熬，怨声载道。

许多贫苦工人、农民，自发地开展反对征兵、征粮、征税和反对贪官污吏、土豪劣绅等斗争。八桂大地象堆满了干柴，只要点燃火种，就会烈焰腾空。

在新的历史时期准确地把握错综复杂的形势，正确地贯彻中共中央的斗争方针，领导广西各族人民开展反对桂系军阀反动统治的革命斗争，成为中共广西地方组织面临的迫切任务。

## 二、新形势下广西省工委的斗争方针

抗日战争胜利后，蒋介石集团在美国的支持下，玩弄和平谈判的阴谋，企图诱逼中共交出武装和解放区的政权，如遭到拒绝，即将战争的责任推给中共；同时借和谈之机，调集重兵到华北、华东、东北、华南，抢占城市和交通要道，对解放区进行分割包围，准备发动全面内战，消灭中国人民的革命力量。

针对蒋介石集团的阴谋，中共中央一方面为争取国内和平民主进行不懈努力，一方面作好迎击国民党军进攻的准备。1945年8月25日，中共中央决定派毛泽东、周恩来、王若飞为代表，赴重庆与国民党进行谈

① 《广西日报》(桂林版)1946年7月30日。

判。同日，中共中央发表《对目前时局的宣言》，庄严地指出，当前，全民族面临的重大任务是："巩固国内团结，保证国内和平，实现民主，改善民生，以便在和平民主团结的基础上，实现全国的统一，建设独立自由与富强的新中国。"26日，中共中央向全党发出《关于日本投降后的形势和方针的指示》。指示着重阐明党同国民党进行和平谈判的基本方针、原则及对和谈前景的估计，告诫全党不要因谈判而放松对国民党反动派的警惕和斗争，绝对不要被反动派的其势汹汹所吓倒。特别指出，南方各省党组织"必须独立地分析环境，解决问题，冲破困难，获得生存和发展，……坚决依靠人民，就是你们的出路"。

当时，中共广西省工委尚未和上级恢复组织联系。为明确新的历史时期党的工作方针、任务，省工委书记钱兴在被国民党广西当局严令通缉的情况下，偕政治交通员庄炎林冒着生命危险，于1945年9月初自昭平黄姚动身前往重庆。他们途经桂东、桂东南、桂南、桂中，一路向当地党组织的负责同志了解情况，检查指导工作。10月中旬，他们到达八路军驻重庆办事处。中共中央委员、南方局工作委员会书记王若飞和南方局党务研究室主任钱瑛听取了钱兴的全面工作汇报。他们对广西地下党在最困难的日子里继续高举红旗，坚持斗争，给予了肯定的评价。王若飞、钱瑛向钱兴、庄炎林传达了党中央的指示：刚刚签订的《双十协定》（即《政府与中共会谈纪要》）国民党可能执行，也可能不执行，不执行而打内战的可能性大，我们要做好两手准备，用革命的两手去反对反革命的两手，尤其要准备对付它打内战。

10月底，钱兴返回广西后，接连到桂林、柳州、融县等地，向各地党组织负责人传达党的第七次全国代表大会精神和南方局的有关指示，和他们一起总结几年来工作的经验教训，研究在新的历史条件下广西党组织的工作方针。钱兴集中了大家的智慧，作出了正确的决策：在党的基本任务上，要加强宣传教育工作，充分揭露美帝国主义援蒋打内战的阴谋，放手发动群众，开展反内战、反独裁，争取和平民主斗争，同时要在思想上、组织上作好开展武装斗争的准备。在工作重点上，要按照"农村包围城市"的战略方针，继续把工作重心放在农村，打下扎实的群众工作基础。同时，要抽调一批党员返回城市，建立工作据点，领导群众开展城市爱国民主运动。在活动方式上，强调要继续执行党的“荫蔽精干，长期埋伏，积蓄力量，以待时机”的白区工作方针，大多数党组织继续实行特派员制和单线联系制度，党员要利用各种关系谋取社会职业，做到“三化”（职业化、社会化、合法化），以防暴露。在斗争策略上，要把政治斗争和经济斗争、非法斗争和合法斗争结合起来。开展群众斗争，一般应从经济斗争入手，解决群众生活上最迫切的问题，以取得群众的拥护和支持，并在斗争中提高群众的政治觉悟和造就革命骨干。

1946年5月上旬，国民党政府还都南京，中共中央南方局同时迁往南京，改称南京局。钱兴随即派庄炎林赴南京，向南京局组织部部长钱瑛汇报。钱瑛指示庄炎林去上海向董必武、刘宁一汇报。董必武决定庄炎林留在南京局工作，由刘宁一把广西党组织的关系转交华南党组织负责人方方。

同年3月29日，平乐县中学学生在中共粤桂边特委常委魏南金领导下，举行反内战、反迫害、争民主示威游行。这一斗争震动全省，钱兴敏锐地意识到平乐有其他系统的党组织在活动。6月上旬，他通过周匡人的介绍，到平乐与魏南金会面。他们互相通报了工作情况。魏南金介绍钱兴去广州找中共广东区委委员、粤桂边特委书记黄松坚，通过黄的介绍去香港找方方。

9月，钱兴赴香港向方方汇报请示工作。方方对钱兴和广西党组织进行了审查，认为在1942年桂林“七九事件”中钱兴“确是脱险”，“政治面目清楚”[①]。至此，广西党组织与上级正式恢复了组织关系。钱兴在香港逗留约一个月，阅读了许多毛泽东的著作和党内文件。方方就中国革命的基本问题，战略策略的具体运用，放手动员群众的方针，有理、有利、有节的原则，组织上公开与秘密，合法与非法斗争，党的基层组织建设以及审干整风等问题和钱兴反复进行交谈，并指示钱兴，积极恢复和发展原抗日游击区的工作，发动群众开展救灾渡荒和反对征兵、征粮斗争，积蓄力量，等待时机。10月初，钱兴返回广西，即把中央及方方

① 《方方、尹林平致中央并转周恩来电——广西情况报告》，1946年11月7日。

的有关指示整理出来,发给各地党组织的主要负责人学习、研究和贯彻执行。

## 三、党组织的发展

广西光复后,在沦陷期间转移到外地活动的党员纷纷返回原来的工作地区。各地党组织按照省工委的指示,认真审查党员,整顿和恢复、发展组织,领导人民群众开展各种形式的革命斗争。

为适应新形势、新任务的需要,省工委书记钱兴于 1945 年 11 月决定重建桂林市工委,任命庄炎林为书记(庄留在南京局工作后,由阳雄飞代书记)。12 月,省工委任命肖雷为桂北区特派员、曾金全为副特派员。1946 年 2 月又任命吴赞之为桂东区特派员,张祖贵为玉林区特派员。

各地党组织遵照省工委提出的积极而又慎重地发展党员的方针,经过严格的审查和悉心的培养教育,吸收了大批经过抗日战争严峻考验和在爱国民主运动中涌现的骨干入党,壮大了党的队伍。到 1947 年夏广西武装起义时,原省工委系统建立了右江地委(书记区镇、副书记余明炎)、左江地工委(书记黄嘉,副书记林中,后梁游)①、桂林市工委以及桂东区、桂北区、玉林区特派员等 6 个地级组织,贵县、万冈、果德等 3 个中心县委,柳州、横县、万冈等 3 个县委,融县、武宣、博白、凤山、果德等 5 个县工委,南宁、武鸣、那马、向都、东兰、河池、平治、上思、龙州、平孟、爱店、来宾、象县、灵川、全(县)灌(阳)、荔(浦)蒙(山)、贺县、英家、怀集、容县、玉林、贵(县)武(宣)等 22 个特别支部和 1 个(隆山县)总支,陆川、宾阳、上林、昭平、修仁、富川、都安、乐业、天峨等 9 县也建立了支部、区委。

解放战争初期,广西除中共广西省工委领导的党组织外,还有属中共中央华东局和广东区党委领导的党组织。

1946 年 4 月,中共中央华东局副书记陈毅根据全国斗争形势的变

---

① 右江地委于 1947 年 7 月由中共粤桂边工委决定成立;左江工委于 1947 年 4 月由中共广西省工委决定成立。

化,令原随八路军南下支队第二梯队南下,后暂留在华东工作的广西籍干部廖联原、黄传林按照中共中央原来的决定,返回广西工作。陈毅和新四军副军长张云逸向他们传达了党中央的有关指示,对他们回桂的任务作了具体安排。强调指出:对蒋介石要进行针锋相对的斗争,如果蒋按《双十协定》和《停战协定》办,就发动群众搞和平民主运动;如果蒋发动全面内战,就开展游击战争,组织关系暂留华东局。黄传林于5月回到家乡贺县,在开展统战工作时,被国民党平乐当局监视,遂于6月中旬秘密转赴广州、香港进行革命活动。廖联原于6月回到家乡贵县达开乡,进行社会调查,培养斗争骨干。同年10月,吸收了几名积极分子入党,成立了中共达开支部。

1945年8月上旬,中共广东区委委员、北江特委书记黄松坚派人到广西昭平县通知魏南金回粤北,参与创建粤赣湘边抗日根据地。魏在返粤途中,日本已宣布投降。黄松坚根据中共中央南方局关于广东党组织要向广西发展的指示,决定将北江特委改称粤桂边特委,管辖广东北江和广西桂东地区,有条件时再向左右江地区发展;增补魏南金为特委常委,负责领导桂东地区的工作。黄松坚嘱咐魏南金,要恢复抗战中期疏散到广西的广东系统的党员的组织关系,建立隐蔽精干的党组织。魏南金返回桂东后,很快便和抗战期间转移到广西活动的广东党组织的党员罗培元、周匡人、陈光、吴师光等取得联系,并将自己在桂东工作期间物色、培养的一批积极分子吸收入党。随即于1945年11月成立了桂林支部、平乐支部,1946年1月成立八步特支,4月成立柳州特支。这四个党组织共有党员60多名。

1946年8月中旬,魏南金抵广州向黄松坚(时任中共广州市委书记)汇报工作。黄对他在广西的工作作了充分的肯定,但认为他已暴露不宜再回广西,将他调到粤赣湘边工作。同时任命陈枫、李福海为中共桂柳区正副特派员,接替魏南金在广西的工作。陈、李先后于9月9日、10月5日抵达桂林,迅速接收了魏在广西建立的党组织关系。他们根据斗争形势的需要,将桂林、柳州、八步、平乐党组织改为特派员制,并对部分领导成员作了调整,在严格进行思想、组织整顿的基础上,发展了一批党员。

1945年秋，在国民党广东当局调集重兵进攻南路人民抗日解放军的严重情况下，中共南路特委决定，1942年桂林“七九事件”后转移到南路工作的林克武等20多名广西省工委系统的党员干部以及几名广东籍的党员干部转移到广西秘密活动，由林克武统一领导。这批干部先后分赴横县、贵县、宾阳、陆川、北流、南宁、都安、梧州、扶绥、思乐、百色等地，通过各种方式宣传和平民主，广交朋友，开展统战工作，建立交通联络点，为后来开展革命武装斗争作了一定准备。1947年1月，根据原中共南路特委书记周楠的指示，为加强领导，准备开展武装斗争，这批由南路地区转移到广西活动的党员成立一个特别支部，由林克武任书记。4月底，根据中共粤桂边地委的指示，这批同志除刘一桢留在横县参加领导武装起义外，全部转赴南路地区参加武装斗争。

1945年春桂东南抗日武装起义失利后转移到广东南路地区坚持斗争的博白县的党员，于同年9月遵照南路特委的指示，返回博白活动。后来，其中部分同志加入了南路党组织，并于1946年3月，成立了博白县工委（后改为博南特支）。该特支在博（白）廉（江）合（浦）边、博（白）玉（林）边共建立了6个党支部，党员50余人。属广西省工委领导的党员成立了博白特支，党员20余人。两个特支互相支持配合，共同开展革命斗争。

抗日战争胜利后，钦廉地区的钦县、防城、合浦、灵山四县党组织及其领导的人民武装，在中共钦廉四属联络员兼军事特派员谭俊的领导下，一面坚持武装自卫斗争，一面寻找1945年春夏钦廉四属抗日武装起义失利后失去联系的党员及武装人员，审查干部。到1946年8月，该区共有党员174名。9月，中共广东区委任命陈华为钦廉四属特派员。陈华到任后，对1944年9月合浦“永信烟庄事件”继续进行审查，作出正式结论，肯定这一事件是由于原钦廉四属党组织负责人思想麻痹，违反秘工条例所造成的，“四属组织是纯洁的、可靠的、经得起考验的”。经报请上级党组织批准，正式恢复钦廉四属党组织的关系，并给予他们发展党员、建立党组织的职权。其后，钦廉四属党组织有了较大的发展。

到1947年夏，各个系统共在广西近50个县建立了党组织，党的队伍有了很大的发展。为在全省广泛开展以武装斗争为中心的革命斗争奠定了组织基础。

## 第二节　争取和平民主的斗争

### 一、占领舆论阵地,广泛宣传和平民主

抗日战争胜利后,在广西活动的各个系统的党组织,按照中共中央的指示,在作好两手准备的思想指导下,把开展和平民主,反对内战独裁作为当前的中心任务。各地党组织利用各种条件、关系创办刊物,占领舆论阵地。桂林市党组织和民盟广西支部以及其他爱国民主人士,创办了《民主星期刊》《桂林工商报》《少年生活》《新道理》(复刊)等报刊。桂北党组织创办了《民主战线》《青年之声》《时代与教育》。在宜山活动的中共党员创办了《光报》(后改称《联合日报》)。在大中学校工作、求学的地下党员,组织进步学生、教师出版校刊、系刊、班刊、墙报,其中影响较大的有广西大学的《西大新闻》《学生新闻》,桂林师范学院的《生活导报》、"民主走廊"(壁报联刊)等。在国民党主办的《广西日报》(桂林版、柳州版)、横县《晓报》《融县日报》等报社工作的中共党员,则利用自己的职权,团结、教育社内的民主进步人士,以巧妙的方式进行和平民主宣传。

各地党组织都通过自己掌握的舆论工具,以国共《双十协定》《停战协定》和 1946 年 1 月政治协商会议通过的《和平建国纲领》为依据,努力宣传中国共产党、中国民主同盟的政治主张,刊载各方面的爱国民主人士的进步言论,报道各地的爱国学生运动,报道人民群众的苦难生活及其争取政治、经济合法权益的斗争,报道世界各国和平民主运动的大势,揭露、抨击蒋介石集团的独裁、内战、卖国反动政策,唤醒群众的觉悟。

在教育、文化、艺术部门工作的中共党员,还通过兴办书店,发行《新华日报》《群众》《华商报》《正报》《文汇报》等报刊,传播民主进步思

想；举办群众性的歌咏、戏剧活动，演出（演唱）《日出》《凯旋》《雷雨》《兄妹开荒》《茶馆小调》《古怪歌》《五块钱》《万元钞》《民主是那样》《团结就是力量》等进步戏剧、歌曲，发挥革命文艺的潜移默化作用。

## 二、学生爱国民主运动的兴起

抗日战争胜利后，随着国民党统治区经济的日益恶化、政治上日益走向反动和蒋介石假和谈、真内战阴谋的日益暴露，全国各地掀起以反内战、反独裁、争和平、争民主为中心内容的爱国学生运动的热潮。中共广西地下组织密切注视全国学运的形势，积极领导、推动广大学生投入这一革命洪流。

1945 年 9 月 18 日，国民党陆川县政府召开各界庆祝抗战胜利大会。中共陆川中学支部发动全校上千名师生举着“争取和平民主”的横额参加会议。当该县县长在会上发表演讲，鼓吹“戡平内乱”时，该校师生即退出会场，转到县政府门前游行示威。其后，该校学生会向县内外散发宣言、传单，揭露该县长鼓吹内战，压制民主，贪赃枉法，残害人民等反动言行，并派代表向县参议会和开明绅士申诉、游说，争取各界进步人士的支持，终于迫使国民党广西省政府于同年 11 月将这个县长调离陆川。

12 月 1 日，昆明发生国民党当局武装镇压举行反内战罢课斗争的学生的惨案。其后，广西大学、桂林师范学院以全体同学的名义对昆明学生发出声援电，还发动师生捐款支援。南宁、梧州、陆川、博白、平乐、昭平、罗城、忻城等市、县的学生也分别举行集会、座谈会，出版壁报，声讨国民党反动派镇压学生的罪行，声援昆明学生的斗争。

1946 年 3 月下旬，国民党平乐县当局企图借纪念国民党规定的“三二九青年节”之机，大造内战舆论和扩大三青团。中共平乐支部在粤桂边特委常委魏南金的具体指导下，发动平乐中学学生与之进行针锋相对的斗争。28 日晚在城内贴出了“反内战、反迫害、争民主”、“反对一党专政，建立民主联合政府”等标语。29 日，该校学生代表在纪念会上作了反内战争和平、反独裁争民主的发言。会后，500 多名学生举行示威游行。学生返校后，砸烂了该校三青团区队部的牌子。

7月中旬，国民党特务在昆明先后刺杀民主同盟中央委员李公朴、闻一多两教授。中共广西地下党和民盟广西支部密切配合，积极发动文教界进步人士，通过各种舆论工具，声讨国民党反动派的暴行，呼吁各界人民团结起来，反对内战，反对法西斯专政。桂林、柳州、南宁、梧州、陆川、博白、平南、昭平、罗城、忻城等县市的一些大中小学通过举行时事座谈会，出版壁报，对国民党反动派表示强烈抗议。

12月24日，北平发生美军强奸北京大学女生沈崇事件，北平、天津、南京、上海等城市相继爆发了抗议美军暴行，要求美军退出中国的爱国运动。31日，中共中央发出指示，提出要“造成最广泛的阵容”，“采取理直气壮的攻势”，“务使此运动向孤立美蒋及反对美国殖民地化中国之途展开。”这场以学生为先导的人民运动，很快发展成为党领导的配合武装斗争的反抗国民党独裁统治的第二条战线。在中共广西地方组织和民盟广西支部的发动下，桂林、柳州、南宁、梧州、昭平、陆川、博白、北流、罗城、忻城等县市的许多学校举行集会，出壁报，贴标语，声讨美军的暴行，要求公审及严惩肇事凶手，要求美军退出中国，反对美国现行的对华政策，反对《中美友好通商航海条约》等不平等条约。爱国民主运动的重要阵地广西大学开展了“美军滚出中国宣传周”活动，并接连发出《致沈崇同学信》《告全省同学书》《告全国同胞书》《致驻华美军最高司令部抗议书》《致世界学联书》五份文告。柳州市学联印制了反美传单，向省内外广为散发。这一斗争，深刻地揭露了美蒋勾结，妄图把中国变成美国殖民地的阴谋，有力地激发了广西各族人民的爱国热情和反美反蒋的革命斗志。

1947年春夏间，国民党军在战场上节节失败，国民党统治区的政治、经济危机也日益加深，官僚资本极度膨胀，对民族资本大肆兼并，大批工商业倒闭，物价飞涨，民不聊生，全国许多大中城市爆发了以学生为主体的反饥饿、反内战斗争。5月20日，国民党政府在南京武装镇压请愿学生，造成五二〇血案。中共中央于5月23日发出《关于蒋管区群众斗争方针的指示》，要求蒋管区的党组织“放手动员群众进行反饥饿、反内战、反借款的斗争，向蒋政权要饭吃、要和平、要自由”。“灵活地运用斗争策略，有时直进，有时迂回，有时集中，有时分散，公开与秘密，合法与非法，既区别又结合，使一切群众斗争都为着开辟蒋管区的第二战场，把人民的爱国和平民主运动大大地向前推进。”北京大学、清华大学等学校把6月2日定为“反内战日”，号召全国学生一致行动。5月30日，国民党广西省政府主席黄旭初发表谈话，省保安司令部发出布告，严禁煽动学潮、“聚众滋事”，否则“依法严惩”。桂、柳、邕三市的中共与民盟组织密切配合，大力发动广大学生开展“反饥饿、反内战、反迫害”运动。同时，强调要注意斗争策略，把政治斗争和经济斗争结合起来，从要求增加教育经费、改善学生生活与学习条件入手，争取广大学生投入斗争，争取社会各界人士的同情和支持，党组织实行三线配备，防止暴露。在中共桂柳区副特派员李福海具体指导下，桂林市的大中学校爆发了大规模的群众斗争。5月26日，广西大学以全体学生的名义发出《抗议“五·二〇”血案告全国同胞书》和《反饥饿、反内战罢课宣言》，并于当天起罢课三天。29日，广西医学院学生宣布罢课三天。6月2日，广西大学、广西艺术专科学校的千余名学生冲破学校当局的阻拦，举行示威游行。游行队伍高唱《你这个坏东西》《同胞们起来反对内战》《民主是那样》《团结就是力量》等歌曲，高呼“我们要吃饭！”“我们要读书！”“我们要自由！”“坚决反对内战！”“停止征兵征粮！”等口号。6月4日，桂林中学、逸仙中学、桂林女师、桂林护士学校近千名学生又举行罢课和示威游行。这两次大规模的示威游行在桂林各界、各阶层引起很大的震动。5月17日，南宁师范学院（原桂林师范学院）师生为反对国民党政府将该院改名和降低其生活待遇，开展“护院运动”，宣布罢课三天。5月27日，又宣布无限期罢课。6月2日，该院联合省立西江学院、省立女师、南宁高中、南（宁）武（鸣）师范等8所学校的学生罢课一天，并发表反饥饿、反内战、反迫害宣言。直至6月6日，黄旭初被迫答应该院学生提出的大部分要求后才复课。柳州中学学生于6月2日宣布罢课一天，并分头出动，在市内各街道张贴标语、散发传单。

1946年夏至1947年夏，柳州、邕宁、武鸣、都安、隆山、钟山、万冈、陆川、博白、北流等市、县的一些中小学师生为驱赶反动校长，反对奴化教育，反对增收学费和克扣教师工资、学生生活费，多次举行罢课、罢教、请愿、游行等斗争。都安县中学的各族学生经过激烈斗争，迫使国民党广西当局撤销该校校长（广西省政府主席黄旭初的侄儿）的职务。

广西学生运动的蓬勃兴起，显示了爱国学生的力量，它与中共领导的农民运动和农村武装斗争互相呼应，打击了国民党反动派的气焰，鼓舞了全省各族人民的革命斗志。广大爱国学生在斗争中经受了锻炼，各地中共组织适时地将运动中涌现的优秀分子吸收为党员或爱国民主青年会会员，从而壮大了城镇的革命力量。

## 三、农民的求生斗争

1946 年春夏间，广西发生全省性的饥荒，桂北、桂东的灾情最为严重，各族贫苦农民以野菜、树皮、草根为生。中共广西省工委适时地指示各地党组织，领导群众开展求生斗争，帮助群众度过春荒，并通过这一斗争，激发群众的阶级觉悟，提高群众的组织程度。

2 月 27 日，中共贺县鹅塘乡党支部发动 600 多饥民在鹅塘圩召开借粮救荒群众大会。会后，饥民分两路到该乡乡长和一户大地主家，强迫他们开仓借粮 7000 多斤，解决了群众的燃眉之急。

4 月 4 日，全县的大群饥民在县城把与政府官员相勾结，强运粮食往外地倒卖牟取暴利的奸商抓起来游街，并没收其所运的粮食。接着，又痛打了桂林军粮分配处派来抢购粮食的“官贩子”。国民党全县县政府随即命令中惠、湘山、镇江三街街长，于三天内交出这次抢米事件的肇事者“依法惩办”。时在全县的中共桂北特派员肖雷和该县党支部研究，决定以全县联合校友会的名义，邀集上述三街街长开会，向他们表明，校友会坚决支持饥民惩罚奸商的行动，绝不能交出任何人员。同时，决定成立全县人民救灾委员会，领导群众的救灾斗争。4 月 5 日至 13 日，该县饥民又几次组织起来阻米外运，并包围了几间粮店，强行将奸商囤积居奇的 5000 斤大米平价出售。

5 月 7 日，柳江县广源乡的 300 多名饥民集体向国民党柳江县政府请愿，要求赈济。隐蔽在该县政府的中共柳州县委负责人，以广源乡饥民的名义，在 5 月 8 日的《广西日报》（柳州版）发表《饥民的呼吁》一文，要求县政府严惩囤积居奇的奸商、富户，取消苛捐杂税，发放粮款，赈济饥民，并提出：“尤其本县奉命筹购公粮二十万斤，不但应请免购，而且应转呈中央政府，请立即实现政协决议及整军方案，大量裁兵，……减少人民的负担”，引导群众把维护自身利益的经济斗争和反对国民党反动派内战政策的政治斗争结合起来。

6月13日，灌阳县城的饥民发现南门码头停泊着3艘满载粮食的木船，该县中共地下组织获悉后，即通过外围群众组织“灌阳工作委员会”，发动城关、胡家、孙家、莫家的饥民和县立中学的学生一二百人封锁码头，阻米外运。国民党灌阳县政府当即派出警察、民团以武装进行威胁。群众怒不可遏，把船上所载的近2万斤粮食一抢而光。国民党广西第八区（兴安）专署专员陈恩元哀叹：“全灌两县先后发生阻米风潮，均由匪党利用时机从中鼓动饥民……渲成混乱局面，几至不可收拾。”[①]

在此期间，钟山、横县、来宾、万冈、融县、龙州等县的中共地下组织也都领导贫苦农民开展反征粮，反高利贷，反对官商勾结囤积居奇，强行开仓借粮，驱赶、袭击征粮征税人员等斗争。河池、钟山、灵川等县地下党组织以各种方式揭露本县县长贪赃枉法的劣迹，发动群众请愿、游行，迫使国民党广西省政府将他们免职或调离。

中共广西省工委领导的农民求生斗争，反映了广大贫苦农民的强烈愿望，也符合他们当时的觉悟程度。通过求生斗争密切了党和群众的关系，使群众认识到“组织起来”的无比威力，并造就了一批骨干，为后来党在农村中建立各种群众组织、开展革命武装斗争奠定了思想基础和组织基础。

## 第三节　人民民主统一战线工作的开展

抗日战争结束后，桂系集团忠实执行蒋介石的独裁、内战反动政策，激起了各民主党派包括国民党内的民主派和无党派爱国民主人士的不满，他们以各种方式对桂系集团进行抵制、抗争。中共广西省工委根据新的历史时期政治局势的变化和中共中央的指示精神，强调要建立广泛

① 陈恩元:《灵、全、灌三县事变纪略》，1947年10月。

的人民民主统一战线,“加紧争取与团结各民主党派(包括国民党民主派)及中间力量(包括地方实力派)”。“只要他是不满蒋独裁政权和拥护政协决议的,就应该很好的与之联合,认真去争取与团结他们,为和平民主事业而共同奋斗。”①

在广西省工委和其他系统党组织的正确领导下,各地党组织和广大党员对各民主党派、爱国民主人士积极进行争取、团结工作,同他们一起开展各种形式的革命斗争,推动他们走新民主主义革命的道路。

## 一、民主同盟广西支部的建立

抗战胜利后,毛泽东在一次党内讲话中指出:现在国民党统治区的工作很重要,应该帮助民盟发展,在蒋管区的共产党员可以加入民盟,与民盟一道推动和平民主运动。当时,民盟东南总支部筹委会的成员大都离开桂东,分别到桂林、香港、重庆、湖南等地工作。1945 年 12 月 29 日,中国民主同盟南方总支部在香港成立,民盟东南总支部筹委会并入南方总支部,筹委会的工作宣布结束。仍在广西活动的原民盟东南总支筹委会委员张锡昌、周匡人(均为跨盟中共党员)和桂林师范学院的中共党员张毕来教授等,按照毛泽东讲话精神,积极协助民盟发展盟员。1945 年 11 月间,民盟广西省支部在桂林秘密成立。支部委员会由徐寅初(主任委员)、张锡昌(秘书长)、周匡人(负责组织工作)、张毕来、靳为霖(以上两人负责宣传工作)、欧阳予倩、林砺儒(以上两人负责文教工作)、李镇等 9 人组成。1946 年 4 月增补杨荣国、曹伯韩(以上两人均跨盟中共党员)、吴克清为支部委员。民盟广西省支部成立后,着重在文化教育界发展盟员,建立基层组织。1946 年,先后成立了民盟桂林师范学院学生支部、桂林市分部、柳州市分部、桂林师范学校支部、广西大学学生支部。1947 年春又成立了南宁市分部。到 1947 年,仅桂林市便有盟员近 100 名,形成了一支可观的爱国民主运动力量。

民盟广西地方组织和中共广西地方组织在组织上存在交叉现象,有些中共党员加入了民盟,有些盟员后来又加入了中共,民盟广西支部

---

① 钱兴:《当前政治形势与我们斗争任务》,1946 年 12 月 1 日。

及多数分部、基层支部的领导成员中都有一些跨盟的中共党员。因此它和中共广西地方组织的关系十分密切，彼此经常互通情况，互相支持、配合，共同开展革命斗争。1946 年 10 月，中共广西省工委书记钱兴在桂林秘密约见民盟盟员植恒钦（后为民盟桂林支部负责人），指出：蒋介石宣布召开伪国大，就是宣布要打内战，要消灭共产党，消灭进步力量，顽固坚持国民党一党独裁。对国民党要打内战，我们的方针是：一反对，二不怕，三坚决反击，直至把它彻底消灭。钱兴还提出：中共和民盟要密切配合，共同战斗。

广西民盟的盟员绝大多数在文教系统工作或求学。他们利用自身的条件，协同中共党员积极占领、扩展舆论阵地，努力宣传中国民主同盟和中国共产党提出的和平民主建国的政治主张，揭露、抨击国民党反动派的独裁、内战、卖国政策，以唤起广大人民群众的觉醒；参与发动、组织桂林、柳州、南宁等市和贺县的进步师生开展爱国民主运动。有的盟员还举办识字班，向工人、市民传播民主思想和科学文化知识。

广西的民盟盟员大多有公开的社会职业，其中的一些人还是有名望的教授、专家、学者，或担任行政、教学的领导职务，不少盟员利用自己的合法身份和社会威望，通过各种方式支持、掩护中共党员的革命活动。时任宾阳县县长的民盟盟员陈学人，安排林克武等中共党员在宾阳县工作。后来，国民党广西省政府发现了陈学人的“异动”，将其免职。他离任时，还送了两支驳壳枪给一名中共党员，并嘱跟随他多年的两个知己随这位党员到粤桂边区参加革命武装斗争。

1947 年 7 月 4 日，国民党政府颁布《戡平共匪叛乱总动员令》。桂系当局随即下令在桂林、南宁、贺县、钟山等 20 多个县市大肆逮捕中共党员、民盟盟员和革命群众。民盟广西支部领导成员杨荣国、张毕来等 10 多名盟员被捕，一批盟员被解除公职或开除学籍。民盟中央主席张澜于 8 月 24 日致函国民党政府行政院长张群提出抗议：“政府对本盟盟员，显系有计划、有组织加以压迫和打击”，强烈要求将广西被捕的盟员立即释放。10 月 27 日，国民党政府宣布民盟为“非法团体”，令“各地治安机关对该盟及其分子一切活动，自应依据妨碍国家总动员令惩治暂行条例及后方共产党处置办法严加取缔，以遏乱萌”。广西省保安司令部即勒令中共党员和民盟盟员到公安机关登记“自新”。在国民党反动派的残酷镇压下,民盟广西组织受到严重破坏,但所有盟员和中共党员一样,没有一个人“自新”,而是转入地下,秘密开展斗争。身份已有所暴露难以在城市立足的盟员,在当地中共组织协助下转到农村工作。

## 二、国民党民主促进会的筹建

1945 年 10 月,与中共关系密切的国民党民主人士李任仁、陈劭先、陈此生等在桂林木龙洞李任仁家中聚会,根据李济深的意见,联名参与发起组织中国民主促进会(后改称中国国民党民主促进会,简称民促),议定李济深为会长。民促的宗旨是促进国民党的民主改革,结束蒋介石的独裁统治,恢复孙中山先生 1923 年改组的中国国民党的本来面目。步骤是先在两广发展组织,然后再扩大到全国。1946 年 4 月,中国国民党民主促进会在广州秘密召开成立大会。大会通过了《宣言》,推举李济深为理事会主席,广西籍的陈此生为常务理事。

1946 年初,陈此生赴香港,在中共广东区委主办的《华商报》工作,后又兼任香港达德学院教务主任,为华南各省培养革命骨干。留在广西工作的李任仁(时任广西临时参议会参议长)、陈劭先(时任广西省政府顾问),通过各种渠道、以各种方式做桂系党政军官员的工作,劝导他们不要参与内战,不要做不利于和平、民主的事。还通过由李、陈主持的《新道理》杂志,大力宣传和平、民主,宣传“二五”减租等有利于劳动人民的措施。

李任仁、陈劭先利用他们的社会地位与声望,积极支持、掩护中共广西地下党、民盟广西支部和爱国民主人士的活动。当他们获悉桂系当局将监视、逮捕中共党员、民盟盟员、进步人士的动向时,即及时予以通报,使他们得以安全转移,并想方设法营救被捕的同志和照顾他们的亲属。1947 年 6 月 8 日,李任仁给中共中央香港分局工作人员杨德华(时用名杨萍)写密信,反映广西社会及国民党广西省政府内部的情况,并提出对桂系地方官员的工作“宜和缓不宜急烈,宜曲线不宜直干”,“以经济建设为名,联系上级人员,以工作关系吸收中级人员,以同情、协助方式组训下级人员”,“利用退役之头脑清楚有志民主运动军官联系一切部队”等策略，供香港分局作决策时参考。

1947年11月12日至1948年1月1日，中国国民党民主派第一次联合代表大会在香港举行，会议决定将三民主义同志联合会、中国国民党民主促进会、民主革命同盟合并，组成中国国民党革命委员会（简称“民革”），选举宋庆龄为名誉主席，广西籍的李济深为主席，李任仁、陈此生、吕集义当选为民革中央委员会执行委员①。

## 三、桂林文化界联谊会的成立

为加强桂林文化界的互助合作，促进爱国民主运动的发展，在中共党员、民盟盟员的推动下，桂林市的教育、出版、艺术、新闻等部门的进步人士，于1946年2月24日在桂林师范学院举行大会，公开宣布成立桂林文化界联谊会。大会选举欧阳予倩、陈劭先、林砺儒、张映南、石兆棠、张锡昌、曹伯韩（以上两人为中共党员）、穆木天、朱荫龙、徐寅初、谭丕模等11人为理事②。临时会址设在由欧阳予倩任馆长的广西省立艺术馆。

该会在2月27日《广西日报》（桂林版）发表《桂林文化界联谊会成立旨趣》一文，明确指出：联谊会的宗旨在于“本互助合作精神，来促进民主文化的发展”。“今天中国文化界的迫切要求是身体、信仰、研究、教育、著作、阅读、新闻传播、书报流通等要有充分完全的自由”，强调“文化运动应当深入民间，使大多数同胞脱离愚昧黑暗的地位，取得现代科学和民主政治的知识和技能，因而改进本身的生活”。

该会成立后，以举行时事座谈会、纪念会、研讨会，上演进步戏剧等方式，努力宣传政治协商会议通过的和平民主建国纲领，抨击国民党反动派的独裁、内战言行和美国扶蒋打内战的政策。1946年4月，蒋介石调集重兵向东北民主联军发动猖狂进攻。桂林文化界联谊会于同月28日致函美国总统特使、军事调处执行部美方代表马歇尔，郑重提出：“第一，东北国共两军内战须立即无条件停止，并请贵国驻华之海空军切勿

① 于刚：《中国各民主党派》，中国文史出版社1987年版，第440、441页。

② 《广西日报》（桂林版）1946年2月25日。

协助任何一方运输军队前往东北,亦不可供给武器助长内战。第二,贵国对华借款,必须俟完全依照政治协商会议决议组成真正民主的联合政府之后方可进行。”“借口接收东北而输送数十万大军前往进行内战,是我们人民所不能饶恕的罪过。……中国的法西斯份子并未悔过,而正在横行,这是我们所引为隐忧的。”

5 月 4 日,桂林文化界联谊会和文艺界协会桂林分会、美术工作者协会、妇女界联谊会、桂林师范学院学生自治会,在桂林师院附中礼堂联合举行五四运动纪念会。林砺儒、穆木天、欧阳予倩、靳为霖在会上讲话,宣传五四运动的历史意义,号召各界人民发扬五四革命传统,为争取和平民主、反对内战独裁而斗争,并揭露了美国政府利用联合国救济物资援蒋打内战的阴谋。会后,上演欧阳予倩导演的反内战话剧《凯旋》。

其后,国民党特务和反动文人接连在《中央日报》(桂林版)发表文章,对欧阳予倩、靳为霖等进行诬陷、攻击。同年秋,在桂系当局的迫害下,欧阳予倩、林砺儒、石兆棠、徐寅初、张锡昌等理事先后离开桂林,分赴香港、上海等地活动,桂林文化界联谊会逐步解体,会员改以其他方式开展爱国民主斗争。

抗日战争结束后,中共广西地方组织的统战工作是富有成效的,不但和民主同盟、国民党民主派以及其他爱国民主人士建立了良好的盟友关系,在斗争中相互支持、配合,还争取了国民党雷平县党部书记长农忠卫、武宣县参议长廖烈、乐业县参议会参议长李笑林、广西省参议会参议员陈德雍以及一批乡村长同情、支持革命。他们或带领群众开展反“三征”、反对土豪劣绅的斗争,或以各种方式支持、掩护中共地下党、游击队的活动,或保持中立,其中一些人后来投身革命武装斗争。

广西省工委由于长期在农村活动,受各种条件的限制,对桂系内部的情况了解不够,1946 年秋冬间,曾一度把在桂主持政务的桂系第三号人物黄旭初当作“民主派”来争取,[1]但不久就发现和纠正了这一认识上的错误。1947 年 4 月钱兴在广西党主要干部会议中明确指出,广西政

[1] 《方方、尹林平致中央并转周恩来电——广西情况报告》,1946 年 11 月 7 日。

权性质就是代表封建大地主和官僚资本的反动政权,要在全省开展革命武装斗争推翻其反动统治。

## 第四节　粤桂边区的武装自卫斗争与全省武装斗争的准备

### 一、“老一团”西征及钦防游击队的武装自卫斗争

抗日战争结束时,钦廉四属和桂东南地区党组织领导的抗日武装共约 1000 人。日本投降后,中共防城县地方组织即将所属部队,分别从海陆两路开进越南,计划赴东潮、康海一带,配合越南人民武装,收缴日伪的武器、物资,保护华侨。从陆上进军的钦防华侨抗日游击大队 300 余人,于 9 月 5 日在越南新街登船转赴宫门时,遭到名为“越南革命军”第三军暂编第一师(实为防城县国民党反动地方武装)的突然袭击。部队猝不及防,23 人牺牲,60 多人被俘,其余人员被打散,武器大部分丢失。大队长沈鸿周受伤被俘后,得到地下工作人员的帮助迅速越狱。他随即派人向防城党组织汇报,同时积极收容散失的人员,营救被俘的同志,并于同年 11 月成立防城人民游击大队,继续坚持斗争。从海路进军的部队 200 余人,分两批进入越南的宫门、狗头山、青麟山一带,收缴了一批日伪军溃退时未及带走的钢材、汽油等军用物资,发动当地的华侨,建立民主政权和自卫武装。后因国民党的大批正规军入越“受降”,这支游击队难以在越立足,遂陆续返回防城分散活动。

日本投降后不久,国民党新一军、第四十六军、第六十四军等部经广西进入广东,妄图借到广州、海南岛“受降”之机,消灭中共领导的抗日武装。鉴此,中共广东区委于 9 月 20 日作出长期坚持斗争的部署,指出:“我们的工作方针:一方面是坚持斗争,保存武装,保存干部;一方面是长期打算,准备将来合法民主的斗争。”中共南路特委认真执行这一指示,迅速组织部队转移,开展武装自卫斗争。

根据中共南路特委的决定,南路人民抗日解放军第一团(主力团,

沿称老一团）在团长黄景文、政委唐才猷率领下，于 1945 年 11 月从遂溪县突围西进十万大山地区，以保存力量和协同当地游击队创建十万大山游击根据地。该团穿越廉江、博白、合浦、灵山、钦县 5 县，沿途得到当地党组织、游击队的支援、配合，打退国民党军的前堵后追，克服种种艰难险阻，于 12 月 23 日抵达防城县那良大勉，与防城县人民游击大队胜利会师。随即移师中越边境的防城县垌中乡，在防城县游击队的密切配合下，以营为单位活动，拔除反动据点，开展群众工作，拓展游击根据地。1946 年 1 月，在壮族聚居的垌中乡成立十万大山区第一个乡级民主政权——垌中乡人民民主政府。2 月 7 日，老一团第一营攻入反动据点茅坡庄园，击毙"越南革命军"第三军参谋长陈树丰（防城县人）。接着，该团一部和防城县游击队联合组成的海上游击队进攻防城县企沙警察中队，毙伤敌 13 人，缴枪 8 支。

1946 年 2 月，国民党广东当局派整编第六十三军第一五六旅（原为师）旅长刘镇湘，率该旅第四六七团和两广保安部队共 2500 余人，对十万大山区游击根据地进行"清剿"，老一团处境困难。经派人联系，征得印度支那共产党（沿称越共）中央同意，该团于 4 月初进入越北解放区休整。防城县游击大队的主力在完成掩护老一团转移任务后，随即入越，编为老一团第四营。老一团驻越期间，除认真整训部队外，还派出干部协助越南人民军培训干部；成立华侨工作委员会，协助越共做好华侨工作。同年冬，在越南抗法斗争日趋激烈的情况下，华侨工委在敌后 18 号公路沿线华侨聚居区组织华侨民众自卫团（后整编为越南国家军队独立中团），参加抗法斗争。该团进行大小战斗 350 余次，歼敌 600 余人，缴获各种枪 1200 多支，创建了横跨越南东北部四省的燕子山抗法根据地。

在此期间，中共钦县组织陆续集合 1945 年 2 月钦县抗日武装起义失利后流散在各地的人员，于 1946 年 3 月成立钦县武工队，分成两支小部队，分别在马笃山和钦防沿海地区活动。7 月，防城人民游击大队留在防城坚持斗争的人员成立防城县武工队（又名东山游击队），着手建立东山游击根据地。11 月，钦县、防城两县武工队会合，统编为钦防联合武工队，共同拓展东山游击根据地。1947 年 2 月 22 日，钦防联合武工队化妆成国民党军一五六旅搜索连，奇袭防城县那天乡公所，俘虏该乡正副乡长,缴获乡自卫队的长短枪 20 余支。

## 二、六万山区的武装自卫斗争

1945 年 9 月底,南路人民抗日解放军合(浦)灵(山)独立营根据中共南路特委的指示,从遂溪乘船返回原籍,与在当地坚持斗争的部队会合。部队以连为单位,分散在合浦的西场、南康、白石水和灵山西南、东北部地区活动。同年冬,合灵地区游击队先后攻打升平、多蕉、维安、道歌等乡公所,扩大了革命影响,恢复、拓展了武利江两岸游击根据地。1946 年春,南康连在营盘海面截击国民党遂溪挺进司令部的 4 艘运输船,缴获步枪 10 多支和大批粮食、物资。5 月 4 日,灵山游击队在佛子大坡村附近伏击负责押运军饷的广东省保安队一部,击毙省保安司令部少校军需以下官兵 13 名,俘敌 20 多名,缴获长短枪 20 多支和大批饷款、军用物资。到 1946 年八九月间,合浦、灵山游击队各发展到 400 余人。为扑灭革命火种,国民党合浦、灵山当局纠集反动团队接连对两县人民武装进行"清剿"。在残酷的斗争中,邓业兢、黄文法、练炳强等大队级干部及数十名指战员壮烈牺牲。

1947 年 2 月 24 日,中共南路特派员温焯华给广东区委写了《关于粤桂边根据地的工作报告》。报告根据毛泽东的"工农武装割据"思想,结合南路地区的实际情况,提出了"建立以十万大山为中心的粤桂边根据地"的计划。为实现这一战略目标,中共钦廉四属特派员陈华决定集中钦廉四属的武装,加强十万大山区游击根据地的建设。随即抽调合浦、灵山两县游击队主力 300 余人,由谭俊(时任合灵军事特派员)统一指挥西进十万大山。合灵部队与钦防部队在防城县稔稳会师后,成立合灵钦防四县部队联合指挥部。经短期休整后,联合指挥部于 3 月中旬组织四县武装分别向防城县东、南、北三个区域展开,打击敌人,宣传发动群众,进行游击根据地的各项建设。三支部队拔除了国民党的一批乡保反动据点,袭占了江平乡公所,扩展了十万山游击根据地。在此期间,派人策动了法国殖民者组织的越南海宁省芒街伪军"华侨自卫大队"的一个中队起义,编入灵山游击队。

1947 年 4 月,陈华赴香港,向筹建中的中共中央香港分局汇报请示工作。方方、尹林平接见了陈华,并作了指示:当前华南的武装斗争方针是从小搞到大搞,有条件大搞的可以大搞,条件尚未具备的要准备大搞。不管大搞小搞,都要稳扎稳打,不能一轰而起,要注意政策、策略,不能乱打、乱杀、乱征粮税。并指出:镇龙山(桂中南)和十万大山(钦防)、六万大山(合灵)三个地区的武装斗争要互相配合、互相支援,造成三山雄峙、互为犄角之势。根据方方、尹林平的这一指示,陈华即令西进部队回师合灵,参加创建六万山游击根据地。灵山游击队返回县境时,于5月14日袭击了申安乡公所,俘敌10多人,缴枪10多支。

## 三、桂东南地区的武装自卫斗争

日本投降前,桂东南起义时转移到南路地区活动的博白独立营即派出一支20多人的武工队返回博白,发动群众开展反"清乡"斗争,以保护参加起义人员的亲属和群众的利益。8月18日,该武工队在龙潭园山塘排颈设伏,击毙了博白县龙潭区清乡副司令。

1945年9月中旬,根据中共南路特委的指示,博白独立营(代号白马营)从广东遂溪返回原籍。该营与先遣武工队会合后,组成几个武工队在龙潭、松山、双旺、马子嶂等地活动,依靠群众,开展斗争。1946年2月17日,博白游击队袭击位于博白县南、中、西三区中心的松山乡公所,拔除了敌人楔入游击区的一颗钉子。其后,镇压了几名反动村长、特务,恢复、建立了博白至玉林、北流、容县、昭平、廉江的地下交通联络站,为桂东南各县地下党、游击队的活动创造了有利条件。

1947年4月,分属南路特委和广西省工委领导的博白、陆川两县的一批党员干部陆续从外地返回原籍活动。博白县成立了两个连的武装和一个流动肃反总队,积极开展武装斗争。陆川县地下党也着手集结武装人员,准备开展游击战争。

同年3月13日,黄未若(1926年在苏联留学时曾加入苏联共产党,1927年回国后未与中共取得联系)等组织民变武装"中国西南民主联盟革命军"举行暴动,攻打国民党容县县政府和藤县象棋乡公所。后遭国民党军镇压而失败。

抗日战争胜利后,粤桂南的十万山、六万山、桂东南游击队,根据中共南路特委的指示，进行武装自卫斗争。当时，这几个游击区都较小，且被敌人分割，犹如白色海洋的几个红色孤岛，承受着惊涛骇浪的冲击。在党组织的坚强领导下，指战员们以敢于斗争、敢于胜利的大无畏气概，依靠群众，在极其艰苦的条件下坚持斗争，不但保存了武装，保存了干部，而且壮大了队伍，取得了与国民党军作战的经验，为其后粤桂南地区游击战争的发展创造了有利条件。

## 四、全省武装斗争的准备

全面内战爆发后，桂系当局恢复征兵、加征粮税，广西各族人民反抗国民党反动统治的呼声越来越高。右江、左江、桂中等地区的中共组织顺应形势的要求和各族人民的意愿，组织当地群众开展“反三征”斗争，并在此基础上建立秘密武装，准备起义。

1946 年 7 月，长期在右江地区工作的党员干部区镇到横县向桂西南特派员覃桂荣汇报请示工作。当时，覃桂荣尚未接到省工委关于开展武装斗争的指示。他和区镇分析了当时的形势，认为国共和平谈判已无成功的希望，右江地区长期红白对立，国民党反动派对右江地下党的防范、镇压尤为严厉，除了开展武装斗争外别无出路。为此，他们确定以积极准备武装斗争为今后右江地区工作的基本方针，并决定成立右江党的领导小组，覃桂荣指定区镇为组长，黄耿为副组长（后增补赵世同为副组长）。统一领导右江地区的工作。中共右江领导小组成立后，决定按照当地的传统，以革命同盟会为主要方式，组织各族群众开展“反三征”斗争，并号召群众拥枪自卫，建立地下武装，准备武装起义；决定以老苏区的万冈、果德为武装斗争的重点区域，抽调一批党员干部到这两个地区工作，调整、充实各县党的领导机构。

1946 年 10 月，中共桂越边临时工委书记林中在越南高平召开会议。会议认为争取和平民主无望，决定将左江地区工作重心转移到“反三征”和准备武装斗争上来。会后，工委将原在越南华侨聚居区工作的党员、革命骨干调集到广西边境的龙州、靖西、镇边等地的农村，发动群众成立、扩大农会，领导农民开展“反三征”斗争。接着组建了龙州县农民武装基干队和靖镇区农民武装基干队。这两支武装建立后，一边集训,一边进行“反三征”斗争,处决了几名反动村长、匪霸、特务,袭击了龙州洞埠粮仓,开仓济贫。

从华东解放区返回贵县工作的廖联原,在全面内战爆发后,即着手组织贫雇农小组、“反三征”小组和武装自卫小组,动员被征兵的青壮年躲进深山里,在那里开荒种植农作物维持生活,并对他们进行思想教育和传授基本军事知识,为武装起义准备了基本队伍。

1946 年 11 月 6 日,中共中央发出《给南方各省工作的指示》,指出:“现在南方各省国民党正规军大批调走,征兵征粮普遍施行,正是我党发动游击战争的好机会”,要求南方各省采取两种不同方针:凡有可能建立公开游击根据地者,应即建立公开游击根据地;凡条件未成熟的地区,则采取荫蔽待机方针,创造建立游击根据地之各种条件。

由于联系困难,中共广西省工委书记钱兴未能及时接到党中央的这一指示。他从全国和广西的实际情况出发,于 12 月 1 日发出《当前政治形势与我们斗争任务》的党内指示,指出:国共和谈已正式破裂,此后军事与政治的斗争将日益剧烈,应积极准备开辟夹击蒋军的第二战场,认真领导广大人民,反对国民党反动派的征兵、征粮、苛重捐税,并在可能与有利的条件下,发动武装斗争,建立民主政权。要求各地党组织对开展武装斗争问题作深刻研究,确立坚强的胜利信心;选派得力的干部深入到预定开展武装斗争的地区去,认真进行组织与动员群众工作,积极准备枪支、弹药、经费,举办短期武装斗争人员训练班,总结抗战期间开展武装斗争的经验和加紧研究游击战术。

广西省工委这一指示是符合中共中央对南方各省工作的指示精神的,是适时的、正确的。其后各地党组织普遍发动群众,广泛开展“反三征”斗争,并着手建立秘密武装,筹集武器、弹药、经费,准备发动武装起义。左右江地区的准备工作进展尤快。到 1947 年秋发动武装起义前夕,右江地区参加各种革命组织的群众约 12000 人,地下党掌握的群众武装约 5000 人;左江地区有农会会员 10000 余人,农会基干武装 200 人[①]。

① 郑敦:《滇桂黔边区工作报告》,1948 年 4 月 2 日。

# 第 十 四 章

# 发动武装起义，开展游击战争

## 第一节　各地武装起义的兴起

### 一、省工委干部会议

1947 年 2 月，国民党军在向解放区的全面进攻被挫败后，改变战略，向陕北、山东解放区发动重点进攻。为开辟敌后战场，配合正面战场粉碎敌人的重点进攻，中共中央于 3 月 8 日发出《关于在蒋管区发动农民武装斗争问题的指示》，指出目前蒋管区后方甚为空虚，群众的斗争情绪高涨，已具备发动农民群众开展武装斗争的客观条件。在斗争策略上，“要极当心地联系群众，依靠群众，胆大心细地发动群众，既勇敢又谨慎地领导斗争”，“多从人民为生存而斗争的口号着想，以利群众斗争的发动、深入和继续。在斗争形式与组织形式上，你们也可先从合法斗争形式上建立群众基础，先从敌人力量较薄弱的地方发动武装斗争，求得存在和发展，尤其在组织上，开始不要铺张门面。过分刺激敌人，反易招致敌人过早过大的打击”。

4 月 7 日至 14 日，中共广西省工委书记钱兴在横县陶圩乡六秀村主持召开全省党的主要干部会议（沿称横县会议）。参加会议的有桂西南区特派员覃桂荣、桂东区特派员吴赞之、玉林区特派员张祖贵、原桂东北区特派员黄嘉、横县县委书记杨烈、融县县工委书记路璠等 6 人。会议的议程是：讨论当前的政治形势和党的斗争方针，总结 1942 年桂林

“七九事件”以来广西党的工作，开展批评与自我批评，加强党内团结，研究如何发动武装起义，在全省开展武装斗争。

钱兴在会上作了《一切为着准备武装起义而斗争》的政治报告。明确指出：“今后时局发展的规律：一切决定于战场，武装斗争已成为主要斗争方式。”会议制定了“积极准备武装起义，广泛发动游击战争，创造游击根据地，推毁反动政权，建立新解放区”的总任务、总方针，并对全省的武装起义作出了具体部署：

在起义地区的选择上，提出应在有重要战略意义地区积极准备武装起义，全省以左右江为武装斗争的中心地区，其他地区均应积极活动，相互配合。

在部队的组织形式、斗争方式上，会议决定，部队分为脱产的基干队（以连为单位）和不脱产或半脱产的地方自卫军、民兵等三种，强调“目前各地武装斗争，仍以不公开暴露党的面目为原则”，应以“抗征会”“抗粮队”“救饥会”等名义，广泛深入开展农民运动，认真组织与领导广大农民实行抗征抗粮抗税斗争，造成武装斗争的雄厚基础。

在斗争的政策、策略上，强调要建立广泛的反蒋反美的爱国民主统一战线，明确指出：当前斗争的锋芒是指向反动的地方政权，其次是打击农村中最反动的地主，以削弱农村中的反革命力量。要和民主同盟“结成巩固联盟”，切实争取国民党下级干部及其党员中的民主进步分子。会议提出的基本政策是：“反对蒋介石卖国，反对美帝国主义侵略”，“取消苛捐杂税，停止征兵征粮”，“实行减租减息、交租交息”，“实行合理负担”，“保障安分守己的地主、中小地主、富农［的］人权财权”，“实行境内汉、苗、瑶、僮（壮）、侗各族一律平等”，“保障工商业发展，改善中小公教人员生活待遇”，以团结一切可以团结的力量，最大限度地孤立、打击最顽固的反动势力。

在武装斗争与其他斗争的关系上，强调武装斗争“须与其他各种各样斗争的配合”，“加强城市民主运动，以配合农村斗争”。要求城市的党组织迅速建立、发展各种革命群众组织，积极开展反内战、改善职工待遇、保障人权等斗争，并把输送知识青年到农村参加武装斗争，作为“今天城市工作的中心任务之一”①。

为适应开展武装斗争的需要，会议强调加强党的思想建设和组织建设，健全、巩固党的组织。提出了调整各地区党的领导机构的初步方案，并决定成立中共左江工委和贵县中心县委，分别由黄嘉、杨烈为书记。

横县会议作出的正确战略决策，使广西地下党牢牢把握着斗争的中心环节，及时和顺利地实现工作重点由地下斗争转为公开武装斗争的战略转变，把广西的革命斗争推向一个崭新的阶段。它“对广西党的工作是一个重大的转折”②，“对加速开展广西各地区的武装斗争起着决定性的作用”③。

会议结束后，钱兴即赴香港，向中共中央香港分局汇报、请示工作。

## 二、广西党组织的调整

1947年5月6日，中共中央决定成立香港分局，统一领导华南地区党的工作（后扩展到西南部分地区），任命方方为香港分局书记，尹林平为副书记。

5月24日，中共中央复电香港分局，指出：从布置分散的武装据点到建立成块的游击根据地，还需要经过一些过程，不要急于打大仗，也不要过早集中武装建立根据地，而应将武装力量散布开来，先从消灭乡村地主联保武装做起，在广大乡村中站稳脚跟，为创建根据地奠定基础。复电还同意香港分局的建议，成立粤桂边、粤桂湘边、粤赣湘边三个工委，要求华南应靠本身力量于本年度建立起三四个成块的根据地，组织起若干支成为中坚的游击队伍，准备迎接与配合明年北方人民解放军的全面反攻。

根据中央复电的精神，香港分局于同年5月，成立粤桂边工委，由周楠任书记；7月成立粤桂湘边工委和桂林工委（沿称桂柳区工委，代号昆仑山），分别由梁嘉、陈枫任书记。同时撤销广西省工委，钱兴调任粤桂

---

① 钱兴：《广西 × 报告》，1947年5月5日。

② 黄嘉：《热血之歌》，广西人民出版社1996年版，第213—214页。

③ 杨烈：《桂中南武装斗争的回忆》，载广西军区政治部编：《广西革命回忆录》续集，广西人民出版社1985年版，第249页。

湘边工委副书记、粤桂湘边部队副政委。原广西省工委所辖党组织与相邻的广东系统的党组织分区合并（在此之前，钱兴、陈枫、温焯华、林克武、罗培元等曾向各自的上级党委提出将广西、广东两系统在广西建立的党组织合并的建议）：左江、右江、桂中南、桂东南地区的党组织划归粤桂边工委领导（桂中南由钦廉四属特派员陈华具体领导，桂东南由廉江工委书记黄明德具体领导）；桂东地区党组织划归粤桂湘边工委领导；广西其余地区的党组织除组织关系仍在华东局的桂中达开支部外，均由桂柳区工委领导。粤桂边工委、粤桂湘边工委、桂柳区工委迅速接收了所辖的广西党组织，领导他们开展以武装斗争为中心的各种革命斗争。

广西党组织的这次调整，是香港分局按照党中央实行工农武装割据，建立边区根据地的正确方针作出的具有战略意义的举措，对其后广西革命斗争的发展起了重要作用。

## 三、全省各地武装起义

中共广西省工委横县会议后，各地党组织按照会议的部署，加紧做好各项准备工作，伺机发动武装起义。1947 年 6 月 30 日，刘伯承、邓小平率晋冀鲁豫野战军主力自鲁西南地区南渡黄河，挺进中原，拉开人民解放军战略进攻的序幕。在刘邓大军南征的强有力的鼓舞下，广西党组织和各族人民更加精神振奋，斗志昂扬，迅速掀起革命武装斗争的风暴。

### 桂东起义

6 月 5 日晚，钟山县英家乡的起义队伍 50 多人枪在桂东特派员吴赞之的指挥下，分两路袭击英家乡公所和英家粮仓，收缴了该乡自卫队的全部武器，共缴获长短枪 13 支，子弹 2600 多发，破仓分粮 40 多万斤。翌日，国民党钟山县自卫大队扑向英家，疯狂地搜捕起义人员的亲属和革命群众。接着，国民党平乐专署专员罗福康亲自率部到英家“点团清乡”。吴赞之等带领游击队员向花山山区转移。6 月 17 日晚，游击队突袭公安乡公所，缴获长短枪 8 支。国民党广西省政府主席黄旭初急令平乐专署调集平乐、荔浦、恭城、贺县等县的自卫队、保安队驰援钟山，严密封锁花山地区。游击队与外界的联系中断，粮弹俱缺，在与敌人周旋 20 多天后，于 7 月 15 日分散隐蔽，领导骨干分别转移到桂东各县和广东西江游击区。

6月25日，中共富川古城乡支部根据吴赞之的部署，为配合钟山英家起义，领导举行古城起义。当晚，起义部队60余人进攻古城乡公所，因敌严密戒备而未果。次日，起义部队袭击下城头村的一个反动地主的炮楼，缴获长短枪5支。7月1日，国民党平乐专署代理保安副司令及富川县长率部300余人前来“围剿”。古城党支部鉴于敌我兵力对比悬殊，决定部队化整为零，分散隐蔽。部队转移过程中，起义领导人孙忆冬、毛文彦、姚大年、黄希文（黄悦卿，女）和4名游击队员不幸被捕，后被杀害。

8月15日，中共怀集县特支协同广（宁）德（庆）怀（集）挺进队及怀集南区进步人士掌握的武装共60余人举行怀南起义。部队于当晚突袭诗洞乡公所和诗洞、永固粮仓，俘敌保警队一个班，缴枪10余支，破仓分粮数万斤。其后，经过几次战斗，铲除了当地反动势力，创建了怀南游击区。

**桂北起义**

6月下旬，中共桂北区特派员肖雷、桂林市工委代书记阳雄飞等决定成立桂北起义领导小组并作出于7月下旬在灵川、全县、灌阳同时举行武装起义的具体部署。

7月23日凌晨，全昭毅率12名起义人员在内应的配合下冲入灵川县灵田乡公所，俘敌40余人，缴获轻机枪2挺、步枪18支。当日黄昏，部队渡过漓江，转入灵川西部潞江河畔山区活动。7月28日，甘棠、南藩两地的革命骨干奉命赶到潞江山区，与灵田起义队伍会合，组成一支精干的武装。

7月24日晚，全县石塘起义队伍在内应配合下，顺利占领石塘乡公所，缴获步枪18支。灌阳县小江源和全县两河的起义队伍分别于24、25日出击。27日，全灌各路起义队伍在全县大龙村熊巴坪会合后，编为“全灌人民自救团”（29日改编为全灌农民解放支队）。全灌起义得到当地各族人民的拥护，青壮年纷纷参加起义队伍，到月底，全支队增至近800人。

8月1日，全灌农民解放支队在支队长邓崇济等率领下，分成东西两路，沿灌江两岸向南进发，准备和灵川县起义部队会合。东路部队曾攻克昭文、巨望、碧营等乡公所；西路部队于8月2日第二次攻克石塘乡公所。但随即遭到广西第八区（兴安）专署两个保安大队和全灌两县保警队的“围剿”。到8月中旬，两路部队均被打散，牺牲32人。支队的主要骨干先后转移到灵川，加入灵川游击队。

9月5日，龙胜县城田小江村的进步青年按照中共党员的部署举行武装起义，收缴了城田、小江两个村公所的步枪20多支，随后在小江附近村庄开展活动。10月，起义队伍被国民党军打散，少数人员转入湘桂边境活动。

**左江起义**

7月中旬，黄嘉和覃桂荣同赴中越边境，向中共粤桂边工委书记周楠汇报、请示工作。周楠接收了左右江的党组织关系，任命黄嘉为边工委左江特派员，覃桂荣为右江特派员，并指示他们按照香港分局提出的“放手小搞，准备大搞”的方针，抓紧发动武装起义。同月下旬，黄嘉主持召开左江工委会议，传达粤桂边工委的指示，作出在农历中元节前后，分别在龙州、明江、靖（西）镇（边）地区举行武装起义的部署。要求各地务必周密计划，保证初战胜利。

8月19日拂晓，黄嘉等率领龙州农民武装基干大队的20多名骨干，潜入大青山林场，一枪未发，便活捉该场场长和林警队的12名官兵，缴获步手枪14支，银元一批。随即召开全场职工大会，宣布左江人民解放军的宗旨，警告林场官警改邪归正，将缴获的银元分发给职工，释放被俘的官警，然后迅速转移。起义胜利后，龙州农民武装基干队改编为左江人民解放军龙州县大队，全大队96人。

8月25日夜间，打入明江县爱店乡自卫队的地下工作人员，以检修武器为名，将该乡自卫队的两挺轻机枪、6支步枪取出，会同爱店街的10余名自带武器的革命青年转移到板乐据点，随即宣布起义，成立左江人民解放军思明大队，全大队40余人。

9月7日，靖镇区农会武装在镇边县平孟乡天池坳伏击该乡乡警，俘敌2人，缴枪2支。9日，协同靖镇区农民武装基干队解放平孟。中共靖镇工委随即决定成立左江人民解放军靖镇大队，全大队120人枪。

11月,该大队改称靖镇独立营,指战员增至300余人。

上述三支游击队在起义胜利后,多次和前来“围剿”的国民党广西第七(龙州)、第六(靖西)两专署的保安大队和各县保警队作战,歼敌10余人。10月中旬,龙州专署保安副司令率部1000余人围攻龙州布局。龙州县大队在八九月间两次取得反“围剿”胜利后,产生了轻敌思想,作出了“誓死保卫红色村庄”的决定,组织部队和民兵进行“山头保卫战”“村庄保卫战”。后因寡不敌众,被迫防弃据点,掩护2000多名群众,转移至越南北部地区休整。

中共左江工委于10月下旬召开会议,总结起义以来斗争的经验教训,强调指出:在敌强我弱的情况下,与敌人打“阵地战”是不行的,应运用机动灵活的游击战术,采取小分队分散活动的方式,到处点火,到处打击敌人。决定将龙州县大队改编为左江人民解放军第一大队(后改称左江主力大队),另由龙州县特支重新组建龙州县大队。第一大队组成三支小部队,一支在龙州坚持斗争,一支到凭祥,一支到上金发动武装起义。随后,黄嘉率领13人的小分队到凭祥活动。11月6日,中共凭祥特支派出7名骨干化妆为赶圩的群众,突入上石乡公所,俘虏了正在该处召开反共联防会议的国民党凭祥县党部书记长及乡村长20余人,收缴了步手枪13支,起义取得胜利。随即成立了40余人的凭祥县游击大队。1948年1月1日,中共左江工委决定成立左江人民解放军指挥部,由莫一凡(陆华)任指挥员、黄嘉(黄河)任政委。指挥部辖5个大队,共500余人。

**右江(桂西)起义**

7月上旬,中共右江领导小组决定成立东(兰)万(冈)凤(山)起义委员会。下旬又成立桂西人民解放军东万支队,下辖爱国、民主、团结、胜利4个大队和直属中队,全支队1200余人。同时起草了《桂西人民起义宣言》《桂西人民解放军革命行动纲领》《革命群众十大纪律》等文件,部队待命行动。8月30日,覃桂荣和粤桂边工委派到右江地委工作的干部余明炎、庄梅寿到达万冈西山。翌日召开领导干部会议。会上,覃桂荣传达了边工委对右江武装斗争的指示和关于成立中共右江地委的决定。会议决定于10月间在万冈、凤山、果德发动起义,攻占上述三县县城。9月初，由于部队的行动有所暴露，右江地委决定提前举行起义。

9月5日晚，覃桂荣和中共右江地委书记区镇等率爱国、民主两大队及直属中队向万冈县城进发。敌县长连夜率军政人员逃跑，其中一路途经弄雷坳时，巴品民兵中队果敢截击，俘敌40余人，缴获轻机枪2挺，步手枪13支。6日拂晓，进攻县城的部队与敌交火，地下党掌握的40多名警察当即反正，部队顺利入城。次日，覃桂荣、区镇在县城主持召开干部会议，宣布成立万冈县临时民主政府。同时决定，爱国大队挺进平治县；民主大队沿田阳、田东南下，从两个方向策应果德起义。9月10日，民主大队抵达万冈县的燕乐圩，不意遭敌百色保安团一部伏击，东万支队支队长徐学贤等20多名指战员在渡河突围时不幸牺牲，大部分人员返回原籍活动。13日，爱国大队在万冈县羌桂圩遭当地土豪武装袭击，混进部队的少数坏人经敌策反充当内应，突袭我指挥员住地，部队仓促突围，庄梅寿中弹牺牲，覃桂荣被俘①，队伍大部被打散。15日敌重占万冈县城。在万冈起义期间，东万支队团结、胜利两大队占领了万冈的所略、福邦、百羌、凤桥和凤山县的相桥、田东县的民和等乡公所，并将田东县的群众武装编为英勇大队。

9月15日，中共凤山县工委组织200多名农民武装进攻县城，县警队仓惶撤往长洞固守，起义队伍胜利入城，随即宣布成立凤山县临时民主政府。20日，凤山县警队及地主武装300多人在东兰县援敌配合下反攻县城。为保存力量，县工委决定部队返回原籍分散活动。21日，敌重占凤山县城。22日，中共凤山县工委代理书记韦芳被敌人杀害。

为配合果德起义，中共那（马）武（鸣）特支组织那马、武鸣、果德、隆安四县边界的农民武装共200多人于9月17日举行四坡起义，进攻设于武鸣四坡乡的敌武鸣、那马、果德三县联防办事处。敌依据炮楼顽抗，我方多次进攻未果。18日下午，敌从武鸣县城调来的援兵赶到，起义队伍主动撤退，返回原籍活动。

9月18日，中共右江地委副书记余明炎和姚冕光等率果德县农民

---

① 覃桂荣于1949年初国共和谈时获释，后返回原籍融县，组织群众开展武装斗争。

武装3个大队共1000余人进攻果德县城。敌顽固抵抗，我方多次进攻未能奏效。20日，隆安、武鸣之敌来援，起义部队当即撤退。在围攻县城同时，果德县的一部分起义武装攻占感圩、新圩、德旺3个乡公所，缴获一批武器和20万斤粮食。

桂西起义一度占领了万冈、凤山两座县城和20个乡公所，毙伤俘敌近百名，策动敌军起义40多名，缴获各种枪300多支，破仓分粮约100万斤。敌人惊呼万冈“政府的公枪，散失殆尽”，“整个基层组织，业已破坏，是以一切税收任务，均陷于停顿状态，人心亦复极度不安”①。桂系当局随即命令省保安第二、第六总队各一部赶赴桂西，在当地各县民团的配合下，对起义部队进行疯狂的“围剿”。在党的坚强领导和壮、汉、瑶等族人民的大力支持帮助下，散失在各地的起义人员逐步集结，重新组织队伍，继续开展武装斗争。1947年11月3日，万冈、平治边境的游击小组伏杀了敌万冈、平治、田东三县边联防主任谭安邦。12月28日，凤山县游击队伏击敌运输队，缴获重机枪1挺，步枪9支，其他物资一批。

**桂中南起义**

7月下旬，中共贵县中心县委书记杨烈到贵县达开乡与廖联原会面，决定在斗争中相互支持，共同对敌，计划在中秋节期间，桂中南和桂中地区同时举行武装起义。9月1日，国民党横县当局调集县警和民团数百人包围六秀村，勒令横县地下党领导的上西区求生斗争武装队伍交出武器。杨烈和陈清源等当机立断，决定提前举行起义。横县北部地区的起义武装于4日晚、5日凌晨攻占陶圩、莲塘乡公所，7日攻占青桐乡公所。与此同时，黎德钧、刘一桢等在粤桂边区人民解放军第十八团的协助下，发动横南起义，成立人民解放军横南大队（9月下旬改称横县独立营，划归第十八团领导）。几天之内，横县南北起义武装接连攻下13个乡公所、100多个村公所，俘虏国民党横县政务指导员，歼灭县警一个班、民团一部。随即成立横县人民解放军司令部，代司令员陈清源、政委杨烈，下辖4个大队共800多人，拥有轻重机枪30多挺。10月，根据陈华的指示，横县游击队整编为粤桂边区人民解放军第十九团，团长杨烈，

① 蒋晃：《万冈戡乱纪实》，1948年7月15日。

政委陈清源。

9月15日，中共上林县支部书记张声震获悉，国民党上林县长将于16日率部由思吉乡经周安返古蓬乡，即与韦盛经等领导举行古（蓬）思（吉）起义。16日上午，起义武装在俭表至周安的公路上伏击敌南宁区保安大队，激战至当晚，毙敌中队长以下5名，俘敌15名，缴获步手枪8支。17日，部队集中整编为上林人民自卫军八二支队，全支队共160多人。

桂中南起义后，桂系当局即令省保安第六总队等部到横县、上林进行“围剿”。由于敌我力量对比悬殊，八二支队坚持了一个多月，被迫分散活动。第十九团在横北地区和敌人周旋了3个多月，终因游击区日益缩小，给养匮乏难以立足。12月30日，第十九团除留下一支25人的突击队在横县坚持斗争外，主力约300人在十八团的策应下，于永安乡上灶村偷渡郁江，经灵山、合浦到达廉江休整。

**桂中起义**

八九月间，桂中武装起义领导小组决定于9月29日举行武装起义（因这一天是农历中秋节，故又称中秋起义），并决定成立中国人民解放军达开纵队，由廖联原任司令员兼政委，下辖13个支队，共500余人。

9月29日上午，各支队按原定计划向贵县达开乡公所发起攻击。由于敌人不断增援，进攻未果。入夜，纵队决定由副司令员韦志龙率部分队伍绕到敌后，于30日攻占中里乡公所。10月3日，纵队调集5个支队攻占了龙山乡公所。同日，敌贵县民团突袭设于中里乡的达开纵队指挥所。纵队司令部急调三个支队，配合驻中里圩的部队对敌内外夹攻，毙伤敌50余人，残敌退回县城。10月1日，中共武宣县工委（属中共贵县中心县委领导）书记韦敬礼等率贵（县）武（宣）边地下武装从武宣通挽赶赴贵县中里，参加廖联原等领导的桂中中秋起义。10月3日，韦敬礼率部全歼驻伏柳之敌，俘敌保安队长以下9人，缴获各种枪9支。10月4日，部队在通挽集中整编为中国人民解放军第一二一纵队。其后，该纵队与桂中达开纵队一部，接连攻占武宣县的桐岭、通挽、马步、禄新，贵县的山东、山北、龙山等乡，使贵县、武宣边游击区连成一片。

10月上旬，桂系当局令省保安副司令莫树杰到桂中“督剿”贵县、武宣游击队。10 月 5 日,敌省保安团 3 个营伙同贵县、武宣等县民团 1000 多人向龙山、中里、达开乡反扑。为避敌锋芒,达开纵队司令部决定,主力转移到游击区中心地带隐蔽,派出精干武装寻歼小股敌人,部分部队在河鄱、河净、车田等村据险固守。河鄱村防御战坚持 40 多天,毙伤敌 80 多名。

中秋起义后的两个多月时间里,桂中游击队先后进行了 10 多次战斗,共歼敌 160 多人,缴获各种枪 30 多支,攻占了贵县、桂平、武宣、来宾 4 县边境的 10 多个乡,控制了约 30 万人口的地区。在残酷的斗争中,游击队也付出了代价,达开纵队第一支队副支队长廖联本、第一二一纵队第十二支队副司令刘铁民等数十名指战员英勇牺牲。

**上思起义**

1947 年夏,中共广西省工委决定将上思特支拨归广东钦防党组织领导。10 月,上思县特支书记林克与在十万山北麓活动的粤桂边区人民解放军第二十一团团长朱守刚、政委卢文取得联系,共商转移组织关系及举行上思武装起义事宜。10 月 24 日,上思特支将东安人民自卫队及各地秘密武装小组和进步青年学生、农民共 120 人,集结于东安乡架伴村,宣布起义,成立上思县独立营。该营随即开赴那育村,与第二十一团会合,隶属该团领导,成为十万大山区游击队的一部分。

从 1947 年 6 月至 11 月,广西各地党组织先后在桂东、桂北、左江、右江、桂中南、桂中、桂南等 7 个地区 21 县,组织 6500 余人举行武装起义。这场席卷全省的革命风暴,在军事上给敌人以有力的打击。起义部队攻占了两座县城、3 个区公所、80 多个乡公所,歼敌 1000 多名,不但削弱了桂系地方部队的实力,而且迫使其将从内战前线回桂整补的正规军整编第四十六师第一七四旅(原为师)留守广西,从而在战略上支援了人民解放军正面战场的作战。在政治上,通过起义,摧毁、瓦解了国民党的大批基层政权,动摇了桂系集团在农村的统治基础,鼓舞了各族人民的斗志,推动了全省城乡革命斗争的发展。在经济上,由于人民武装控制了大片农村,使桂系当局在许多地方的征粮、征税陷于停顿、半停顿状态,粮源、财源更加枯竭,经济日益艰窘,1947 年广西“自身收入仅占岁出 16% 左右”[①]。

总的来说，这次广西武装起义的方针、策略是基本符合中共中央和香港分局指示的精神的，起义是成功的。但由于缺乏武装斗争的经验，有的党组织对在反动统治较严密的广西开展武装斗争的艰苦性、复杂性和对人民武装从小到大、从弱到强的规律认识不足，存在着轻敌速胜思想，过早地打出纵队、支队、县民主政府等旗号，攻打县、区政府等大目标，招致敌人的大规模打击。有的地区在敌人进行“围剿”时，没有及时采取分散发展的方针，片面强调保护群众的利益，组织山头、村落“保卫战”，以致造成较大的损失，部分起义部队受挫解体，部分革命据点受到敌人的严重摧残。但各地起义领导人毫不畏惧，认真总结起义的经验教训，以坚韧不拔的革命意志带领部队坚持斗争。

## 四、桂滇边工委成立，老一团挺进靖镇区

1947 年七八月间，中共中央香港分局为发展广东南路地区的游击战争，电令粤桂边工委书记周楠、粤桂边区人民解放军司令员庄田率老一团自越南返回南路领导斗争。时遇法国侵略军向越南北部解放区大举进攻，越北至广东钦防的交通线已被法军切断，部队被迫滞留越南北江省两个月。10 月，香港分局根据形势的变化，致电周楠、庄田，请他们考虑可否改在广西左右江地区开展斗争，建立桂滇黔边区根据地。周楠、庄田等同意分局的意见，遂率老一团向左江地区进发。

11 月 9 日，周楠在率部回国途中主持召开团以上干部会议，传达香港分局关于创建桂滇黔边区根据地的指示。会议决定撤销粤桂边工委，成立桂滇边工委，推选周楠、庄田、郑敦、覃桂荣、陈恩、黄嘉、余明炎、区镇、林中、饶华、唐才猷、黄景文 12 人为边工委委员，周楠、庄田、覃桂荣[②]、郑敦、陈恩 5 人为常委，周楠为书记，庄田负责军事工作。会议制定的工作方针是：“扩大边区人民革命力量，广泛展开游击战争……利用

---

① 《广西日报》1947 年 12 月 18 日。

② 当时，桂滇边工委因不知覃桂荣已被俘，仍选他为边工委常委。1948 年 7 月，边工委据传覃桂荣已“牺牲”，决定增补黄嘉为边工委常委。

时机，创造时机，到处发动人民，组织武装，以建立大小据点，公开或半公开的根据地，采取分散而有重点的发展方式”①，并决定老一团先进入靖（西）镇（边）地区，建立稳固的立足点，再向右江地区推进。

11月7日，边工委派出的先遣队协同靖镇独立营袭击驻镇边县果梨的民团，歼敌90余人，缴获各种枪100多支。16日，桂滇边工委领导机关进驻平孟乡北斗村。20日拂晓，老一团袭击驻镇边百合的靖西专署保安队，歼敌150余人，缴获重机枪1挺，轻机枪3挺，步手枪100余支。12月1日，老一团在靖镇独立营配合下，夜袭驻弄蓬的靖西县民团，毙敌30余人，俘该县民团副司令以下官兵50余人，缴获各种枪100余支。至年底，老一团和靖镇独立营解放了靖镇区的平孟、台洞、百南、弄银、南坡、葛吞、惠仙等7个整乡和清华、德窝、荣劳3个乡的部分村庄，部队发展到800余人，民兵2200人。1948年初，桂滇边工委决定成立桂滇部队司令部、政治部，由庄田任司令员，周楠任政委，黄景文代参谋长，饶华任政治部主任。并将部队扩建为两个支队，以老一团为基础，组建第一支队，支队长林杰（后李鸿基），政委陈熙古；以靖镇独立营为基础，组建第二支队，支队长廖华，政委梁家。同时成立中共靖镇区工委，由郑敦兼任书记，成立靖镇区民主政府筹办处。

靖镇区民主政府筹办处成立后，即着手进行游击根据地的建设工作。各乡、村普遍成立农会、妇女会、少先队、民兵等群众组织，发动群众对地主进行清算斗争，分配胜利果实，并在平孟乡进行土地改革试点工作，出版《靖镇简报》，加强党的宣传工作。靖镇地区初步形成东西约220里，南北约180里较巩固的游击根据地。

从1947年11月到1948年2月，桂滇边部队共歼敌约600人，缴获轻机枪8挺，长短枪约300支②。靖镇区游击战争的胜利发展对广西各族人民是一个有力的鼓舞。但后来部队在肃反中犯了扩大化的错误，在土地改革中又侵犯了部分中农的利益，造成了一些不良影响。不久，着手纠正了错误。

---

① 《周楠、庄田致方方、尹林平电》，1947年11月9日。

② 《中共桂滇边临时工委扩大会议讨论摘要》，1948年3月25日。

## 五、粤桂边区游击战争的发展

在广西武装起义期间,中共粤桂边地委领导下的十万山、六万山、桂东南地区的党组织,遵照地委的指示,广泛开展游击战争,沉重地打击了南路地区和桂东南地区的反动势力,也直接、间接地策应、配合了广西的武装起义。

**十万山区**

1947年5月14日,中共防城地下党组织三波、光坡、企沙三乡镇的游击小组和革命群众200余人及国民党光坡乡自卫队20余人举行起义,成立农民翻身队独立大队。在三光企起义的威慑和党的政策的感召下,国民党企沙镇自卫队30余人宣布投诚。接着,独立大队开赴三波乡,收缴了该乡自卫队的武器,游击队控制了整个光企半岛,几天之内,部队发展到800余人。其后,独立大队的一个连袭击防城县城狗岭哨所,全歼该县警察队一个分队,缴获重机枪一挺,步枪数支。5月29日,国民党防城县警察大队进犯光坡。独立大队采取敌进我进、避实就虚的战术,于当天中午分乘20多艘帆船渡过白龙海峡,向江平进发。30日拂晓,部队在京族聚居的巫头、沥尾、山心三岛登陆后,出敌不意攻占江平镇公所。6月6日,再次乘船渡海,袭占江山乡公所。随后部队开赴华石,同地下党有联系的国民党华石镇镇长即率镇自卫队及一批进步青年起义,编为钦防农民翻身队第八大队。

6月10日,中共钦防党组织决定成立钦防农民翻身总队,由朱守刚任总队长,谢王岗任政委,下辖第一、二、三、四、八共5个大队,独立大队和直属连、重机枪连、学生队,共1500余人。6月16日,朱守刚、谢王岗率总队主力向中越边境要隘、防城县东兴镇挺进。次日拂晓攻入东兴海关及区公所等据点。与此同时,总队派两个连,乘装有土炮的12艘帆船,组成“土舰队”,从企沙港渡海进攻钦县龙门港,歼敌钦防水上联防队、盐警中队60余人,俘虏联防队主任,缴获各种枪30多支。6月27日成立军政府性质的防城县行政公署,下辖三光企、东山、扶勤三行政区。

7月,两广之敌前来“围剿”,总队命令部队撤回东山、马笃山区。部队凭借老区的有利条件,屡次挫败敌人的进犯,仅洞利之战,便歼敌50

余人。9月，总队主力进入十万山腹地上思县东安乡山曲整训。同时，派出部分指战员到钦县东海区、小董区和灵山西部地区活动，成立东海区武工队、路东武工队和灵（山）西游击队。

10月，总队领导根据粤桂边地委的指示，将部队整编为粤桂边区人民解放军第二十、第二十一团，并成立了团党委会，加强了党对部队的领导。部队整编后，第二十团派出10多个武工队，分赴防城县中西部地区活动，恢复老区，发展新区，相继成立了中共防城县垌中区委、垌中区人民政府和中共防城县滩（散）垌（那垌）区委、滩垌区人民政府。第二十一团帮助中共上思特支组织武装起义。起义成功后，第二十一团转战上思县各地，摧毁了该县的9个乡公所，拔除了一批反动据点，扩大了十万山区北麓游击区。

同年秋，中共钦防党组织积极进行游击根据地建设，主要是建立、健全农会和民兵组织，发动各族群众开展“反三征”，减租减息，清算地主恶霸，发展生产等工作；建立、健全“三站”（联络站、医疗站、税站），搞好交通情报工作和解决部队的给养、伤病员医治等问题。同年11月，在防城县大勉村（后迁至板贞）举办军政干部训练班（后改称十万山公学），分期轮训连排干部和部分班级人员，提高基层干部的军政素质。

**六万山区**

1947年5月，西进十万山区的合灵部队返回灵山南部地区后进行了短期整训。6月，中共钦廉四属特派员陈华决定将合浦县和灵山县的部分游击队整编为粤桂边区人民解放军第二十四团（后又称新六团），全团500余人。6月15日，该团攻克东成乡公所，歼敌一部。随后，为摆脱敌人，陈华等率第二十四团东进廉江，在该县转战一个多月，攻克敌人顽固据点东福山乡公所，歼敌20余人，缴获各种枪数十支，并协同粤桂边区人民解放军新编第一、第三、第四团粉碎敌广东省保安第九团的进攻，受到边区司令部的表扬。7月下旬，第二十四团回师合浦白石水地区，拔除到耽、鳌神水两个反动据点，巩固、发展了合灵南游击根据地。

7月，陈华决定将灵山游击队整编为粤桂边区人民解放军第十八团，并令谭俊、莫平凡等率领该团挺进广西横县南部地区，策应桂中南起义。8 月下旬，第十八团抵达横南，配合横县地下党于 9 月初举行横南起义。第十八团在横南转战 3 个多月，大小作战 20 多次，摧毁了同宣、独灵、飞龙、龙门 4 个乡公所，予敌以重创。

8 月，陈华在合浦县大成山区举办了几期党员骨干训练班，组织大家学习毛泽东的《湖南农民运动考察报告》《整顿党的作风》等著作，联系合灵地区的实际，总结斗争经验教训，强调要放手发动农民群众和纠正部队中存在的某些无组织无纪律现象。

为加强六万山区游击根据地的建设，陈华于 9 月决定成立中共合浦县工委和合灵南区军政府。军政府辖合浦县中部、南部和灵山县南部的 10 多个乡，人口 10 多万。军政府颁布了《惩治反革命》《减租减息》《征粮征税》等条例。发动群众组织农会、民兵，在部份乡、村实行"二五减租"；建立、健全交通联络站、税站，并在白石水大岭石洞兴办弹药厂，制造土炸弹、土地雷、炸药包，翻制子弹，修理枪械，解决部队缺乏弹药的困难。

**桂东南地区**

1947 年 7 月初，中共广东区委委员林美南和广西省工委书记钱兴先后到达广东廉江，向粤桂边地委书记温焯华和张祖贵、黄明德等传达香港分局的指示，把桂东南的博白、陆川、北流、容县、玉林等县党组织关系转交粤桂边地委，共同研究解决博白党组织内部的一些问题，决定撤销该县分属广西、广东两系统的两个特支，成立统一的博白县工委和玉林县特支；授予博白县游击队粤桂边区人民解放军第十二团番号（暂编两个连），授予陆川县游击队粤桂边区人民解放军第十四团番号（暂编一个连）。同年 10 月，粤桂边地委决定成立中共陆川县工委。

第十二、第十四团成立后，在博（白）廉（江）、陆（川）化（县）边境地区活动。第十四团于 9 月 20 日在陆川县盘龙与敌展开激战，歼敌 24 人，粉碎了敌人的进犯。11 月，该团协同廉江游击队独立营抗击前来"围剿"之敌，俘敌 16 人，缴枪 30 多支，但在突围时遭受严重损失。第十二团于 11 月 4 日击毙博白县清乡副司令。12 月 22 日，攻占博白县菱角乡公所，缴枪10多支。该团还建立了几个流动税站和一个地下兵工厂，为坚持游击战争创造了有利条件。

## 第二节　桂柳区工委领导的城乡革命斗争

### 一、桂柳区工委的成立

1947年7月，中共中央香港分局决定成立桂柳区工委，任命陈枫为书记，李福海为组织委员，路璠为宣传委员。工委机关初设在桂林，10月迁至柳州。桂柳区工委由香港分局城工委管辖，负责领导桂林、柳州、南宁、梧州四市的城市工作和桂北、柳北、桂西北及桂中的象县、修仁等地区的农村武装斗争。

是年7月8日至9日，陈枫、李福海、路璠在桂林开会，由陈枫传达香港分局的工作指示和关于成立桂柳区工委的决定，讨论今后的工作方针、任务。会议形成了《七月决议》。决议提出的任务是：发动武装斗争、群众斗争，巩固与发展党和群众组织。城市工作的方针是："长期打算，保存力量，改变作风，深入下层，组织群众，点滴积蓄力量，等待时机。"斗争要从群众利益与要求出发，注意两重组织的配备，防止过分使用兵力，并注意已暴露的干部的撤退。农村武装斗争的方针是："开始小搞，准备大搞，积蓄力量，等待时机。"在发动群众斗争中去开展武装工作，建立根据地，部队以短小精干为原则，各个单位原则上开始不能超过30人。"农村统战工作原则上以贫雇农为主，联合中农，争取富农，分化地主，集中力量打击最坏分子，不要多树敌人。"工委分工李福海兼管桂林市和桂北游击队；路璠兼管柳北、桂西北和象县、修仁等地区的农村武装斗争。其后，工委迅速接收了辖区内原属广西省工委系统的党组织，使本地区原来分属广东、广西两系统的党组织统一起来。同时成立桂林市临工委和上（林）忻（城）工委，分别由陈光、吴师光任书记，以加强对桂林的城市工作和上忻地区（后改为都安、宜山、忻城地区）农村武装斗争的领导；原桂林市工委代书记阳雄飞负责领导桂北的武装斗争，不再负责桂林市的工作。

1947 年 10 月,在广西掀起武装起义热潮的时刻,中共桂柳区工委作出《十月决议》。决议提出的总任务是:“为了推动广西民变继续扩大及促进广西[革命]高潮的继续发展,迎接全国大反攻,一切都为了广西民变的发展,及党与群众组织的巩固发展而斗争”。在农村武装斗争方面,强调“敢于大胆放手发动斗争,同时仍能注意长期打算,掌握正确的政策方针,保证斗争的成功第一,胜利第一”。在城市工作方面,强调“坚持原有阵地,开辟新阵地,深入下层,点滴发展群众组织工作,大量发展组织,在原则上不发动政治性斗争,在斗争中注意作风及政策的掌握,与群众同进退,防止暴露,以积蓄力量,迎接新高潮到来”。

## 二、桂柳区游击战争的发展

1947 年 9 月,李福海由肖雷陪同到灵川县木马村了解桂北游击队的情况,和阳雄飞、全昭毅等一起总结斗争的经验教训。李福海强调指出,部队要分散活动,扎根于群众之中,从小干到大干,积小胜为大胜。

10 月 23 日,灵川游击队攻入灵岩乡公所,俘敌 20 余人,缴获步手枪 20 余支。由于敌人不断“追剿”,灵川游击队处境十分困难,部分队员思想有所波动,有的主张暂时停止活动,分散隐蔽。11 月初,38 名队员集中到潞江河山区的栗木岭,进行为期 20 天的整风学习。通过整风,大家批判了消极悲观情绪,坚定了革命武装斗争的信心。游击队领导决定:部队命名为桂北人民抗征队(后改称桂北人民翻身队),队长全昭毅,政委阳雄飞;派出部分人员到东江河山区发动群众,开辟山区;抗征队分成 5 个武装工作小组,分赴灵川镇义、北障、枣木等地建立农民小组,发动群众反三征,捕杀特务,阻敌运送公粮,破坏敌人的通讯联络。由于适时改变了方式,抗征队在艰难的环境中得到巩固和发展。

1948 年 2 月 14 日至 3 月 5 日,陈枫、路璠在柳江县成团乡水灵村主持召开桂柳区工作会议。桂林、柳州、南宁三市和柳北、都宜忻、象县等地党组织的 11 位负责人出席会议。会议总结桂柳区半年多来的工作,作出了《加紧努力,迎接新形势》的决议。决议提出“一切工作布置都是为了发动武装斗争,迎接解放军南下”的口号,要求已有武装的地区坚持斗争，巩固与扩大部队，分散活动，依靠山地，建立据点。注意正确执行少数民族政策，动员少数民族参加解放斗争。在未有武装的地区应即准备各种条件加速其成熟。8 月 24 日至 9 月 14 日，桂柳区工委在融县永乐乡溪滨寨举办武装斗争干部研究班，参加学习的有桂北、柳北、都宜忻、象县等地党组织和游击队的负责人共 15 人。研究班学习了毛泽东、朱德的军事著作和中共中央香港分局关于武装斗争的指示，讨论了陈枫的书面报告《广西武装斗争经验总结和今后意见》。该报告强调今后的武装斗争必须遵循“从无到有，从小到大”的规律，“以重点经营来支持普遍开展，以普遍开展来掩护重点经营，在普遍开展的基础上走向集结，建立主力、根据地，到割据式的边区”。研究班还对游击战争的战略战术，部队组织形式、活动方法、军事训练、政治工作、后勤工作以及群众工作、统战工作、政权建设等问题作了较系统的研究。研究班对提高各地领导干部驾驭战争的能力，推动桂柳区武装斗争的发展，起了重要作用。

在邻近省会桂林的灵川县活动的桂北游击队，运用灵活机动的战术与敌周旋。1948 年 1 月 14 日，桂北游击队突袭兴安县金石乡公所，毙俘敌 30 余人，缴获步手枪 17 支。2 月，桂北游击队领导决定实行战略转移，部队分两批自灵川北上，到离桂林较远、敌人统治较薄弱的全县、灌阳开展斗争。3 月，桂北人民翻身队副队长傅一屏率领的先遣分队顺利抵达全灌，迅速在两县的十多个村子恢复、建立了工作据点。游击队主力在粉碎敌人对灵川的“重点清剿”后，于 9 月上旬抵达全灌。11 月中旬，阳雄飞在参加中共中央香港分局举办的武装斗争干部学习班学习结束后返回桂北，随即召开干部会议，传达分局的有关指示，决定成立中共桂北地工委，由阳雄飞任书记。地工委决定整编部队，建立一支执行机动作战任务的主力部队（铁流部队）和越城、爱群、湘漓、南锋、高原 5 支地方性部队。此后，6 支部队分布在全县、灌阳、灵川、兴安、资源 5 县边境地区，广泛开展游击战争，建立游击根据地，并开辟路东走廊，使湘桂铁路路东、路西两游击区连成一片。12 月中旬，南锋部队攻下灵川县双潭乡公所，几天后，又在五里牌附近破坏了一大段铁轨，使湘桂铁路的交通一度中断。

柳北、都宜忻、象（县）修（仁）三地区的党组织，按照桂柳区工委的指示，并吸取其他地区发动武装起义的经验教训，致力于打基础的工作，党员干部分头到预定开展武装斗争的乡村，培养骨干，发展党员，建立党支部，发动各族农民，成立农会、穷人翻身会（小组）、逃兵会、兄弟会、妇女会、儿童团等各种形式的群众组织，领导群众开展“反三征”斗争和救灾求生斗争。在打下较好的群众工作基础后，都宜忻地区于 1948 年 5 月和 10 月，先后成立了加马、加泵两个武工队。柳北于同年 12 月初成立一个由 8 名共产党员组成的江猛武工队。象县于 12 月中旬成立了第一个武工队。

## 三、城市工作在逆境中发展

1947 年 7 月 4 日，国民党政府颁布《戡平共匪叛乱总动员令》。此后，桂系当局在城市加强特务统治，严令禁止集会、结社、游行、罢工、罢课，责令中共地下党员、民盟盟员“登记自新”，重新颁发《广西省学运工作实施办法》，命令各地从速“建立学运机构”，“打击不良分子活动”，“整肃学风”，“防止学潮，安定学校”；并在桂林、南宁、贺县、钟山、百色等市、县逮捕中共党员、民盟盟员、爱国师生、职工共 100 多人。在城市白色恐怖日趋严重的情况下，桂柳区工委于 1947 年 12 月 18 日发出《关于秘密工作条例的通知》，要求每个党员“在会议、工作、接头、通讯、处理文件、生活习惯、日常学习、居住、言论等，都必须注意隐蔽，注意作风，不得暴露党的面目”。“如已被捕，除力图逃脱外，应以布尔什维克的革命精神，作必死准备，英勇就义，绝不出卖组织和群众利益。”工委书记陈枫还适时地指出，目前我们在城市“基本上是防御”，总的方针是“力求生存、发展力量、巩固阵地、团结自卫、相机前进”。

1948 年 2 月 14 日至 3 月 5 日召开的桂柳区工作会议，形成了《城市工作》的专门文件。文件系统地阐述了城市工作的地位作用，城市工作与农村工作的关系，以及如何搞好城市党组织建设，如何开展学生工作、工人和农民工作，内线和情报工作等具体方法、要求。会议还发出了号召党员献产的《告同志书》和《党员献产办法》，动员党员节衣缩食以至变卖家产，为党组织提供活动经费。

在桂柳区工委领导下，1947年7月以后，桂林、柳州、南宁、梧州四市地下党主要是抓积蓄力量的工作。各市在认真整顿、巩固党的组织，提高党员的思想觉悟和活动能力的基础上，积极发展党员，壮大党的队伍。到1948年底，四市的工作据点增加了16个，党员增加了一倍，总数共208名（包括属中共右江地委领导的南宁特支和广州市委派往梧州工作的党员）。

为适应城市革命斗争的需要，桂柳区工委于1947年10月决定成立党的外围组织"爱国民主青年会"（简称爱青会），作为党领导城市爱国民主运动的助手、桥梁和党的后备军。其后，在桂林、柳州、南宁三市和桂柳区的部分农村共发展了三四百名爱青会员。中共广州市委派往梧州工作的党员则在梧州高中、女中、师范三所学校先后发展了20多名"地下学联"会员，从而壮大了城市爱国民主运动的力量。后来，绝大多数爱青会员和地下学联会员加入了中国共产党或新民主主义青年团。

各市党组织在积极发展革命力量的同时，抓住有利时机，开展一些必要和可能的群众斗争。1948年初，广西大学地下党利用李宗仁参加竞选副总统，提出"在政治上实行民主政策"之机，推动学生自治会成立"营救被捕同学委员会"，发动学生罢课、请愿，向社会各界呼吁。经过几个月的斗争，国民党广西省政府被迫于1948年4月30日将1947年7月被捕的广西大学7名师生全部释放。接着，广西大学学生于5月6日为争取所有学生享受公费待遇，宣布罢课三天。同一期间，南宁师范学院的中共党员和民盟盟员也组织开展了营救被捕师生的斗争，使被捕的杨荣国、张毕来两教授和一名学生于同年5月得以释放。同年夏，中共象县党组织领导的象县中学读书会，发动全校学生开展驱赶该校反动校长的斗争，通过请愿、罢课迫使国民党广西教育厅将其撤职。9月，柳州高级工业学校的学生为反对学校当局无理增收学习费用举行罢课，迫使校方收回成命。各市党组织在领导上述斗争中十分注意策略，做到有理、有利、有节，保证了斗争的胜利，党组织和群众未遭受任何损失。

## 四、城市工作对农村武装斗争的支援

1947年夏秋广西各地武装起义后，桂林、柳州、南宁、梧州四市的党组织在积极开展城市工作的同时，把支援农村武装斗争作为自己义不容辞的责任。从 1947 年夏至 1949 年秋，四市党组织共输送 340 多名共产党员、青年团员、爱青会员、地下学联会员和革命青年到农村参加武装斗争。这些同志大多具有较高的政治觉悟和文化水平，成为各地游击队的骨干。各市专门建立或帮助各地游击队在市内建立了一批联络站，接待来往的游击队领导人、伤病员和其他人员；积极为各地游击队提供情报，捐献和采购药品、衣物、电讯器材及其他军需品，翻印毛泽东著作、党内文件和宣传品，为农村武装斗争提供了多方面的支持。桂柳区工委的党员干部熊柳生于 1948 年春动员家庭先后卖掉水田 100 亩，所得的钱大部作为游击队的经费。

其他系统在南宁市和防城、陆川、博白、玉林、武鸣、隆山等县城的党组织也以各种方式支援农村武装斗争。仅陆川中学、博白中学、玉林高中就输送了 300 多名进步学生到粤桂边区参加武装斗争。陆川中学党支部还发动学生捐献了 2.5 万斤粮食和一批衣物、药品、日用品给本县游击队，缓解了部队在给养上的困难。

各游击队也对城市工作进行多方面的支援，如接纳在城市已暴露的党员、地下工作人员转入农村工作或暂时隐蔽；派出部队到城郊活动和通过各种方式、途径，对敌军警、特务发出警告，使其反动气焰有所收敛；将作战缴获的部分财物送给城市地下党作经费等。

## 第三节　战胜严重困难，坚持游击战争

### 一、桂系军阀对人民武装的疯狂镇压

广西各地的武装起义使桂系惊恐不已，恼恨交加。白崇禧于 1947 年 10 月 10 日发出《给广西父老的一封信》，哀叹“近悉桂粤边境，时闻匪警，忧心如焚，寝馈不安”，饬令全省上下“义无返顾，以期意志统一，力量集中，根本肃清匪患，达成戡乱动员之使命”。同月 27 日，国民党广西省政府主席黄旭初发表《为动员戡乱敬告全省同胞同志》一文，叫嚣

“我们当前的大患为共匪，我们当前的中心任务为戡乱剿共”。“在机关中，在学校中，在民众团体中，我们更须清除共匪的秘密分子，消灭其地下组织”。

桂系当局为扑灭革命烈火，保住其“老巢”，采取了一系列反动措施：将从华东前线被歼后回桂整补的正规军第一七四旅留在省内参加“剿匪”，将原有的6个保安团增至10个；饬令各县恢复民团，由县长兼任县民团司令（1948年7月起县民团改称民众自卫总队），县设常备队、特编队、后备队，乡村设自卫队；撤换万冈、凤山、贵县、横县、武宣、宾阳等县县长，改由军人出身的反动分子担任县长；与相邻的粤、湘、滇、黔等省反动当局相勾结，先后成立“粤桂南区清剿指挥部”“粤西桂东联剿指挥部”“湘桂联防指挥部”“滇黔桂联防指挥部”，并与侵越法军签订“会剿”桂越边境两国人民武装的密约，以加强对五省边区和桂越边境革命武装的镇压；在全省普遍推行清乡点甲、五户联保，饬令群众举行反共宣誓，制定“反共公约”；悬赏通缉中共地下党员和游击队的骨干，加强特务统治，肆意逮捕可疑人员；实行“囚笼”政策，在游击区周围筑碉堡、炮楼、哨卡，强令群众并村围闸，制造“无人区”“隔绝带”，妄图把游击队困死、饿死。

敌军在“围剿”中，肆意烧杀劫掠，残害人民。桂北游击队的26名战士被捕后遭敌杀害，近百名游击队员的亲属及群众被捕；右江万冈西区被焚毁了72个村子；桂中武宣县古卜村被捕去群众180多人，被焚毁房屋203间。敌人的疯狂“围剿”和封锁，使广西游击队遭受了很大的损失，处境十分困难。

## 二、贯彻香港分局的指示，坚持长期斗争

在华南各地党组织普遍发动武装起义后，中共中央香港分局适时总结斗争的经验教训，进行正确的指导。1947年10月，分局发出《为迎接大反攻加强农村斗争的指示信》，明确指出：“战术的运用，仍应以分散活动，开展群众斗争，肃清地方反动势力为主”，“应调出精干短小队员配合地方干部、政治干部，组成若干地方性游击队或武工队，去钻入敌人各个空隙地方，发展群众斗争，组织民兵游击队，建立地方党与群众组

织”，“不可过早突出暴露，以致遭受封锁、围困、扫荡，增加发展的困难”。1948 年 2 月，分局又发出《关于粉碎蒋宋进攻计划，迎接南征大军的指示信》（即《二月指示》），强调指出：“目前在总方面说起来，仍应以普遍发展，大胆放手，派出多数武工队，摧毁地方反动势力，领导群众斗争，到处建立地方部队、广大民兵为主，从普遍发展，到处生根的基础上，以去年十月的指示，依当时当地情况及对敌斗争需要建立主力”。“为着使党更一致、更纯洁、更有力领导斗争，普遍进行查成绩、查立场、查生活的‘三查’工作，同时又进行整非群众观点，整自由主义，整小圈子作风的‘三整’工作。”同年 8 月，分局又发出《半年工作总结和方针任务》指示，提出：“须有三、四年艰苦奋斗才能获得最后胜利的精神准备，作稳扎稳打，逐步前进的打算”，“有方向的来扩大我们游击区至邻县邻省，有计划有步骤的去填敌人的空格，造成边区山地的割据局面”。强调要“坚持有步骤有计划地实施削弱封建势力的社会政策，改善群众生活，打下我们广泛而巩固的下层基础”，“财政政策应根据合理负担的原则实施，并保证财权”。

为贯彻落实上述指示，推动广西和粤桂边、桂滇边游击战争的发展，分局抽调了杨德华、杨应彬、李超、陈明江、黄其江、陈亮等干部分别到桂滇边、十万山、六万山、桂北等游击区工作。同时先后抽调佘明炎、陈枫、路璠、阳雄飞、莫矜、肖雷、莫江白、李殷丹等党和游击队的领导干部到香港参加分局举办的武装斗争干部训练班学习。1948 年 4 月，派分局委员梁广到粤桂边区，组建粤桂边区党委和临时军委，由梁广任党委书记兼军委主席，冯燊、黄其江（后增补温焯华）任边区党委委员。

广西各地党组织认真传达、贯彻分局的指示，开展“三查三整”运动，总结斗争的经验教训，自觉检查、纠正某些地区一度出现的轻敌速胜、盲目大搞、死打硬拼、执行政策过“左”和起义受挫后悲观消极等错误倾向。遵照分局制定的“普遍发展，到处生根”的方针，取消那些名不副实的纵队、支队、团、大队番号，将部队“化整为零”，编为短小精悍的武工队、抗征队、锄奸队、游击小组，分散转入省边、县边特别是少数民族山区活动，发动农民成立农会、抗征会、革命同盟会、同心会、妇女会、民兵、儿童团等群众组织，广泛开展“反三征”斗争。同时派出精干武装，收缴对游击队抱敌视态度的地主、富农的武器，捕杀民愤极大的反动骨干、特务、恶霸，伏击、截击分散活动的小股敌人及下乡征粮、征税、征兵的人员，袭击敌人的哨所、粮仓、乡村公所，打击敌人的反动气焰，瓦解、摧毁敌人的基层政权。当敌军前来“围剿”时，采取诱敌深入、避强击弱、声东击西、忽南忽北的战术。同时发动民兵和人民群众收集情报，破坏敌人的通讯联络，打掉敌人的耳目，充分发挥人民战争的威力，粉碎敌人的“围剿”。在斗争策略上，尽量缩小打击面，联合一切可以联合与中立的社会力量，化阻力为助力；在游击区一般只建立秘密或半公开的“两面政权”，尽量避免暴露，招致敌人的打击。在上述方针、策略的指导下，各游击队顽强坚持斗争，逐步摆脱困境，取得斗争的主动权。这些斗争，除了前述桂柳区工委领导的桂北游击队的斗争外，还有下面叙途的粤桂边等地区的游击斗争。

**粤桂边区**

十万山地区。1947 年 12 月，中共粤桂边地委为拓展十万山游击区根据地，决定成立钦廉四属分委，由陈明江任书记；成立粤桂边区人民解放军第三支队，由谢王岗任司令员，陈明江任政委；将边区主力组成东西征部队，分别挺进粤中、十万山两地区。西征部队由边区新编第一团（简称新一团）和第十九团组成，归第三支队领导。1948 年 2 月 14 日，谢王岗、陈明江率上述两团从廉江县新屋地出发，途经廉江、博白、灵山、合浦、钦县、上思、防城 7 县，历时 28 天，行程 1000 余里，于 3 月 13 日抵达防城县滩（散）垌（中）地区，与第二十、第二十一团会师。国民党两广当局围追堵截西征部队失败后，先后纠集广东省保安第九团、第二团、第十营，广西省保安第四、第六、第八团各一部，正规军第一七四旅第七十五团以及十万山地区各县的反动团队，对十万山游击队进行长达近一年的逐乡、逐村、逐山“清剿”。钦廉四属分委及其后成立的十万山地工委[①]、第三支队司令部采取灵活机动的游击战术，忽而集中、忽而分散，忽而山南、忽而山北（指十万山南麓、北麓），忽而内线、忽而外线，以伏

① 1948 年 7 月，中共粤桂边区党委决定成立十万山地工委，由陈明江任书记，谢王岗为副书记，领导十万山地区的革命斗争，原属钦廉四属分委领导的合浦、灵山两县党组织划归新粤桂边地委（书记黄其江，副书记陈华、沈汉英）领导。

击战、袭击战、麻雀战、地雷战、骚扰战、截击战、丛林战、海上游击战等战法，积小胜为大胜，逐步削弱敌人的力量。

1948 年 9 月，根据十万山地工委和第三支队领导的部署，新一团和思明游击大队（该大队于 1948 年 8 月由桂滇边区左江工委拨归粤桂边区十万山地工委领导）转入越南北部地区休整（新一团于 1949 年 3 月奉命转入滇东南，编入桂滇黔边纵队第一支队，思明游击大队于 1949 年初分批返回十万山地区活动）；横县独立营（原粤桂边区第十九团）返回横县，参加桂中南游击战争。1948 年，第三支队作战 130 余次，歼敌 540 余人，缴获轻机枪 9 挺，步手枪 350 余支，终于粉碎了敌人的“围剿”，部队发展到约 3000 人[①]，不但巩固了老区，还在思乐、崇善、邕宁等县开辟了新区。

六万山地区。为粉碎敌人的“围剿”，粤桂边区人民解放军第三支队政治部主任陈华，于 1948 年 1 月召开六万山游击区领导干部会议，决定实行“敌进我进”的方针，将小部分部队留在原地坚持斗争，主力转出外线活动，发展新区。第二十四团分成几支小部队在武利江两岸、西场、合浦东南地区活动，先后在沙岗高岭、公馆谷埠等地与敌激战。仅沙岗高岭战斗，便毙伤敌三四十人。第十八团也分成几支小部队，转入灵山、合浦和广西的横县、贵县、兴业、博白 6 县边境地区活动，建立据点。该团在横南地区 3 次伏击来犯之敌，毙伤敌多名，其中连排长 4 名，缴获轻机枪 4 挺，步枪 80 多支，并先后 4 次派出队伍支援桂中南地区的游击战争；派出一个连进入廉江，参加该地区的游击战争。

桂东南地区。1948 年春，中共粤桂边地委决定抽调第十二团的两个排参加东征部队，挺进粤中地区活动。为缩小目标，决定撤销粤桂边区第十二、第十四团的番号，博白、陆川两县游击队分散活动。同年 7 月，中共粤桂边区党委决定成立粤桂边地委玉林五属分委，由黄明德任书记，领导玉林、博白、陆川、北流、兴业（后划归中共六万山地委管辖）、容县 6 县的革命斗争。鉴于这个区域反动统治较严密，分委决定当前应着重做好打基础工作，武工队秘密发动群众开展“反三征”斗争，建立交

① 《方方致毛主席电——一年来南方游击战争的发展情况》，1948 年 10 月 20 日。

通联络站、税站和两面政权，广泛开展统战工作，团结争取各界开明人士，积极动员进步学生和教师参加、支援革命斗争，壮大革命力量。到1948年底，博白县建立了东、南、西三个区队，武装队伍发展到270多人。陆川县武工队发展到100多人，在东、南、西、北四个区打下了工作基础，还派部分武装人员进入北流县南部地区开辟新区。

桂中南地区。中共贵县中心县委书记杨烈于1948年2月返回桂中南地区后，向有关干部传达了中共中央香港分局“二月指示”的精神，提出了“挖塘养鱼”（即在打好群众工作基础上建立革命武装），“惨淡经营，东山再起，恢复老区，发展新区”的方针。决定将横县突击队编为两个武工队，一个留在横县坚持斗争，一个随杨烈挺进镇龙山地区活动。在此前后，上林古思起义后转移到外地的领导骨干也陆续返回原地活动，建立了一个武工队。各个武工队深入发动群众，成立人民解放军后援会、解放同志会、同心会、“三抗”（即抗征兵、抗征粮、抗征税）会等革命群众组织，打下坚实的工作基础。武工队实行“枪打出头鸟”的政策，坚决镇压最反动的村长和特务分子，对一般的国民党职员和乡村长则着眼于拉，以震慑、分化敌人。当时在家乡宾阳新梁村的中国国民党革命委员会成员、原广西民团中将副指挥官梁瀚嵩积极支持桂中南游击队，将家中所存的60多支枪交给游击队使用，并把自己的家作为游击队活动的据点。同年8月，杨烈根据陈华是年初的指示，对桂中南地区党组织作了调整，撤销贵县中心县委，成立桂中南地工委，仍由杨烈任书记。到年末，桂中南地区的武工队增至12个，并在上林县组建了粤桂边区人民解放军独立第五团，全区游击队和民兵（地下军）共2700余人，呈现出“塘满鱼肥”的局面。

**桂滇边区**

靖镇地区。1948年春，敌军对靖镇地区实行重点“围剿”。3月，桂滇边工委召开扩大会议，总结部队在靖镇区斗争的经验教训，着手纠正在执行政策上的某些失误，决定实行“大股插出，小股坚持”的方针。在征得越方同意后，边工委领导机关和第一支队主力分批转赴越南河江解放区休整，伺机进入滇东南，并派第一支队的部分部队转至龙州一带，协同左江游击队开展斗争；第二支队分成4支武工队，在靖镇地区坚持反

“围剿”斗争。6月20日，第一支队的一个连在左江龙州大队配合下，攻克龙州水口汛署，全歼守敌1个连，缴获轻机枪4挺，步枪30余支，电台2部。10月上旬，根据中共中央香港分局的指示，成立桂滇边前线委员会，由前委书记庄田、部队司令员朱家璧率桂滇边部队第一支队和云南讨蒋自救军第一纵队（该纵队于1948年8月开赴越南河江与桂滇边部队会师、休整）挺进滇东南。

左江地区。1948年3月初，左江游击队在粉碎敌人“围剿”后，向上金、雷平县进军。7日，左江部队政治部主任梁游率一个中队开赴上金县科甲，协同该县农会武装收缴科甲、武德等乡反动武装和地主豪绅的武器60多支，随即组建上金县游击大队。3月9日，中共左江工委书记黄嘉率左江主力大队的两个中队打下上金县金龙乡公所，收缴步枪19支。接着于12日进军雷平县堪圩乡，策应国民党雷平县党部书记长和堪圩乡乡长率部26人起义，随即成立雷平县游击大队。为巩固、发展游击根据地，中共左江工委决定加强部队的军政训练，对指战员进行诉苦教育、形势教育和军事技术教育，提高部队的素质，创办《左江报》，加强宣传工作；建立财经委员会和经济工作组，开展边境贸易，以解决给养上的困难。

5月初，杨德华抵达龙州水口，向左江工委传达了香港分局的“二月指示”。根据分局指示的精神和左江地区的实际情况，左江工委决定将部队化整为零，编成10多个武工队，采取跳跃式与波浪式相结合的方针，插入敌人的后方活动，捕捉战机，打击敌人，同时积极开展群众工作。左江工委于同年10月颁布《左江地区农会章程》，大力发展会员，建立农会。到1949年初，左江游击队发展到近1000人。

右江地区。1948年中共右江地委在传达贯彻香港分局“二月指示”后，对起义时存在的盲目大搞倾向有了更深刻的认识，对个别在起义受挫后态度消极的党员干部作了严肃的批评以至组织处理。地委坚决执行分散发展、到处播种的方针，在积极做好起义受挫地区的整顿恢复工作的同时，派出多支武工队到红水河上中游地区活动。右江地区的党组织和各族人民经受过长期革命斗争的锻炼，在起义受挫后，经过总结经验教训，很快便重整旗鼓，东山再起。到1948年末，游击战争已扩展到右江和红水河、龙江流域的18个县，组建起凤山县游击大队、果德中心县委游击大队、桂西第一主力大队、万冈独立大队、西山独立大队、峨（天峨）乐（业）游击总队、武鸣人民抗征团等7个大队级武装和一批武工队，全区武装发展到约2200人。万冈西山游击队和民兵从1947年秋至1948年夏，先后打退敌人的13次进攻，歼敌108名，缴枪30多支，游击区日益巩固。1948年7月，成立西山县临时民主政府。

**桂东地区**

中共桂东特派员吴赞之于1947年12月到香港向粤桂湘边工委书记梁嘉汇报请示工作。梁嘱吴要下大力气打好群众基础，在重要的点线建立武装，并派了一批桂东籍党员和进步青年随吴回桂东工作。吴赞之于1948年2月返回桂东后，逐步恢复与各县党组织的联系。经过半年的工作，贺县、修仁、蒙山、平乐、阳朔等县建立了一批秘密群众组织，成员五六百人，地下武装100余人。同年冬，吴赞之决定在桂东建立新民主主义青年团。先后发展数百名团员，他们成为各地革命武装的骨干。

1948年4月初，粤桂湘边工委决定组建桂东独立团，由林锋任团长，边工委委员、粤桂湘边部队政治部主任李殷丹兼任政委。4月下旬，独立团在从广东广宁向桂东挺进途中遭强敌截击，损失20余人，遂折回广宁休整。边工委总结了独立团西进受挫的经验教训，认为部队挺进桂东的时机尚未成熟，决定撤销桂东独立团，改为派干部潜回桂东开展武装斗争。

**桂中地区**

1948年2月，达开纵队司令部总结了中秋起义以来的斗争经验教训，纠正了某些地方一度出现的“村村防守、处处阵地战”的现象，决定撤销原有的支队，将部队整编为武工队和民兵两部分，纵队设立3个执行机动任务的直属武工队，其余武工队和民兵返回各自所在的乡村坚持斗争。5月，成立贵（县）桂（平）武（宣）来（宾）地区人民解放工作委员会（翌年5月改称桂中区人民解放工作委员会），由廖联原任主任。随后在上述四县边境的14个乡建立解委会区分会和村解放小组。解委会发动组织群众，为游击队输送兵员，提供情报，筹集粮食，维持地方治安，并办理了部分政权职能工作。7月，黄传林根据香港分局的指示，派李捷三到桂中,沟通了中共中央香港分局与桂中的联系。同年冬,分局派几名干部到桂中工作。廖联原等还举办军政干部训练班,认真学习毛泽东的《中国革命与中国共产党》和关于人民游击战争战略战术的论述,以及香港分局的有关指示,提高干部的领导水平。

1948 年是解放战争时期广西武装斗争最困难的一年。由于敌人的连续“围剿”和严密封锁,大部分游击队缺衣少药,不时断粮,经常栖身岩洞,露宿山林,生活极其艰苦。在残酷的对敌斗争中,中共粤桂湘边工委副书记钱兴、果德中心县委书记陆明才、上忻工委副书记丘铮、横县县委副书记黎德钧、思明工委副书记黄明、粤桂边区第十四团团长袁达雄、原第一二一纵队副政委江明彬、第一二一纵队第十二支队支队长兼政委韦天强、桂西英勇大队大队长黄文龙、桂北人民抗征队副队长谢韧天,粤桂边区第二十一团第一营营长朱守伦、第二大队大队长曾作祜、钦县东海区特派员潘继业以及原临阳联队联队长黎偶章等领导干部壮烈牺牲。

在党的坚强领导和各族人民的热情支援下,广大指战员以前仆后继的大无畏精神,和敌人展开殊死的搏斗,终于冲破黎明前的黑暗,迎来了广西革命的曙光。到 1948 年底,全省游击队已发展到约 1 万人,游击区发展到 50 多个县,各大游击区均已建立几个至十几个较巩固的山区游击据点,造就出几支能攻善守的骨干武装,为 1949 年全省武装斗争的发展奠定了基础。

# 第 十 五 章
# 广西游击战争和城市工作的全面发展

## 第一节 辽沈、淮海、平津三大战役后的广西局势

### 一、桂系当局面临的危机及其反动措施

1948年9月至1949年1月，人民解放军接连进行辽沈、淮海、平津三大战役，国民党军的主力被歼殆尽，中国人民的革命事业已处于全国胜利的前夜。

在国民党反动政权内外交困，危机四伏，面临总崩溃的情况下，桂系集团与蒋介石集团之间的矛盾进一步加深。1948年冬初，东北战场上的国民党军全军覆没，淮海战场的杜聿明集团败象已露。桂系集团幸灾乐祸，“黄鹤楼上看翻船”。时任华中“剿匪”总司令部总司令的白崇禧不但拒绝执行蒋介石抽调桂系的主力第三兵团参加淮海作战的命令，而且多方阻挠蒋的嫡系第十四兵团从华中调往徐州地区援救杜聿明集团。接着，桂系集团发起“倒蒋”活动，企图以李宗仁取代蒋介石，由李出面同中共进行和平谈判，以便求得双方“划江而治”，保住国民党的半壁江山，然后再积蓄力量，伺机反扑。12月下旬，白崇禧暗中策划鄂、湘、桂、豫、赣五省参议会发起“和平倡议”，通电全国，要求蒋介石“对个人进退问题作一明快的决定，免误和平谈判”，逼蒋下野。1949年1月21日，蒋介石被迫宣布“引退”，由副总统李宗仁代理总统。蒋介石则利用其国民党总裁的身份和其控制的嫡系势力对桂系多方掣肘，特别

是不给桂系拨款、拨枪，使其难以坐大。桂系不甘示弱，极力排挤蒋的嫡系势力，并逼蒋“出国考察”。蒋桂矛盾的白热化，加速了国民党灭亡的进程。

李宗仁任代总统后，宣布同意以中共中央主席毛泽东提出的八项条件为基础，进行国共和平谈判。但他和白崇禧等顽固坚持“就地停战”“划江而治”的立场。当其阴谋被挫败后，便拒绝在《国内和平协定》最后修正案上签字，宣称要“领导政府作坚强之抵抗”。桂系坚持把反革命战争进行到底，激起广西各族人民和全国人民的强烈反抗，也招致桂系的一些中下层官员以至高层官员中主和派的不满，桂系内部分崩离析，其反动统治摇摇欲坠。

由于战争的破坏和桂系的横征暴敛，广西的经济危机日益严重，大批工商企业倒闭，通货膨胀，物价如脱缰的野马，无法控制，财政收入锐减。1949 年 4 月，桂林市每百斤大米的售价为金圆券 180 万元，折合法币[①]54000 亿元，比 1948 年 8 月金圆券发行前上涨 36 万多倍，比抗战胜利前的 1945 年 7 月上涨 27 亿倍[②]。7 月，桂林市有 33 家粮行破产倒闭，占全市粮行总数近三分之一。1948 年全省的田赋，延至 1949 年 4 月中旬，仅征收到七成[③]。1949 年 5 月全省工商税收入仅 30 万元（银元），6 月又降至 17 万元[④]。

陷于绝境的桂系集团，采取种种反动措施，以挽救其覆灭的命运。

在政治上，李宗仁代行总统职务后，一方面伪装“开明”，颁布“七项民主措施”，侈谈“过去一切有碍人民自由及不合民主原则的法令与行动，即将分别迅予取消或停止”，以欺骗人民，缓和统治阶级和劳动人民之间的矛盾；迭派要员与以顾孟余为首的“第三势力”接触，争取他们的支持。另一方面，加强特务统治，严厉监控人民的行动，钳制人民的思想。在人民解放军发起渡江战役后，桂系集团饬令各地举行反共集会、

---

① 1935 年 11 月国民党政府发行的纸币称法币。1948 年 8 月，又以金圆券取代法币，金圆卷 1 元折合法币 300 万元。

② 根据《广西日报》桂林版历年所载商情计算。

③ 《广西日报》（桂林版）1949 年 4 月 19 日。

④ 《广西日报》（桂林版）1949 年 7 月 26 日。

示威游行，订立《反共誓约》《各级行政机关员工联保办法》，企图迫使官兵、公教人员和人民群众为桂系殉葬。

在经济上，桂系为垂死挣扎，极力增加军费。1949年下半年，各县市保安经费在经费总预算中的比例，由原来的30%增至50%[①]。为维持庞大的军费开支，一再增加田赋和各种捐税。1949年度的田赋征借总额为500万石，为原定田赋额的2.5倍。同时，不惜饮鸩止渴，开放烟赌，征收烟捐、赌捐、花捐。为欺骗广大贫苦农民，以达到所谓“发动人力物力争取剿匪胜利”的目的，桂系当局下令加速实行“减租限田”“战士授田”，规定地主的“超额土地，限至三十八年三月春耕前为止，自动依法出卖”。但全是官样文章。连省政府主席黄旭初也不得不承认：“本省过去推行减租限田因各级干部对于政策的革命性认识不够，执行不力，佃农缺乏组织，地主执迷不悟，利用其社会上、政治上的优越地位，从中阻挠，以致未收宏效”[②]。

在军事上，桂系集团按照白崇禧提出的“可战方可和，能战始能和，应备战以谋和”[③]的反动策略，极力扩军。1949年1月和3月，先后组建第一二六军和第五十六军，使桂系的正规军从三个军扩充到五个军，同时大力扩充保安团队和民团常备队。1949年的征兵额由上年的3万名增至13万名[④]。为保住老巢，于1949年5月1日，成立桂林绥靖公署，由李品仙任主任。同时，极力推行“总体战”，收罗土匪、流氓、地痞、退役军官，成立游击支队，开展“一甲一兵一枪”运动，实行“全民总动员”，组织军政督导团，分赴各地、县“督剿”，妄图将各游击区“一举敉平”。对游击队员的家属和支持游击队的人民群众实行残酷镇压，明令规定：“匪家族限期召匪自首，否则悬红缉拿，重要匪犯每名悬赏稻谷二百至五百担，普通五十至二百担，统勒令匪家属缴付。”“凡通匪、庇匪、窝匪、

---

① 《广西省政府、广西省保安司令部关于扩编常备自卫队并整顿办法的代电》，1949年6月。

② 《广西日报》（桂林版）1949年9月18日。

③ 《广西日报》（桂林版）1949年1月15日。

④ 《广西省政府施政概况》，《广西日报》（桂林版）1949年4月13日。

济匪者，杀无赦，匪产一律没收，房屋建筑物等拆卸。”①

## 二、各族人民的革命热情空前高涨

国民党反动派发动全面内战两年多来，桂系当局不断增加捐税，盘剥人民，加之连年灾荒，不但贫苦工农群众面临绝境，连下级公教人员也被驱入饥饿大军的行列。1949年初，广西普通公教人员的月薪折合银元仅一元多，只能维持一个人十天的基本生活。在死亡线上苦苦挣扎的广西各族人民，再也不能忍受国民党的反动统治。东北、华北全境解放，人民解放军兵临长江，曙光熹露，胜利在即，又给他们巨大的鼓舞。特别是4月下旬人民解放军百万雄师横渡长江向华中南地区进军后，广西各族人民更加看清人民解放战争胜利的必然性，革命热情空前高涨。他们根本不理睬桂系当局一再严令推行，动辄以杀头、抄家治罪的《联保法》《紧急戒严十大禁令》《处置叛乱行为条例》等法令，踊跃支援、参加人民游击战争。1949年6月，十万山区钦县、防城两县参军人数达2000名。同月，左江游击队龙州独立营在水口、罗回、下冻一带进行战斗，当地农民在农会的发动下，组织了筹粮组、担架队、炊事组、护理组共1000多人支援前线，所筹的粮食共5万多斤，仅水（口）罗（回）区妇女为部队缝制的布鞋便有530多双。桂林、柳州、南宁、梧州等市的工人、学生、市民在各市中共组织的领导下，以高昂的斗志，开展大规模的罢工、罢课斗争，反对桂系集团加征粮税、扩军备战的反动政策，并积极做好各种迎接解放的工作。

一些地区的群众自发开展各种形式的反对国民党反动统治的斗争。1949年四五月间，三江县侗、苗、汉等族群众，分别在荣成礼、莫虚光、欧文光等领导下，于良口、六孟、林溪等地发动武装斗争，席卷大半个县，一度占领了县城，并成立“湘桂黔边区人民解放军游击总队”（后改称湘桂黔边区人民自卫军），南下大军解放三江后，荣、莫、欧三部武装接受了人民解放军的改编。同年5月，黄未若等再次发动起义，组织“中国西南边区人民解放义勇纵队”，在容县、藤县、平南、桂平交界地区开展武装斗

① 《广西省第二期剿匪关于行政上实施办法》，1949年9月18日。

争。12 月，这支武装接受了人民解放军的改编。

在人民解放军向全国进军的大好形势下，广西大部分工商业者以及部分富农、中小地主的政治态度明显转变，对人民游击队的活动持默许、支持态度。他们当中的一些人主动或半主动地向当地人民武装纳税，认购公粮、人民胜利公债，捐借粮食、钱物以至枪支、子弹，为革命武装斗争的发展提供了物质资助。柳北游击队使用的武器、弹药三分之一来自开明士绅和各族群众的捐赠。

许多国民党的士兵和下级军政官员也逐步觉察到国民党的败局已定，不愿为桂系集团殉葬，他们或保持中立，或弃职归里，或暗中与游击队联络，伺机倒戈。驻防城县板蒙村的广东省保安第一团第一连（主力连）的几名班长，在中共防城县滩垌区委的教育争取下，秘密串连全连士兵准备于 1949 年 1 月 29 日集体起义，不幸事泄。他们毅然击毙该连连长，携带轻机枪 2 挺、步枪 10 支，投奔十万山游击区，加入人民武装的行列。国民党龙胜县党部书记长、县长、县自卫总队副总队长于 1949 年五六月间自行离职出走，后经桂北游击队派人教育争取，于 8 月 13 日发表《反正宣言》，参加龙胜游击队。

中共中央对南方的革命斗争寄予极大的希望，提出了更高的要求，指出：一九四九年是南方游击战争大发展的一年。要在现有基础上求不断发展歼敌，以迎接解放军南下。中共中央香港分局于 1949 年 3 月发出《关于我们当前的方针任务》的指示，指出要“采取全面发展、重点巩固的方针来完成我们大块根据地的建立，来迎接南下大军准备胜利解放华南”。在军事上要建立、整训主力部队，由以游击战为主逐步提高到配合以运动战。每个地委要组织主力部队，“积极出击，以歼敌一中队一大队为目标”，“逐步的由现有农村基础及小市镇推到占领较大市镇以及二三等的山地县城”，“展开有战略意义的地区的工作并联成一片”。并具体提出“粤桂边则以打通十万大山及六万大山联系及建立周围各县工作为目的。桂滇边则应努力搞开桂西、滇东南工作”，“桂北、桂中则以普遍的武工队打下基础，以待适当时机从边界用蚕食式的进军”。同时，强调大力发展党团员，积极培训干部，建立和健全农会、妇女会等群众组织，加强政治工作、统战工作和城市工作，以便里应外合，解放城市。广西各地党组织切实执行中共中央和香港分局的指示，把以武装斗争为中心的各项革命斗争全面推向一个崭新的阶段。

## 第二节　中共广西省农委辖区游击战争的发展

### 一、广西省农委的成立

1948 年 12 月，根据全国解放战争即将转入以城市工作为重心的形势和广西的情况，为加强对广西城市工作的领导，并把除桂滇边工委、粤桂边区党委辖区以外的广西其他地区建成一个新的战略区，中共中央香港分局委员林李明与在香港参加分局举办的武装斗争干部训练班学习的中共粤桂湘边工委委员、粤桂湘边部队政治部主任李殷丹商议，向分局提出撤销桂柳区工委，分别成立广西省农村工作委员会（简称广西省农委）和广西省城市工作委员会（简称省城工委）的建议。分局同意这一建议，并决定由李殷丹、黄传林、路璠组成广西省农委，以李殷丹为书记，负责领导桂东、桂北、桂中、柳北、都宜忻五地区的农村武装斗争；任命陈枫为广西省城工委书记，负责领导桂林、柳州、南宁、梧州四市的城市工作。1949 年 1 月，李殷丹自香港抵达柳州，向陈枫传达了分局的上述决定。

省农委成立后，迅速接收了所辖各地区的党组织关系。2 月，李殷丹、路璠在柳江县成团乡水灵村主持召开省农委干部会议。李殷丹向到会同志传达了香港分局的有关指示，听取了各地的汇报，共同研究了工作。3 月，省农委发出《关于武斗的几个问题》《关于开辟与发展新区的问题》《在各种不同地区中的党与群众组织问题》等三个文件，对全区的武装斗争作出具体部署。强调当前武装斗争的总方针是："从普遍发展与广泛发动群众的基础上，放手小搞，到处活动，到处生根，打下大搞的基础"，主要组织形式是武工队，以促成大块游击区的建立。随后，李殷丹、路璠分别到桂东、都宜忻地区检查指导工作。

4月下旬,李殷丹、路璠、黄传林在罗城县木偶村举行会议,由黄传林传达中共中央华南分局(原中共中央香港分局于1949年4月改称华南分局)关于"全面发展,重点巩固"的方针及方方的有关指示,对本区如何进一步开展游击战争,迎接大军南下和有关政策问题作了深入的讨论。为加强领导,会议决定桂北、桂中、桂东、柳北、都宜忻五地区分别成立地工委和人民解放总队,并确定了主要领导干部人选,要求各地工委、总队在条件成熟后正式宣布成立。鉴于辖区地域广阔且仍处于被敌人分割的状态,决定省农委的三位领导成员分头到各地就地指导工作。

## 二、桂北区游击战争的发展

1949年3月,中共中央香港分局派吴腾芳到桂北工作,以加强领导。吴腾芳向桂北地工委、游击队的领导成员介绍了全国革命斗争的形势,传达了香港分局的有关指示,大家精神格外振奋,决心打开斗争的新局面。3月13日,南锋部队突袭灵川县甘棠渡火车站。四五月间,铁流、越城、爱群三部队接连与敌作战,歼敌一批。5月,龙胜、义宁两县地下党先后发动侗、瑶、苗等族群众举行武装起义,建立600人枪的桂北支队,由陈基义(侗族)任支队长(该支队后整编为桂北人民解放总队第十三大队),并迫使龙胜县自卫总队一部和瓢里乡自卫队共100余人投诚,交出轻机枪3挺,步手枪80余支。6月10日,永福县人民翻身队成立。同月,桂北人民翻身队和中共桂林市城工委派往临桂南部、阳朔北部地区工作的人员也组建了武装,开展游击活动,桂北游击战争的烽火从东北部地区蔓延到西南部地区。

5月中旬,中共广西省农委书记李殷丹到桂北检查指导工作。6月中旬,桂北地工委召开会议,总结几个月来的工作,研究今后的行动部署,李殷丹到会指导。会议决定采取"背靠山地,面向平原,放手向平原推进"的方针,广泛开展湘桂铁路两侧的武装斗争,形成包围桂林的态势,积极破坏湘桂铁路,阻滞白崇禧集团南撤广西。李殷丹传达了省农委的决定,由吴腾芳任桂北地工委书记,阳雄飞为副书记;桂北人民翻身队改建为桂北人民解放总队,由吴腾芳任总队长兼政委,全昭毅任副总队长，阳雄飞任副政委；原直属省农委领导的龙胜、义宁、临桂、阳朔、永福等县的党组织、游击队划归桂北地工委、总队领导。会议还决定大力发展党员，加强党的思想、组织建设、群众工作和部队的整训。各部队编写了军事、时事、政策、纪律等学习材料和识字课本，对指战员进行军事、政治、文化教育，提高部队的素质。

活动在省会桂林附近的桂北游击队的迅速发展，犹如一把利剑插入敌人的心脏，桂系当局坐立不安，遂调动其正规军第五十六军一部，省保安第五、第六团及桂北各县民团于 6、8、9 月接连对桂北游击队发动三次“围剿”。桂北各游击队按照地工委、总队部的部署，英勇机智地粉碎敌人的“围剿”，巩固、扩大了游击根据地。7 月 18 日，翔云、南锋两部队一天之内攻占灵川县群益、蔡岗、公平 3 个乡公所，歼敌 120 多名，缴获轻机枪 6 挺，步手枪 200 余支。8 月 19 日，第九大队火烧灵川县的三街、甘棠两铁路桥，切断湘桂铁路交通半月之久。10 月 3 日，第一大队歼灭距离桂林市仅 10 余公里的灵川县镇义乡自卫队。在此期间，其他部队亦广泛出击，攻占了全县、灌阳、兴安、灵川、临桂、义宁、永福等县的 18 个乡公所。

10 月上旬，衡宝战役即将胜利结束，白崇禧集团在遭受重创后败退广西。桂北总队抓住时机于 10 月 10 日发布进军《命令》，命令各部队“奋勇前进，坚决彻底干净全部地歼灭桂北境内的一切敢于抵抗的国民党反动势力，解放桂北人民”。同日，第十五大队在资源三千界进行伏击，活捉兴（安）资（源）全（县）三县联防办事处少将主任王彝，全歼所部 100 余人。17 日，第六大队在全县八百岭伏击南撤的敌第十一兵团部，击伤其一名少将处长，缴获大批电讯器材和其他军用物资。18 日，总队副总队长全昭毅率第九、第十大队和十二大队一个分队在灵川五里牌与七里店之间伏击白崇禧总部的车队，打翻 2 辆卡车，俘敌官兵 20 余名。

到桂北解放前夕，桂北人民解放总队拥有第一、二、三、五、六、七、九、十、十一、十二、十三、十五等 12 个大队，指战员约 4000 人，活动区域为灵川、临桂、义宁（今属临桂县）、全县、灌阳、兴安、永福、龙胜、资源、阳朔（东北部）等 10 个县。

## 三、桂中区游击战争的发展

1949 年 1 月，广西省农委书记李殷丹决定，将象县、修仁两县划入桂中游击区，并派韦纯束到桂中协助廖联原工作，以加强对桂中游击区的领导。李殷丹向韦纯束传达了香港分局有关农村武装斗争的指示，并指出：桂中位于广西的腹地，敌人的统治较严密，反动势力较强，必须依靠山区，面向平原，由小搞到大搞，积小胜为大胜。韦纯束几经辗转，于 4 月上旬才和廖联原取得联系，向廖传达了上述指示。5 月中旬，广西省农委委员黄传林到达桂中，向廖联原传达了省农委木偶会议的精神和关于成立桂中地工委，将达开纵队改建为桂中人民解放总队等指示。根据省农委的决定，由廖联原任桂中地工委书记、总队司令员兼政委，韦纯束任地工委副书记、总队副政委兼政治部主任，韦志龙任总队副司令员。地工委成立后，即着手加强党的建设和部队建设，先后成立了象县工委、桂平县和修（仁）雒（容）榴（江）三边领导机关、桂中总队党总支，加强党对游击队的领导。

入夏以后，桂中人民武装发展较快。4 月，贵县山北区解放委员会发动所辖的 7 个乡 78 个自然村的壮、汉各族群众，掀起献枪、献粮、参军热潮，共献出轻重机枪 6 挺，步手枪 389 支，粮食 8 万余斤，参军的青年共 770 余人。同月，平南县开始组建武工队。5 月，桂平、来宾两县亦开始组建武工队。到 5 月底，全区共建立 11 个武工队，活动区域由 3 个县扩展到 6 个县。

8 月中旬，黄传林再次到桂中检查指导工作。他出席了桂中地工委扩大会议，传达了省农委对桂中工作的指示：要抓住时机，扩大游击队，建立主力部队，广泛发动群众做好迎接南下大军的各项准备工作。地工委决定，各县要根据实际情况组建一个至几个大队，相对集中使用兵力，打开新的局面。10 月，地工委又决定将桂中人民解放总队扩建为中国人民解放军桂中支队，将部分实力较强的大队扩建为团。

从 7 月起，桂中各游击队广泛出击。7 月 21 日，象县武工队和民兵袭击中兴乡公所，活捉该乡乡长和粮所主任，缴获步手枪 15 支，破仓分粮 4 万余斤。8 月，来宾县南河大队和民兵在来宾、武宣两县边境的凌锅滩伏击往返于广州、柳州间的敌兵船，破坏敌军的水上运输线。9 月上旬，广西省保安独立第十三营到象县进行“围剿”，韦纯束指挥第八大队（象县游击队）和民兵共1000余人在百丈、屯鸾进行抗击。战斗历时19天，毙敌连长以下官兵10人，伤敌数十人，缴获粮食10万多斤。10月下旬，桂中支队第十五团一鼓作气，解放了武宣南河区的4个乡。接着，第三大队解放了武宣县北河区的5个乡。

到桂中地区解放前夕，桂中支队拥有第一、第八、第十五、第二十九4个团，第三、第十、十六大队及来宾南河大队、桂平北区独立营等5个大队级武装，另有挺进队和挺进蒙山中队，指战员约4000人，活动范围为贵县（郁江北岸地区）、武宣、象县、桂平、平南、来宾、修仁等7县。桂中区解放委员会下辖平南、象县两县解放委员会、27区（乡）分会，村屯解放小组的会员共约3万人。

此外，在桂中区活动的还有由省农委直辖的柳（江）来（宾）象（县）边特支（书记肖雷）领导的柳来象边独立大队，大队长肖汉祖、政委肖雷。该大队成立于1949年9月，活动于柳、来、象三县边境地区，前后作战7次，歼敌170多人，缴获各种枪400多支，炮30门。

## 四、桂东游击战争的发展

1949年6月，黄传林抵达贺县公会，与桂东区特派员吴赞之会面，向他传达了省农委木偶会议精神和关于成立桂东地工委、桂东人民解放总队的决定。根据省农委的决定，由黄传林任地工委书记、总队司令员兼政委，吴赞之任地工委副书记、总队副司令员兼副政委。地工委决定组建荔（浦）蒙（山）修（仁）阳（朔）工委、平（乐）恭（城）工委、蒙（山）昭（平）工委及贺县的四个区工委。同年9月，又增建富川县工委。地工委要求各地党组织在大胆放手发动群众开展“反三征”斗争的基础上，普遍建立武工队、武工小组，条件较好的则建立游击中队、大队，开展公开的武装斗争。同年夏秋，华南分局、粤桂湘边工委、广西省城工委、桂中地工委、桂北地工委抽调了一批干部支援桂东，增强了桂东武装斗争的领导力量。6月，建立了贺（县）信（都）怀（集）边游击大队。七八月间，贺县的南乡、里松、莲塘、桂岭，昭平的黄姚、抚河分别建立了武工队、游击中队。8月，建立了贺西游击大队。

9月上旬,李殷丹到桂东检查指导工作。鉴于南下的第四野战军已进抵湘南,为便于和野战军联系,他决定将省农委领导机关设在桂东。九十月间,李殷丹、黄传林先后在贺县的大河水、洪明召开桂东各县主要军政干部会议和举办干训班,对桂东的工作进行具体部署。要求各级党组织要敢于斗争,敢于胜利,主动对敌进攻,摧毁国民党区乡政权。同时大力开展统战策反工作,争取局部地区的和平解放。10月以后,桂东地区的游击战争迅猛发展,各县普遍建立了1个至数个游击大队,并向湘南、粤北相邻地区发展。10月上旬,贺东第七游击大队在莲塘截击贺县法院法警队,缴枪15支。10月20日,阳朔县第三大队在天顺乡伏击平恭联防队,俘敌20人。10月29日,蒙山县黄村武工队俘获黄村乡乡长,收缴了一批武器。10月下旬,昭平抚河武工队接连出击五将、富裕、利扶、古袍、马江、北沱等乡公所,控制了一批乡村基层政权。

到桂东地区解放前夕,桂东人民解放总队拥有贺(县)信(都)怀(集)边、贺信梧(苍梧)边游击大队,贺钟(山)昭(平)边第三、第七游击大队,贺东第五、第六、第七游击大队,贺西、贺连(山)、抚河、湄江游击大队,富川人民解放总队(相当于大队),钟山第一、第二游击大队,平(乐)恭(城)钟(山)边、平恭阳(朔)边游击大队,平(乐)南游击大队,荔浦第八游击大队,阳朔第三、第五游击大队,江华第一、第三、第五人民解放大队,望高白沙独立大队,怀集游击大队(又称怀北营)等25个大队,指战员约4000人,活动区域为贺县、平乐、信都、怀集、钟山、富川、昭平、恭城、荔浦、阳朔、修仁、蒙山、苍梧、藤县及湖南的江华、道县,广东的连山等17个县。

## 五、柳北区游击战争的发展

1949年元旦前后,柳北第一个武工队——江猛队两次袭击柳城县太平乡公所,转入公开的武装斗争。2月上旬,柳北地区第二支武工队在融县西寨村成立。4月上旬,第三支武工队在融县浪保乡成立。5月,融县工委将所属武工队扩编为桂黔边人民保卫团,下辖第一、第二两大队。保卫团大力加强群众工作、民族工作,在其活动的乡村普遍建立了农会、妇女会、民兵队(班)。两个大队都建立了妇女工作队。

7月,保卫团频频出击,摧毁了融县的永乐、高街、潭头,柳城县的龙头等乡公所,收缴了上述各乡自卫队的武器50余支,破仓分粮8万余斤。国民党广西当局十分恼怒,从7月下旬至10月上旬,广西第二(柳州)、第十五(融县)专署先后纠集专署保安队、柳北各县民团以及正规军第五十六军第六八六团、中央交警总队一部对柳北游击队进行四次“围剿”。柳北游击队紧密依靠群众,动员大量民兵参战、支前,运用灵活机动的战术,粉碎了敌人的“围剿”。7月至11月,共歼敌91人,缴获轻重机枪27挺、步手枪375支,争取敌军147人起义[①]。

9月上旬,根据广西省农委的指示,融县工委扩建为柳北地工委,下辖河西、河东工委和三江临时工委,桂黔边人民保卫团扩建为柳北人民解放总队,由莫矜任地工委书记、总队司令员兼政委,谢之雄任副政委。总队成立后,接连对敌发动进攻,攻占了罗城县的龙岸、黄金、寺门,柳城县的龙头等乡,击毙融县鼎安区区长,生俘柳城县自卫总队中校副总队长。

到柳北地区解放前夕,柳北总队拥有第一、二、三、四、五、六6个大队和一个独立中队,指战员约2000人,民兵约2500人,活动范围为融县、罗城、柳城、三江、中渡5县,其中29个乡已获解放。

## 六、都宜忻区游击战争的发展

1949年3月6日凌晨,都安夷江武工队袭占中和乡公所。接着迫使那燕特编队投降,缴获步枪30多支。武工队乘胜占领内甲、拉烈两乡,破仓分粮30多万斤。中共夷江支部当即宣布成立桂西北人民求生队三六支队。是月中旬,加马武工队扩编为凤凰山游击队,转入公开活动。5月9日,该队击毙忻城县常备大队大队长。

4月25日,广西省农委委员路璠到加马游击区检查指导工作。他要求都宜忻区大胆放手发动群众,扩大武装,巩固老区,发展新区。5月

① 《柳北人民解放总队司令部、政治部发布十、十一月份战绩初步统计》,1949年。

3 日，三六支队改编为桂西北人民解放军第五团，加马游击队列入第五团建制，全团共有 5 个大队。同月 18 日，成立凤红区政务委员会，作为都宜忻游击区的政权组织。7 月中旬，创办凤红区政治干校，着力培训军政干部。

第五团成立后，即以柳（州）宜（山）公路沿线地区为主要活动方向，以便切断桂中至桂西北、黔南的交通线。5 月 16 日，第五团一部乘虚袭占柳宜公路的敌据点欧洞乡公所，另一部攻占忻城县城，缴获重机枪 3 挺，步枪 13 支，破仓分粮 40 多万斤。6 月上、中旬，第五团接连在忻城、宜山边境地区出击，歼敌一部，截获军车 4 辆，迫击炮 2 门，步手枪 10 余支，军服 1500 套。

6 月 25 日，桂林绥靖公署副主任兼“宜山剿匪指挥所”指挥长莫树杰抵达宜山，调集正规军第五十六军直属营、第六八六团及保安部队、地方民团共 4000 余人“围剿”都宜忻游击区。第五团采用“以攻为守”“围魏救赵”的战术，于 6 月 29 日再次袭占忻城县城。7 月 11 日，该团第一、第四大队化妆奔袭宜山县洛岩乡公所，接着袭击叶茂火车站。9 月 1 日，第五团第一、第四、第六大队在从夷江向加马转移途经宜山县北山时与强敌遭遇，激战竟日，于当晚突围。此役第五团 26 名指战员牺牲，31 人被俘。路璠在听取第五团领导汇报北山受挫的情况后，指示他们要加强政治思想教育，稳定人心，积极设法收容失散人员，坚持老区斗争；抽调干部到忻（城）迁（江）边、宜（山）罗（城）天（河）边、柳（江）柳（城）宜（山）边开辟新区，用面的扩大对付敌人的点、线进攻。经过短期的整顿，夷江、九渡、加马等老区得到巩固、发展，部队转入进攻，攻克都安县百旺区公所，迫使忻城、宜山、都安三县联防办事处主任王子君率部投诚。开辟新区的工作进展顺利。9 月底，中共柳江县工委成立。随后，该县工委组建了三个大队。10 月，宜山县在马泗乡组建了瑶民大队，由蓝昌法（瑶族）任大队长。

10 月，广西省农委为实现控制黔桂线、阻止白崇禧集团西逃黔滇的战略目标，决定路璠专抓都宜忻游击区的工作。路璠进入游击区后，即将上忻工委扩建为都宜忻地工委，桂西北人民解放军第五团扩建为都宜忻人民解放总队，由路璠任地工委书记、总队司令员兼政委，吴师光任地工委副书记、总队副政委,覃宝龙、周廷扬任总队副司令员。随后将全区武装整编为四个联队,把以大队为单位活动改为以联队为单位活动,以便能执行较大的作战任务。

到都宜忻地区解放前夕,都宜忻人民解放总队拥有第一、第二、第三、第四 4 个联队,下辖 18 个大队,指战员约 2000 人。活动范围为都安、宜山、忻城、柳江、罗城、天河、河池、柳城 8 县,游击队控制区共 53 个乡,并建立了凤红区政务委员会,下辖都安、宜山、忻城 3 县边境的 5 个乡级人民政权。

广西省农委成立后,从 1948 年底到 1949 年秋末,在不到一年的时间内,其辖区的游击队由 1000 人猛增到 1.6 万人,游击区由 14 个县扩展到 41 个县,形成了华南一个新的战略区。

## 第三节 桂滇黔边纵队辖区游击战争的发展

### 一、桂滇黔边纵队的成立

1948 年冬,粤赣湘边、闽粤赣边、桂滇黔边的人民武装已各有 7000 至 1 万人,活动区域各有二三十县。为进一步推动南方游击战争的发展,中共中央香港分局于 1948 年 12 月 17 日致电中央,提议成立中国人民解放军粤赣湘边、闽粤赣边、桂滇黔边三个纵队。12 月 27 日,中共中央复电香港分局予以批准。桂滇黔边纵队司令员庄田,政委周楠,副司令员朱家璧,副政委郑敦,政治部主任杨德华。

桂滇黔边纵队成立后,根据当时的形势,把工作重心放在云南,边工委、边纵领导机关设在滇东南。1949 年 7 月,经华南分局报请中共中央同意,将桂滇边工委与云南省工委合并,成立滇桂黔边区党委,桂滇黔边纵队随之改称滇桂黔边纵队,其领导成员作了部分增补和调整,林李明任边区党委书记、边纵政委,庄田任边纵司令员,朱家璧任副司令员,郑伯克任副政委,黄景文任参谋长,张子斋任政治部主任。边区党委制定了“放手发动群众,开展游击斗争,打下农村基础,以农村包围城市,建立与提高主力，巩固与扩大解放区，坚决歼灭与阻击残敌，以配合南下大军解放全境”的工作方针。边纵增派干部到右江地区工作，并派技术人员帮助左江部队建立收报电台。边纵下辖12个支队，其中在广西活动的为左江支队、桂西区指挥部（即右江支队）。

## 二、左江区游击战争的发展

1949年初，中共左江地工委召开扩大会议，确定了“主动进攻，大胆发展，夺取更大的胜利”的斗争总方针，并决定组建主力武装。同年4月、7月、10月先后成立第三、第七十四、第七十五三个主力团，并规定各县的主力武装（独立营或独立大队）与武工队的兵员比例，老区为2:1，新区为1:1。

同年3月，根据桂滇边工委的指示，靖镇区工委改建为右江上游区工委，由刘包任书记。该工委属桂滇边工委领导，由边工委常委、左江地工委书记黄嘉具体指导。右江上游区工委在靖西、镇边、天保、敬德等县积极开展游击战争，8月成立滇桂黔边纵队右江上游区指挥部，由刘包任指挥员兼政委。10月，根据滇桂黔边区党委的指示，成立中共左江地委、滇桂黔边纵队左江支队，由黄嘉任左江地委书记兼左江支队政委，梁游、邓心洋（林宗峦）任地工委副书记，莫一凡任支队司令员，右江上游区工委、指挥部并入左江地委、左江支队。

1949年2月，左江各游击队普遍出击，先后攻占了雷平县的宝圩、芦山，凭祥县的下石等乡公所。5月中旬，争取了养利县人杰乡一个自卫中队60人起义。5月下旬，迫使该县地灵、维新等乡自卫队共430人缴械投诚。接着又迫使雷平县自卫总队副总队长所率特编队及共和、太靖、那岸等乡自卫队共190余人缴械投诚。6月上旬，左江部队指挥员莫一凡采取围点打援的战术，指挥龙州独立营，在越南人民军卫国中团的支援下，攻占龙州县下冻乡，围攻水口关，吸引驻龙州县城的省保安第六团第一营来援，经几天激战，于20日在独山将该营歼灭，缴获机枪11挺、炮1门、步手枪70余支。此役，龙州独立营的5名指战员、越南卫国中团的27名战士壮烈牺牲。6月中旬，凭祥独立营围攻镇南关（今友谊关）汛警连，重创该连及自凭祥县城来援之敌，于17日占领凭祥县城，20 日占领镇南关。6 月 25 日，左江部队主力第三团在养利独立营的配合下，攻占养利县城。7 月 1 日，龙州、凭祥两县独立营在十万山区思明游击队和越南人民军卫国中团的支援下，攻占宁明县城。左江游击队占领凭祥、养利、宁明 3 县县城后，即主动撤出，寻歼敌人的有生力量。7 月 11 日，左江地工委副书记、左江部队政治部主任梁游指挥主力第三团、养利县独立营、万承县武装基干队围歼驻于养利县八万桥附近的五县联防队，毙敌 80 余人，俘五县联防主任冯夷惠以下官兵 140 人。经过几个月的广泛出击，左江游击根据地迅速扩大，并与相邻的右江、十万山区游击根据地连成一片。

左江地工委采取积极措施，加强根据地的各项建设。先后建立了龙州、凭祥、雷平、镇边等 4 个县委，上金、养利、天保、龙茗、靖西、敬德、万承、向都、隆安（向都、隆安两县于 1949 年 8 月由右江地委拨归左江工委领导）、同正、镇结等 11 个县工委，左县、龙湖、龙茗等 3 个特支和左江支队三个主力团团党委。同年 6 月，成立中国新民主主义青年团左江地区筹备委员会，积极发展团员，建立团组织。与此同时，分期分批建立县、区、乡各级人民政府，大力发展和整顿农会、妇女会、儿童团等群众组织。11 月 20 日，成立左江人民行政专员公署，由梁游任专员。

至左江地区解放前夕，左江支队拥有第三、第七十四、第七十五 3 个主力团，龙州、凭祥、上金、雷平、养利、万承、龙茗、左县、同正、镇边等 10 个独立营，龙湖、向都、镇结、靖西、敬德及隆安第一、第二，天保南路、北路等 9 个独立大队，指战员约 5000 人。活动范围为龙州、凭祥、上金、雷平、养利、万承、隆安、靖西、镇边、敬德、天保、龙茗、向都、镇结、左县、同正等 16 个县。上述各县均成立了县人民政府，大部分乡也成立了人民政府。

## 三、右江区游击战争的发展

中共桂滇边工委转移到滇东南后，右江地委在远离领导难以联系的情况下，独立地分析形势，作出决策。1949 年 3 月 11 日，地委书记区镇发出给各县党组织的指示信，提出斗争方针应“从小搞过渡到大搞”，“有计划的袭击敌人较大的据点与圩镇，有计划的歼灭敌人县警特编队之一部或全部”，“大胆放手，由山地挺进平原，并逐渐对大土豪与城镇形成包围，……接近铁路、公路、河流的县份还必须向这些交通线推进”。

3月中旬，区镇率平治县游击队首先行动，在两个月中解放了该县14个乡中的12个乡，敌人哀叹“平治已完全赤化，只有敦厚、旧城小部分干净而已”①。果德中心县委游击大队于3月30日在那马眼圩峡谷伏击那马县自卫总队，击毙其中校副总队长等9人。4月22日，又在果德县感圩擒降坳伏击果德县警队、特编队，击毙该县自卫总队副总队长等9人，击伤县长李祖唐等30多人。5月1日，区镇等指挥都安游击队攻占该县都阳区公所，俘区长以下60多人，缴获各种枪90多支。接着攻占敌人的顽固据点六也，解放都安西区13个乡。在此期间，右江地委军事部部长、原红七军老干部赵世同在红水河上游区组建了第二十、第二十二、第二十五、第二十八4个大队，适时地集中兵力，向敌出击，解放了乐业、天峨、东兰、凤山4县的9个乡。隆山、河池、那马、武鸣、向都等县游击大队攻占了20个乡公所，武鸣县游击队还一度攻攻占距南宁市仅20公里的高峰警察所。到同年8月，右江地区“已在十七个县份内，普遍开展了游击战争，解放了六十六个整乡（其中包括全部连接在一起的四十四个整乡），并在这六十六个乡内建立起来了相当稳固的政权（其中包括一个县政权），部队由初期零星的武工队、游击队发展到了共约四千五百人的分布在各县的主力部队”②。

1949年7月，黄嘉受桂滇边工委的委托，到右江检查工作。8月中旬至下旬，右江地委召开扩大会议，由黄嘉传达边工委的有关指示，介绍边区的斗争形势和兄弟部队的经验。会议认真总结了右江地区两年来武装斗争的经验教训，决定成立中国人民解放军滇桂黔边纵队桂西区指挥部，由赵世同任指挥员，区镇任政委，余明炎任副政委；组建第八十三、第八十五、第八十八3个主力团，执行机动作战任务；各县组建团或独立

---

① 国民党广西武鸣专署主任秘书李振英1949年7月2日日记。

② 中共右江地委：《右江两年斗争总结与今后的任务方针》，1949年8月。

大队；战略发展重点是向南宁方向挺进。在党的建设方面，决定在大力加强党的思想建设的同时，成立都安、那马、隆山 3 个县委，东兰、天峨、乐业、平治、河池 5 个县工委，连同原有的武鸣、万冈县委和果德、凌云、凤山县工委共有 13 个县级党组织。为便于领导，将位于右江南岸原属右江地委领导的向都县工委及向都、隆安两县游击队改归左江工委管辖；南宁特支及其所领导的邕江支队改归十万山地委管辖。在政权建设方面，会议制定了《临时人民政府组织条例草案》《减租减息条例》《婚姻条例》《清理公产办法》《伤亡指战员优待抚恤暂行办法》等 13 个暂行条例、章程，使游击根据地的各项工作有序地展开，并决定成立一批县临时人民政府。同年 10 月下旬成立武鸣人民专员公署，由姚冕光任专员，下辖武鸣、平治、都安、果德、那马、隆山 6 县。

从 9 月起，各部队按照地委制定的作战方针，相对集中兵力，夺取交通沿线敌人的城镇、据点。先后攻克河池、隆山、东兰、都安县的 10 多个圩镇。隆山县龙口一役，毙敌 30 余名，俘该县自卫总队副总队长以下 95 名，缴获轻机枪 3 挺、步枪 96 支。10 月 23 日，主力第八十五团第一营及平治县独立团解放平治县城。11 月 8 日，乐业县大队解放乐业县城。在此期间，争取了隆山县古零联防主任和该县常备中队共 200 多人起义，收缴叛徒黄桂南等组织的假革命武装“中国人民解放军田（东）田（阳）万（冈）平（治）边区司令部”170 余人的武器。

到右江地区解放前夕，桂西区指挥部拥有第八十三、第八十五、第八十八 3 个主力团，平治、都安、武鸣 3 个县独立团，第三（隆山）、第十（河池）两支队（相当于团），万冈、西山、东兰、凤山、天峨、凌云、乐业、田东、果德、那马 10 个县独立大队，以及西山办事处直属营、民运工作团和第一、第二、第三 3 个武工队，指战员共 5800 多人。活动区域为万冈、东兰、凤山、天峨、凌云、乐业、平治、果德、那马、都安、河池、隆山、武鸣、田东、田阳、百色、南丹、镇结、宜山以及贵州的望谟等 20 个县，建立了武鸣人民专员公署和万冈、西山、天峨、凌云、平治、果德、那马、都安、河池、隆山、武鸣 11 个县临时人民政府，凤山、东兰、乐业 3 个县革命委员会共 14 个县级政权，下辖 111 个乡级政权。

# 第四节　粤桂边纵队辖区游击战争的发展

## 一、粤桂边纵队的成立

中共粤桂边区党委为适应革命斗争发展形势的需要，于1949年3月15日决定成立雷州、高州、粤桂南、六万山、十万山、桂中南六个地委。其中六万山、十万山、桂中南、粤桂南（部分）四个地工委活动区域在现广西辖区内。4月2日，边区党委又制定了将各地游击队整编成立支队的计划，并分期实施。至6月，全边区主力武装发展到近万人。

6月27日，中国人民解放军总司令部批准成立中国人民解放军粤桂边纵队，任命梁广为司令员兼政委，唐才猷为副司令员，杨应彬为参谋长，温焯华为政治部主任。边纵先后组织了八个支队，其中在现广西辖区内活动的为第一、第三、第四、第七、第八等五个支队。

边纵迭次发布命令，整训部队，建立、健全各种条例、规章、制度，加强部队的正规化建设，提高部队的战斗力。为使边区各游击根据地连成一片，粤桂边区党委及粤桂边纵司令部根据华南分局的指示，于6月30日决定组织边纵第六支队（主力支队）及第三、第四支队的主力共九个团，发起打通高（州）雷（州）到六万山区、十万山区走廊战役。第六支队自东向西出击，第三支队自西向东进攻，第四支队居中策应。为统一指挥，成立了前线委员会，由沈汉英为书记。边纵还于7月初派出技术干部帮助第三支队建立电台，以加强边纵和该支队的通讯联络。在边区党委、边纵的正确领导下，粤桂边区的武装斗争开始由单纯的游击战向游击战与运动战相结合的方向发展。

## 二、十万山区游击战争的发展

1949年3月，根据粤桂边区党委的决定，撤销十万山地工委，成立十万山地委，由陈明江任书记，谢王岗、李超任副书记。地委成立后，制定了“放手发展，积极进攻，扩大基础，准备胜利”的斗争方针。同时发出《为地委建立给全体党员同志的通知》,号召党员起先锋模范作用,带领群众英勇战斗,争取新的更大的胜利。为加强党的领导,先后成立了防城、钦县、上思、思乐、宁明、明江、崇善、扶南8个县工委及南宁市工委、马头山工委、绥渌特支。

为打击法军的嚣张气焰,粉碎中越反动军队的联合"围剿",粤桂边区第三支队发动了芒街战斗。2月下旬,第三支队利用驻芒街的越南伪军招兵的机会,选派12名连排干部分批应征入伍充当内应。经详细侦察和周密部署,于3月27日,由支队副司令员黎汉威率第二十团主力和第二十一团精干武装共400余人,突袭与防城县东兴镇隔河相望的法军重要据点越南海宁省省会芒街市。在内应的配合下,经一小时激战,击毙驻芒街法军及越伪军60多人,俘141人,缴获八一迫击炮一门、火箭筒3具、重机枪3挺、轻机枪13挺、步手枪300多支、电台3部[①],并开监释放一批被囚的中越革命志士。战后,第三支队开展评功运动,给黎汉威等40余名指战员记功,追认在此次战斗中牺牲的连长林坤(莫培信)为战斗英雄。芒街之战震动两广,中共十万山地委决定乘胜前进,发动夏季攻势。自4月起,第三支队主力接连出击防城、钦县两县敌人的茅坡、独山、那梭、企沙、那天、那良等据点,三个月中作战29次,歼敌500余名,缴获轻机枪32挺,迫击炮1门,枪榴弹筒5具,步手枪625支,子弹27500余发[②],解放上述两县的大部分地区。与此同时,思明、上思、邕宁等地区的游击队也频繁与敌作战,巩固、扩大游击区。5月28日,邕宁县南忠乡平心、那阳的武工队员和民兵顽强抗击来犯之敌,击毙国民党邕宁县副县长兼自卫总队副总队长。

1949年4月上旬,中共十万山地委书记陈明江根据华南分局的指示,赴越南与越共代表协商两国边境人民武装协同作战问题。双方商定,成立粤桂越边统一指挥部,由越南国家军队与民军部队越北联区司令黎广波任司令员,陈明江任政委,黎广波率越南人民军第五十九中团和由中共党员组建和领导的越南华侨团到十万山地区参加作战。6月下

① 《梁广致中央电》,1949年7月3日。

② 《梁广关于十万山部队情况致华南分局并中央电》,1949年7月15日。

旬，这两支部队抵达防城，为便于隐蔽和指挥，分别编为粤桂边区人民解放军第三支队第二十七、第二十八团。

7 月初，第三支队准备东进，参加打通粤桂边区走廊战役。东进前，为切断东兴之敌的补给线，支队司令部调集第二十六、第二十七、第二十八 3 个团进攻东兴的出海口竹山据点。由于敌人的碉堡坚固，地形易守难攻，部队 5 次攻击未果，敌人的增援部队又由陆路赶至，第三支队决定撤出战斗。在这次战斗中，担负主攻任务的第二十七团第八十六大队大队长柱慈等 10 多名越南人民军指战员英勇牺牲。第二十六、第二十七团自防城和钦县东进期间，于 8 月 10 日在钦县黄屋屯乡牛皮村牛头岭伏击粤桂南区清剿总指挥部的船队，缴获物资 11 船。8 月 12 日，在钦县大垌乡关塘村与敌遭遇，经奋力拼杀，歼敌广东省保安第二团一个营及粤桂南清剿总指挥部警卫营一部，俘其营长以下 120 人，缴获重机枪 1 挺、轻机枪 5 挺、步手枪七八十支。9 月 17 日，第二十六团采取“引蛇出洞”的战法，以小部队引诱敌人出击，主力在灵山县西部那近村两侧制高点设伏，经 1 个多小时激战，全歼敌广西省保安第四团第二连（加强连），击毙 53 人，击伤 34 人，俘虏 70 人，缴获重机枪 1 挺，轻机枪 5 挺，步枪 85 支。留在防城活动的第二十八团于 7 月 20 日奔袭龙门港，全歼钦县水上联防中队，截获广东省保安第二团运输船一艘，俘该团政工室主任以下 48 人，缴获长短枪 100 余支，子弹 9 万余发，军用物资一批。

在前委的指挥下，粤桂边纵 3 个支队经 3 个月的作战，拔除了合浦、灵山、钦县、防城 4 县的 17 个反动据点，毙伤俘敌 1074 名，缴获各种武器 644 件[①]，胜利完成预定任务，使粤桂边各游击根据地连成一片，实现了控制粤桂南出海通道，防敌经雷州半岛逃往琼崖的战略目标，为配合南下野战军在粤桂南滨海地区歼灭两广之敌创造了条件。9 月底，边纵第六支队回师廉江地区，第二十七团奉命回师越南。

9 月，粤桂边区党委、边纵司令部决定由第三支队抽调两个团、第四支队抽调一个独立营，组成边纵又一个主力支队第七支队，开赴廉江地区执行机动作战任务。十万山地委从全局利益着想，决定将两个主力团

① 《粤桂边区武装斗争史料》，广东人民出版社 1989 年版，第 526 页。

编入第七支队。10月下旬,第七支队司令员黎汉威、政委卢文率第十九团(原第三支队第二十六团)、第二十团(原第三支队第二十八团)及独立营(原第四支队独立营)共1600余人,开始东进,到十万山地区解放前夕,第三支队拥有第二十、第二十一、第二十二、第二十三等4个团和扶绥独立大队、邕江挺进大队、钦防沿海大队等3个大队,并建立了电台、后方医院、兵工厂、艺术宣传队,脱产武装3000余人(不含编入第七支队两个团的1300人),另有半脱产武装及民兵4100多人。活动区域为原属广东的防城、钦县、灵山(西部),广西的上思、思乐、明江、宁明、崇善、绥渌、扶南、同正、邕宁、南宁共13个县市,并建立了防城、钦县、上思、思乐、明江、宁明、崇善等7个县人民政府。

## 三、六万山区游击战争的发展

1949年4月,陈华在合浦县公馆区六湖洞山塘口村主持召开六万山区党政军干部会议,传达粤桂边区党委3月15日的指示,决定成立六万山区地委和粤桂边区人民解放军第四支队,由陈华任地委书记、支队政委,沈汉英任地委副书记,符志行(香港分局从琼崖纵队调来)任支队司令员,莫平凡任副司令员。地委决定加强党的发展工作,健全军队、地方党组织,保留灵山县委,撤销合浦县委,成立合东南、合中北、合(浦)钦(县)灵(山)边(后改称合钦边)三个县级工委,后又成立贵(县)兴(业)工委、灵(山)横(县)永(淳)边工委,共有六个县级党组织。成立六万山财政经济委员会,统一领导和管理全区的征粮、征税工作,保障部队的给养。第四支队成立后,组建了主力团新六团,健全了部队的政治工作制度,连队成立党支部,班排建立党小组,配齐连队政治指导员、排政治服务员。并在部队中开展以诉苦三查(查阶级、查工作、查斗志)为中心内容的新式整军运动,提高部队的军政素质。

各部队经过短期整训后,于4、5、6月分头出击,先后攻占、袭击合浦县的张黄镇、升平、公馆、茅山、马兰等敌军据点,歼敌数十名,缴获各种枪100余支,并争取了南康镇自卫队、西场乡西坡保队共60余人起义。

7月4日,第四支队司令员符志行率新六团的几个连,连夜穿越合浦、灵山、钦县3县边境，于翌日凌晨突袭钦东的敌据点那丽，经两天一夜激战，全歼钦县保警第一营营部、第三连及第五联防区公所等部，毙伤敌30人，俘其营长以下官兵87人，缴获轻机枪2挺、冲锋枪3支、长短枪120支①。其后，第四支队协同第六支队攻占合浦县的白沙、瓦窑岭、旧州、西场，灵山县的伯劳、龙山、钦县的冷水塘等据点，策应灵南进步人士陈学海等组织400余人，携带轻机枪10余挺和大批长短枪起义，胜利完成打通粤桂边区走廊的任务，六万山游击根据地得到了巩固和迅速扩大。

10月16日，符志行率第十团（原新六团）和独立营在黎屋坡江湾处伏击广东省保安第一师第三团第三营和海南特区暂编连，经半天多激战，毙伤敌23名，俘其营长以下官兵120名，缴获重机枪2挺、轻机枪12挺、掷弹筒3具、枪尾炮6门、六〇炮1门、卡宾枪8支、其他枪25支、电台一部、物资7船②。

到六万山地区解放前夕，第四支队拥有第十、第十一、第十二3个团、直属独立营，和贵（县）兴（业）大队，横（县）南、横（县）东两独立营，主力武装共2000余人（不含编入边纵第七支队的独立营），活动范围为合浦、灵山、兴业及钦县、永淳、横县、贵县、玉林、博白的部分地区，并成立了合浦、灵山两县人民政府。

## 四、桂中南区游击战争的发展

1949年1月，横县独立营自十万山地区返回横县后，恢复粤桂边区第十九团番号，协同桂中南各县游击队开展反“围剿”斗争，逐步扩大游击区。

2月，中共粤桂边区党委发出《关于桂中南的工作问题的指示》，指出：桂中南“应采取逐步扩大，普遍发展，四面出击，吃小不吃大，打软不打硬的方针。”4月16日，桂中南地工委召开第五次会议，根据边区党委这一指示精神，确定了“放手小搞，猛烈发展，加紧巩固地方基础，逐

---

① 粤桂边区人民解放军新六团政治处捷报，1949年7月10日。

② 粤桂边纵队第四支队《大众导报》1949年10月22日。

步提高军事斗争,争取大搞胜利”的方针。4月至7月,各游击队四面出击。横县游击队会同宾(阳)贵(县)永(淳)边游击队在宾阳叠子华罗村歼灭广西省保安第一团一部70多人,缴获轻重机枪5挺,步手枪50多支。随即回师横北,击毙上西区区长和下西区区长,全歼下西区自卫队,瓦解上西区自卫队。上林县游击队接连攻打巷贤、安良、兰甲、思吉、古蓬等据点,连战皆捷。贵(县)武(宣)边游击队攻占贵县山北乡公所,随即在莫思村与国民党正规军第二二九师第六八五团一部及当地民团展开激战,毙伤敌90余名。经过几个月的作战,桂中南各游击区已基本连成一片。

7月下旬,桂中南地工委书记杨烈到高雷地区向粤桂边区党委汇报请示工作后返回横县。根据边区党委的决定,撤销桂中南地工委,成立桂中南地委,仍由杨烈任书记。地委下辖横县、上林两县委,永淳、宾阳、贵县、武宣四个县工委,来宾县特支、迁江县总支共八个县级党组织。

9月5日,地委作出《关于执行粤桂边区党委指示的决定》,提出“斗争方针应采取小打大拉到大搞,军事行动与政治动员相结合,造成大搞热潮”,决定成立中国人民解放军粤桂边纵队第八支队,由杨烈任司令员兼政委,韦盛经任副司令员、陈清源任副政委;以上林独立第五团和横县十九团为基础,编成第二十二、第二十三两个主力团。各部队切实执行地委的指示,迅速扩大队伍,转入大搞。第二十三团连战皆捷:9月15日伏击国民党横县县长所率的“扫荡”队,歼敌64名,缴获重机枪2挺、小炮1门、步枪26支;10月6日,在六庙坳再次伏击横县“扫荡队”,全歼其1个主力中队,缴获轻机枪4挺,步手枪60多支;10月中旬,在横县西区收缴反动团队、反动分子的轻机枪20挺,步手枪近千支;10月29日,在陶圩乡宁村围歼桂林绥靖公署直属保安营,毙伤敌20多人,俘97人,缴获轻重机枪13挺,步手枪100多支,手榴弹123枚,子弹2万余发,军用物资51担①。

至桂中南地区解放前夕,第八支队拥有第二十二、第二十三、第二十四团,独立第一团,新编第二十二、第二十三、第二十四团等7个团

① 红光新闻社1949年10月29日消息。

和来宾县独立大队、横县赤卫大队、支队直属营共4500余人，活动范围为横县、永淳、宾阳、上林、迁江以及贵县、武宣、来宾等县的部分地区，并成立了横县、上林两县人民政府。

## 五、桂东南区游击战争的发展

1949年3月，根据中共粤桂边区党委的决定，成立粤桂南地委，撤销桂东南分委，博白、陆川、北流、玉林、容县党组织改由粤桂南地委（书记黄明德）领导。同时成立专署级政权粤桂南人民行政督导处，由周斌（后林克武）任主任。根据地委的指示，桂东南各县党组织切实加强党的思想建设和组织建设。博白县委发出《为改造思想作风告党员同志书》，号召党员加强学习改造思想，提高党的战斗力，领导群众开创革命斗争的新局面。

5月15日，中共粤桂南地委作出《关于目前本区形势与今后方针任务的决议》。决议要求“博（白）、陆（川）方面先搞博南、陆南，后打博北、陆北，组织地方武装配合主力，从小规模游击战，发展至全面控制，稳健地有步骤地前进。”“玉（林）、北（流）、容（县）、茂（名）边采取武工队及徒手队分散发展农村基础，准备力量，发动武装斗争”。同时决定成立中国人民解放军粤桂边区第一支队，由黄明德任司令员兼政委，周斌任副政委兼政治部主任。桂东南各县根据这一决议精神，积极稳健地开展游击战争。博白县委将原来的三个区队组建为独立第三营，之后，又重建三个区队、21个武工队。陆川县委组建了大陆队，后改称独立第四营。8月，第三、第四独立营分别扩建为粤桂边纵队第一支队第三团、第二团。10月，北流县党总支组建大洪队（后改称北流县独立大队）。11月，容县党总支组建容县独立大队。

1949年春夏，博白、陆川两县游击队多次出击，先后攻占了博白县的黄凌、宁潭、车田等乡公所和陆川县龙河派出所，歼敌数十名，缴获轻机枪4挺、步手枪115支，并迫使博白县亭子乡公所缴械投诚。10月下旬，第二团协同化县游击队解放了化北的5个乡公所，缴获轻机枪3挺，步枪115支。随后，第二团开回陆川，迫使清湖乡守敌60多人投诚，交出长短枪50多支。10月21日，第三团协同第一团包围国民党廉江县军官大队，迫使该敌缴械投诚，交出轻机枪 4 挺，步枪 240 余支。

到解放前夕，桂东南区拥有第二、第三团，北流、容县两独立大队和玉林县武工队，共 1900 余人，活动区域为博白、陆川、北流、容县、玉林 5 县，建立了过渡性的县级人民政权博白县军政委员会和一批区乡人民政权。

1949 年是广西游击战争大发展的一年。到广西解放前夕，党领导的游击队拥有 12 个支队（总队）共约 4 万人，游击区扩展到全省（含钦廉地区）的 97 个县以及湖南的江华、道县，广东的连山，贵州的望谟等县的部分地区，并建立了 3 个专区级、42 个县级人民政权，其中一些县、区已成为较巩固的根据地。全省在农村地区建立了 6 个地委、5 个地工委和 67 个县级党组织，在城市建立了 4 个城工委，城乡共有党员约 8000 名，党的队伍和革命力量空前壮大，为南下野战军进军广西提供了极为有利的条件。

1949 年是敌我角逐极为激烈的一年。这一年在农村游击战争中牺牲了一批指战员，其中骨干有：桂西北人民解放军第五团政委莫江白，中共隆山县总支书记黄怀仁，桂北湘漓部队队长郑高、海洋部队队长全宝藏，粤桂边区第三支队第二十团副团长刘镇夏，凤红区政务委员会妇女委员罗素仙（女），中共玉林特支书记黄辛波，原中共滇黔桂边委书记滕静夫（何尚刚），中共桂中南地工委组织部长陈符隆（林夏），柳北人民解放总队第二大队大队长侯信，桂中支队第十五团副团长周福森等。

## 第五节　城市工作新局面的出现

### 一、省城工委的成立

1948 年秋末冬初，人民解放军接连解放了济南、锦州、长春、郑州、开封、沈阳、徐州等重要城市，党的工作重心将由农村转入城市，中共中央对城市工作倍加关注。同年 12 月 14 日，中共中央批转陈云关于接管沈阳的经验，要求各野战军做好接管城市的准备工作，并要求各待解放城市的中共地下组织，加强城市工作，全力组织工人、学生、市民，保护城市，协助入城部队，做好接管工作。根据党中央这一指示的精神，香港分局决定调整、加强城市工作的领导，对城市工作作了指示，指出："目前城市斗争的总目标是一切为了摧毁反动统治，一切为了配合解放军的攻城战"，要以"现有学生基础作为桥梁，迅速踏进各阶层去组织广大市民群众的主力军。"在斗争策略上要以"合法掩护非法"，"不能作政治性的活动则通过经济性、学术性的活动，间接启发群众政治觉悟。""争取广大群众同意下决心反对反动政府，攻击反动政府。""有根有据的打，打击应打击的人"①。1949 年 3 月，香港分局在《关于我们当前的方针任务》的党内指示中指出：要加强广州、惠州、汕头、湛江、桂林等城市的工作，主要是培养干部，调查研究，准备配合南下大军夺取和接管城市。

广西省城工委是根据中共中央香港分局的指示，与省农委同时于 1948 年 12 月成立的。1949 年 1 月，广西省城工委书记陈枫赴桂林，主持召开全省城市工作会议，研究新形势下城市工作的任务、方针。陈枫在会议结束时作了《目前形势与我们今后的工作任务》的总结报告。报告提出今后半年的中心任务是大胆放手打开各阶层关系，有计划有步骤地建立各阶层的群众组织及党的组织，深入进行调查研究，赶快做好迎接解放军入城的"里应外合"工作。在斗争方针上提出："在平时应多注意积蓄力量，提防盲冲硬打，过早损失；在有利的时机又要坚决领导群众，放开双手，大胆前进。""领导群众斗争应把握有理、有利、有节的原则"，"应善于把爱国民主运动与群众福利的经济的斗争结合起来；同时把合法与非法斗争巧妙的配合与灵活的运用"。"必须大胆放手展开宣传攻势，……扩大宣传我党政策，尤其我党的工商业政策，及对新解放城市的管理政策。"会议还制定了《城市调查大纲》，提出了军事、政治、经济、文化教育卫生等方面的具体调查项目、要求。这些正确的决策为 1949 年广西城市地下工作的蓬勃发展指明了方向。

为加强对各市工作的领导，陈枫在会议期间决定将桂林市临工委改为城工委，仍由陈光任书记，黄绍亮任副书记。同年 7 月，又决定成立柳

① 《香港分局负责同志在学习班上的讲话》，1949 年 2 月 25 日。

州、南宁两市城工委，分别由梁山、梁健任书记。8月决定成立梧州市城工委，由罗杰林任书记。

9月底，中共十万山地委派阮洪川等到南宁市工作，接收了原由中共右江地委领导的南宁市特支（1948年秋，香港分局已决定将该特支划归十万山地委领导）。10月，成立南宁市工委，由阮洪川任书记。南宁市工委和省城工委领导的南宁市城工委不发生横的组织关系，工作中互相支持，协同开展斗争。

## 二、学运、工运新高潮的形成

全省城市工作会议后，广西各城市党组织利用国民党统治区经济崩溃引起市民的强烈不满，以及李宗仁搞"政治改革"[①]的有利时机，放手发动群众，从经济斗争入手，开展反对桂系集团扩军备战、争取广西和平解放的斗争。

1949年1月，国民党广西当局任命在1927年曾任广西"清党"委员的反共政客黄华表为南宁师范学院院长。2月15日，在该院中共地下组织和民盟组织的发动下，数百名学生包围黄华表的办公室，开展驱黄斗争。随后学生们又通过出海报，散发告全省、全国同胞书，举行记者招待会，揭露黄华表镇压学生、摧残教育、挪用公款等行为，并举行示威游行，推举代表到桂林向省政府、省参议会请愿，强烈要求撤换黄华表。在各方面的压力下，黄华表被迫于5月7日"辞职"。3月下旬，柳州市柳庆师范学校学生为抗议学校当局停发教师薪金、扣压学生伙食费，举行罢课，并向国民党柳州专员公署请愿，迫使校方补发欠款。3月30日，中共广西大学组织发动800多名学生到市内游行请愿，并包围中央银行桂林分行，索取该行拖欠的学生伙食费，还用油漆将中央银行的行名改为"种殃银行"，在银行大门两侧写上"打倒豪门资本""反剥削""争生存"等标语。该行经理被迫当即付还大部分欠款。4月1日，国民党

---

① 1949年1月下旬，李宗仁代总统后，宣布实行"政治改革"，主要内容是：宣布取消戒严令和特种刑事条例，撤消特种刑事法庭，停止特务活动，释放政治犯，启封在"戡乱期间"被封的报刊。

南京卫戍司令部镇压示威游行的学生，制造了四一血案。17日，广西大学学生自治会联合广西艺专及桂林市部分中学的学生共1000多人在广西大学礼堂举行追悼四一死难学生大会。学生们高呼“反对反动政府的暴行”“反对假民主”“踏着死难同胞的血迹前进”等口号。4月18日，桂林中学1000多名师生为该校一位被饿死的教师举行“抬棺游行”，沿途张贴标语，高呼“挽救教育危机”“反对饥饿政策”等口号。20日，为抗议国民党的喉舌《中央日报》（桂林版）对这次游行的歪曲报道，该校的几百名学生包围中央日报社及其营业部，责令该社承认错误，还将《中央日报》社大楼的招牌涂改为“种殃日报”，中央社社名涂改为“造谣社”。4月28日，广西大学学生选派代表向从南京逃回桂林的代总统李宗仁请愿，要求拨粮一万担，以解决该校的经费困难。李宗仁嘱黄旭初办理，但并未兑现。

省城工会议后，各市地下党采取积极措施，加强工运工作，发挥工人阶级的主力军作用。1月8日，湘桂黔铁路工程管理局（该局驻柳州，简称柳铁）柳州机务段的职工开展索薪罢工斗争，停开柳州至桂林、金城江、来宾各线的列车，迫使柳铁当局补发所拖欠的工资。3月28日，柳铁桂林机务段的1000多名职工开展索薪罢工斗争，停开12次特别快车，并声言将停开军运列车，迫使柳铁当局补发了所欠工资。5月中旬，成立由中共柳州县委领导的湘桂黔铁路职工解放联合会。7、8两月，联合会领导柳铁工人两次开展大规模的索薪罢工斗争，近千名职工包围铁路局机关。8月25日，全局职工联名签呈总辞职，迫使柳铁当局补发全局职工三个月的工资。桂林、柳州铁路工人的罢工斗争，迟滞了桂系的军事运输，间接地支援了人民解放军向华中南进军和广西游击队的作战。

## 三、迎军宣传工作和城市调查工作的开展

为了粉碎敌人的反共谣言，使城市各阶层人民了解全国解放战争的形势和中国共产党、人民解放军的政策，积极参加迎接解放的斗争，打击最反动的分子，分化、瓦解敌人，各城市地下党自1949年春起，大力加强宣传工作。5月14日夜，桂林、柳州、南宁三市地下党按照省城工委的统一部署，同时组织散发《中国人民解放军布告》（又称《约法八章》）、

《警告特务书》等传单。这一行动,使广大市民受到很大的鼓舞,在敌人内部产生强烈的震撼。不少国民党党、政、军、特官员的家属痛哭流涕,劝其亲人洗手不干,有的在传单中被点了名的特务连忙向民主人士表白自己,并在行动上有所收敛。同年7、8、9月,广西各主要城市国民党当局为垂死挣扎,相继举行反共宣誓大会和示威游行。为发动群众进行抵制和打击敌人的反动气焰,桂、柳、邕、梧四市地下党先后组织力量散发《告全市人民书》《告学校师生书》和给国民党党政军特机关的《警告信》,使四市敌人的这一反共活动的规模和影响大大缩小。

桂林、柳州、南宁、梧州四市地下党组织部分党员、民盟盟员、进步骨干,按照省城工委制定的《城市调查研究大纲》,开展城市调查工作。经过半年多艰苦而又危险的工作,四市党组织共整理了约200个单位的资料,其中包括国民党广西省党部、省政府、省田粮处、桂林绥靖公署及各市党政军警首脑机关,财政、金融、工商、文教部门、官僚资本企业等重要单位的人事、装备、设备、财产、档案资料。这些资料对人民解放军入城后,迅速接管各个机构,清查国民党党政军人员,肃清隐藏下来的特务,维持社会治安,恢复生产,都起了很大作用。

人民解放军开始向长江以南地区进军后,广西各游击队也根据中共中央华南分局、广西省农委、粤桂边区党委、滇桂黔边区党委的指示,积极做好接管城镇的准备工作,普遍拟定了《入城纪律》《入城守则》《入城须知》等文件,对广大指战员进行如何接管城镇的教育;选拔、培训接管城市的干部。有的游击队还通过在城镇的地下工作者或派出武工队员潜入城镇,散发刊有人民解放军向全国进军的消息,游击队的捷报、《宣言》以及中国共产党、中国人民解放军政策的传单;调查城镇的军事、政治、经济等方面的情况,为顺利接管城镇创造了有利条件。

## 第六节　人民民主统一战线的巩固和扩大

1948年12月30日,毛泽东在为新华社所写的1949年新年献词《将革命进行到底》中指出:“中国革命的怒潮正在迫使各社会阶层决定自己的态度。中国阶级力量的对比正在发生着新的变化。”“我们认为中国人民革命阵营必须扩大,必须容纳一切愿意参加目前革命事业的人们。中国人民的革命事业需要有主力军,也需要有同盟军,没有同盟军的军队是打不胜敌人的。”1949 年,中共广西省农委、省城工委、粤桂边区党委、滇桂黔边区党委根据中共中央和华南分局的有关指示精神,分别发出通知、指示,要求各级党组织充分利用国民党政府行将覆灭,社会各阶级、各阶层的政治态度明显变化的有利时机,大力加强统战工作,特别要积极开展对国民党军队的统战策反工作和团结争取少数民族、工商业者的工作,壮大人民革命力量,加速胜利的进程。在国民党内部,也长期存在着坚持孙中山革命政策的左派反对右派的斗争。随着人民革命胜利的大局已定,桂系内部民主派力量日益增强,并与中共组织密切合作,推动革命事业的发展。

## 一、对桂系军政人员的争取工作

中共中央努力争取以北平方式或绥远方式解决桂军,实现广西以至整个中南地区的和平解放。1949 年 1 月李宗仁任代理总统后,先后派黄启汉、刘仲华、刘仲容到北平和中共中央洽商国共和谈事宜。叶剑英、毛泽东、周恩来等先后和他们谈话,阐明了中共对桂系的态度、政策,规劝李、白放弃“划江而治”的错误主张,如果无法实现全面的和平便实现广西的局部和平,并对和谈成功后李、白等的出路作出妥善的安排。4 月初,国共和谈正式开始后,林伯渠、叶剑英、毛泽东、周恩来等先后和国民党和谈代表团中的桂籍成员黄绍竑及与桂系关系较密切的刘斐谈话,耐心细致地做说服工作。黄、刘认为,中共提出的和平条款是可以接受的。4 月 15 日,黄绍竑奉国民党和谈代表团之命,携《国内和平协定》最后修正案回南京,劝说李宗仁等在协定上签字。国民党政府拒绝在《国内和平协定》最后修正案上签字后,黄绍竑、刘斐先后到了香港。中共中央华南分局派香港工委常委、新华社香港分社社长乔冠华与黄、刘联系。黄、刘根据华南分局的意见,继续做李宗仁、白崇禧和桂系中上层军政人员的工作,争取实现广西的局部和平。

1949 年初以来,在中共中央香港分局、广西地下党和民革中央主席李济深等的引导、推动下，广西籍民革成员李任仁、陈雄、陈良佐等甘冒风险，通过各种渠道、采取各种方式，对广西国民党的军政人员进行工作，引导他们认清形势，为广西的解放贡献力量。4月下旬，李任仁串连了国民党广西省政府的委员、厅长以及在桂的国民党中央立法委员、监察委员共几十人联名签署《希望和平的意见书》，其主要内容是："第一、就大局来说，国民党政权已至末日，积重难返，迟早必然崩溃，决无挽回的可能。第二、广西省内尚和平安定，桂籍军队亦尚有二三十万人，据险而守，与中共作有条件的和谈，中共投鼠忌器，是可能接受的。第三、广西军政领袖们一向与中央不睦，但与民革主席李济深则友谊极深，现在亟宜运用李济深居间斡旋，与中共言和。第四、广西如想以实力与共军对抗，无异以卵击石，目前应不惜一切，委曲求全，与中共妥协[①]"。意见书虽未被采纳，但它对瓦解桂系集团的斗志，促使其中一些人的醒悟起了一定作用。5月28日，在香港的广西籍中共党员和民革、民盟成员、知名进步人士周钢鸣、莫乃群、石兆棠、黄梦醒等71人公开发表宣言，号召广西农、工、兵、学、商各界，"用行动制止国民党反动派的顽抗，我们不替国民党反动派打仗，不当兵，不纳粮，不缴税，争取解放军和平解放广西早日实现"。号召国民党各级党政机关和部队人员"立功自救""立功自赎"。5月29日，桂林绥靖公署为杀一儆百，派出1000名武装到宾阳县新梁村围捕民革成员梁瀚嵩。梁瀚嵩将军宁死不屈，与20多名游击队员一起据守抵抗，经两天一夜的浴血奋战，终因敌我兵力对比悬殊，弹药耗尽，被敌人攻入楼房内，梁瀚嵩等22名同志壮烈牺牲。7月上旬，国民党梧州当局奉白崇禧命令在梧州将陈良佐扣留。幸得友人帮助，陈良佐化妆逃出，乘船抵达香港。8月13日，黄绍竑、刘斐、李任仁、覃异之等44名原国民党高级军政人员由黄绍竑领衔，在香港发表《我们对于现阶段中国革命的认识与主张》的政治宣言，号召国民党员"立刻与反动的党权、政权决绝"，"与中国共产党彻底合作，为革命的三民主义之发展而彻底奋斗，为建设新民主主义的新中国而共同努力"。9月11日，黄绍竑等又在香港联名公开发表《告国民党海陆空军全体将士书》，

① 《李宗仁回忆录》(下)，广西人民出版社1980年版，第961页。

号召他们效法程潜、陈明仁两将军起义，弃暗投明，率队来归。随后，在中共中央华南分局的周密安排下，黄绍竑、刘斐由香港赴北平，与先期抵达北平的李济深、陈劭先、李任仁、陈此生、吕集义等参加中国人民政治协商会议第一届全体会议。

南京解放后，广西各游击队利用全国解放战争的胜利形势和自身力量迅速壮大的有利条件，积极开展瓦解敌军工作，采取先打后拉、边打边拉的策略，示之以威，晓之以义，待之以诚，争取了广西第八区少将保安副司令秦廷柱、旧桂系少将旅长陆福祥等转变立场，支持革命，将一批武器交给游击队使用；争取了10余名国民党县团级军政官员率部起义、投诚。

## 二、民盟广西支部的重建及其活动

1948年4月和8月，民盟南宁分部先后委派梁成业（南宁师范学院民盟负责人之一，跨盟中共党员）和民盟南宁分部负责人叶生发赴香港，与先期来港的民盟广西大学支部负责人王兆南、民盟广西支部委员周匡人（中共党员）一起研究广西民盟的工作，并向民盟中央主席沈钧儒和代理秘书长周新民汇报工作。经民盟总部研究，决定重建民盟广西支部领导机构，由杨荣国（中共党员）、叶生发、梁成业、周匡人、宋云彬（后两人驻香港）等五人组成领导小组，由杨荣国负总责。

叶生发返回广西后，向桂林、柳州、南宁民盟组织负责人传达了民盟中央的指示，主要精神是：加强民盟与中共的紧密合作，加强盟组织的纵向联系，割断横向联系，建立严密的组织纪律，谨防国民党特务混入；盟员参加当地中共组织领导进行的城市工作和农村武装斗争。

其后，民盟桂林、柳州、南宁分部调整组织，健全领导，与当地的中共组织密切配合，开展迎接解放的宣传工作和学生爱国民主运动。民盟桂林城区支部创办秘密油印刊物《民主青年》。该刊刊载了毛泽东、朱德《向全国进军的命令》《中国人民解放军布告》（约法八章）和有关中国共产党城市政策的文告，人民解放军向全国胜利进军的消息，发表了许多揭露国民党反动统治的报道、评论，对瓦解国民党的统治，安定人心，动员城市人民投入迎接解放的斗争起了重要作用。

人民解放军横渡长江后，一批盟员经当地中共组织周密安排，分别奔赴桂北、桂中、桂东、桂西北游击区参加中共领导的人民游击队，连同在此之前入伍的，共有 30 多位盟员投身农村武装斗争。其中部分盟员担任了大队级领导职务，杨庆祝、覃天铭（均跨盟中共党员）在作战中壮烈牺牲。

留在城市坚持斗争的盟员侧重开展城市调查、统战策反和护校护城等工作。盟员黄半文利用其担任国民党苍梧县政府[①]机要秘书（后调任该县社会科科长）的有利条件，抄录了苍梧县政府的重要人事档案、特工人员名单、县自卫总队兵力及装备情况，全县物资、财产底册以及桂系第五十六军第一二九师到梧州接防、梧州军政当局的"撤退计划""空室清野方案"等重要情报转交中共梧州市城工委。南宁市的盟员教育争取了该市 3 个警察分局局长、广西省政府办公厅主任张家瑶以及 30 多个科级人员投诚。桂林市盟员梁广源（广西省科学馆馆长）积极做国民党桂北军政区中将司令官周祖晃等的争取工作，并设法从桂林绥靖公署取得收发报机和军用地图，送交入城的人民解放军。民盟盟员的上述活动对人民解放军解放和接管广西各城市起了积极的作用。

## 三、农工民主党在广西的活动

1935 年初，中国农工民主党的前身中国国民党临时行动委员会在梧州成立广西大学小组，由丘辰任组长，秘密进行抗日反蒋活动。同年 11 月，该行动委员会改名中华民族解放行动委员会，并于 1940 年初成立广西大学支部，由丘辰任支部主任。抗日战争胜利后，该支部的成员扩展到校外的民主人士、进步青年。校内的党员积极参加该校中共和民主同盟组织所发动的反饥饿、反内战、反迫害运动；校外的党员则进行策反工作，准备组织部队，开展武装斗争。1947 年 2 月，中华民族解放行动委员会改名为中国农工民主党。同年 6 月，因叛徒告密，农工民主党中央执行委员会候补委员、广西大学支部主任丘辰和陈刚武、刘从道、阳行刚等四名党员被国民党特务逮捕。后刘被杀害，陈在狱中自杀身亡，

① 当时梧州未正式列为市的建制，其行政领导机关为苍梧县政府。

丘、阳于1949年春节前后国共和谈时获释。

1949年初，农工民主党华南党总支派张纯之为广西党务特派员，在桂林成立农工民主党广西省工委，由张纯之任主任，朱清烈任组织部长，马明龙任宣传部长，唐逸云任财务部长。3月，农工农主党党员参加中共广西大学工委组织的反饥饿、求生存游行示威和罢课斗争。6月，该党省工委创办“人文文化服务社”（简称“人文社”），社内设图书阅览室和茶座。阅览室陈列了许多进步书刊，供知识界人士、青年学生借阅；茶座的主要活动是联系群众，传播进步思想和全国革命形势的信息。这一期间，该党省工委的领导人还和中共领导的龙州、桂北游击队的一些同志取得联系，商谈了组织革命武装问题。10月下旬，该党省工委获悉桂系当局准备查封“人文社”，逮捕该社人员，遂决定“人文社”停业，党的领导人和有关人员大部分撤离桂林，分赴柳州、重庆、香港活动，部分党员留下坚持斗争。11月，该党党员郭坤一在富川县建立了有300多人、190多支枪的“富川游击支队”，由郭坤一任支队长。该支队协同中共富川县工委对国民党富川县自卫总队进行策反工作，争取了该总队起义；大力收集散失民间的枪支弹药，稳定社会秩序。12月，“富川游击支队”由人民解放军驻富川部队整编。桂林临解放时，该党广西大学支部的党员积极参加中共西大工委领导的迎军护校斗争，为保护学校的安全作出了贡献。

## 四、争取工商业者的工作

1949年入夏以后，广西省城工委根据中共七届二中会全决议的精神，拟定了铁路职工、工商界、文教工作者、公务人员解放联合会章程，要求各市党组织在继续做好文教界的工作的同时，大力加强工商界的工作。桂林、柳州、南宁、梧州四市城工委先后发展了一批工商界解放联合会（联谊会、促进会）会员，通过会员广泛地与工商业者联系，宣传党的“发展生产，繁荣经济，公私兼顾，劳资两利，城乡互助，内外交流”，“保护民族工商农牧业”等政策，帮助他们消除各种疑虑。各游击队也在已解放（控制）的城镇、矿区、码头和工商业者广交朋友，大力宣传和严格遵守《三大纪律八项注意》《中国人民解放军布告》《入城纪律》，维护城镇的社会秩序，不侵犯、损害工商业者的正当利益，支持他们恢复生产、贸易。在南下野战军和广西游击队进入城镇时，大部分工商业者开门营业，并为执行追歼残敌任务的部队提供车辆、船舶和各种生活必需品。

## 五、团结少数民族的工作

党的民族政策到全国解放战争时期已日臻成熟。在解放战争迅速发展的情况下，上级党组织虽然没有对广西的少数民族工作提出具体要求，但广西党组织根据党的民族政策的原则精神和广西的实际情况，积极加强少数民族工作，发动少数民族人民参加革命武装斗争。1949 年春以来，柳北、左江、右江等游击队在发表的宣言、布告中，鲜明地提出“各民族一律平等”“维护少数民族利益”，号召“苗、瑶、侗、僮（壮）等少数民族的兄弟姐妹们，组织起来，奋勇斗争，参加部队，支援前线，大步向前，迎接南下大军，解放自己，解放整个被压迫被剥削的阶级”①。

各地党组织、游击队十分注意尊重少数民族的宗教信仰、风俗习惯，严令禁止一切欺凌、歧视、侮辱少数民族的言行。柳北、都宜忻、右江、十万山等游击区为适应少数民族的特点、生活习惯，单独建立了瑶族、苗族、京族的革命武装。各地党组织积极选拔、使用当地少数民族干部，有计划地抽调他们到十万山公学、右江干校、风红区政治干校以及各种类型的干训班、学习班培训。大批少数民族干部在斗争中茁壮成长。到 1949 年冬，全省有 12 名壮族干部担任支队、总队领导职务。他们是：粤桂边纵队第四支队参谋长陆新，第七支队司令员黎汉威，第八支队副司令员韦盛经、参谋长韦质彬，滇桂黔边纵队左江支队副参谋长梁玉金，桂西区指挥部指挥员赵世同，桂中支队司令员兼政委廖联原、副司令员韦志龙、副政委兼政治部主任韦纯束，柳北人民解放总队司令员兼政委莫矜，都宜忻人民解放总队副司令员覃宝龙、政治部主任覃展。左江、右江、桂中 3 个支队和柳北、都宜忻两总队共 153 名团（大队、独立营）正职干部中，壮、瑶、苗等少数民族干部共 112 名，占 73%。

在全国革命形势迅猛发展的有利条件下，广西各级党组织进一步加

① 《中国共产党柳北区工作委员会、柳北人民解放总队宣言》，1949 年 9 月 15 日。

强对少数民族上层人物的团结争取工作,给他们讲清形势,解释政策,晓之以理,动之以情,先后争取了原国民党国大代表、思乐县县长覃辉,河池县参议长韦巍,上思县参议长黄维章等参加游击队,争取了上金县民团副司令严毓嵩,宜山县参议会副议长兼理苗区区长罗成文(以上均壮族),龙胜县民团司令、县参议长吴通瀚(侗族)以及1933年桂北瑶民起义的领袖凤福山(瑶族)等率部起义、接受改编。他们的行动带动了本民族的群众积极参加、支持革命,从而加速了革命胜利的步伐。到广西解放前夕,全省少数民族聚区的67个县中有64个县已建立了人民武装,其中36个县建立了县级人民政权。

广西民族工作的发展,不仅加速了广西解放的进程,而且培养了大批少数民族干部,积累了民族工作的经验,对广西解放后全面贯彻执行党的民族政策,实行民族区域自治,在少数民族地区进行社会主义革命和建设事业,具有重要的意义。

# 第 十 六 章

# 广西的解放

## 第一节 人民解放军发起广西战役

### 一、中共中央军委的决策

1949年4月中旬,担负解放华中南地区任务的人民解放军第四野战军(以下简称四野)的主力开始自平津地区南下。当时,白崇禧任华中军政长官公署长官,掌握着20多万军队。4月下旬,第二、第三野战军渡过长江并解放南京后,白崇禧即令其主力南撤,企图在汨罗江以北,长沙、衡阳以东地区组织新的防线,阻止人民解放军南下。4月28日,毛泽东致电四野司令员林彪、政委罗荣桓等,指出:“和谈破裂,桂系亦从来没有在具体行动上表示和我们妥协过,现在我们亦无和桂系妥协之必要。因此,我们的基本方针是消灭桂系及其他任何反动派。”5月16、17日,四野先遣兵团第十二兵团发起东线渡江战役,相继解放武汉三镇。7月上旬至中旬,四野接连组织宜(昌)沙(市)战役、湘赣战役。白崇禧如惊弓之鸟,也很狡猾,一发现作战态势于己不利便命令部队撤退,四野未能达到歼灭白部主力的目的。

以毛泽东为主席的中共中央军委,认真总结了东线渡江作战以来三个战役的经验教训,分析了白崇禧集团作战的特点及其在我军优势兵力追击下可能采取的对策,制定了大迂回大包围大歼灭的作战方针。7月16日,中央军委致电四野领导人,指出:“白部本钱小,极机灵,非万不得已决不会和我作战。”“判断白崇禧准备和我作战之地点不外湘南、广西、云南三地，而以广西的可能性为最大。”和白部作战，“不要采取近距离包围迂回方法，而应采取远距离包围迂回方法，方能掌握主动，即完全不理白部的临时部署，而远远地超过他，占领他的后方，迫其最后不得不和我作战”。

9月中旬，白崇禧将其主力5个军秘密集结于湖南衡阳地区，妄图乘隙寻歼四野前出的部队。四野司令部抓住战机，组织衡（阳）宝（庆）战役，一举歼灭桂系赖以起家的第七军、第四十八军的4个主力师，连同其他部队共4.75万人。白崇禧极为惊恐，于10月中旬初急令全军退守广西。

衡宝战役期间，四野第十五兵团和二野第四兵团（暂归四野指挥）于10月2日发起广东战役。10月14日，第十五兵团解放广州市。第四兵团即昼夜兼程，尾追向粤西窜逃的粤敌余汉谋集团主力第二十一兵团，10月25、26日，在阳江、阳春地区全歼该敌4万余人。广东之敌大部被歼后，白崇禧集团陷于孤立无援的境地。

白崇禧部败退广西后，经过整补，尚有正规军第一、三、十、十一、十七等5个兵团12个军约18万人，加上败退至广东南路地区奉命配合白部作战的余汉谋集团第四兵团3.5万人，共约21万人，另有地方部队约10万人。这时，全国除桂、滇、黔、川、康（西康）、藏、台湾省和海南岛外，均已解放，白崇禧集团日暮途穷，覆灭在即。

为便于实施战役指挥，尽快消灭白崇禧集团，解放广西，由四野司令员林彪、副政委兼政治部主任谭政、第一参谋长萧克组成的前线指挥部（简称前指）于11月1日由武汉进抵湘南衡阳。11月4日，前指作出广西战役的作战部署：以四野第十三兵团（司令员程子华，政委莫文骅）所辖的第三十八、第三十九军为西路军；二野第四兵团（司令员兼政委陈赓）所辖的第十三、第十四、第十五军为南路军（后增调四野第十五兵团的第四十三军加入南路军）；四野第十二兵团（司令员兼政委萧劲光）所辖的第四十、第四十一、第四十五军为中路军，三路大军共9个军42万余人。四野第四十九军放在第二线，在中路军之后跟进，沿湘桂铁路两侧担负剿匪和保护交通、筹集粮秣等任务。进军步骤是：西路军于11月上旬出动，首先歼灭湘西南之敌，尔后迅速向桂西的宜北、思恩、河池前进，继而进占百色、果德一线，封闭白部逃往贵州、云南的通道；南路军于11月10日左右出发，进占玉林、博白一线，防敌退入雷州半岛，如发现敌有退钦县、北海动向，则向钦廉地区前进，不让敌从海路撤往琼崖；中路军于湘南待机，抑留白部于桂北，待西、南两路军超出，对敌形成钳形包围态势时再出动，三路大军合力攻击，务求将白崇禧集团歼灭于广西境内。11月6日，中共中央军委批准了这一作战计划。

## 二、南下大军围歼白崇禧集团

11月7日，西路军主力由武冈、洞口出发，奔袭据守湘西南通道、靖县之敌第十七兵团，奏响了广西战役的序曲。敌第十七兵团仓惶西撤，西路军紧追不舍，于14日楔入黔东南的榕江。15日，向大西南进军的二野第五兵团解放贵阳，黔桂公路即被切断。10日，南路军先头部队自粤西罗定向廉江开进。

西路、南路大军开始出动后，白崇禧令其主力第三、十一兵团自桂中、桂东地区秘密南移岑溪、容县、博白地区，准备抢占雷州半岛。鉴此，四野前指适时调整作战部署。11月13日电令第四兵团主力迅速秘密向信宜、茂名一线集结，第十五兵团的第四十三军自粤中西进，参加南路军作战；16日电令西路军三十九军停止西进，改为南下柳州、宜山一线截击敌第一、第十兵团，策应南线作战；17日电令中路军开始南进，迫敌于粤桂边境地区与我决战。

南路军的四个军于11月22、23日全部进抵廉江、化县、茂名、信宜一线，隐蔽集结待机。西路军第三十八军于25日进占金城江，切断了黔桂铁路；第三十九军于25日解放桂中重镇柳州市。中路军第四十一军于22日解放广西省会桂林市；第四十军于25日解放桂东首府梧州市。

人民解放军西、南、中三路大军的英勇进军，已形成对白崇禧集团三面包围的态势。白崇禧见其西撤贵州、云南的道路已被切断，并误以为南路军兵力薄弱，决定发动“南线攻势”作战，令其第三兵团主力向化县、茂名攻击，第十一兵团向信宜攻击，余汉谋部第四兵团向廉江攻击；第一、第十、十七兵团的主力分别南撤红水河、浔江一线，以阻止人民解放军中路、西路大军南下，如南线进攻得手，全军则经雷州半岛撤往海南岛。

11 月 24 日，毛泽东致电林彪并告陈赓，指出“这是歼灭该敌的好机会”，提出南路军的主力不要进入广西境内，应在廉江、化县、茂名、信宜之线布防，待敌来攻而歼灭之；中路军迅速分数路南下，攻击敌侧背；西路军分数路宽正面，第一步向百色、南宁之线，第二步向南宁、龙州之线攻击，以期尽歼逃敌于国境线内。

根据这个部署，南下大军在粤桂边进行了两次大围歼战。11 月 27 日，敌第三兵团在空军支援下向南路军第四兵团发动猛烈进攻，遭我方顽强抗击，未能前进一步。同日上午，我南路军第四十三军在信宜以北地区击退敌第十一兵团第五十八军的进攻，该敌向西北方向撤退，敌第三兵团侧翼暴露。陈赓抓住战机，于 27 日下午命令南路各军全线反击。敌第三兵团即向陆川、博白一带收缩。四野前指即令南路军各部队乘胜追击，大胆猛插，歼灭逃敌。第四十三军第一二九师于 28 日 17 时攻占容县，23 时续占北流，追击途中歼灭敌第十一兵团部及其第五十八军大部，击毙其兵团副司令官胡若愚，随即于 29 日进占桂东南首府玉林。30 日晚，该军第一二七师第三七九团、第一二八师第三八二团获悉敌第三兵团部驻于博白县城，不怕孤军深入，连夜并肩突入博白县城，经激战，歼灭敌第三兵团司令部，俘华中军政长官公署副长官兼第三兵团中将司令官张淦。与此同时，第四兵团第十四、第十五军追至陆川、博白地区，协同第四十三军围歼敌第三兵团的第七、第四十八、第一二六军，经 4 天激战，将其大部歼灭。第十三军主力在粤桂边纵队主力配合下于 12 月 1 日收复廉江，全歼粤敌第二十三、第一〇九军等部 6000 余人，俘“粤桂边剿匪总指挥部”中将司令官喻英奇。12 月 2 日，粤桂边第一次大围歼战胜利结束。

南路军与敌在粤桂南地区激战期间，西路军在红水河及桂中南地区歼敌第十七兵团之第一〇三军及第一、第十一兵团各一部，俘第十一兵团参谋长李致中。中路军在桂东、桂中地区歼敌第十兵团一部。

这时，白崇禧集团已全线溃败，其华中长官公署直属部队及第十兵团、十一兵团残部仓惶向钦县、北海地区撤退，妄图从钦县、北海港口渡海逃往海南岛；第一兵团沿南宁、龙州公路线撤退，妄图逃入越南；第十七兵团残部经黔桂边境逃入云南。12 月 3 日，白崇禧、黄旭初、李品仙、夏威等桂系头目自南宁乘飞机逃往海南岛海口市。

为粉碎白部从海上逃跑的企图，四野前指于 12 月 2 日开始组织以钦县为中心的粤桂边第二次大围歼战。各部队以日行军 100—150 华里的速度追歼逃敌。南路军第十四军于 6 日上午冒着敌空军、炮兵猛烈火力的轰击，强渡钦江。当日下午，第十三、第十四军紧密协同，向钦县之敌发起攻击，战至午夜，全歼敌华中军政长官公署及其直属队，俘中将炮兵总指挥姚学廉以下 1 万余人。7 日，南路军第十四军第四十师，中路军第四十军第一一九师、第四十三军第一二七师、第四十五军第一三三师协同向被堵截于钦县小董地区之敌发起攻击，全歼敌第十兵团第四十六军、第一兵团一部、交警第三纵队及国防部突击第一、第二、第三纵队等部 1 万余人。粤桂边第二次围歼战胜利结束。与此同时，中路军第四十军第一二〇师于 12 月 5 日在灵山以北地区截住敌第十一兵团之第一二五军，战至 6 日凌晨，该军军长陈开荣被迫率部近万人投诚。留在容县、玉林、陆川地区负责肃清溃散之敌的南路军第十五、第四十三军歼敌 6000 余人，俘其第三兵团中将副司令官兼第七军军长李本一、第四十八军军长张文鸿。西路军第三十九军沿柳邕公路疾进，占领沿线各县。该军第一一六师于 12 月 4 日解放桂南首府南宁市。第三十八军第一五一师于 12 月 5 日解放桂西重镇百色。

12 月 7 日，粤桂边第二次大围歼战结束后，四野前指令南路军第十三军，中路军第四十三军第一二九师，西路军第三十九军第一一五、第一一七师就近向中越边境地区追击。上述部队发扬连续作战、不怕疲劳的优良传统，昼夜兼程南进。数日间，于上思、思乐、宁明、明江、绥渌地区歼敌第一、第十、第十一兵团各一部共 1 万余人，俘其第一兵团副司令官兼第七十一军军长熊新民。至此，白崇禧集团除第一、第十一、第十七兵团残部共 2 万余人逃入越南外，17 万多人悉数被歼。12 月 11 日，第三十九军第一一五师第三四三团占领中越边境要塞镇南关，广西战役胜利结束，标志着广西已获得解放。

# 第二节　中共广西省委的成立及广西人民的迎军斗争

## 一、中共广西省委的成立

在四野即将向华南进军之际，中共中央对华南党组织作了调整。1949年8月1日，中共中央决定组成新的华南分局，由叶剑英、张云逸、方方分别任第一、第二、第三书记，新华南分局属中共中央华中局（同年12月改称中南局）领导，辖广东、广西两省；同时决定成立广西省委，拟以张云逸为书记。9月8日，毛泽东致电华南分局，指出："方方等同志领导的华南分局及华南各地党委和人民武装有很大的成绩。新的华南分局及即将进入华南的人民解放军主力，应对此种成绩有足够而适当的估计，使两方面的同志团结融洽，互相学习，互相取长补短，以利争取伟大的胜利。"

9月22日，中共中央批准成立中共广西省委，由张云逸任书记，陈漫远、莫文骅、何伟、李楚离任副书记。当时张、陈、莫、李尚未到职，由何伟在武汉建立省委机关，主持省委的工作。广西战役发起后，省委机关随四野第十三兵团部进入广西，统一领导广西各地党组织。

11月15日，西路军开始进入广西边境，中共广西省委于是日发出《告广西人民书》，号召人民游击队全体指战员更勇敢地起来配合野战军作战，消灭残敌，肃清匪特，安定社会秩序；号召工人、农民、知识分子、学生及民主人士动员起来，帮助人民解放军筹集粮草、运输、修桥补路、当向导、送消息，保护工厂、矿山、铁路、公路、学校、医院及一切科学文化机构，协助人民解放军接管，恢复发展生产，沟通城乡贸易；号召各少数民族同胞动员起来支援解放军，打倒蒋李白匪帮的万恶统治，粉碎反动派一切压迫和分裂各民族团结的阴谋，为建设新民主主义的新社会而斗争；号召国民党政府机关的职员站到人民方面来，妥善保存档案和财物，等待人民政府接管；警告国民党军的军官不要执迷不悟，赶快投向人民解放军，立功赎罪。

11月21日，四野前指在着手组织粤桂边第一次大围歼战之际，致电中共华南分局、广西省委，要求广西地方党组织及地方武装进行以下配合："(1)桂西区与中南区在西江、红江〔红水河〕、左江、右江、郁江北岸注意分散隐蔽一批船只，防敌破坏或拉走，以备我军南渡之用。(2)积极开展军事行动，阻塞敌人后方交通，扰乱敌人后方。(3)帮助我军联系群众，使我军每到一地人民不避不怕，同时对抗敌之坚壁清野。(4)主力到时帮助筹粮及掩护交通线，消灭散敌等。"同日，四野前指致电中共滇桂黔边区党委书记兼边纵政委林李明、边纵司令员庄田，要求他们率部向百色前进，并破坏百色附近的公路。

## 二、广西人民武装的协同作战

广西战役期间，广西各游击队根据上级指示的精神，集中主力向有战略意义的地区推进，协同野战军阻击、截击、追歼敌军；野战军没有到达的县分，游击队则主动进攻当地的国民党地方武装，解放城镇，接管政权。

### 粤桂边区

10月，中共粤桂边区党委书记、边纵司令员兼政委梁广5次致电中共中央并华南分局，汇报粤桂边区敌我情况和提出作战建议。10月下旬，粤桂边区党委和边纵司令部向边区军民发出从军事、政治、后勤等方面全力支援、配合野战军作战的动员令，并作出具体作战部署：边纵司令部率主力第六、第七支队自雷州半岛向东推进，接应二野第四兵团西进；第一、第二支队集结于廉江、遂溪边境，配合野战军行动；第三、四支队在邕(南宁)钦(县)、合(浦)钦(县)公路沿线集结，配合野战军歼击溃逃之敌；第五支队在茂名、信宜和广西边境集结，相机歼敌；第八支队主力向柳州方向挺进，配合沿湘桂铁路南下的野战军作战，同时加强和南宁、右江方面的联络，配合野战军解放南宁。11月5日，边纵司令部及第一、第六、第七支队在广东化县县城与南路军第十三军胜利会师。第十三军领导邀请边纵团以上干部座谈，互相交流经验，边纵各支队派出一批干部到第十三军取经。第十三军将所缴获的一批武器、弹药送给边纵部队，边纵也把国民党第六十二军直属队在湛江起义时运出和截获的武器、物资回赠第十三军。尔后，十三军选调了一批干部到边纵一些支队任职，以加强领导。

11 月 11 日，粤桂边纵第八支队司令员兼政委杨烈率主力第二十三团北上，经永淳、宾阳、贵县、武宣向柳州推进。同月下旬在武宣县桐岭与桂中支队会师。这时，西路军第三十九军已解放柳州，杨烈即率部回师宾阳。第二十三团南北转进途中，击毁敌军车 2 辆，俘敌 200 余人，并于 12 月 3 日攻占桂南交通要冲黎塘镇。11 月下旬，第八支队副司令员韦盛经、参谋长韦质彬率支队另一主力团第二十二团自上林北上迁江，拟在红水河南岸截击国民党军。27 日，发现敌第一兵团第九十七军第三十三师数千人自忻城县南下上林。第二十二团勇猛截击，激战半天一夜，打退敌人的轮番冲锋，有的战士子弹打光了，便与敌人拼刺刀，用石头砸敌人，或拉响最后一颗手榴弹与敌人同归于尽。此役毙伤敌 110 多人，缴获各种武器 100 多件，军用物资一批，第二十二团牺牲 9 人。11 月 30 日，该团在石门与西路军第三十九军第一一六师胜利会师，随后配合该师解放上林、宾阳县城和南宁市。同日，第八支队来宾县独立大队、桂中支队来宾县大队和柳来象边区独立大队先后进占来宾县城。

11 月中旬，粤桂边纵命令第七支队东进吴川县。16 日，该支队在第一支队一部协同下对逃窜于龙头岭的国民党吴川县自卫大队发起强攻，经一昼夜激战，敌吴川县长被迫于 17 日黄昏率部 400 余人投降。

在粤桂边第一次大围歼战期间，粤桂边纵队副司令员唐才猷于 12 月 1 日率第一、第六、第七支队在遂（溪）安（铺）和湛（江）廉（江）公路沿线阻击，配合南路军第十三军收复廉江县城。此役边纵部队俘国民党第一〇九军第三二一师师长陈植以下 700 余人。边纵第一支队第二、第三团，北流县独立大队和博白县区、乡武装配合南路军围歼敌第三兵团，解放桂东南各县，并争取国民党北流、玉林、容县 3 县县长率 110 多人投诚。此役，第三团和博白县地方武装歼敌 2500 多人，缴获轻重机枪 230 挺，炮 35 门，长短枪 4000 余支。边纵第四支队贵（县）兴（业）大队于 12 月 1 日解放兴业县城。

11 月下旬，粤桂边纵第三支队司令员谢王岗、政委陈明江率第二十团主力，第二十一、第二十二、第二十三团各一部在邕钦公路台马至钦州段集结，准备堵击逃敌，同时组织钦县、防城两县的3000余名民工破坏此地段28公里的公路，以迟滞敌人的行动，并把钦江、平银江、黄屋屯江和钦防沿海地区的船只疏散隐蔽，使敌人无法从水路窜逃。12月3日，从南宁沿邕钦公路南逃之敌万余人先后抵达钦县板边、那垌一带，第三支队各团当即奋勇阻击。在第三支队连日拦击、袭扰下，敌行动迟缓，从而为南路、中路各军追歼该敌赢得了时间。7日，第三支队配合南下野战军全歼该敌于小董、大寺地区。12月5日，国民党广东省3个保安团残部共2000余人逃至防城县竹山港，企图乘船逃往海南岛。第三支队第二十团一部及防城县地方武装英勇阻击，拖住敌人，并于翌日进占防城县城。8日，南路军第十三军第三十七师赶到，在第三支队的配合下将竹山之敌大部歼灭。一些被打散的敌兵乘夜幕掩护涉水逃往京族聚居的巫头岛，在竹山外围作战的京族民兵中队勇猛追击，俘敌30人。12月8日至10日，第三支队第二十二团在上思县境俘敌500余人，缴获轻机枪10余挺，大小火炮10余门。在此期间，该支队邕江挺进大队在灵山县西部地区俘敌600余人。邕宁县西南区地方武装在保安江渡口和苏圩俘敌正规军和广西省保安部队共620人。

粤桂边第二次大围歼战期间，粤桂边纵第七支队配属南路军第十三军，自廉江西进钦县追歼逃敌。第四支队配合南路军第十三军、中路军第四十军解放合浦、灵山、北海港。

**左右江区**

11月，左江支队决定：第三、第七十四、第七十五3个主力团向邕（南宁）色（百色）公路方向前进，位于中越边境各县的游击队全力封锁边关，防敌逃入越南。12月6日，养利县独立营解放该县县城桃城镇。

同月，桂西区指挥部（右江支队）主力第八十三、第八十五、第八十八团分别向邕色公路的田东、武鸣及红水河中游的都安县推进。11月25日，敌第十七兵团第一〇三军第三四七师残部窜至河池，河池县主力营及长老大队即在拉友、板庆、长坡一带进行阻击、袭扰，疲惫、迟滞敌人，以待南下大军前来聚歼。27日，西路军第三十八军第一五一师第四五一团追至，在河池游击队的配合下全歼该敌，俘三四七师师长潘汉逵以下官兵1500余人。12月5日，桂西主力第八十八团、都安县独立团配合第三十八军第三三七团解放都安县城。野战军暂未到达的县份，当地游击队乘敌人惊慌失措之机，勇猛进击。11月29日凤山县独立大队进占该县县城。12月2日，武鸣县腾翔乡民兵在米花坪一带截击敌空军某后勤部车队，俘其官兵及家属数百人，缴获汽车36辆，随即将这批汽车送交野战军，用于追歼逃敌。4日，腾翔、双桥两乡民兵配合武鸣县独立团包围武鸣县城，守敌弃城逃跑，部队随即进占县城。7日、8日，果德、那马县独立大队分别进占两县县城。10日左右，田阳县篆虞村游击队组织田阳、田东两县民兵截击南逃的国民党广西省第十二区（凤山）专署保安独立营，迫使该专署专员兼少将保安司令阳丽天率该营300余人投诚。

**省农委辖区**

中共广西省农委于1949年10月发出《大军临境时的迎接工作》和《关于各种人物与我谈判联络问题的处理》两个文件，要求各总队猛烈开展军事攻势，集中适当主力，放在机动位置，配合南下大军作战。对敌军的据点，在力所能为的条件下，均须进行攻袭。如一时不能攻下，可采取围困的办法。同时派出许多武工队和发动广大民兵，骚扰牵制敌人，破坏和袭击敌人的交通线、仓库，收缴散兵游勇武器，并大量缴借地主枪械。猛烈开展政治攻势，瓦解敌军，争取其投降起义，实现地方局部和平。

10月中旬，四野社会联络部派出一位广西全县籍干部秘密进入全县，与桂北总队副政委阳雄飞等会晤。阳雄飞立即写了《广西情况》书面报告，交其带回。11月15、16日，阳雄飞赴湘南，先后向第四十一军第一二三师师长江燮元和军政委欧阳文等详细汇报了桂北和广西敌我斗争形势及有关社会情况，并研究了桂北总队配合该军解放桂北的作战计划。决定桂北总队抽调一部分兵力配合第四十一军解放敌正规军据守的湘桂铁路沿线的全县、兴安、灵川及桂林市，其余部队负责解放湘桂线两侧各县，使该军不必分兵，全力沿湘桂线南进。桂北总队按此部署积极行动。19日，第二、第十二、第十五大队分别解放灌阳、义宁、资源3县县城。21日，第三大队解放龙胜县城。23日，第七大队一部解放永福县城。

11月中旬，中路军第四十军开始进入桂东边境，桂东人民解放总队各部广泛出击，配合该军解放桂东各县。11月中旬至12月中旬，桂东总队进行大小战斗数十次，歼敌正规军及地方武装近千人，俘国民党钟山县县长、贺县县长等一批官员。同时迫使（争取）国民党贺县自卫总队副总队长、富川县自卫总队副总队长、信都县县长、钟山县自卫营营长等率部2200余人投诚。11月24日，信都县解放中队进占信都县城。

11月中旬，西路军进入黔桂边境后，柳北人民解放总队奋勇出击。11月20日，第一大队一部进占融县县城。21日，第四大队于融县长安镇与西路军第三十九军胜利会师。随后，总队各大队分别配合第三十九军解放罗城、柳城县和柳州市外围据点。

11月下旬，中路军第四十一、第四十五军分路挺进桂中地区。30日晨，桂中支队司令员兼政委廖联原等率第一、第十五团和第三大队一部共1500多人，自武宣县七星村北上，向象县方向前进，截击敌人，迎接南下大军。下午1时许，部队抵达风门坳附近，发现敌第五十六军一部南逃，当即进行截击。不久，第四十五军第一三三师第三九八团赶到，桂中支队和第三九八团前后夹击，歼敌1000余人。在侧翼担任阻击任务的第三大队妙皇中队俘敌师副参谋长以下200余人。12月1日，桂中支队第八团第三营第七连在金秀东北乡200多名瑶族民兵配合下，歼灭国民党金秀警察队，活捉金秀警察局局长，金秀设治局（今金秀瑶族自治县）获得解放。2日，桂中支队第二十九团在贵县樟木寺头村截击敌桂中军政区残部，激战1个多小时后，第二十九团转移到附近乡村钳制该敌。3日，中路军第四十五军第一三三师赶到。4日，第二十九团配合第一三三师全歼该敌，毙伤其300余人，俘桂中军政区中将司令官王景宋以下900余人。

11月下旬，都宜忻总队所属的4个联队，分别向柳州、宜山方向推进。24日，第四联队在柳（州）邕（南宁）公路六道伏击，歼敌华中军政长官公署直属的一个通讯连。28日，该联队第十一大队在柳江福塘全歼敌桂林绥署第三支队第三大队。12月2日，第一、第二、第三联队的5个大队解放广西第十专署所在地宜山县城。在此期间，还争取了国民党忻城县代县长和宜山县自卫总队副总队长率部100余人投诚。

## 三、城市人民的护城斗争

为做好护城迎军工作，中共广西省城工委于 1949 年 9 月 25 日至 30 日于柳州市郊鹧鸪江召开城市工作会议。桂林、柳州、南宁三市城工委的七名负责人参加会议。会上省城工委书记陈枫明确指出，在解放大军即将进军广西的形势下，要以“健全领导，大胆组织群众和发展党的组织，加强地方上层民主人士与开明士绅的联系，积极布置我军入城的一切准备工作”为城市工作的基本任务。会议认为“广西的解放当不会超过当年冬季”，并对桂林、柳州、南宁、梧州解放时可能出现的战争方式、“真空状态”（即敌军已撤退，南下大军一时尚未到达）、和平解决三种方式作了具体分析，认为战争方式和“真空状态”的可能性较大。陈枫强调各市党组织要从最坏的角度来考虑问题，广泛发动各界群众，积极做好护厂、护校、护路工作，使城市完整地回到人民手中。根据省城工委此次会议精神，各城市的党组织领导群众进行了多方面的斗争。

一是广泛、深入地开展宣传活动，稳定城市各阶层人民的情绪。桂林、柳州、南宁、梧州等城市党组织于 10、11 月多次组织散发、投寄《中华人民共和国中央人民政府成立公告》、《中国人民解放军布告》（又称约法八章）、《告市民书》《告各机关主管书》《告国民党官兵书》等多种传单、信件，宣传全国解放战争即将胜利的形势和新中国的建国方针、保护工商业政策、对国民党党政军人员的政策等，号召城市各阶层人民团结起来保护城市，迎接解放军入城；号召国民党党政军人员起义投诚和保护好公共财产、文件档案，等待人民政府接管。这一期间的宣传工作规模大，教育面宽，仅南宁市工委散发的传单就达一万多份。通过广泛深入宣传，有力地粉碎了敌人的欺骗宣传，广大工人、市民、工商业者以及部分国民党党政军机关、团体的中下层人士都抵制了白崇禧的“疏散”“撤退”命令，留在城市迎接解放。

二是卓有成效地开展统战、策反工作。许多地下党员和党领导的地下工作者不顾个人安危，大胆、机智地闯入敌人的军营、警察局和高级官员、特务头目的住所直接和他们接触，晓之以大义，劝导他们放下武器向人民靠拢。经过艰苦的工作，南宁、桂林、柳州、梧州四市，争取了部分国民党中下层军政人员和约 3000 名军警起义、投诚，为人民解放军顺利地解放、接管四市创造了有利条件。

南宁解放前夕，中共南宁市工委和南宁市城工委相互配合，积极开展对国民党军警的统战、策反工作。市工委书记阮洪川亲自出面做南宁护商大队大队长的争取工作。在两个工委的努力下，先后争取了敌华中军政长官公署工兵第十六团、南宁市警察局、南宁市护商大队以及正规军第三二九师山炮连等部共2000多人起义、投诚。此外，还争取了原国民党第七军少将师长马宗骥，原国民党军统局广西工作站少将站长谢岳山等起义。争取了设在南宁和从梧州逃到南宁的中国、中央、农民、交通、广西等9家银行的经理投向人民，把库存的黄金2200两、银器2400两、银元1万元封存，等待人民解放军和人民政府接管①。遵照南宁市工委的指示，工兵第十六团将原计划用于毁城的数十吨炸药封存，这对确保南宁市人民生命财产的安全起了重要的作用。南宁市的策反工作成效显著，但也付出了代价。该市解放前夕，市工委派工委委员罗平之弟、国民党爱国军官罗灿纲前往驻亭子圩的国民党内政部警察总队，做该总队头目的工作，争取该部起义。该头目顽固不化，竟将罗灿纲杀害。

梧州市城工委首先争取了洪帮首领黄天泽（黄绍竑的胞兄）和原国民党苍梧县县长，通过他们掌握了梧州义勇警察队、粤桂航业公司护航队、梧州商业大队共300多人的地方武装。解放前夕，又争取了梧州警察局大中分局局长率76名部属投向人民。

柳州市城工委在10月中旬至11月间，争取了国民党军统局驻柳机构的两个头目反正，交出80余名特务名单和15支枪。在此前后，还争取了敌华中军政长官公署经委会干事组的一名上校组长向人民靠拢，加入民主人士解放联合会，参加迎接解放的工作；做了驻柳州的国民党交通警察总队第一大队的争取教育工作，柳州解放时该大队大队附率部属约300人枪向南下解放大军投诚。

在省会桂林市，城工委工作十分艰险。由于叛徒出卖，市城工委书记陈光于10月5日不幸被捕，他英勇不屈，11月11日被敌人秘密杀害。市城工委在严峻的形势下，坚持斗争，团结争取了原国民党省政府

---

① 吴法宪《关于南宁市军管会一月的接管工作报告》，1950年1月25日。

咨议张显龙及邓燕林等一批有影响的民主人士参加民主人士解放联合会。通过他们对各阶层群众开展广泛的教育工作和宣传党的政策，使一批工商界人士及国民党军政机关、团体的中下层人员留下来。邓燕林还和国民党桂北军政区中将司令官周祖晃取得联系，做了一些争取工作，对促成该部后来接受和平改编起到了一定的作用。

三是广泛发动各阶层人民群众开展护厂、护校、护路斗争。桂林解放前夕，柳铁桂林机务段职工将敌人存放在车站的大批物资隐藏起来，并以种种借口拖延开车时间，从而保存了12台机车、400多节车皮和大批弹药、药品及其他军用品。该市苏桥车辆制造厂的工人黄刚奋不顾身将敌人安装在动力机上的6包炸药拉下3包，从而减少了损失。敌人爆破市电讯局时，该局工人不顾危险，在熊熊烈火中抢救出各种电讯器材40余件。市电厂的工人们在敌工兵前来安装炸药时，以各种借口将他们骗走，而后连夜赶拆机器，转移家属，准备在敌人再来时进行武装护厂斗争。次日，人民解放军胜利进占桂林城，电厂在工人们的保护下完整地保存下来，保证了解放后全市人民的生产和生活用电的正常供应。

柳州市城工委在全市33个工厂、企业和学校中建立了武装和非武装的自卫队伍，在护城斗争中发挥了重大作用。由湘桂黔铁路局职工组成的护路队，夺取了该局警务处的数十支枪武装自己，从而保存了37台机车、143节车皮，并迫使敌军械库主任率一个排投降，交出11节车皮的炮弹。负责保护火车站的湘桂黔铁路职工解放联合会的几名会员，在敌人起爆车站内一节装满弹药的车皮时，冒着生命危险，冲向已起火的车皮，摘掉挂钩，将它推离车站，保护了火车站和附近工厂、居民的安全。当敌工兵前来爆炸柳州电厂时，该厂的武装护厂队严阵以待，同时由厂方负责人及进步职员出面谈判，劝导这些国民党官兵不要做人民的罪人，还筹措了一些钱送给这些官兵，敌工兵遂将炸药置放于空地上搞假爆破后离去，市电厂得以保存下来。负责保卫柳江浮桥的两名护桥工人，在敌企图炸毁浮桥时，机智、勇敢地剪断炸药包的导火索，保存了浮桥，使野战军得以顺利过江追歼逃敌。驻柳州的国民党国防部兵工署第30兵工厂的300余名工人、职员坚决拒绝执行白崇禧要该工厂南迁的命令。当敌兵前来炸厂时,职工们团结起来,进行武装抵抗,迫使敌工兵仓皇逃离,胜利地保住了工厂。

南宁市、梧州市由于留守的国民党军警大部分已被争取过来,护城工作较为顺利。在敌人主力部队撤离后,两市党组织即指挥起义、投诚部队保卫电厂、电讯局、港口、仓库等重要单位,并在市内各主要街道巡逻、戒严、维护秩序。同时,发动广大群众组织起来护厂、护校,防止特务、坏人、散兵游勇的破坏、抢劫。结果,南宁除邕江浮桥、南宁飞机场油库被逃敌焚毁外,其余均未受到大的损失。梧州则未受到任何破坏。新华社 1949 年 11 月 27 日的电讯《广西解放重镇梧州》中称:“当解放军入城时,市民夹道欢迎,掌声雷动,鞭炮不绝。城内一切公共建筑在解放军迅速挺进及员工英勇保护下,未遭匪军破坏。梧州商店组织义勇警察队维持秩序,发电厂、自来水厂、海关、电报局、电话局及医院等设备均完好,各该单位员工均准备解放军接收。”

## 四、各族人民踊跃支前

广西战役是人民解放军战略追击阶段规模较大的一个战役,参战的野战军共 10 个军近 50 万人,军需给养浩繁。由于广西远离老解放区,加上平汉、湘桂铁路尚未完全修复,人民解放军的粮秣主要靠就地补给,运送粮弹、伤员,抢修道路、桥梁等战勤工作也主要靠当地人民群众承担。为保证战役的顺利进行,战役发起前广西各地的中共组织和游击队就相继发出迎接大军南下,做好支前工作的紧急通知、指示,要求全体党员、游击队指战员、人民政府工作人员、地下工作者和各族各界人民动员起来,“一切为迎接大军支援前线而奋斗”。各地普遍建立了支前司令部(委员会),组建兵站、粮站、茶水站、医疗站、运输队、民工团(队)、向导队、慰劳队等各种支前组织,筹集了大批粮食、蔬菜、肉食、柴草、马料等物资,随时准备供给南下大军。仅桂中南地区 6 个县就筹集大米 1200 余万斤,柴草 5000 余万斤,食盐 2 万余斤[①]。粤桂边大围歼战中的主战场之一的陆川县,参加支前的民工有 2000 余人。大军到达各游击区后,各

① 《广西军区第三次国内革命战争战史》,1956 年内部出版,第 17 页。

级支前组织发动广大群众把粮食、蔬菜、肉食、柴草等源源不断地送到部队宿营地，保证过境大军的需要。

除了保证巨大的物资供应外，广西各地党组织、游击队还派出部队和发动民兵、群众，为野战军侦察敌情，充当向导、翻译，运送弹药、伤员，撑渡船只，修路搭桥，看管仓库、俘虏，打扫战场，接管解放了的城镇，维护地方治安等，做好各种战勤服务和巩固后方的工作，使解放大军得以集中精力追歼敌人。中路军第四十一军沿湘桂铁路南下追歼敌军到达永福县大溪河畔时，因桥梁已被敌人破坏，无法渡河，苏桥车辆制造厂的60余名工人冒着严寒，下到冰冷的河中抢修，只用了3个多小时即把桥修好，使该军得以顺利向南追击。

对广西地下党和游击队在广西战役中所起的作用，南下野战军给予了很高的评价。林彪、谭政、萧克1949年11月26日在给中共中央军委并华中局的电报中说：湘桂公路铁路两侧，有我游击队活动并与我军取得联系，依靠他们动员群众回来。全县、兴安等地正由他们筹集并运送粮食。桂北总队路东支队集中全县，路西支队集中兴安，由他们维护治安。沿公路附近较大圩镇，亦有武工队活动，沿途帮助我军带路，对我军帮助很大。二野第四兵团司令员兼政委陈赓、副司令员郭天民、政治部副主任胡荣贵12月10日给粤桂边区纵队司令员兼政委梁广的信中赞扬说："此次围歼白匪战役中，粤中、粤桂边军民在人民政府领导下，全力支持前线，自动捐献粮草，抢修桥梁，许多地方县长亲率担架队到前线抢运伤员，……粤桂边纵更主动配合战斗，充满手足情谊，大大减少了我们作战的困难，有力保证了前线的胜利，特代表全军向你们及全区人民致以谢意。"四野第四十九军政委、柳州市军管会主任刘随春12月21日在柳州工人临时代表大会的讲话中称："柳州市工人在解放前后混乱时期所从事反破坏的英勇斗争，对于保护柳州市的完整起了很大的作用。"

广西战役是人民解放军在华中南地区进行的规模最大的战役，也是人民解放军军史上一次战果重大、代价甚小的成功战役。参战的野战军在广西地下党、游击队的大力配合下，所向披靡，仅以35天时间便全歼在国民党军中以狡猾、剽悍著称的白崇禧集团。整个战役共歼敌17.3

万人，其中击毙将级军官 4 名，俘获将级军官 68 名，缴获各种枪 52600 余支，各种炮 1258 门，装甲车 4 辆，炮艇 11 艘，电台 262 部[①]。人民解放军伤亡、失踪 2477 名，敌我兵力消耗比例为 60:1。广西战役的胜利，使广西大部及广东南路、湘西南、黔东南地区获得解放，并为尔后二野第四兵团进军云南，四野第十二兵团进军琼崖创造了极为有利的条件。

## 第三节　广西全境解放

### 一、肃清残敌，解放广西全境

1949 年 11 月中下旬，在人民解放军的猛烈进攻下，桂北、桂西北和桂东的敌军败退到一些山区县份顽抗。12 月初，白崇禧组织其主力部队向钦县地区撤退时，令其地方部队及部分正规军转入山区，企图建立反共基地。由于南下野战军主要沿铁路、公路交通线追歼白崇禧集团的主力，因而至 12 月 11 日广西战役结束时，全省尚有 24 个县仍为国民党残军所盘踞。

在广西战役期间，中共中央军委及四野前指便对战役结束后，如何肃清残敌，保卫新生的人民政权，保卫祖国南部边疆作出部署。11 月 30 日，四野前指决定第三十九军第一五二师和第四十一军第一五四师开始地方化（即由野战军转为广西地方部队，师的番号不改变）。12 月 9 日，中央军委决定成立广西军区，军区领导机关由四野第十三兵团部兼，司令员兼政委张云逸，第一副司令员黄永胜，第二副司令员李天佑，第三副司令员彭明治，第一副政委莫文骅，第二副政委兼政治部主任吴法宪，参谋长曾国华。12 月 10 日，四野前指又决定第三十八军第一五一师地方化。广西战役结束后不久，四野前指即于 12 月 16 日由衡阳启程返回武汉。12 月下旬开始，四野司令部根据中央军委的指示，陆续调整战略部署，将第四兵团归还二野建制；四野的五个军调离广西，担负（参与）解放滇南、海南岛等任务。

① 《广西战役战绩》，新华社汉口 1949 年 12 月 30 日电。

为加强地方武装建设，协同主力部队执行肃清残敌保卫广西的任务，中共广西省委、广西军区于1950年1月12日发出《整建地方武装工作的指示》，决定由各军分区将所在地区的游击队整编为独立团（营）、县大队，成为人民解放军的地方武装。这些地方武装与广西战役结束后留在广西的野战军一起向未获解放的地区进军，并利用白崇禧集团已基本就歼的有利形势，大力开展统战策反工作，坚决歼灭顽抗之敌。

在桂北地区。11月下旬，中路军向桂林进军时，国民党桂北军政区中将司令官周祖晃率部近1万人撤往百寿县一带。12月上旬，经四野第十三兵团多方争取，周派其副司令官霍冠南赴桂林与第十三兵团副司令员李天佑等谈判。12月13日，双方签署了《对前国民党桂北军政区所属部队机关和平解决方案》。周、霍等随即率部接受改编。但该军政区所辖的第三十九师师长莫敌等仍拒绝放下武器。12月16日，柳北总队第六大队配合第四十九军第一四七师第四四〇团解放百寿县城。19日，第四四〇团向盘踞永福县堡里山区的莫敌部发起攻击，歼敌一部，莫敌被迫接受《和平解决方案》，于12月22日率部1500余人投诚。

在桂东、桂中地区。11月中旬，中路军第四十军进入桂东后，敌桂东军政区司令官甘丽初、平乐区专员罗绍徽、八步区专员虞世熙等率部退入昭平继续顽抗。12月17日，四野第四十九军第一四五师第四三三团在桂东人民解放总队贺（县）钟（山）昭（平）边第三、第七大队配合下进占昭平县城，随即向桂花、仙回一带追歼逃敌。经几天激战，歼敌桂东军政区独立团、平乐专署独立营等部650余人，虞世熙被迫率残部投诚，甘丽初、罗绍徽仅带少数卫士逃脱。12月30日，四野第四十九军第一四六师第四三八团歼灭盘踞桂中中渡县的敌第五十六军第三二九师的一个团，解放中渡县城。

在桂西北地区。11月下旬，西路军向宜山、柳州地区进击时，国民党桂林绥靖公署副主任兼桂西军政区中将司令官莫树杰即率部逃往南丹、天峨一带。12月26日，第三十八军第一一二师一部进驻南丹县城。为争取莫部接受和平改编，第一一二师暂不向莫部退踞的南丹、天峨边境地区进军。由宜山军分区副司令员王汉昭（原桂军军官，后在安徽起义)及黄启汉等给莫树杰写信,向他阐明形势和共产党对待国民党军政人员的政策,促使他消除顾虑,决心弃暗投明。1950 年 1 月上旬,莫派其副司令官黄翰庭与王汉昭等谈判。1 月 13 日,双方达成协议,莫树杰即率部 2350 人投诚。与此同时,桂西天峨、东兰、凤山三县游击队向天峨老鹏一带进击,并开展政治攻势,国民党天峨县长被迫率部投诚。1 月 20 日,天峨县城解放。2 月 11 日,天河县大队和宜山军分区的一个连攻占天河县城。至此,桂西北地区各县全部解放。

在左江地区。广西战役期间,野战军只进占少数县份,该区有 15 个县的县城仍为国民党残军所占据。12 月 13 日,广西第六区(靖西)专员兼少将保安司令赖慧鹏(1948 年 2 月加入国民党革命委员会)于靖西县城率部 3700 余人起义,当时流亡在靖西的广西第五区(百色)专员兼保安司令陈汉流率一个连参加起义,靖西、镇边、敬德、天保 4 县宣告和平解放。

镇南关解放后,左江支队各部奋勇出击,于 12 月 13 日进占隆安县城,14 日进占同正县城,15 日进占龙茗县城,22 日进占万承县城,23 日进占镇结县城,26 日进占雷平县城。左江支队第七十四团第一营,在万承县独立营和武工队、民兵配合下于万承县龙布截击逃敌,歼敌第十一兵团第五十八军的一个营,迫使同被截击的国民党武鸣专署保安司令韦保新率所部 500 余人于翌日向隆安县人民政府投诚。1950 年 1 月 3 日,左江支队第三团等部进占向都县城。

在左江地区追歼逃敌的四野第四十三军第一二九师及第一二七师一部,于 12 月 14 日在明江县隘店歼敌第一兵团第九十七军一部,俘其副军长郭文灿以下 4000 余人。19 日,四野第三十九军第一一五师一部,在左江支队龙州独立营配合下进占国民党广西第七区专员公署所在地龙州县城。同日,第一一七师第三四九团在粤桂边纵队第三支队江南游击队配合下进占崇善县城。29 日,第一一五师第三四三团在左江支队第七十四团第一营和上金县独立营配合下进占上金县城。1950 年 1 月 14 日,广西军区第一五二师第四五六团第一营在左江支队左县独立营配合下解放左县县城,至此,左江地区各县全部解放。

1950 年 1 月下旬,敌第十七兵团残部自越南窜入靖西、镇边边境地区，四野第四十五军第一三四师一部在左江支队第七十五团配合下进行阻击。激战中，左江支队右江上游区指挥部政治部主任吕剑负重伤后牺牲。2月5日至7日，第一三四师的四个营在左江支队龙州、凭祥两独立营的配合下，将敌第十七兵团残部6700余人全歼于平而关地区。击毙其第一〇〇军中将军长杜鼎，俘其兵团中将司令官刘嘉树。

在右江地区。11月下旬，滇桂黔边纵队司令员庄田、政委林李明根据四野前指的指示，率第一支队第十五、第十六团，第三支队第二十二、第二十四团自滇东南分路向桂西挺进。进军途中，第二十二团于12月5日解放西林县城定安。12月15日，庄、林率第一支队进抵百色，与四野第三十八军第一五一师及桂西区指挥部胜利会师。下旬，庄、林率第一支队配合第三十八军第一一四、第一五一师参加滇南战役。第二十二团留在桂滇黔边境担负迎接二野第四兵团入滇任务。22日，该团解放田西县城。

广西战役后期，敌黔桂边军政区中将司令官张光玮率部退至西隆一带静观待变。赖慧鹏、陈汉流在靖西起义后，致电张光玮，劝导他率部起义。张复电赖、陈，表示决心起义。12月下旬初，陈汉流与广西省人民政府副秘书长杨德华（原桂滇黔边纵队政治部主任）抵达百色，向第一五一师领导汇报张光玮部的思想动向，洽商张部起义及部队改编的具体办法。12月27日，张光玮率部2000余人在西隆县城通电起义。1950年1月5日，第一五一师的1个加强连在桂西第一武工队配合下进占凌云县城。经派人争取，黔桂边军政区独立师师长兼凌云县县长岑建英于1月22日率部200余人投诚。张光玮率部起义后，黔桂边军政区副司令官胡栋臣冥顽不化，煽动原国民党总统府警卫团的两个营哗变，并窃据西隆县城，继续与人民为敌。2月底，第一五一师自滇南回师桂西，于3月1日突袭西隆县城，歼灭胡部400余人，胡栋臣自杀毙命。至此，广西所有县份全部解放，大股的敌军已被歼灭。

从广西战役开始到1950年3月1日广西全境解放，广西游击队共歼敌1万余人，解放县城28座。在整个解放战争时期，广西游击队歼敌近4万人，牺牲指战员2500余人，为解放广西作出了重要贡献。

## 二、广西省人民政府的成立

1949 年夏，中共中央、华中局和四野领导人即考虑广西解放后的政权建设问题。中央组织部着手从各老解放区物色到广西工作的干部。6 月中旬，四野领导决定从东北和冀东两支南下先遣队，各抽调一部分人员组成第十三兵团民运大队，由周书芳任大队长，全队 300 多人，随十三兵团南下，参加广西政权建设。

9 月下旬，中共广西省委在武汉成立后，即着手配备广西各地市的党政领导班子，并从四野南下工作团选拔 1000 多人编为广西工作队，队长孙德枢，政委金泽霖，党委书记由中共广西省委组织部副部长陈岸兼任，下辖 4 个大队。10 月上旬，广西工作队随第十二兵团南下。10 月中旬，中共中央华南分局调广西省城工委书记陈枫到广州，参加组织广西工作团。12 月下旬，广西工作团 100 余人在团长雷经天（广西省人民政府副主席）率领下进入广西。

参加广西战役的野战部队和广西游击队遵照毛泽东主席关于人民解放军既是战斗队，又是工作队、生产队的指示，有计划地安排一些干部转业，参加地方建党建政工作。同时，按照党的人民民主统一战线政策，注意吸收各民主党派和无党派爱国民主人士、少数民族的先进分子和上层人物参加各级人民政权；对起义、投诚的国民党党政军人员和在经济、文化、教育、卫生机构工作的人员，按照“量才录用”的方针，吸收他们参加政权工作和经济文化建设。由于采取了上述正确的方针、政策、措施，广西解放初期，全省共有各种类型的干部近 4 万人，其中老解放区调来的干部 3000 余人，军队转业干部 2700 余人，广西工作队、十三兵团民运大队、广西工作团的干部共约 1500 人，广西地下党、游击队的干部 18000 余人，留用的国民党统治时期的各种人员约 1 万人。

参加广西战役的野战部队在解放每一个地方后，即协助地方党组织成立人民政府，对游击队已建立的人民政权进行调整、充实，加强领导力量。各级人民政府迅速接管政权，领导人民群众肃清匪特，维持社会秩序，恢复、发展生产。桂林、梧州、柳州、南宁 4 市先后于 1949 年 11 月 30 日，12 月 1 日、12 日、22 日成立军事管制委员会，作为各市党政军一元化的临时领导机构，主任分别为陈漫远、谢扶民、刘随春、莫文骅。

12 月 2 日,中央人民政府委员会第四次会议一致通过,任命张运逸为广西省人民政府主席,陈漫远、李任仁、雷经天为副主席。12 月至翌年 1 月,陈漫远、张云逸、雷经天、李任仁先后抵达广西。与此同时,陈良佐、雷沛鸿、陈雄(以上 3 人曾分别担任国民党广西省政府民政、教育、建设厅厅长)、莫乃群、黄梦醒等爱国民主人士经华南分局安排,返回广西工作。

1950 年 1 月,中共广西省委按照中共中央的意见,把省会设于南宁,省委、省政府、省军区的领导成员相继抵达南宁。2 月 8 日,广西省人民政府在南宁正式宣告成立。同日,省人民政府发出公告,宣布将遵循《中国人民政治协商会议共同纲领》,团结全省人民,为建设人民的广西而努力奋斗。从此,广西各族人民进入了人民当家作主的新时代。

# 后　记

在纪念广西解放55周年之际，我们谨将《中国共产党广西历史》第一卷（1921—1949）奉献给广大读者。

编写《中国共产党广西历史》第一卷，是自治区党委交给我室的一项重要任务。1981年我室成立后，积极开展中共广西历史资料的征集工作。在编写出版新民主主义革命时期中共广西历史大事记及数十部专题资料著作的基础上，我室于1996年12月向区党委呈报了关于编写《中国共产党广西历史》第一卷的请示和方案。方案建议成立由区党委及有关部门领导、我室领导、党史专家组成的编审委员会，聘请黄荣、韦纯束、陈岸、李殷丹等40多位老同志组成顾问委员会，负责书稿的审核工作。

区党委对本书的编纂工作十分重视。当时的区党委书记赵富林、副书记马庆生于1997年1月批复同意我室的请示和方案。同年5月，区党委常委、宣传部长潘琦出席了我室召开的第一次编写工作会议并讲话，对本书编写的指导思想和方针、原则作了明确的指示。现任区党委书记曹伯纯，副书记刘奇葆、潘琦始终关注本书编写工作。书稿送审后，曹伯纯、刘奇葆同志很快批示，请区党委常委们认真审读，刘奇葆同志进行了具体修改，严格把关。

《中国共产党广西历史》第一卷，是全区党史研究的集体成果，凝聚了全区党史工作者的辛勤劳动和革命前辈的心血。20多年来，全区各级党史部门征集、编纂了大量的党史资料，为本书的编写打下了良好的基础。我室三任主要领导郎敏路、韦志虹、覃文成先后主持编委会的工作，都对本书的编纂工作进行认真的组织和协调。全室上下紧密配合，做好各项服务、保障工作。编辑部在吴忠才、庾新顺的具体组织下，进行深入研究,精心写作。初稿执笔者是:黄成授(第一章)、陈南生(第二章)、庚新顺(第三、第四章)、陈欣德(第五、第六章,第七章第一、二节)、彭源重(第七章第三节)、李德汉(第七章第四节)、韦显知(第八章)、苏上杰(第九、第十章)、姚蓝(第十一章)、沈奕巨(第十二章)、江虹(第十三、十四、十五章)、黄林毅(第十六章)。吴忠才负责全书的总纂工作,庚新顺、陈欣德、苏上杰、江虹分别负责一、二、三、四编的统稿工作,并协助全书统稿。在进行四次重大修改之后,于2000年5月将初稿分送全区各地市党史研究室、本书顾问委员会成员和徐方治、胡隆镁两教授审阅征求意见。2001年3月至4月间召开韦纯束、陈岸、李殷丹等20多位老同志参加的座谈会听取意见。根据这些意见又作重大修改,形成第二稿,再送各地市党史研究室、副省级以上老干部和区党委有关领导审阅。同年7至8月,由室主任覃文成主持,徐念农、吴忠才、徐方治、庚新顺、陈欣德、苏上杰、江虹等参加,进行半个多月的集体审读,对书稿各编、章、节、目提出全面具体的修改意见。随后,庚新顺、陈欣德、苏上杰、江虹对各自负责的部分进行修改,吴忠才进行统改,覃文成进行审改,之后又进行集体统改,形成送审稿,于2003年6月报自治区党委审定。

在编纂《中国共产党广西历史》第一卷的过程中,我们始终坚持以马列主义、毛泽东思想、邓小平理论和“三个代表”重要思想为指导,以《关于若干历史问题的决议》《关于建国以来党的若干历史问题的决议》为准绳,坚持辩证唯物主义和历史唯物主义,实事求是,严谨治史,精益求精,力图写出一部政治性、科学性强,可信、可读、可取的历史著作。主要是努力把好“三关”。一是史实关。力求全面、准确地反映广西党组织包括新中国成立前属广东管辖的钦廉地区党组织的历史;在不同的历史时期按照不同的级别和规格选取有关人物、事件史料,做到重大事件、重要人物、重要活动及其时间、地点不漏、不错。二是政治关。坚持站在党和人民利益的立场选取史料,突出党的组织和党领导下的人民群众在斗争中的作用,客观公正地评价重大党史事件和党史人物,正确总结历史经验教训。三是文字关。力求结构合理,体例规范,语法得当,逻辑严谨,用词准确,文字简练、流畅。其次是注意写出特色。广西新民主主义革命斗争,是中国共产党领导下广西地方党组织从广西实际出发领导各族人民进行的反帝反封建革命斗争。这些斗争,既带有全国革命斗争的共性,又具有广西自己的特点。例如,党组织领导的少数民族人民的革命斗争及与法国等帝国主义的直接斗争;党组织领导的革命斗争虽屡受挫折却能长期坚持,红旗始终不倒;中越两国革命者在边境革命斗争中相互支援,并肩战斗;大革命时期广西与广东一起是北伐战争的根据地;土地革命战争时期邓小平等领导的百色起义、龙州起义为中国革命提供的重要经验,建立在边疆少数民族地区的左右江苏区是当时中国十几个较大的革命根据地之一;抗日战争时期党在国统区的出色统战工作——桂林抗战文化;解放战争时期广西游击战争的普遍发展和充分体现毛泽东大围歼战略思想的解放广西战役等,都具有鲜明的广西特点,并对全国革命斗争有着重要的影响。在记述这些重大事件时,我们既把它放在全国革命斗争的大局来审视,又注意突出其特点,写出广西的特色。其三是慎重处理敏感和有争议的问题。对一些敏感和有争议的历史问题,本着维护党和人民根本利益、有利安定团结的原则,宜粗不宜细,用史实说话,寓评于述。或者只叙述其过程和结果,不评述其得失和原因。对目前难以查清的一些史实,采取粗线条写法或略去不写。

本书的编写广泛吸收了党史界和其他社会科学界的研究成果,也得到区内外有关部门和档案馆、图书馆、博物馆等单位的支持和帮助。在此,谨向所有关心、支持、帮助本书编纂出版工作的单位和个人,致以诚挚的谢忱!

由于学识水平和史料所限,本书错漏、偏颇、不当之处在所难免,竭诚欢迎领导、老同志、专家学者和广大读者批评指正。

中共广西壮族自治区委员会党史研究室

2004 年 7 月

# 丛书后记

党的十八大以来，习近平总书记高度重视学党史、用党史，多次强调“历史是最好的教科书”，并指出学习党史、国史是坚持和发展中国特色社会主义、把党和国家各项事业继续推向前进的必修课，这门功课不仅必修，而且必须修好。

贯彻落实习近平总书记的指示，全国党史系统深入开展中国共产党历史的研究工作，近年来取得丰硕成果。截至目前，全国已有30个省（自治区、直辖市）编纂出版了反映本地区新民主主义革命时期的中国共产党历史基本著作，为编修红色家谱，传承红色基因，展现中国共产党历史在全国波澜壮阔的图景，提供了很好的文本。

为便于读者学习了解中国共产党在全国各地领导新民主主义革命的历史，我们整合党史资源，打造精品工程，组织汇集了《中国共产党历史（地方卷）集成·新民主主义革命时期》这套丛书，由原中共中央党史研究室著《中国共产党历史（第一卷）1921—1949》打头，包括28个省（自治区、直辖市）的中国共产党历史第一卷（西藏在1949年之前没有中国共产党组织活动，未编修中国共产党历史第一卷；青海和新疆党史一卷内容较少，合并在党史二卷中，待今后出版；宁夏自治区党史一卷因内容修订，待今后补入）。

为组织这项工作，原中共中央党史研究室于2017年给各省（自治区、直辖市）委党史研究室发出通知，做了安排部署。各地党史部门加快了本地区党史一卷的编纂、修订工作。其间，适逢党和国家机构改革，中央党史和文献研究院成立，各省（自治区、直辖市）党史部门也进行了机构改革。这项工作在中央党史和文献研究院院务会领导下继续有序推进。曲青山院长对该丛书的整体工作给予了高屋建瓴的指导，第七研究部进行了具体指导和组织协调，各地党史部门给予有力配合。作为庆祝建党100周年的献礼项目，经过几年的努力，终于出版面向广大读者了。

《中国共产党历史（地方卷）集成·新民主主义革命时期》出版后，我们还将继续努力，进一步做好《中国共产党历史（地方卷）集成·社会主义革命和建设时期》丛书的编辑出版工作，赓续红色家谱，讲好党的历史，为广大党员干部群众学习党史、坚守初心提供好的资料文本。

**中共中央党史和文献研究院第七研究部**

2022年5月

# 大革命时期中共广西地方组织分布图

（1925 年 10 月—1927 年夏）

附图 1

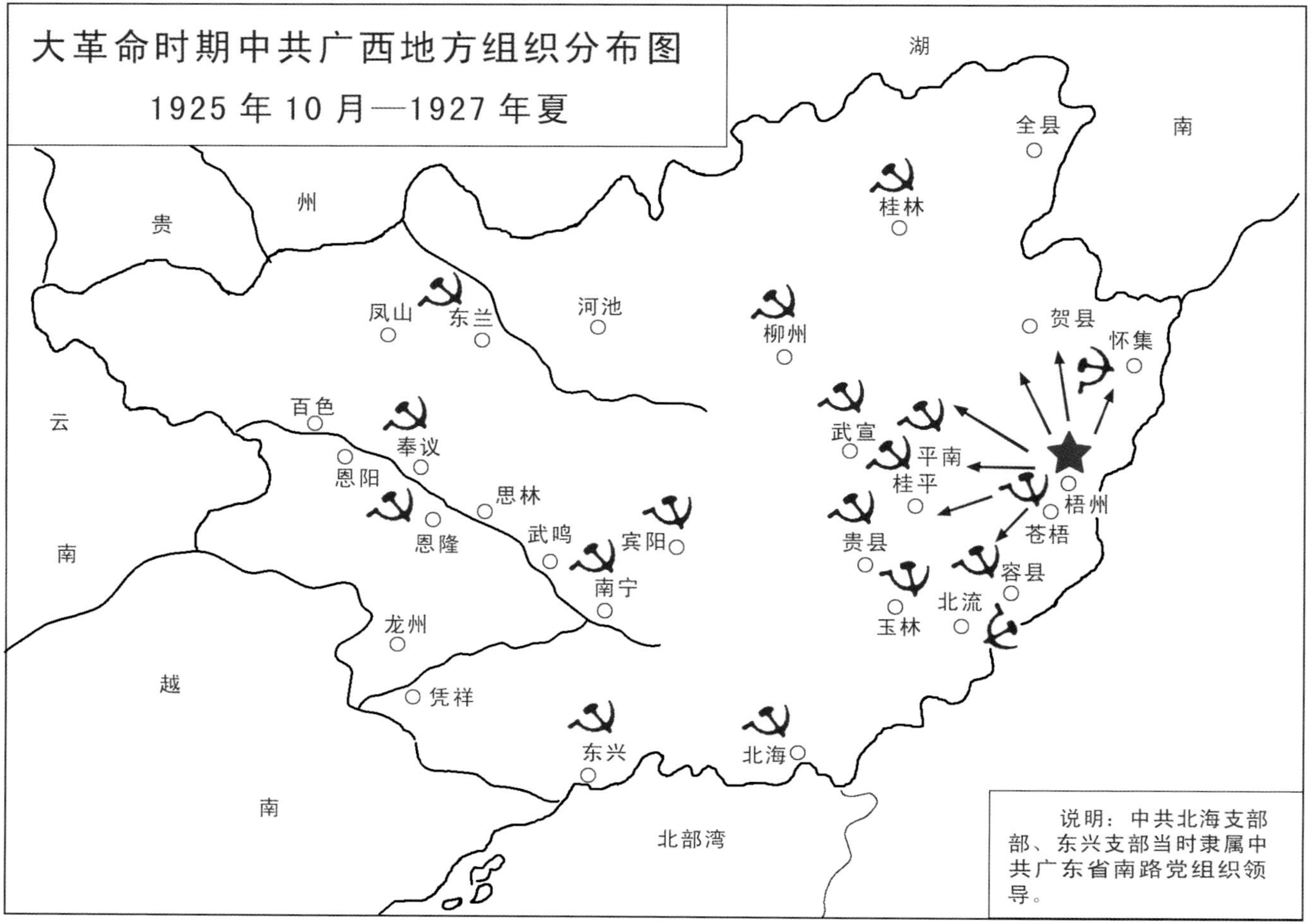

# 左右江革命根据地形势示意图

附图2

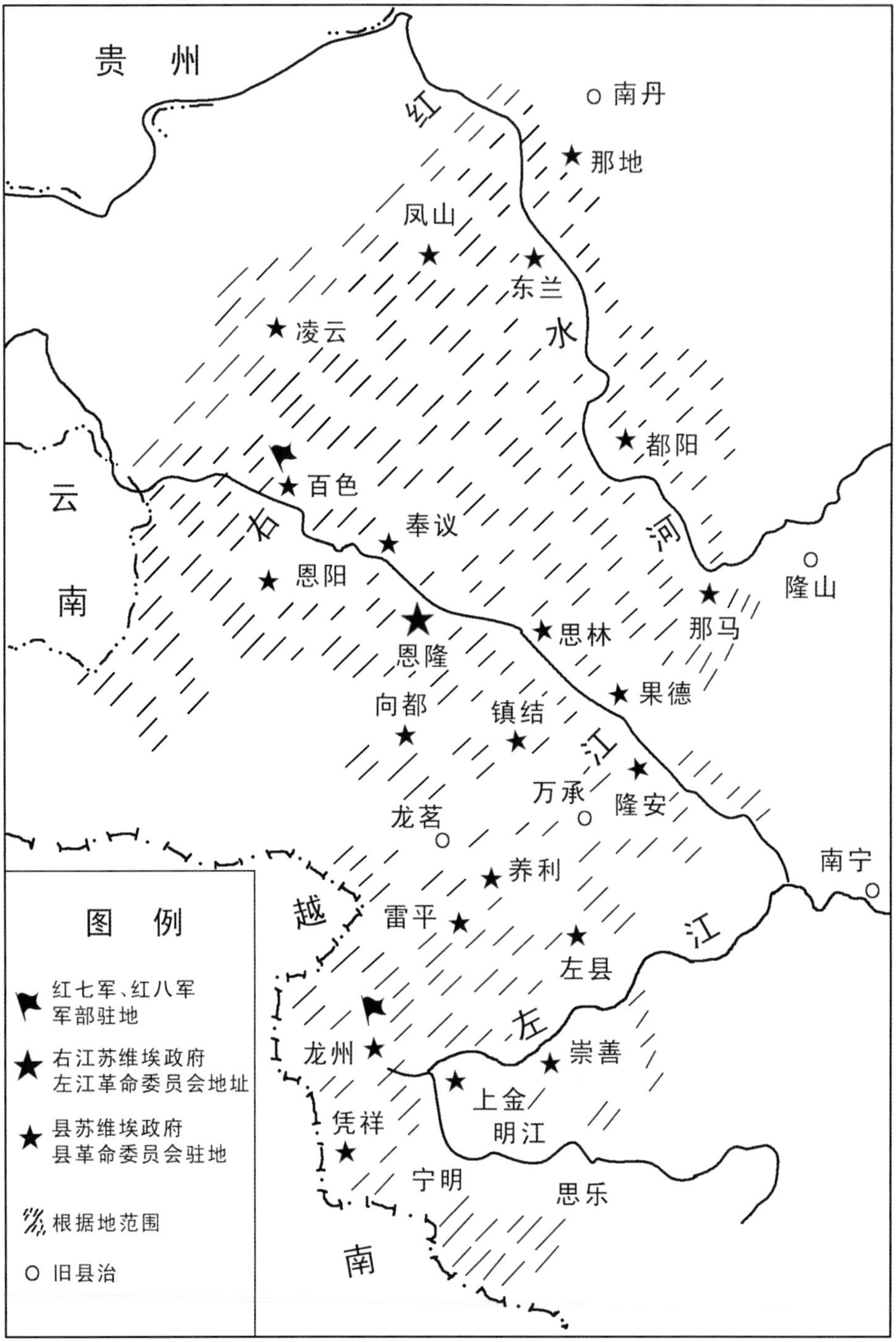

附图 3

# 广西抗日游击斗争示意图

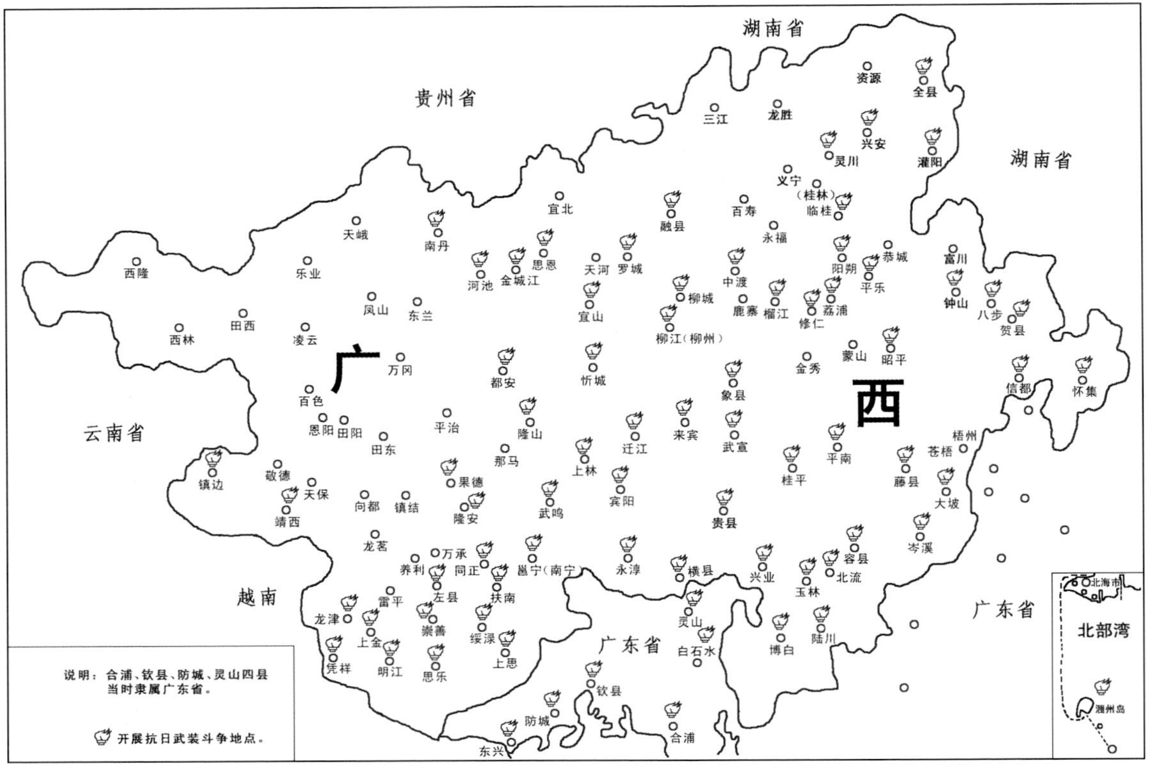

# 解放战争时期广西武装斗争形势图

（1949 年 10 月）

附图 4

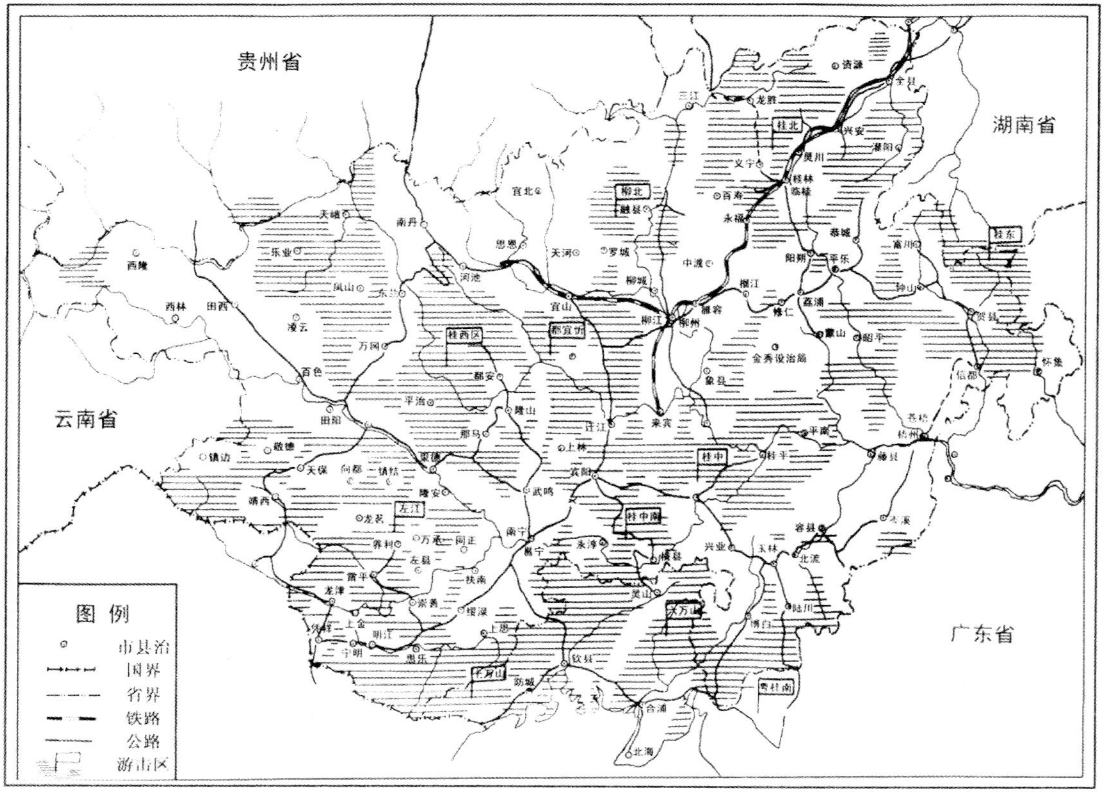